대방광불화엄경

대방광불화엄경 5

大方廣佛華嚴經

이운허 옮김

동국역경원

| 차례 |

제 66 권

39. 입법계품 ⑦ ……………………………………………………… 3
  2) 가지 법회 ⑥ ■ 3
   | (16) 법보계法寶髻 장자를 찾다 3 |
   | (17) 보안寶眼 장자를 찾다 6 |
   | (18) 싫은 줄 모르는 왕(無厭足王)을 찾다 10 |
   | (19) 대광大光왕을 찾다 14 |
   | (20) 부동不動 우바이를 찾다 22 |

제 67 권

39. 입법계품 ⑧ ……………………………………………………… 33
  2) 가지 법회 ⑦ ■ 33
   | (21) 변행徧行 외도를 찾다 33 |
   | (22) 향팔이 장자를 찾다 36 |
   | (23) 바시라婆施羅 뱃사공을 찾다 40 |
   | (24) 무상승無上勝 장자를 찾다 43 |
   | (25) 사자빈신師子頻申 비구니를 찾다 46 |

제 68 권

39. 입법계품 ⑨ ……………………………………………………… 57
  2) 가지 법회 ⑧ ■ 57
   | (26) 바수밀다婆須蜜多 여인을 찾다 57 |
   | (27) 비슬지라鞞瑟胝羅 거사를 찾다 62 |
   | (28) 관자재보살觀自在菩薩을 찾다 64 |
   | (29) 정취보살正趣菩薩을 만나다 68 |
   | (30) 대천신大天神을 찾다 70 |
   | (31) 잘 머무는 땅 맡은 신(安住神)을 찾다 73 |
   | (32) 바산바연지 밤 맡은 신(婆珊婆演底夜神)을 찾다 75 |

제 69 권

39. 입법계품 ⑩ ……………………………………………………… 95

2) 가지 법회 ⑨ ■ 95
| (33) 보덕정광 밤 맡은 신(普德淨光夜神)을 찾다 95 |
| (34) 기쁜 눈으로 중생 보는 밤 맡은 신(喜目觀察衆生夜神)을 찾다 101 |

제70권

39. 입법계품 ⑪ ·············· 135
2) 가지 법회 ⑩ ■ 135
| (35) 중생을 널리 구호하는 묘한 덕 밤 맡은 신(普救衆生妙德夜神)을 찾다 135 |

제71권

39. 입법계품 ⑫ ·············· 171
2) 가지 법회 ⑪ ■ 171
| (36) 고요한 음성 바다 밤 맡은 신(寂靜音海夜神)을 찾다 171 |
| (37) 모든 성을 수호하는 밤 맡은 신(守護一切城夜神)을 찾다 190 |

제72권

39. 입법계품 ⑬ ·············· 209
2) 가지 법회 ⑫ ■ 209
| (38) 모든 나무에 꽃을 피우는 밤 맡은 신(一切樹華夜神)을 찾다 209 |

제73권

39. 입법계품 ⑭ ·············· 245
2) 가지 법회 ⑬ ■ 245
| (39) 큰 서원 정진하는 힘으로 모든 중생 구호하는 밤 맡은 신을 찾다 245 |

제74권

39. 입법계품 ⑮ ·············· 277
2) 가지 법회 ⑭ ■ 277
| (40) 룸비니 숲 신을 찾다 277 |

차 례 **7**

제75권

39. 입법계품 ⑯ ········· 299
  2) 가지 법회 ⑮ ■ 299
    │ (41) 석가녀釋迦女 구파瞿波를 찾다 299 │

제76권

39. 입법계품 ⑰ ········· 351
  2) 가지 법회 ⑯ ■ 351
    │ (42) 마야摩耶부인을 찾다 351 │
    │ (43) 하느님 광명(天主光) 아씨를 찾다 368 │
    │ (44) 모든 이의 벗 꼬마 선생(童子師)을 찾다 370 │
    │ (45) 모든 예술 잘 아는(善知衆藝) 동자를 찾다 370 │
    │ (46) 현승賢勝 우바이를 찾다 375 │
    │ (47) 견고한 해탈(堅固解脫) 장자를 찾다 377 │
    │ (48) 묘한 달(妙月) 장자를 찾다 377 │
    │ (49) 이길 이 없는 군대(無勝軍) 장자를 찾다 378 │
    │ (50) 가장 고요한(最寂靜) 바라문을 찾다 379 │

제77권

39. 입법계품 ⑱ ········· 383
  2) 가지 법회 ⑰ ■ 383
    │ (51) 덕 나는 이(德生) 동자를 찾다 383 │
    │ (52) 미륵보살을 찾다 395 │

제78권

39. 입법계품 ⑲ ········· 441
  2) 가지 법회 ⑱ ■ 441
    │ (52) 미륵보살을 찾다 ② 441 │

제79권

39. 입법계품 ⑳ ········· 471
  2) 가지 법회 ⑲ ■ 471
    │ (52) 미륵보살을 찾다 ③ 471 │

제 80 권

39. 입법계품 ㉑ ·················· 493
   2) 가지 법회 ⑳ ■ 493
      | (53) 문수보살을 다시 만나다 493 |
      | (54) 보현보살을 만나다 497 |

*아래 내용은 제1책, 제2책, 제3책, 제4책의 차례입니다.

제1책 대방광불화엄경 大方廣佛華嚴經

해제 | 서 문

제1권
　1. 세주묘엄품 世主妙嚴品 ① ■ 7

제2권
　1. 세주묘엄품 ② ■ 29

제3권
　1. 세주묘엄품 ③ ■ 67

제4권
　1. 세주묘엄품 ④ ■ 107

제5권
　1. 세주묘엄품 ⑤ ■ 151

제6권
　2. 여래현상품 如來現相品 ■ 187

제7권
　3. 보현삼매품 普賢三昧品 ■ 235
　4. 세계성취품 世界成就品 ■ 243

제8권
　5. 화장세계품華藏世界品 ① ■ 279

제9권
　5. 화장세계품 ② ■ 311

제10권
　5. 화장세계품 ③ ■ 341

제11권
　6. 비로자나품毘盧遮那品 ■ 377

제12권
　7. 여래명호품如來名號品 ■ 405
　8. 사성제품四聖諦品 ■ 415

제13권
　9. 광명각품光明覺品 ■ 429
　10. 보살문명품菩薩問明品 ■ 455

제14권
　11. 정행품淨行品 ■ 483
　12. 현수품賢首品 ① ■ 514

제2책　대방광불화엄경大方廣佛華嚴經

제15권
　12. 현수품 ② ■ 3

제16권
　13. 승수미산정품昇須彌山頂品 ■ 51
　14. 수미정상게찬품須彌頂上偈讚品 ■ 54
　15. 십주품十住品 ■ 76

제17권
　16. 범행품梵行品 ■ 109
　17. 초발심공덕품初發心功德品 ■ 112

제18권
  18. 명법품明法品 ■ 153

제19권
  19. 승야마천궁품昇夜摩天宮品 ■ 175
  20. 야마궁중게찬품夜摩宮中偈讚品 ■ 179
  21. 십행품十行品 ① ■ 201

제20권
  21. 십행품 ② ■ 219

제21권
  22. 십무진장품十無盡藏品 ■ 257

제22권
  23. 승도솔천궁품昇兜率天宮品 ■ 277

제23권
  24. 도솔궁중게찬품兜率宮中偈讚品 ■ 305
  25. 십회향품十廻向品 ① ■ 328 ⋯ | 1) 부처님의 가지加持 / 2) 제1회향

제24권
  25. 십회향품 ② ■ 349 ⋯⋯⋯ | 3) 제2회향 / 4) 제3회향 / 5) 제4회향

제25권
  25. 십회향품 ③ ■ 381 ⋯⋯⋯ | 6) 제5회향 / 7) 제6회향 ①

제26권
  25. 십회향품 ④ ■ 409 ⋯⋯⋯ | 7) 제6회향 ②

제27권
  25. 십회향품 ⑤ ■ 435 ⋯⋯⋯ | 7) 제6회향 ③

제28권
  25. 십회향품 ⑥ ■ 465 ⋯⋯⋯ | 7) 제6회향 ④

제29권
  25. 십회향품 ⑦ ■ 503 ⋯⋯⋯ | 8) 제7회향

제30권
  25. 십회향품 ⑧ ■ 525 ⋯⋯⋯ | 9) 제8회향

제3책 대방광불화엄경 大方廣佛華嚴經

제31권
  25. 십회향품 ⑨ ■ 3 ················ | 10) 제9회향

제32권
  25. 십회향품 ⑩ ■ 37 ················ | 11) 제10회향 ①

제33권
  25. 십회향품 ⑪ ■ 55 ················ | 11) 제10회향 ②

제34권
  26. 십지품 ① ■ 79 ················ | 1) 환희지歡喜地

제35권
  26. 십지품 ② ■ 119 ················ | 2) 이구지離垢地 / 3) 발광지發光地

제36권
  26. 십지품 ③ ■ 147 ················ | 4) 염혜지焰慧地 / 5) 난승지難勝地

제37권
  26. 십지품 ④ ■ 173 ················ | 6) 현전지現前地 / 7) 원행지遠行地

제38권
  26. 십지품 ⑤ ■ 207 ················ | 8) 부동지不動地 / 9) 선혜지善慧地

제39권
  26. 십지품 ⑥ ■ 245 ················ | 10) 법운지法雲地

제40권
  27. 십정품十定品 ① ■ 281 ·········· | 1) 서론 / 2) 넓은 광명 큰 삼매 / 3) 묘한 광명 큰 삼매

제41권
  27. 십정품 ② ■ 301 ················ | 4) 여러 부처님 국토에 차례로 가는 신통한 큰 삼매 / 5) 청정하고 깊은 마음의 행인 큰 삼매 / 6) 과거의 장엄한 갈무리를 아는 큰 삼매 / 7) 지혜·광명의 갈무리인 큰 삼매 / 8) 모든 세계의 부처님 장엄을 아는 큰 삼매

제42권
   27. 십정품 ③ ■ 321 ················· | 9) 일체 중생의 차별한 몸 큰 삼매 / 10) 법계에 자유자재하는 큰 삼매

제43권
   27. 십정품 ④ ■ 345 ················· | 11) 걸림없는 바퀴인 큰 삼매

제44권
   28. 십통품十通品 ■ 375
   29. 십인품十忍品 ■ 386

제45권
   30. 아승기품阿僧祇品 ■ 419
   31. 여래수량품如來壽量品 ■ 447
   32. 제보살주처품諸菩薩住處品 ■ 448

제46권
   33. 불부사의법품佛不思議法品 ① ■ 453

제47권
   33. 불부사의법품 ② ■ 475

제48권
   34. 여래십신상해품如來十身相海品 ■ 499
   35. 여래수호광명공덕품如來隨好光明功德品 ■ 518

제4책 대방광불화엄경大方廣佛華嚴經

제49권
   36. 보현행품普賢行品 ■ 3

제50권
   37. 여래출현품如來出現品 ① ■ 37 · | 1) 출현하시는 법 / 2) 몸의 업

제51권
   37. 여래출현품 ② ■ 75 ················· | 3) 말의 업 / 4) 마음의 업

제52권
37. 여래출현품 ③ ▪ 105 ············ | 5) 출현하는 경계와 행과 보리 / 6) 법륜·열반·이익

제53권
38. 이세간품離世間品 ▪ 135 ········ | 1) 이백 가지 물음 / 2) 십신+信을 답함 / 3) 십주+住를 답함

제54권
38. 이세간품 ② ▪ 159 ············ | 4) 십행+行을 답함 ①

제55권
38. 이세간품 ③ ▪ 183 ············ | 4) 십행을 답함 ② / 5) 십회향+回向을 답함

제56권
38. 이세간품 ④ ▪ 207 ············ | 5) 십회향을 답함 ② / 6) 십지+地를 답함 ①

제57권
38. 이세간품 ⑤ ▪ 235 ············ | 6) 십지를 답함 ② / 7) 인이 원만하고 과가 만족함을 답함

제58권
38. 이세간품 ⑥ ▪ 263 ············ | 7) 인이 원만하고 과가 만족함을 답함 ②

제59권
38. 이세간품 ⑦ ▪ 293 ············ | 7) 인이 원만하고 과가 만족함을 답함 ③ / 8) 결론

제60권
39. 입법계품入法界品 ① ▪ 353 ····· | 1) 근본 법회 ①

제61권
39. 입법계품 ② ▪ 399 ············ | 1) 근본 법회 ② / 2) 가지(枝末)법회 ①

제62권
39. 입법계품 ③ ▪ 425 ············ | 2) 가지 법회 ②

제63권
39. 입법계품 ④ ▪ 457 ············ | 2) 가지 법회 ③

제64권
   39. 입법계품 ⑤ ■ 483 ················ | 2) 가지 법회 ④
제65권
   39. 입법계품 ⑥ ■ 509 ················ | 2) 가지 법회 ⑤

대방광불화엄경 제66권

제66권

39. 입법계품 ⑦

2) 가지 법회 ⑥

(16) 법보계法寶髻 장자를 찾다

이 때 선재동자는 명지 거사에게서 이 해탈문을 듣고, 저 복덕 바다에 헤엄치고, 복덕밭을 다스리고, 복덕산을 쳐다보고 복덕 나루에 나아가고 복덕 광을 열고 복덕의 법을 보고 복덕의 바퀴를 깨끗이 하고, 복덕덩이를 만들고 복덕의 힘을 내고 복덕의 세력을 늘리면서, 점점 남방으로 가서 사자궁성을 향하여 법보계 장자를 두루 찾았다.

그 장자가 시장 가운데 있음을 보고, 곧 나아가 발에 엎드려 절하고 수 없이 돌고 합장하고 서서 말하였다.

"거룩하신 이여, 저는 이미 아뇩다라삼먁삼보리심을 내었사오나, 보살이 어떻게 보살의 행을 배우며 어떻게 보살의 도를 닦는지를 알지 못하옵니다. 거룩하신 이여, 저에게 보살의 도를 말씀하여 주소서. 저는 그 도를 의지하여 온갖 지혜에 나아가려 합니다."

이 때 장자가 선재의 손을 잡고 거처하는 데로 가서 그 집을 보여 주면서 "선남자여, 내 집을 보라"고 말하였다.

그 때 선재는 그 집을 보니, 청정하고 광명이 찬란하여 진금으로 되었는데, 은으로 담을 쌓고 파리로 전각이 되고 푸른 유리 보배로 누각이 되고 자거로 기둥이 되었으며, 백천 가지 보배로 두루 장엄하고 적진주 보배로 사자좌를 만들었는데, 마니는 휘장이 되었고 진주로 그물을 만들어 위에 덮었으며, 마노로 된 못에는 향수가 넘치고 한량없는 보배 나무가 행렬을 지어 둘러 있으니 그 집이 굉장히 넓어서 열 층으로 여덟 문이 있었다.

선재동자가 들어가서 차례로 살펴보았다. 맨 아래층에서는 음식을 보시하고, 2층에서는 보배 옷을 보시하고, 3층에서는 모든 보배 장엄거리를 보시하고, 4층에서는 여러 채녀와 모든 훌륭한 보물을 보시하고, 5층에서는 오지五地 보살이 구름처럼 모여서 법을 연설하여 세간을 이익하며 모든 다라니문과 삼매의 결인과 삼매의 행과 지혜의 광명을 성취하였다.

6층에서는 모든 보살이 매우 깊은 지혜를 이루어 법의 성품을 분명히 통달하였고, 광대한 다라니와 삼매의 걸림 없는 문을 성취하여 다니는 데 걸림이 없고 두 가지 법에 머물지 아니하며 말할 수 없이 묘하게 장엄한 도량에 있으면서, 여럿이 모인 데서 반야바라밀문을 분별하여 보이었으니 이른바 고요한 광 반야바라밀문·중생들의 지혜를 잘 분별하는 반야바라밀문·흔들 수 없는 반야바라밀문·욕심을 여읜 광명 반야바라밀문·항복할 수 없는 광 반야바라밀문·중생을 비추는 바퀴 반야바라밀문·바다 광 반야바라밀문·넓은 눈으로 버리는 반야바라밀문·무진장無盡藏에 들어가는 반야바라밀문·모든 방편 바다 반야바라밀문・모든 세간 바다에 들어가는 반야바라밀문・걸림 없는 변재 반야바라밀문・중생을 따라 주는 반야바라밀문・걸림 없는 광명 반야바라밀문・과거의 인연을 항상 살피며 법 구름을 펴는 반야바라밀문들이었다. 이러한 백만 아승기 반야바라밀문을 말하였다.

7층에서는 보살들이 메아리 같은 지혜〔如響忍〕를 얻고 방편과 지혜로 분별하며 관찰하여 벗어남을 얻고는 능히 다 모든 부처님의 바른 법을 듣고 지녔다.

8층에서는 한량없는 보살이 그 안에 모였는데 다 신통을 얻고 물러가지 아니하며, 능히 한 음성으로 시방세계에 두루하고 몸이 모든 도량에 나타나 온 법계에 두루하지 않은 곳이 없으며, 부처의 경계에 두루 들어가서 부처님 몸을 보며, 모든 부처님의 대중 가운데서 우두머리가 되어 법을 연설하였다.

9층에서는 일생보처 보살들이 거기 모이었다.

10층에서는 모든 여래가 가득하게 있는데, 처음 발심한 때로부터 보살의 행을 닦으며 생사를 초월하여 큰 서원과 신통을 이루고 부처님의 국토와 도량에 모인 대중을 청정케 하며, 바른 법륜을 굴리어 중생을 조복하였다. 이런 여러 가지를 모두 분명히 보게 하였다.

이 때 선재동자는 이런 것을 보고 여쭈었다.

"거룩하신 이여, 무슨 인연으로 이렇게 청정한 대중이 모였으며, 어떤 선근을 심어서 이런 과보를 얻었습니까?"

장자가 말하였다.

"선남자여, 내가 생각하니, 과거 부처 세계의 티끌 수 겁 전에 세계가 있었는데, 이름은 원만장엄圓滿莊嚴이요, 부처님 이름은 무변광명법계보장엄왕無邊光明法界普莊嚴王 여래・응공・정등각이었고, 십호十號가 원만하였느니라.

그 부처님이 성에 들어오실 적에 내가 음악을 연주하고 한 개의 향을 살라 공양하였으며, 그 공덕으로 세 곳에 회향하여, 모든 빈궁과 곤액을 영원히 여의고, 부처님과 선지식을 항상 뵈오며, 바른 법을 항상 들었으므로 이 과보를 얻었느니라.

선남자여, 나는 다만 보살의 한량없는 복덕 보배광 해탈문을 알거니와, 저 보살마하살들이 부사의한 공덕의 보배 광을 얻고, 분별이 없는 여래의 몸 바다에 들어가서 분별 없고 가장 높은 법 구름을 받으며, 분별 없는 공덕의 도구를 닦고, 분별 없는 보현의 수행 그물을 일으키며, 분별 없는 삼매의 경계에 들어가서, 분별 없는 보살의 선근과 평등하고, 분별 없는 여래의 머무시는 데 머무르며, 분별 없는 삼세가 평등함을 증득하며, 분별 없는 넓은 눈 경계에 머무르며, 모든 겁에 있으면서도 고달픔이 없는 일이야 내가 어떻게 알며 어떻게 그 공덕의 행을 말하겠는가.

선남자여, 여기서 남쪽에 한 나라가 있으니 이름이 등뿌리요, 그 나라에 성이 있으니 이름이 보문普門이며, 거기 장자가 있으니 이름이 보안普眼입니다. 그대는 그에게 가서 보살이 어떻게 보살의 행을 배우며 보살의 도를 닦느냐고 물으라."

그 때 선재동자는 그의 발에 엎드려 절하고 수없이 돌고 은근하게 앙모하면서 하직하고 물러갔다.

(17) 보안寶眼 장자를 찾다

그 때 선재동자는 법보계 장자에게서 이 해탈문을 듣고 부처님들의 한량없이 알고 보는 데 깊이 들어가고, 보살의 한량없이 훌륭한 행이 편안히 머물고, 보살의 한량없는 방편을 통달하고, 보살의 한량없는 법문을 구하고, 보살의 한량없이 믿고 이해함을 깨끗이 하고, 보살의 한량없는 근기를 예리하게 하고, 보살의 한량없는 욕망을 성취하고, 보살의 한량없는 수행을 통달하고, 보살의 한량없는 서원의 힘을 증장하고, 보살의 이길 이 없는 당기를 세우며, 보살의 지혜를 일으켜 보살의 법을 비추면서 점점 나아갔다.

등뿌리 나라〔藤根國〕에 이르러서는 그 성이 있는 데를 물으며 찾았다. 비록 어려운 일을 당하여도 수고를 생각지 않고 오직 선지식의 가르침을 바로 생각하면서, 항상 가까이 모시고 섬기며 공양하려고 여러 감관을 가다듬고 방일함을 여의었다.

그러다가 보문성普門城을 보았는데 백천 마을이 주위에 둘러 있고 성가퀴가 높고 도로가 넓었다. 장자가 있는 것을 보고, 앞에 나아가 엎드려 절하고 합장하고 서서 말하였다.

"거룩하신 이여, 저는 이미 아뇩다라삼먁삼보리심을 내었사오나, 보살이 어떻게 보살의 행을 배우며 어떻게 보살의 도를 닦는지를 알지 못하옵니다."

장자는 말하였다.

"훌륭하고, 훌륭하다. 선남자여, 그대가 능히 아뇩다라삼먁삼보리심을 내었도다. 나는 모든 중생의 여러 가지 병을 아노니, 풍병·황달병·해소·열병·귀신의 침책〔鬼魅〕·해충의 독과, 물에 빠지고 불에 상한 것과 이렇게 생기는 여러 가지 병을 내가 모두 방편으로 치료하노라.

선남자여, 시방의 중생들로 병이 있는 이는 모두 나에게 오라. 내가 다 치료하여 쾌차케 하며, 또 향탕으로 몸을 씻기고 향·꽃·영락·좋은 의복으로 잘 꾸며 주고, 음식과 재물을 보시하여 조금도 모자람이 없게 하노라.

그런 뒤에 그들에게 각각 알맞게 법을 말하노니, 탐욕이 많은 이는 부정하게 관함을 가르치고, 미워하고 성내는 일이 많은 이는 자비하게 관함을 가르치고, 어리석음이 많은 이는 가지가지 법의 모양을 분별하도록 가르치고, 세 가지가 평등한 이는 썩 나은 법문을 가르치노라.

그들로 하여금 보리심을 내게 하려고 모든 부처님의 공덕을 찬탄하며, 크게 가엾이 여기는 생각을 일으키려고 나고 죽는 데 한량없는 고통을 나타내며, 공덕을 늘게 하려고 한량없는 복과 지혜를 모으는 것을 찬탄하며, 큰 서원을 세우게 하려고 모든 중생을 조복하는 것을 칭찬하며, 보현의 행을 닦게 하려고 보살들이 모든 세계에서 온갖 겁 동안에 여러 가지 행을 닦는 것을 말하노라.

그들로 하여금 부처의 거룩한 모습을 갖추게 하려고 단檀바라밀을 칭찬하며, 부처의 깨끗한 몸을 얻어 온갖 곳에 이르게 하려고 시尸바라밀을 칭찬하며, 부처님의 청정하고 부사의한 몸을 얻게 하려고 인忍바라밀을 칭찬하며, 여래의 이길 이 없는 몸을 얻게 하려고 정진精進바라밀을 칭찬하며, 청정하고 같을 이 없는 몸을 얻게 하려고 선禪바라밀을 칭찬하며, 여래의 성성한 법의 몸을 드러내려고 반야般若바라밀을 칭찬하노라.

그들로 하여금 세존의 깨끗한 육신을 나타내게 하려고 방편方便바라밀을 칭찬하며, 중생들을 위하여 모든 겁에 머물게 하려고 원願바라밀을 칭찬하며, 청정한 몸을 나타내어 모든 부처님 세계에 지나가게 하려고 역力바라밀을 칭찬하며, 청정한 몸을 나타내어 중생들의 마음을 따라 기쁘게 하려고 지智바라밀을 칭찬하며, 끝까지 깨끗하고 묘한 몸을 얻게 하려고 모든 착하지 않은 법을 아주 떠날 것을 칭찬하노니, 이렇게 보시하여서 각각 돌아가게 하였느니라.

선남자여, 나는 또 여러 가지 향을 만드는 중요한 법을 아노니, 이른바 같을 이 없는 향[無等香]·신두파라향辛頭波羅香·이길 이 없는 향[無勝

香]·깨닫는 향[覺悟香]·아로나발지향阿盧那跋底香·굳은 흑전단향[堅黑栴檀香]·오락가 전단향烏洛迦栴檀香·침수향沈水香·모든 감관 흔들리지 않는 향[不動諸根香]이니, 이런 향을 만드는 법을 다 아노라.

또 선남자여, 나는 이 향으로 공양하고 여러 부처님을 뵈옵고 소원이 만족하였으니, 이른바 모든 중생을 구호하는 소원·모든 부처 세계를 깨끗이 하는 소원·모든 여래께 공양하는 소원이니라.

또 선남자여, 이 향을 사를 적에 낱낱 향에서 한량없는 향기가 나와 시방 모든 법계와 모든 부처님 도량에 풍기니, 향의 궁궐도 되고 향의 전각도 되며, 이렇게 향 난간·향 담·향 망루[却敵]·향 창호·향 누각·향 반월·향 일산·향 당기·향 번기·향 휘장·향 그물·향 형상·향 장엄거리·향 광명·향 구름 비가 곳곳에 가득하여 장엄하였느니라.

선남자여, 나는 다만 모든 중생으로 하여금 부처님을 두루 보고 기뻐하는 법문만을 알거니와, 저 보살마하살들이 큰 약왕藥王과 같아서 보는 이·듣는 이·생각하는 이·함께 있는 이·따라다니는 이·이름을 일컫는 이들이 모두 이 일을 얻어 헛되게 지내는 이가 없으며, 어떤 중생이 잠깐 만나더라도, 반드시 모든 번뇌를 소멸하고 부처님 법에 들어가 모든 괴로움을 여의며, 모든 생사에 무서움이 아주 없어지고, 두려움이 없는 온갖 지혜에 이르며, 모든 늙고 죽는 산이 무너지고 평등하며 고요한 낙에 머무는 일이야, 내가 어떻게 알며 어떻게 그 공덕의 행을 말하겠는가.

선남자여, 이 남쪽에 큰 성이 있으니 이름이 다라당多羅幢이요, 거기 왕이 있으니 이름이 싫은 줄 모름[無厭足]입니다. 그대는 그에게 가서 보살이 어떻게 보살의 행을 배우며 보살의 도를 닦느냐고 물으라."

그 때 선재동자는 보안 장자의 발에 절하고 한량없이 돌고 은근하게 앙모하면서 하직하고 물러갔다.

(18) 싫은 줄 모르는 왕[無厭足王]을 찾다

그 때 선재동자는 선지식의 가르침을 기억하고 생각하며, 선지식은 나를 거두어 주고 나를 보호하고, 나로 하여금 아뇩다라삼먁삼보리에서 물러가지 않게 하리라 생각하였다. 이렇게 생각하고서 환희한 마음·깨끗이 믿는 마음·광대한 마음·화창한 마음·뛰노는 마음·경축하는 마음·묘한 마음·고요한 마음·장엄한 마음·집착이 없는 마음·걸림 없는 마음·평등한 마음·자유자재한 마음·법에 머무는 마음·부처 세계에 두루 가는 마음·부처의 장엄을 보는 마음·십력을 버리지 않는 마음을 내었다.

점점 남쪽으로 가면서 나라를 지나고 마을과 도시를 지나서 다라당성에 이르렀다. 싫은 줄 모르는 왕의 있는 데를 물었더니, 사람들은 이렇게 대답하였다.

"그 왕은 지금 정선止殿에서 사자좌에 앉아 법으로 교화하여 중생을 조복하는데, 다스릴 이는 다스리고 거두어 줄 이는 거두어 주며, 죄 있는 이는 벌주고 소송을 판결하며, 외롭고 나약한 이는 어루만져 주어서, 모두 살생·훔치는 일·잘못된 음행을 아주 끊게 하고, 거짓말·이간하는 말·욕설·비단 같은 말을 못하게 하며, 또 탐욕과 성내는 일과 잘못된 소견을 여의게 합니다."

이 때 선재동자는 여러 사람의 말을 따라 찾아갔다.

그 왕이 나라연 금강좌에 앉았는데, 아승기 보배로 평상 다리가 되고 한량없는 보배 형상으로 장엄하였으며, 황금실로 그물을 떠서 위에 덮었고, 여의주로 관을 만들어 머리에 장엄하였으며, 염부단금으로 반월半月을 만들어 이마에 장엄하고, 제청마니帝靑摩尼로 귀고리를 만들어 쌍으로 드리웠으며, 가없는 보배로 영락을 만들어 목에 걸었고, 하늘 마니로 팔찌를 만들어 팔을 단장하였다.

염부단금으로 일산을 만들었으니, 여러 보배를 사이사이 장식하여 살이 되고, 큰 유리 보배로 대가 되고, 광미光味 마니로 꼭지가 되었으며, 여러 가지 보배로 만든 풍경에서 아름다운 소리를 내며 큰 광명을 놓아 시방에 두루한 이러한 일산을 그 위에 받았다. 그 아래 앉은 아나라왕阿那羅王은 큰 세력이 있어 다른 무리들을 굴복하매 능히 대적할 이가 없으며, 때 없는 비단을 정수리에 매었고 십천 대신이 앞뒤에 둘러 모시고 나라 일을 처리하였다.

그 앞에는 십만 군졸이 있는데, 형상이 추악하고 의복이 누추하며, 무기를 손에 들고 눈을 부릅뜨고 팔을 뽐내어 보는 사람들이 모두 무서워하였다.

한량없는 중생들이 왕의 법령을 범하는데, 남의 물건을 훔치거나 목숨을 살해하거나 유부녀를 간통하거나 삿된 소견을 내었거나 원한을 내었거나 탐욕과 질투를 품었거나 하여, 이러한 나쁜 짓을 저질렀으면 몸에 오랏줄을 지고 왕의 앞에 끌려오며, 저지른 죄에 따라서 형벌을 주는 것이다.

손과 발을 끊기도 하고 귀와 코를 베기도 하고, 눈도 뽑고 머리도 찍으며, 가죽을 벗기고 몸을 도려내며, 끓는 물에 삼고, 타는 불에 지지며, 높은 산에 끌고 올라가서 밀어 떨어뜨리기도 하여서, 이런 고통이 한량이 없으니, 부르짖고 통곡하는 형상이 중합대지옥衆合大地獄과 같았다.

선재동자는 이것을 보고 이렇게 생각하였다.

'나는 모든 중생을 이익케 하려고 보살의 행을 구하고 보살의 도를 닦는데, 이 왕이 선한 법은 하나도 없고 큰 죄업을 지으며, 중생을 핍박하여 생명을 빼앗으면서도 장래의 나쁜 길을 두려워하지 않으니, 어떻게 여기서 법을 구하며 대비심을 내어 중생을 구호하겠는가.'

이렇게 생각하는데 공중에서 어떤 하늘이 말하였다.

"선남자여, 그대는 마땅히 보안 장자의 가르친 말을 생각하라."

선재동자는 우러러보면서 말하였다.

"나는 언제나 생각하는 것이요, 감히 잊지 아니하노라."

하늘이 말하였다.

"선남자여, 그대는 선지식의 말을 떠나지 말라. 선지식은 그대를 인도하여 험난하지 않고 편안한 곳에 이르게 합니다. 선남자여, 보살의 교묘한 방편 지혜를 헤아릴 수 없으며, 중생을 거두어 주는 지혜를 헤아릴 수 없으며, 중생을 생각하는 지혜를 헤아릴 수 없으며, 중생을 성숙케 하는 지혜를 헤아릴 수 없으며, 중생을 수호하는 지혜를 헤아릴 수 없으며, 중생을 해탈케 하는 지혜를 헤아릴 수 없으며, 중생을 조복하는 지혜를 헤아릴 수 없느니라."

이 때 선재동자는 이 말을 듣고 왕의 처소에 나아가 그 말에 엎드려 절하고 여쭈었다.

"거룩하신 이여, 저는 이미 아뇩다라삼먁삼보리심을 내었사오나, 보살이 어떻게 보살의 행을 배우며 어떻게 보살의 도를 닦는지를 알지 못하옵니다. 듣자온즉 거룩한 이께서 잘 가르친다 하오니 바라옵건대 말씀하여 주소서."

이 때 아나라왕은 왕의 일을 마치고 선재의 손을 잡고 궁중으로 들어가서 함께 앉아서 말하였다.

"선남자여, 그대는 내가 있는 궁전을 보라."

선재동자는 왕의 말대로 살펴보았다. 그 궁전은 넓고 큼이 비길 데 없으며 모두 묘한 보배로 이루어졌는데 칠보로 담을 쌓아 주위에 둘러 있고, 백천 가지 보배로 누각이 되었는데 가지가지 장엄이 다 아름답고 훌륭하며, 부사의한 마니보배로 짠 그물이 위에 덮였으며 십억 시녀들이 단정하고 아름답고 가고 오는 거동이 볼 만하며, 모든 일이 교묘하여 일어나고 눕고 하는데 공순한 마음으로 뜻을 받잡았다.

이 때 아나라왕이 선재에게 말하였다.

"선남자여, 어떻게 생각하는가? 내가 만일 참으로 악한 업을 짓는다면, 이런 과보와 이런 육신과 이런 권속과 이런 부귀와 이런 자유자재함을 어떻게 얻었겠는가.

선남자여, 나는 보살의 눈어리 같은 해탈을 얻었느니라.

선남자여, 나의 국토에 있는 중생들이 살생하고 훔치고, 내지 삿된 소견 가진 이가 많아서, 다른 방편으로는 그들의 나쁜 업을 버리게 할 수 없느니라. 선남자여, 나는 저런 중생을 조복하기 위하여, 나쁜 사람으로 화하여 여러 가지 죄악을 짓고 가지가지 고통을 받는 것이니, 저 나쁜 짓하는 중생들이 보고서 무서운 마음을 내고 싫어하는 마음을 내고 겁나는 마음을 내어 그들이 짓던 모든 나쁜 업을 끊고 아뇩다라삼먁삼보리심을 내게 하려는 것이니라.

선남자여, 나는 이렇게 교묘한 방편으로써 중생들로 하여금 십악업+惡業을 버리고 십선도+善道를 행하여 끝까지 쾌락하고 끝까지 편안하고 필경에 온갖 지혜의 지위에 머물게 하려는 것이니라.

선남자여, 나의 몸이나 말이나 뜻으로 짓는 일이 지금까지 한 중생도 해친 일이 없느니라. 선남자여, 내 마음에는 차라리 오는 세상에 무간無間 지옥에 들어가 고통을 받을지언정 잠깐만이라도 모기 한 마리나 개미 한 마리를 괴롭게 하려는 생각을 내지 아니하거든, 하물며 사람일까보냐. 사람은 복밭이라, 모든 선한 법을 능히 내는 연고니라.

선남자여, 나는 다만 이 눈어리 같은 해탈을 얻었거니와, 저 보살마하살들이 죽살이 없는 법의 지혜를 얻고, 모든 세계가 모두 눈어리 같고 보살의 행이 모두 요술과 같고, 모든 세간이 모두 그림자 같고, 모든 법이 모두 꿈과 같은 줄을 알았으며, 실상實相의 걸림 없는 법문에 들어가서 제석천왕의 진주 그물 같은 행을 닦으며, 걸림 없는 지혜로 경계에 행하고 모든 것이 평등한 삼매에 들어가서 다라니에 자유자재함을 얻는 일이야, 내가 어떻게 알며 어떻게 그 공덕의 행을 말하겠는가.

선남자여, 여기서 남쪽에 성이 있으니 이름은 묘광妙光이요, 왕의 이름은 대광大光입니다. 그대는 그에게 가서 보살이 어떻게 보살의 행을 배우며 보살의 도를 닦느냐고 물으라."

이 때 선재동자는 왕의 발에 절하고 수없이 돌고 하직하고 물러갔다.

(19) 대광大光왕을 찾다

그 때 선재동자는 한결같은 마음으로 저 왕의 얻은 눈어리 같은 지혜 법문을 생각하며, 저 왕의 눈어리 같은 해탈을 생각하고, 저 왕의 눈어리 같은 법의 성품을 관찰하며, 눈어리 같은 소원을 내고, 눈어리 같은 법을 깨끗이 하고, 모든 눈어리 같은 삼세에 눈어리 같은 변화를 일으키며 이렇게 생각하면서 점점 남쪽으로 갔다.

인간의 도시와 마을에 이르기도 하고 거친 벌판과 산골짜기와 험난한 데를 지나면서도 고달픈 생각도 없고 쉬지도 아니하였다. 그러다가 어떤 성에 들어가서 "묘광성이 어디 있습니까?"라고 물었다.

사람들은 대답하기를 "이 성이 묘광성이고, 이 성이 대광왕께서 계시는 곳입니다"라고 하였다.

선재동자는 기뻐서 뛰놀면서 이렇게 생각하였다.

'나의 선지식이 이 성중에 있으니, 나는 이제 친히 뵈옵고 보살들의 행하는 행을 들을 것이며, 보살들의 뛰어난 중요한 문門을 들을 것이며, 보살들이 증득한 법을 들을 것이며, 보살들의 부사의한 공덕을 들을 것이며, 보살들의 부사의하게 자유자재함을 들을 것이며, 보살들의 부사의한 평등을 들을 것이며, 보살들의 부사의한 용맹을 들을 것이며, 보살들의 부사의한 경계가 엄청나게 청정함을 들을 것이로다.'

 이렇게 생각하고 묘광성에 들어가서 성안을 둘러보았다. 금·은·유리·파리·진주·자거·마노의 칠보로 성이 되었고, 칠보로 된 해자가 일곱 겹으로 둘리었는데 팔공덕수가 가득히 찼고, 바닥에는 금모래가 깔리고, 우발라優鉢羅꽃·파두마波頭摩꽃·구물두拘物頭꽃·분타리芬陀利꽃들이 위에 덮였으며, 보배 다라 나무가 일곱 겹으로 줄을 지어 서 있었다.

 일곱 가지 금강으로 담이 되어 둘리었으니, 이른바 사자광명 금강담·이길 이 없는 금강담·깨뜨릴 수 없는 금강담·무너뜨릴 수 없는 금강담·견고하고 장애 없는 금강담·훌륭한 그물광 금강담·티끌 없이 청정한 금강담이었다. 무수한 마니보배로 사이사이 장엄하고, 가지가지 보배로 성가퀴가 되었다.

 성의 가로와 세로는 10유순이요, 둘레는 8면인데, 면마다 여덟 문을 내었고, 모두 칠보로 찬란하게 장식하였으며, 비유리毘瑠璃 보배로 땅이 되고, 가지가지로 장엄하여 매우 찬란하며, 성안에는 10억의 가로가 있는데, 가로들 사이에는 한량없는 만억 중생이 살고 있으며, 수없는 염부단금 누각에는 비유리 마니그물이 위에 덮이고, 수없는 은 누각에는 적진주 마니그물이 위에 덮이고, 수없는 비유리 누각에는 묘장妙藏 마니그물이 위에 덮이고, 수없는 파리 누각에는 때 없는 광 마니왕 그물이 위에 덮이었다.

 수없는 광명이 세간에 비추는 마니 누각에는 일장마니왕日藏摩尼王 그물이 위에 덮이고, 수없는 제청마니 누각에는 묘광妙光마니왕 그물이 위에 덮이고, 수없는 중생 바다 마니왕 누각에는 불꽃 광명 마니왕 그물이 위에 덮이고, 수없는 금강 보배 누각에는 이길 이 없는 당기 마니왕 그물이 위에 덮이고, 수없는 흑전단 누각에는 하늘 만다라꽃 그물이 위에 덮이고, 수없는 무등향왕 누각에는 가지각색 꽃 그물이 위에 덮이었다.

그 성에는 또 수없는 마니 그물·수없는 보배 풍경 그물·수없는 하늘 향 그물·수없는 하늘 꽃 그물·수없는 보배 형상 그물과, 수없는 보배 옷 휘장·수없는 보배 일산 휘장·수없는 보배 누각 휘장·수없는 보배 화만 휘장들이 덮였으며, 간 데마다 보배 일산과 당기·번기를 세웠다. 이 성 중에 누각이 있으니 이름이 정법장正法藏이었다. 아승기 보배로 장엄하였는데 광명이 찬란하여 가장 훌륭하기가 비길 데 없어 보는 중생들은 싫은 줄을 모르며 대광왕은 그 가운데 있었다.

그 때 선재동자는 이 모든 보물이나 내지 남자·여자나 여섯 대상[六塵境界]에는 조금도 애착이 없고, 다만 최고의 법을 생각하여 일심으로 선지식을 만나기만 원하면서 점점 다니다가 대광왕이 거처하는 누각에서 얼마 멀지 아니한 네 길거리에서 여의주 보배로 만든 연화장광대장엄사자좌蓮華藏黃大莊嚴師子座에 앉아 있는 것을 보았다.

아청유리로 사자좌의 다리를 만들고 황금 비단으로 휘장이 되고, 여러 보배로 그물이 되고 썩 좋은 하늘 옷을 깔았는데, 그 위에 대광왕이 가부하고 앉았다. 스물여덟 종의 거룩한 모습과 여든 가지 잘생긴 모습으로 몸을 장엄하였으니 진금산과 같이 빛이 치성하고 맑은 허공에 뜬 해와 같이 광채가 찬란하며 보름달과 같이 보는 이마다 시원해 하고 범천왕이 범천 무리 가운데 있는 것 같으며 큰 바다와 같아서 공덕의 보배가 한정이 없고 설산과 같아서 잘생긴 모습의 숲으로 꾸미었으며, 큰 구름과 같이 법의 우레를 진동하여 여러 무리를 깨우치고 허공과 같이 갖가지 법문의 별들을 나타내며, 수미산처럼 네 가지 빛이 중생의 마음 바다에 비치고 보배섬처럼 여러 가지 지혜 보배가 가운데 가득하였다.

왕이 앉은 평상 앞에는 금·은·유리·마니·진주·산호·호박·보패·구슬 등의 모든 보배와, 의복·영락과 모든 음식이 한량없고 그지없이 가득 쌓였다. 또 한량없는 백천만억 훌륭한 수레와 백천만억 하늘의 풍류와 백천만억 하늘의 묘한 향과 백천만억 병에 필요한 탕약과 살림 사는 도구들의 모든 것이 훌륭하며, 한량없는 젖소는 굽과 뿔이 금빛이요, 한량없는 천억의 단정한 여인들은 기묘한 전단향을 몸에 바르고, 하늘 옷과 영락으로 가지가지 장엄하였으며, 64종의 기능을 모르는 것이 없고, 세상의 인정과 예법을 다 잘 알았다.

중생들의 마음을 따라 보시하여 주는데, 성중이나 마을이나 길거리에는 모든 필수품을 쌓아 두고, 길거리마다 20억 보살이 있어서 이런 물건으로 중생들에게 보시하였다. 중생을 두루 거두어 주기 위하며, 중생들을 기쁘게 하기 위하며, 중생들을 뛰놀게 하기 위하며, 중생들의 마음을 깨끗케 하기 위하며, 중생들을 시원케 하기 위하며, 중생들의 번뇌를 없애기 위하며, 중생들로 하여금 모든 이치를 알게 하기 위하며, 중생들을 온갖 지혜의 길에 들어가게 하기 위하며, 중생들이 대적하는 마음을 버리게 하기 위하며, 중생들이 몸과 말과 뜻으로 짓는 나쁜 짓을 여의게 하기 위하며, 중생들의 나쁜 소견을 뽑기 위하며, 중생들로 하여금 모든 업을 깨끗케 하기 위한 연고니라.

이 때 선재동자는 땅에 엎드려 그의 발에 절하고 공경하여 오른쪽으로 한량없이 돌고 합장하고 서서 말하였다.

"거룩하신 이여, 저는 이미 아뇩다라삼먁삼보리심을 내었사오나 보살이 어떻게 보살의 행을 배우며 보살의 도를 닦는지를 알지 못하옵니다. 듣자온즉 거룩한 이께서 잘 가르쳐 주신다 하오니, 바라옵건대 저에게 말씀하여 주소서."

왕이 말하였다.

"선남자여, 나는 보살의 크게 인자한 당기의 행을 닦으며, 보살의 크게 인자한 당기의 행을 만족하였느니라. 선남자여, 나는 한량없는 백천만억으로 내지 말할 수 없이 말할 수 없는 부처님의 처소에서 이 법을 묻고 생각하고 관찰하고 닦아서 장엄하였느니라.

선남자여, 나는 이 법으로 왕이 되고 이 법으로 가르치고 이 법으로 거두어 주고 이 법으로 세상을 따라가고 이 법으로 중생을 인도하고 이 법으로 중생을 수행케 하고 이 법으로 중생을 나아가게 하고 이 법으로 중생에게 방편을 주고 이 법으로 중생을 이익하게 하고 이 법으로 중생이 행을 일으키게 하고 이 법으로 중생이 법의 성품에 머물러서 생각케 하며, 이 법으로써 중생들로 하여금 인자한 마음에 머물러서 인자함으로 근본을 삼아 인자한 힘을 갖추게 하며, 이리하여 이익하는 마음·안락한 마음·물쌍히 여기는 마음·거두어 주는 마음·중생을 수호하여 버리지 않는 마음·중생의 괴로움을 뽑기에 쉬는 마음이 없게 하느니라.

나는 이 법으로써 중생들로 하여금 끝까지 쾌락하고 항상 기쁘며, 몸에는 괴로움이 없고 마음은 청량하며, 생사의 애착을 끊고 바른 법의 낙을 즐거워하며, 번뇌의 더러움을 씻고 나쁜 업의 장애를 깨뜨리며, 죽살이의 흐름을 끊고 진정한 법의 바다에 들어가며, 모든 중생의 길을 끊고 온갖 지혜를 구하며, 마음 바다를 깨끗이 하여 무너지지 않는 신심을 내게 하노라. 선남자여, 나는 이 크게 인자한 당기의 행에 머물러서 바른 법으로 세간을 교화하느니라.

선남자여, 내 나라에 있는 모든 중생은 모두 나에게 공포함이 없느니

라.

선남자여, 어떤 중생이 빈궁하고 궁핍하여 나에게 와서 구걸하면, 나는 고방 문을 열어 놓고 마음대로 가져가게 하며 말하기를 '나쁜 짓을 하지 말고 중생을 해치지 말고 여러 가지 소견을 일으키지 말고 집착을 내지 말라. 만일 필요한 일이 있거든 나에게 오거나 네 길거리에 가면, 모든 물건이 갖가지 구비되어 있으니 마음대로 가져가고 조금도 어려워하지 말라'고 하느니라.

선남자여, 이 묘광성에 있는 중생들은 모두 보살들로서 대승의 뜻을 내었으며, 마음의 욕망을 따라서 보는 것이 같지 아니하니라. 어떤 이는 이 성이 좁다고 보고, 어떤 이는 이 성이 넓다고 보며, 흙과 자갈로 땅이 된 줄로 보기도 하고, 여러 보배로 장엄한 줄로 보기도 하며, 흙을 모아 담을 쌓은 줄로 보기도 하고, 보배로 쌓은 담이 둘리었다고 보기도 하며, 돌과 자갈이 많아서 땅이 울퉁불퉁하다고 보기도 하고, 한량없는 마니보배로 장엄하여 손바닥처럼 평탄하다고 보기도 하며, 집들이 흙과 나무로 지어졌다고 보기도 하고, 궁전·누각·층대·창호·난간·문들이 모두 보배로 되었다고 보기도 하느니라.

선남자여, 만일 중생이 마음이 청정하고 선근을 심었으며, 부처님께 공양하여 온갖 지혜의 길로 나아갈 마음을 내어서 온갖 지혜로써 끝까지 이르는 곳이라고 하거나, 내가 과거에 보살행을 닦을 적에 거두어 주었던 사람이면 이 성이 여러 가지 보배로 장엄하였다고 보지만 다른 이들은 더러운 줄로 보느니라.

선남자여, 이 국토에 있는 중생들이 다섯 가지 흐린 세상〔五濁世〕에서 나쁜 짓을 많이 지었으므로, 내가 가엾이 여기는 마음으로 구호하여 보살들의 인자한 마음이 으뜸이 되어 세간을 따라 주는 삼매에 들어가게 하노라. 이 삼매에 들어가는 때에는, 중생들이 가졌던 무서워하는 마음·해롭게 하는 마음·원수로 생각하는 마음·다투는 마음들이 모두 소멸되나니, 왜냐 하면 보살들이 인자한 마음이 으뜸이 되어 세간을 따라 주는 삼매에 들어가면 으레 그렇게 되기 때문이니라. 선남자여, 잠깐만 기다리면 마땅히 보게 되리라."

 이 때에 대광왕이 이 삼매에 들어가니 그 성의 안팎이 여섯 가지로 진동하며 보배 땅·보배 담·보배 강당·보배 궁전·누각·섬돌·창호 등 모든 것에서 묘한 음성을 내며 왕을 향하여 경례하며, 묘광성 내에 사는 사람들이 모두 한꺼번에 환희하여 뛰놀면서 왕이 있는 데를 향하여 땅에 엎드리고, 마을이나 영문이나 도시에 사는 사람들도 모두 와서 왕을 보고 환희하여 예배하며, 왕의 처소에 가까이 있던 새와 짐승들도 서로 쳐다보고 자비한 마음을 내어 왕에게 향하여 공경하고 예배하며, 모든 산과 들과 초목들도 두루 돌면서 왕을 향하여 예경하고 못·물·샘·강·바다가 모두 넘쳐 솟아서 왕의 앞으로 흘러 갔다.

 십천의 용왕은 향기 구름을 일으키며 번개치고 뇌성하면서 보슬비를 내리고, 십천의 천왕이 있으니, 노리천왕忉利大土·야마천왕夜摩大土·도솔타천왕兜率陀天王·선변화천왕善變化天王·타화자재천왕他化自在天王들이 우두머리가 되어 허공에서 여러 가지 풍악을 잡히고, 무수한 천녀들은 노래하고 찬탄하면서 수없는 꽃 구름·수없는 향 구름·수없는 보배 화만 구름·수없는 보배 옷 구름·수없는 보배 일산 구름·수없는 보배 당기구름·수없는 보배 번기 구름을 비내리며 공중에 장엄하여 왕에게 공양하였다.

 이라바나伊羅婆拏 큰 코끼리는 자유로운 힘으로 공중에서 무수한 큰 보배 연꽃을 펴 놓으며, 무수한 보배 영락·무수한 보배 띠·무수한 보배 화만·무수한 보배 장엄거리·무수한 보배 꽃·무수한 보배 향 등의 갖가지 기묘한 것을 드리워 훌륭하게 장엄하고, 무수한 채녀들은 가지가지로 노래하고 찬탄하였다.

염부제 안에 또 한량없는 백천만억 나찰왕・야차왕・구반다왕・비사차왕들이 있는데, 바다에 있기도 하고 육지에 살기도 하면서, 피를 마시고 살을 먹어 중생을 해치던 것들이, 자비심을 일으키고 이익한 일을 행하며, 뒷세상을 분명히 알고 나쁜 업을 짓지 아니하며, 공경하고 합장하여 왕에게 예배하였다.

염부제와 같이 다른 세 천하와 내지 삼천대천세계와 시방의 백천만억 나유타 세계에 있는 모든 악독한 중생들도 모두 그러하였다.

이 때 대광왕이 삼매에서 일어나 선재동자에게 말하였다.

"선남자여, 나는 다만 이 보살의 크게 인자함이 으뜸이 되어 세간을 따라 주는 삼매문을 알거니와, 저 보살마하살들은 높은 일산이 되나니 여러 중생을 두루 그늘 지어 덮어 주는 연고며, 행을 닦음이 되나니, 하품・중품・상품의 행을 평등하게 행하는 연고며, 땅덩이가 되나니 인자한 마음으로 모든 중생을 맡아 지니는 연고며, 보름달이 되나니 복덕의 광명이 세간에 평등하게 나타나는 연고며, 청정한 해가 되나니 지혜의 빛으로 모든 알아야 할 경계를 비추는 연고며, 밝은 등불이 되나니 모든 중생의 마음 속 어둠을 깨뜨리는 연고며, 물 맑히는 구슬이 되나니 중생들의 마음 속 속이고 아첨하는 흐림을 밝히는 연고며, 여의주가 되나니 모든 중생의 소원을 만족케 하는 연고며, 큰 바람이 되나니 중생들로 하여금 빨리 삼매를 닦아서 온갖 지혜의 성중에 들어가게 하는 연고니라.

그런 것이야 내가 어떻게 그 행을 알고 그 덕을 말하며, 그 복덕의 큰 산을 측량하고 그 공덕의 별을 우러르며, 그 서원의 바람 둘레를 관찰하고 그 깊은 법문에 들어가며, 그 장엄한 큰 바다를 보이고 그 보현의 행하는 문을 밝히며, 그 삼매의 굴을 열어 보이고 그 대자비한 구름을 찬탄하겠는가.

 선남자여, 여기서 남쪽에 한 서울이 있으니 이름이 잘 머무는 데며, 거기 우바이가 있으니 이름이 부동不動입니다. 그대는 그에게 가서 보살이 어떻게 보살의 행을 배우며 보살의 도를 닦느냐고 물으라."

 이 때 선재동자는 왕의 발에 엎드려 절하고 수없이 돌고 은근하게 앙모하면서 하직하고 물러갔다.

 (20) 부동不動 우바이를 찾다

 그 때 선재동자는 묘광성에서 나와 길을 걸어가면서 바른 생각으로 대광왕의 가르침을 생각하고, 보살의 크게 인자한 당기의 수행하는 문을 기억하며, 보살의 세간을 따라 주는 삼매의 광명문을 생각하며, 그 부사의한 서원과 복덕의 자유자재한 힘을 증장하며, 그 부사의한 중생을 성숙시키는 지혜를 견고히 하며, 그 부사의한 함께 수용하지 않는 큰 위덕을 관찰하며, 그 부사의한 차별한 모양을 기억하며, 그 부사의한 정성한 권속을 생각하며, 그 부사의한 씻는 법을 생각하고서는, 환희하는 마음을 내고 깨끗한 신심을 내며 맹렬하게 날카로운 마음을 내고 즐기는 마음을 내며 뛰노는 마음을 내고 다행해 하는 마음을 내며 흐리지 않은 마음을 내고 청정한 마음을 내며 견고한 마음을 내고 광대한 마음을 내며 다함이 없는 마음을 내었다.

 이렇게 생각하고는 슬픈 듯이 눈물 흘리면서 '선지식은 진실로 희유하여 모든 공덕의 처소를 내며, 모든 보살의 행을 내며, 모든 보살의 깨끗한 생각을 내며, 모든 다라니 바퀴를 널리 내며, 모든 삼매의 광명을 내며, 모든 부처님의 법 비를 널리 내리며, 모든 보살의 서원한 문을 나타내 보이며, 생각할 수 없는 지혜의 광명을 내며, 모든 보살의 뿌리와 싹을 증장한다'고 생각하였다.

또 생각하기를 '선지식은 모든 나쁜 길을 널리 구호하며 여러 평등한 법을 널리 연설하며, 모든 평탄하고 험난한 길을 널리 보이며 대승의 깊은 이치를 널리 열며, 보현의 모든 행을 널리 권하여 일으키며, 온갖 지혜의 성에 널리 인도하여 이르게 하며, 법계의 큰 바다에 두루 들어가게 하며, 삼세의 법 바다를 널리 보게 하며, 여러 성인의 도량을 널리 주며, 모든 선한 법(白法)을 널리 증장케 한다'고 하였다.

선재동자가 이렇게 슬퍼하고 생각할 때에 항상 따라다니며 보살을 깨우쳐 주는 여래의 심부름하는 하늘이 공중에서 말하였다.

"선남자여, 선지식의 가르치는 대로 수행하면 부처님 세존이 모두 환희하며, 선지식의 말을 순종하면 온갖 지혜의 지위에 가까워지며, 선지식의 말에 의혹이 없으면 모든 선지식을 항상 만날 것이며, 마음을 내어 항상 선지식을 떠나지 않으려 하면, 모든 이치를 구족하게 되리라. 선남자여, 그대는 잘 머무는 서울에 가라. 부동 우바이 큰 선지식을 만나게 되리라."

이 때 선재동자는 그 삼매의 지혜 광명에서 일어나서 점점 가다가 잘 머무는(安住) 서울에 이르러 "부동 우바이가 어디에 있습니까?"고 두루 물었다.

한량없는 사람들은 다 대답하였다.

"선남자여, 부동 우바이는 처녀로서 집에서 부모의 보호를 받으면서 한량없는 그의 친족들에게 묘한 법을 말합니다."

선재동자는 이 말을 듣고 기쁘기가 부모를 본 듯하여 곧 부동 우바이의 집에 가서 집안으로 들어섰다. 그 집에서는 금빛 광명이 두루 비치는데, 이 광명을 받는 이는 몸과 뜻이 청량하였다.

선재동자는 광명이 몸에 비치매 곧 5백 가지 삼매의 문을 얻었으니, 이른바 모든 희유한 모양을 아는 삼매의 문·고요함(寂靜)에 들어가는 삼매의 문·모든 세간을 멀리 여의는 삼매의 문·넓은 눈으로 모두 버리는 삼매의 문·여래장 삼매의 문 등 5백 가지 삼매의 문이었다. 이 삼매의 문을 얻었으므로 몸과 마음이 부드럽기가 이레된 태와 같으며, 또 묘한 향기를 맡으니 하늘·용·건달바 등 사람과 사람 아닌 이에게 있는 향이 아니었다.

　선재동자가 그의 처소에 나아가 공경하며 합장하고 한결같은 마음으로 살펴보았다. 그 용모는 단정하고 기묘하여 시방세계의 모든 여인들로는 미칠 수 없거늘, 하물며 그보다 지나갈 이가 있겠는가. 다만 여래의 정수리에 물을 부은 모든 보살은 제외할 것이다.

　입에서 묘한 향기가 나오는 일과 궁전의 장엄과 그 권속들도 그와 같을 이가 없거늘, 하물며 그보다 지나갈 이가 있겠는가. 시방세계의 모든 중생이 이 우바이에게는 물드는 마음을 일으키는 이가 없으며, 잠깐 보기만 하여도 모든 번뇌가 스스로 소멸합니다. 마치 백만의 대범천왕은 결정코 욕심 세계의 번뇌가 생기지 않듯이, 이 우바이를 보는 이의 번뇌도 그와 같으며, 시방 중생들이 이 여인을 보고는 싫은 생각이 없나니, 다만 큰 지혜를 구족한 이는 제외할 것이다.

　이 때 선재동자는 허리를 굽혀 합장하고 바른 생각으로 관찰하였다. 이 여인의 몸은 자유자재하여 헤아릴 수 없으며, 빛깔과 용모는 그와 같을 이가 이 세상에는 없고 광명은 사무쳐 비추어 그를 장애할 것이 없어서 중생들을 위하여 많은 이익을 지으며, 털구멍에서는 묘한 향기가 항상 나오고, 권속이 그지없고 궁전이 제일이며, 공덕이 깊고 넓어서 끝닿은 데를 알 수 없으므로 환희한 마음을 내어 게송으로 찬탄하였다.

　청정한 계를 항상 지키고

넓고 큰 참음 닦아 행하며
꾸준히 노력하여 물러가지 않으니
광명이 온 세계에 밝게 비치네.

선재동자는 게송을 마치고 여쭈었다.
"거룩하신 이여, 저는 이미 아뇩다라삼먁삼보리심을 내었사오나, 보살이 어떻게 보살의 행을 배우며, 어떻게 보살의 도를 닦는지를 알지 못하옵니다. 듣자온즉 거룩한 이께서 잘 가르치신다 하오니 바라옵건대 말씀하여 주소서."
이 때 부동 우바이는 보살의 부드러운 말과 뜻에 맞는 말로 선재동자를 위로하여 말하였다.
"훌륭하다, 훌륭하다. 선남자여, 그대는 능히 아뇩다라삼먁삼보리심을 내었도다. 선남자여, 나는 보살의 꺾을 수 없는 지혜장智慧藏 해탈문을 얻었으며, 보살의 견고하게 받아 지니는 수행의 문을 얻었으며, 보살의 모든 법에 평등한 모두 지니는 문을 얻었으며, 보살의 모든 법을 밝히는 변재의 문을 얻었으며, 보살의 모든 법을 구하여 고달픔이 없는 삼매의 문을 얻었노라."
선재동자가 말하였다.
"거룩하신 이여, 보살의 꺾을 수 없는 지혜장 해탈문과 내지 모든 법을 구하여 고달픔이 없는 삼매의 문은 그 경계가 어떠합니까?"
아가씨[童女]는 대답하였다.
"선남자여, 그것은 알기 어려우니라."
선재는 또 말하였다.
"바라옵건대 거룩하신 이여, 부처님의 신통을 받자와 말씀하여 주소서. 저는 선지식을 인하여 능히 믿고 받아 지니고 알고 통달하오며, 나아가 관찰하고 닦아 익히며 순종하여 모든 분별을 떠나서 끝까지 평등하겠습니다."

우바이가 말하였다.

"선남자여, 지난 세상에 때 여원(離垢) 겁이 있었는데 부처님의 명호는 수비修臂였고, 전수電授라는 국왕이 있어 한 명의 딸을 두었으니 그가 곧 나의 몸이다. 그 때 음악 소리가 그쳤을 밤중에 부모와 형제는 모두 잠에 들었고, 5백의 동녀들도 자고 있었다. 나는 누각 위에서 별을 보고 있다가 허공에 계시는 그 부처님을 뵈오니 보배산과 같았고, 한량없고 그지없는 하늘·용 등의 팔부신장과 보살들이 둘러 모시었으며, 부처님 몸에서 큰 광명 그물을 놓아 시방세계에 두루하는데 나는 그 향기를 맡고 몸이 부드러워지고 마음이 환희하였다.

나는 누각에서 내려와 땅에 서서 열 손가락을 모아 부처님께 예배하였고, 또 부처님을 살펴보았으나 정수리를 볼 수 없었으며, 좌우를 살펴보았으나 끝닿은 데를 알 수 없었고, 부처님의 거룩한 모습과 잘생긴 모양을 생각하였으나, 만족하지 아니하였다. 나는 생각하기를 '부처님 세존께서는 어떠한 업을 지어서, 이렇게 훌륭한 몸을 얻었으며, 거룩한 모습이 원만하고 광명이 구족하며, 권속을 많이 두고 궁전이 장엄하며, 복덕과 지혜가 청정하고 다라니와 삼매가 부사의하며, 신통이 자재하시고 변재가 걸림이 없는가' 하였노라.

선남자여, 그 때 여래께서 나의 생각을 아시고 말씀하시기를 '너는 깨뜨릴 수 없는 마음을 내어 모든 번뇌를 없애라. 이길 이 없는 마음을 내어 모든 집착을 깨뜨려라. 물러가지 않는 마음을 내어 깊은 법문에 들어가라. 참고 견디는 마음을 내어 나쁜 중생을 구호하라. 의혹이 없는 마음을 내어 모든 길에 태어나라. 만족이 없는 마음을 내어 부처님 뵈오려는 생각을 쉬지 말라. 만족할 줄 모르는 마음을 내어 모든 여래의 법 비를 받으라. 옳게 생각하는 마음을 내어 모든 부처님의 광명을 내라. 크게 머물러 지니는 마음을 내어 여러 부처님의 법륜을 굴려라. 널리 유통하려는 마음을 내어 중생의 욕망을 따라 법보를 널리 베풀라' 하시었느니라.

선남자여, 나는 그 부처님 계신 데서 이러한 법을 듣고, 온갖 지혜를 구하며 부처의 십력을 구하며 부처의 육신을 구하며 부처의 잘생긴 모습을 구하며 부처의 모인 대중을 구하며 부처의 국토를 구하며 부처의 위의를 구하며 부처의 수명을 구하였노라. 이런 마음을 내니 그 마음이 견고하기 금강과 같아서 모든 번뇌나 이승들로는 깨뜨릴 수 없었느니라.

선남자여, 내가 이 마음을 낸 후부터 염부제의 티끌 수 겁을 지내면서 탐욕을 생각하는 마음도 내지 않았는데, 하물며 그런 일을 행하였겠는가. 저러한 겁 동안에 나의 친족에게도 성내는 마음을 일으키지 않았는데 하물며 다른 중생에게 일으켰겠는가. 저러한 겁 동안에 나의 몸에도 나라는 소견을 내지 않았는데, 하물며 모든 도구에 내 것이란 생각을 내었겠는가. 저러한 겁 동안에 죽을 때·날 때·태에 들었을 때에 한 번도 미혹하여 중생이란 생각이나 기억이 없는 마음〔無記心〕을 내지 않았는데, 하물며 다른 때이겠는가. 저러한 겁 동안에 꿈속에서 한 부처님을 뵈온 것도 잊지 않았는데, 하물며 보살의 열 가지 눈으로 본 것이겠는가.

저러한 겁 동안에 받아 지닌 여러 부처님의 바른 법을 한 글자 한 구절도 잊지 않았고, 내지 세속의 말까지도 잊지 않았는데, 하물며 부처님의 입으로 말씀한 것이겠는가. 저러한 겁 동안에 받아 지닌 모든 여래의 법 바다에서 한 글자 한 구절도 생각하지 않는 것이 없고 관찰하지 않는 것이 없으며, 내지 세속의 법도 역시 그러하니라. 저러한 겁 동안에 이러한 모든 법 바다를 받아 지니고 일찍이 한 법에서도 삼매를 얻지 못한 것이 없으며, 내지 세간의 기술의 법에서도 낱낱이 그러하였느니라. 저러한 겁 동안에 모든 여래의 법륜을 머물러 지녔으며 지니는 곳마다 한 글자 한 구절도 버린 적이 없으며, 한 번도 세상 지혜를 내지 않았으나, 오직 중생을 조복하기 위한 것은 제외할 것입니다. 저러한 겁 동안에 부처 바다를 뵈옵고 한 부처님에게서도 청정한 서원을 성취하지 못한 것이 없으며, 내지 여러 화신 부처님[化佛]에게서도 역시 그러하였느니라. 저러한 겁 동안에 여러 보살들이 묘한 행을 닦는 것을 보고 한 가지 행도 내가 성취하지 못한 것이 없느니라.

저러한 겁 동안에 내가 본 중생들 중에서 한 중생에게도 아뇩다라삼먁삼보리심을 내도록 권하지 않은 적이 없으며, 한 중생에게도 성문이나 벽지불의 뜻을 내도록 권한 일이 없느니라. 저러한 겁 동안에 모든 부처의 법에 대하여 한 글자 한 구절에도 의혹을 내지 않고 두 가지 생각을 내지 않고, 분별하는 생각을 내지 않고 갖가지 생각을 내지 않고, 집착하는 생각을 내지 않고 낫다 못하다는 생각을 내지 않고, 사랑하고 미워하는 생각을 내지 않았느니라.

선남자여, 나는 그 때부터 항상 부처님을 보고 보살을 보고 진실한 선지식을 보았으며, 항상 부처님의 서원을 듣고 보살의 행을 듣고 보살의 바라밀 문을 듣고 보살의 처지인 지혜의 광명 문을 듣고, 보살의 무진장 문을 듣고, 그지없는 세계의 그물에 들어가는 문을 듣고, 그지없는 중생계를 내는 원인의 문을 들었으며, 항상 청정한 지혜의 광명으로 모든 중생의 번뇌를 없애고, 항상 지혜로 모든 중생의 선근을 생장케 하고, 항상 모든 중생의 좋아함을 따라 몸을 나타내고, 항상 청정하고 훌륭한 말로 법계의 모든 중생을 깨우치노라.

선남자여, 나는 보살이 온갖 법을 구하여 싫음이 없는 장엄문을 얻었고, 나는 모든 법이 평등한 지위의 다 지니는 문[總持門]을 얻어서, 헤아릴 수 없이 자재한 신통 변화를 나타내는 것을 그대는 보고자 하느냐?"

선재동자는 진심으로 보기를 원한다고 말하였다. 그 때 부동 우바이는 용장龍藏사자좌에 앉아서, 모든 법을 구하여 싫음이 없는 장엄삼매문[一切法無厭足莊嚴三昧門]과, 공하지 않은 바퀴 장엄 삼매문[不空輪莊嚴三昧門]과 십력의 지혜 바퀴가 앞에 나타나는 삼매문[十力智輪現前三昧門]과 불종무진장삼매문[佛種無盡藏三昧門]에 들어갔으며, 이렇게 만 가지 삼매문에 들어갔다.

이 삼매문에 들어갈 때에 시방으로 각각 말할 수 없는 부처 세계의 티끌 수 세계가 여섯 가지로 진동하며 다 청정한 유리로 이루어졌고, 낱낱 세계마다 백억 사천하와 백억 여래가 있는데, 어떤 이는 도솔천에 계시고, 혹은 열반에 들기도 하며, 낱낱 여래께서 광명 그물을 놓아 법계에 두루하니, 도량에 모인 대중이 청정하게 둘러 있으며, 미묘한 법륜을 굴리어 중생들을 깨우쳤다.

이 때 부동 우바이가 삼매에서 일어나 선재에게 말하였다.

"선남자여, 그대는 이것을 보는가?"

선재는 말하였다.

"예. 저는 모두 보았습니다."

우바이가 말하였다.

"선남자여, 나는 다만 이 모든 법을 구하여 싫음이 없는 삼매의 광명을 얻고, 모든 중생에게 미묘한 법을 말하여 기쁘게 하거니와, 저 보살마하살들이 가루라처럼 허공으로 다니면서 걸림 없이 모든 중생 바다에 들어가서 선근이 성숙한 중생을 보고는 곧 들어다가 열반의 저 언덕에 두며, 또 장사꾼들처럼 보배 섬에 들어가서 여래의 십력과 지혜의 보배를 구하며, 또 고기잡는 사람처럼 바른 법의 그물을 가지고 생사의 바다에 들어가 애욕의 물 속에서 중생들을 건져내되, 마치 아수라왕이 세 세계〔三有〕의 큰 성과 번뇌의 바다를 흔들 듯하느니라.

또 해가 허공에 뜨듯이 애욕의 진흙에 비추어 마르게 하며, 또 보름달이 허공에 뜨듯이 교화 받을 사람의 마음 꽃을 피게 하며, 또 땅덩이가 두루 평등하듯이 한량없는 중생이 머물러 있으면서 모든 선한 법의 싹을 증장케 하며, 또 큰 바람이 향하는 곳에 걸림이 없듯이, 모든 나쁜 소견의 나무를 뽑아 버리며, 또 전륜왕처럼 세간에 다니면서 네 가지 거둬 주는〔四攝〕 일로 중생들을 거두어 주는 일이야 내가 어떻게 알며 어떻게 그 공덕의 행을 말하겠는가.

선남자여, 여기서 남쪽에 큰 성이 있으니 이름이 한량없는 도살라〔無量都薩羅〕요, 거기 출가한 외도가 있으니 이름이 변행徧行입니다. 그대는 그에게 가서 보살이 어떻게 보살의 행을 배우며 보살의 도를 닦느냐고 물으라."

그 때 선재동자는 그의 발에 예배하고 한량없이 돌고 은근하게 앙모하면서 하직하고 떠났다.

대방광불화엄경 제67권

제67권

39. 입법계품 ⑧

2) 가지 법회 ⑦

(21) 변행偏行 외도를 찾다

그 때 선재동자는 부동 우바이에게서 법을 듣고 일심으로 기억하여 가르친 것을 모두 믿어 받고 생각하고 관찰하면서 점점 나아가 여러 나라와 도시를 지나서 도살라성都薩羅城에 이르렀다. 해가 질 무렵에 성중에 들어가서 상점과 골목과 네거리로 다니면서 변행 외도를 찾았다.

성 동쪽에 산이 있으니 이름이 선득善得이었다. 밤중쯤 되어 선재동자가 산꼭대기를 보니 초목과 바위에 광명이 환하게 비추어 마치 해가 처음 뜨는 듯하였다. 이것을 보고 기쁜 마음으로 이렇게 생각하기를 '내가 아마 여기서 선지식을 만나려나 보다' 하고, 성에서 나와 산으로 올라갔다. 이 외도가 산 위의 평탄한 곳에서 천천히 거니는데, 생긴 모습이 원만하고 위엄과 광채가 찬란하여 대범천왕으로도 미칠 수 없으며, 십천의 범천들이 호위하고 있었다.

선재동자는 그 앞에 나아가 엎드려 절하고 한량없이 돌고 합장하고 서서 말하였다.

"거룩하신 이여, 저는 이미 아뇩다라삼먁삼보리심을 내었사오나, 보살이 어떻게 보살의 행을 배우며, 어떻게 보살의 도를 닦는지를 알지 못하나이다. 들자온즉 거룩하신 이께서 잘 가르치신다 하오니 바라옵건대 말씀하여 주소서."

변행 외도는 대답하였다.

"훌륭하고, 훌륭하다. 선남자여, 나는 모든 곳에 이르는 보살의 행에 편안히 머물렀고, 세간을 두루 관찰하는 삼매의 문을 성취하였고, 의지한 데 없고 지음이 없는 신통의 힘을 성취하였고, 넓은 문 반야바라밀을 성취하였노라.

선남자여, 나는 넓은 세간에서 가지가지 방소方所와 가지가지 형상과 가지가지 행과 이해로 온갖 길에 나고 죽나니, 이른바 하늘 길·용의 길·야차의 길과, 긴달비·이수라·기루라·긴니라·미후라가·지옥·축생의 길이며, 염라왕 세계와 사람과 사람 아닌 이들의 모든 길이니라.

여러 가지 소견에 빠지고 이승을 믿고 대승을 좋아하는 이런 중생들 가운데서 나는 가지가지 방편과 가지가지 지혜의 문으로 이익케 하노라. 혹 모든 세간의 갖가지 기술을 연설하여 온갖 공교한 기술 다라니 지혜를 갖추게 하며, 네 가지로 거두어 주는 방편을 말하여 온갖 지혜의 길을 구족케 하기도 하며, 모든 바라밀을 말하여 온갖 지혜의 지위로 회향케 하기도 하며, 보리심을 칭찬하여 위없는 도의 뜻을 잃지 않게도 하며, 보살의 행을 칭찬하여 부처의 국토를 깨끗이 하고 중생을 제도하려는 소원을 만족케도 하며, 나쁜 짓을 하며 지옥 따위에 빠져

여러 가지 고통 받는 일을 말하여 나쁜 업을 싫어하게도 하며, 부처님
께 공양하고 선근을 심으면 온갖 지혜의 과보를 얻는다 말하여 환희한
마음을 내게도 하며, 모든 여래·응공·정등각의 공덕을 찬탄하여, 부
처의 몸을 좋아하고 온갖 지혜를 구하게도 하며, 부처님의 위엄과 공덕
을 찬탄하여 부처님의 무너지지 않는 몸을 좋아하게도 하며, 부처님의
자유자재한 몸을 찬탄하여 여래의 가릴 수 없는 큰 위덕을 구하게도 하
노라.

 또 선남자여, 이 도솔라 성중의 여러 곳에 있는 여러 종류의 남녀들
가운데서, 나는 갖가지 방편으로 그들의 형상과 같이 나투고 그에게 알
맞게 법을 말하거든, 그 중생들은 내가 어떤 사람인지, 어디서 왔는지
를 알지도 못하거니와 듣는 이로 하여금 사실대로 수행케 하노라.

 선남자여, 이 성에서 중생들을 이익케 하는 것처럼 염부제의 여러 성
중과 도시와 마을의 사람이 사는 곳에서도 이와 같이 이익케 하노라.

 선남자여, 염부제에 있는 96종 외도들이 제각기 야릇한 소견으로 고
집을 세우거든, 나는 그 가운데서 방편으로 조복하여 모든 잘못된 소견
을 버리게 하며 염부제에서와 같이 다른 사천하에서도 그렇게 하고, 사
천하에서와 같이 삼천대천세계에서도 그렇게 하며, 삼천대천세계에서
와 같이 시방의 한량없는 세계의 중생 바다에서도 중생의 마음을 따라
서 갖가지 방편·갖가지 법문·갖가지 몸·갖가지 말로써 법을 말하여
이익케 하느니라.

 선남자여, 나는 다만 이 모든 곳에 이르는 보살의 행만을 알거니와,
저 보살마하살들의 몸은 온갖 중생의 수효와 같고, 중생들과 차별이 없
는 몸을 얻으며, 변화한 몸으로 모든 길에 두루 들어가 모든 곳에 태어
나되, 여러 중생의 앞에서 청정한 광명으로 세간에 널리 비추고 걸림
없는 소원으로 온갖 겁에 머무르며, 제석의 그물 같은 비등할 이 없는

행을 얻어, 모든 중생을 항상 이익케 하고 항상 함께 거처하면서도 집착이 없으며, 삼세에 두루 평등하여 나가 없는 지혜로 널리 비추고 크게 자비한 광으로 모든 것을 관찰하는 일이야, 내가 어떻게 알며 그 공덕의 행을 말하겠는가.

선남자여, 여기서 남쪽에 한 나라가 있으니 이름이 광대廣大요, 거기 향을 파는 장자가 있으니 이름은 우발라꽃[優鉢羅華]입니다. 그대는 그에게 가서 보살이 어떻게 보살의 행을 배우며 보살의 도를 닦느냐고 물으라."

그 때 선재동자는 그의 발에 엎드려 절하고 한량없이 돌고 은근하게 앙모하면서 하직하고 물러갔다.

(22) 향팔이 장자를 찾다

그 때 선재동자는 선지식의 가르침을 인하여 몸과 목숨도 돌보지 않고, 재물에도 집착하지 않고, 여러 사람들을 좋아하지도 않고, 오욕五欲을 탐하시노 않고, 권속을 그리워하시도 않고, 왕의 시위를 소중히 여기지도 아니하였다.

오직 모든 중생을 교화하고, 부처의 국토를 깨끗이 하고, 모든 부처님께 공양하고, 법의 참된 성품을 알고, 모든 보살의 공덕 바다를 닦아 모으고, 모든 공덕을 닦아 행하여 물러가지 않고, 모든 겁마다 큰 서원으로 보살의 행을 닦고, 모든 부처님의 도량에 모인 대중 속에 들어가고, 한 삼매의 문에 들어가서 모든 삼매문의 자재한 신통의 힘을 나타내고, 부처님의 한 털구멍에서 모든 부처님을 보아도 만족함이 없고, 모든 법의 지혜 광명을 얻어서 모든 부처의 법장을 보호하고 유지하기를 원하였다.

이러한 모든 부처와 보살의 공덕을 일심으로 구하면서 점점 나아가 광대국廣大國에 이르러서는 장자의 앞에 가서 엎드려 발에 절하고 한량없이 돌고 합장하고 서서 여쭈었다.

"거룩하신 이여, 저는 이미 아뇩다라삼먁삼보리심을 내었고, 모든 부처님의 평등한 지혜를 구하려 하며, 모든 부처님의 한량없는 큰 서원을 만족하려 하며, 모든 부처님의 가장 높은 육신을 깨끗이 하려 하며, 모든 부처님의 청정한 법의 몸을 뵈오려 하며, 모든 부처님의 광대한 지혜의 몸을 알고자 하며, 모든 보살의 행을 깨끗이 다스리려 하며, 모든 보살의 삼매를 밝히려 하며, 모든 보살의 다라니에 머물고자 하며, 모든 장애를 없애려 하며, 여러 시방세계에 다니려 하오나, 보살이 어떻게 보살의 행을 배우며 어떻게 보살의 도를 닦아서 온갖 지혜의 지혜를 내는지를 알지 못하나이다."

장자는 말하였다.

"훌륭하고, 훌륭하다. 선남자여, 그대가 능히 아뇩다라삼먁삼보리심을 내었도다. 선남자여, 나는 모든 향을 잘 분별하여 알며, 모든 향을 조화하여 만드는 법을 아노니, 이른바 모든 향·모든 사르는 향·모든 바르는 향·모든 가루향이며, 이런 향이 나는 곳도 아노라.

또 하늘 향·용의 향·야차의 향과, 건달바·아수라·가루라·긴나라·마후라가 등의 사람인 듯 사람 아닌 듯한 이들의 향을 잘 알며, 또 병을 다스리는 향·나쁜 짓을 끊는 향·환희한 마음을 내는 향·번뇌를 늘게 하는 향·번뇌를 없애는 향·함이 있는 법에 애착을 내게 하는 향·함이 있는 법에 싫은 생각을 내게 하는 향·모든 교만과 방일을 버리는 향·마음 내어 염불하는 향·법문을 이해하는 향·성인이 받아쓰는 향·모든 보살의 차별한 향·모든 보살의 지위의 향들이니라.

이런 향의 형상과 생기는 일과 나타나고 성취함과 청정하고 편안함과 방편과 경계와 위덕과 작용과 근본의 모든 것을 내가 다 통달하노

라.

　선남자여, 인간에 향이 있는데 이름은 상장象藏이요, 용이 싸울 적에 생기며, 한 개만 살라도 큰 향 구름을 일으키어 서울에 덮으며, 이레 동안 가는 향 비〔細香雨〕를 내리나니, 몸에 닿으면 몸이 금빛이 되고, 의복이나 궁전이나 누각에 닿아도 금빛으로 변하며, 바람에 날려 궁전 안에 들어가면 그 향기를 맡은 중생은 이레 동안 밤낮으로 환희하고 몸과 마음이 쾌락하며, 병환이 침로하지 못하고 모든 근심이 없어져 놀라지도 무섭지도 어지럽지도 성내지도 않으며, 인자한 마음으로 서로 대하고 뜻이 청정하여지거든, 나는 그것을 알고 법을 말하여, 그들로 아뇩다라삼먁삼보리심을 내게 하느니라.

　선남자여, 마라야산摩羅耶山에서는 전단향栴檀香이 나는데 이름은 우두牛頭니라. 몸에 바르면 불구렁에 들어가도 타지 않느니라.

　선남자여, 바다 속에 향이 있으니, 이름이 이길 이 없음〔無能勝〕이니라. 북이나 소라에 바르면 소리가 날 적에 모든 적군들이 모두 물러가느니라.

　선남자여, 아나바달다阿那婆達多 못가에서는 침수향이 나는데 이름은 연화장蓮華藏이니라. 삼씨〔麻子〕만치를 태워도 향기가 염부제에 풍기며, 중생들이 맡으면 모든 죄를 여의고 계행이 청정하여지느니라.

　선남자여, 설산에 향이 있으니 이름은 아로나阿盧那니라. 중생이 이 향을 맡으면 마음이 결정되어 물드는 집착을 여의며, 내가 법을 말하면 때 여읜 삼매〔離垢三昧〕를 얻지 못하는 이가 없느니라.

　선남자여, 나찰 세계에 향이 있으니, 이름이 해장海藏이니라. 이 향은 전륜왕만이 사용하는데, 한 개만 피워서 풍겨도 전륜왕과 네 가지 군대가 모두 허공에 나르느니라.

　선남자여, 선법천善法天에 향이 있으니 이름은 정장엄淨莊嚴이니라. 한 개만 피워서 풍겨도 여러 하늘들로 하여금 부처님을 생각하게 하느니라.

선남자여, 수야마천須夜摩天에 향이 있으니, 이름은 정장淨藏이니라. 한 개만 피워서 풍겨도 수야마천 무리들이 천왕의 처소로 모여와서 함께 법을 듣느니라.

선남자여, 도솔천에 향이 있으니 이름이 선타바先陀婆니라. 일생보처 보살이 앉은 앞에서 한 개만 피우면 큰 향 구름을 일으켜서 법계를 뒤덮고 모든 공양거리를 비내려 모든 부처와 보살들께 공양하느니라.

선남자여, 선변화천善變化天에 향이 있으니 이름이 탈의奪意니라. 한 개를 피우면 이레 동안에 모든 장엄거리를 비내리느니라.

선남자여, 나는 다만 향을 화합하는 법을 알거니와 저 보살마하살들이 모든 나쁜 버릇을 여의어 세상 탐욕에 물들지 않으며, 번뇌 마군의 오랏줄을 아주 끊고 여러 길〔趣〕에서 뛰어나며, 지혜의 향으로 장엄하여 세간에서 물들지 않으며, 집착이 없는 계율을 구족하게 성취하며, 집착이 없는 지혜를 깨끗이 하고 집착이 없는 경계에 향하며, 모든 곳에 애착이 없고 마음이 평등하여 집착도 없고 의지함도 없음이야, 내가 어떻게 그 묘한 행을 알며, 그 공덕을 말하며, 그 청정한 계율의 문을 나타내며, 그 허물 없이 짓는 업을 보이며, 그 물들지 않는 몸과 뜻의 행을 말하겠는가.

선남자여, 여기서 남쪽에 큰 성이 있으니 이름은 누각樓閣이요, 거기 뱃사공이 있으니 이름이 바시라婆施羅라 하느니라. 그대는 그에게 가서 보살이 어떻게 보살의 행을 배우며 보살의 도를 닦느냐고 물으라."

이 때 선재동자는 그의 발에 엎드려 절하고 한량없이 돌고 은근하게 앙모하면서 하직하고 물러갔다.

(23) 바시라婆施羅 뱃사공을 찾다

이 때 선재동자는 누각성樓閣城을 향하면서 길을 살피니, 길이 높고 낮음을 보며, 길이 평탄하고 험함을 보며, 길이 깨끗하고 더러움을 보며, 길이 굳고 곧음을 보았다. 점점 나아가면서 이렇게 생각하였다.

'내가 마땅히 저 선지식을 친근하리니, 선지식은 보살의 도를 수행함을 성취할 원인이며, 바라밀의 도를 수행함을 성취할 원인이며, 중생을 거둬 주는 도를 수행함을 성취할 원인이며, 법계에 두루 들어가되 장애가 없는 도를 수행함을 성취할 원인이며, 모든 중생에게 나쁜 꾀를 덜게 하는 도를 수행함을 성취할 원인이며, 모든 중생에게 교만한 도를 여의게 하는 도를 수행함을 성취할 원인이며, 모든 중생에게 번뇌를 없애는 도를 수행함을 성취할 원인이며, 모든 중생에게 여러 가지 소견을 버리게 하는 도를 수행함을 성취할 원인이며, 모든 중생에게 온갖 나쁜 가시를 뽑게 하는 도를 수행함을 성취할 원인이며, 모든 중생에게 온갖 지혜의 성에 이르게 하는 도를 수행함을 성취할 원인이 되리라.

왜냐 하면 선지식에게서 모든 착한 법을 얻는 연고며, 선지식의 힘으로 온갖 지혜의 길을 얻는 연고며, 선지식은 보기 어렵고 만나기 어렵기 때문이니라."

이렇게 생각하면서 점점 걸어가다가 누각성에 이르렀다. 그 뱃사공은 성문 밖 바닷가에 있으면서 백천의 장사꾼들과 한량없는 대중에게 둘러싸여서 바다의 일을 말하며, 부처님의 공덕 바다를 방편으로 일러 주는 것을 보고, 그 앞에 나아가 발에 절하고 한량없이 돌고 합장하며 말하였다.

"거룩하신 이여, 저는 이미 아뇩다라삼먁삼보리심을 내었사오나, 보살이 어떻게 보살의 행을 배우며, 어떻게 보살의 도를 닦는지를 알지 못하나이다. 듣자온즉 거룩하신 이께서 잘 가르쳐 주신다 하오니, 바라건대 말씀하여 주소서."

뱃사공이 말하였다.

"훌륭하고, 훌륭하다. 선남자여, 그대는 이미 아뇩다라삼먁삼보리심을 내었고, 이제 또 큰 지혜를 내는 인과, 모든 생사의 괴로움을 끊는 인과, 온갖 지혜의 보배 섬에 가는 인과, 무너지지 않는 마하연의 인과, 이승들이 생사를 두려워하고 고요한 삼매의 소용돌이에 머무름을 멀리 여의는 인과, 큰 서원의 수레를 타고 모든 곳에 두루하여 보살의 행을 수행하되 장애가 없는 청정한 도의 인과, 보살의 행으로 깨뜨릴 수 없는 온갖 지혜를 장엄하는 청정한 도의 인과, 모든 시방의 법을 두루 관찰하되 장애가 없는 청정한 도의 인과, 온갖 지혜의 바다에 빨리 들어가는 청정한 도의 인을 묻는구나.

선남자여, 나는 이 성의 바닷가에 있으면서 보살의 크게 가엾이 여기는 당기의 행〔幢行〕을 깨끗하게 닦았노라.

선남자여, 나는 염부제에 있는 빈궁한 중생들을 보고 그들을 이익케 하려고 보살의 행을 닦으며, 그들의 소원을 모두 만족케 하는데, 먼저 세상 물건을 주어 마음을 채우고 다시 법의 재물을 보시하여 환희케 하며, 복덕의 행을 닦게 하고 지혜를 내게 하고, 선근의 힘을 늘게 하고 보리심을 일으키게 하고, 보리의 원을 깨끗케 하고 크게 가엾이 여기는 마음을 견고케 하고, 생사를 없애는 도를 닦게 하고 생사를 싫어하지 않는 행을 내게 하고, 모든 중생 바다를 거둬 주게 하고 모든 공덕 바다를 닦게 하고, 모든 법 바다를 비추게 하고 모든 부처 바다를 보게 하고, 온갖 지혜의 지혜 바다에 들어가게 하노라.

선남자여, 나는 여기 있어서 이렇게 생각하고 이렇게 뜻을 가지고 이렇게 모든 중생을 이익케 하노라.

선남자여, 나는 바다에 있는 모든 보배의 섬과 모든 보배의 처소와 모든 보배의 종류와 모든 보배의 종자를 알며, 나는 모든 보배를 깨끗케 하고 모든 보배를 연마하고 모든 보배를 내고 모든 보배를 만들 줄을 알며, 나는 모든 보배의 그릇과 모든 보배의 쓰임과 모든 보배의 경계와 모든 보배의 광명을 알며, 나는 모든 용궁의 처소와 모든 야차 궁전의 처소와 모든 부다部多 궁전의 처소를 알고 잘 회피하여 그들의 난을 면하노라.

또 소용 도는 데 · 얕은 데 · 깊은 데와 파도가 멀고 가까운 것과 물빛이 좋고 나쁜 것들이 여러 가지로 같지 아니한 것을 잘 분별하여 알며, 또 일월성신이 돌아가는 도수度數와 밤과 낮과 새벽과 신시 때와 시각과 누수漏水가 늦고 빠름을 잘 분별하여 알며, 또 배의 철물과 나무가 굳고 연한 것과 기관이 만만하고 거셈과 물이 많고 적음과 바람이 순하고 거슬림을 알며, 모든 편안하고 위태한 것을 분명하게 알고서 갈 만하면 가고 못갈 만하면 안 가노라.

선남자여, 나는 이런 지혜를 성취하여 모든 중생을 이익케 하노라.

선남자여, 나는 안전한 배로 장사 무리들을 태우고 편안한 길을 가게 하며 다시 법을 말하여 기쁘게 하면서, 보배 있는 섬으로 인도하여 여러 가지 보물을 주어 만족케 한 연후에 염부제로 돌아오노라.

선남자여, 나는 큰 배를 가지고 이렇게 다니지만 한 번도 실수한 일이 없노라. 어떤 중생이 내 몸을 보거나 내 법을 들은 이는 영원히 나고 죽는 바다를 무서워하지 않고 온갖 지혜의 바다에 들어가서 모든 애욕의 바다를 말리고 지혜의 광명으로 삼세 바다를 비추며 모든 중생의 고통 바다를 끝나게 하며, 모든 중생의 마음 바다를 깨끗이 하고 모든 세계 바다를 빨리 청정케 하며, 시방의 큰 바다에 두루 가서 모든 중생의 근성 바다를 알고 모든 중생의 수행 바다를 순종하노라.

선남자여, 나는 다만 이 크게 가엾이 여기는 당기의 행을 얻었으므로, 만일 나를 보거나 내 음성을 듣거나 나와 함께 있거나 나를 생각하는 이는 하나도 헛되지 않게 하거니와, 저 보살마하살들의 생사의 바다에 다니면서도 모든 번뇌 바다에 물들지 않고 모든 허망한 소견 바다를 버리며, 모든 법의 성품 바다를 살피고 사섭법四攝法으로 중생 바다를 거두어 주며, 이미 온갖 지혜의 바다에 머물러서 모든 중생의 애착 바다를 소멸하고 모든 시간의 바다에 평등하게 있으면서 신통으로 중생 바다를 제도하며 때를 놓치지 않고 중생 바다를 조복하는 일이야 내가 어떻게 알며, 그 공덕의 행을 말하겠는가.

선남자여, 여기서 남쪽에 즐거운 성이 있고, 거기 장자가 있으니 이름은 무상승無上勝이니라. 그대는 그에게 가서 보살이 어떻게 보살의 행을 배우며, 보살의 도를 닦느냐고 물으라."

그 때 선재동자는 그의 발에 엎드려 절하고 한량없이 돌고 은근하게 앙모하고 슬프게 울면서 선지식을 구하는 마음이 만족한 줄 모르며 하직하고 떠났다.

(24) 무상승無上勝 장자를 찾다

이 때 선재동자는 크게 인자하므로 두루하는 마음과 크게 가엾이 여기므로 윤택하는 마음을 일으켜 계속하여 끊이지 아니하고, 복덕과 지혜 두 가지로 장엄하며, 모든 번뇌의 때를 버리고 평등한 법을 증득하여 마음이 높고 낮지 아니하며, 착하지 않은 가시를 뽑아 모든 장애를 없애며 견고하게 정진함으로 담과 해자를 삼고 매우 깊은 삼매로 정원을 만들며, 지혜의 햇빛으로 무명의 어둠을 깨뜨리고 방편의 봄 바람으로 지혜의 꽃을 피게 하며, 걸림 없는 서원이 법계에 가득하고 마음은 항상 온갖 지혜의 성에 들어가서, 이렇게 보살의 도를 구하면서, 점점 앞으로 나아가 그 성내에 이르렀다.

무상승 장자가 그 성의 동쪽 크게 장엄한 당기 근심 없는 숲 속에 있었는데, 한량없는 장사꾼와 백천 거사들이 둘러쌌으며, 인간의 갖가지 일을 끊어 버리고 법을 말하여, 그들의 모든 교만을 아주 뽑고 나와 내 것을 여의게 하며, 쌓아둔 것을 버리고 간탐한 때를 없애며, 마음이 청정하여 흐리고 더러움이 없으며, 깨끗이 믿는 힘을 얻어 항상 부처님을 보고 법을 받아 지니기를 좋아하며, 보살의 힘을 내고 보살의 행을 일으키며, 보살의 삼매에 들어가 보살의 지혜를 얻으며, 보살의 바른 생각에 머물러 보살의 욕망이 늘게 하고 있었다.

이 때 선재동자는 그 장자가 대중에게 법을 말함을 보고, 몸을 땅에 던져 그의 발에 절하고 한참 있다가 일어나서 여쭈었다.

"거룩하신 이여, 저는 선재올시다. 저는 선재올시다. 저는 일심으로 보살의 행을 구하옵나이다. 보살이 어떻게 보살의 행을 배우며 보살이 어떻게 보살의 도를 닦나이까? 닦고 배울 적에 모든 중생을 항상 교화하며 모든 부처님을 항상 뵈오며, 모든 불법을 항상 들으며 모든 불법을 항상 머물러 지니며 모든 법문에 항상 들어가며, 모든 세계에 들어가서 보살의 행을 배우며 모든 겁에 머물러 있으면서 보살의 도를 닦으며, 모든 여래의 신통한 힘을 능히 알며 모든 여래의 생각하여 주심을 능히 받으며, 모든 여래의 지혜를 능히 얻겠나이까?"

그 때 장자는 선재에게 말하였다.

"훌륭하다 훌륭하다, 선남자여, 그대는 아뇩다라삼먁삼보리심을 이미 내었구나. 선남자여, 나는 모든 곳에 이르는 보살의 행하는 문과, 의지함이 없고 지음이 없는 신통한 힘을 성취하였노라.

선남자여, 어떤 것을 모든 곳에 이르는 보살의 행하는 문이라 하는가? 선남자여, 나는 이 삼천대천세계의 욕심 세계에 사는 모든 중생으로 이른바 모든 삼십삼천 · 모든 수야마천 · 모든 도솔타천 · 모든 선변화천善變化天 · 모든 타화자재천 · 모든 마의 하늘과, 그외에 모든 하늘 · 용 · 야차 · 나찰 · 구반다 · 건달바 · 아수라 · 가루라 · 긴나라 · 마후라가 등의 사람인 듯 사람 아닌 듯한 이들의 마을과 성중과 도시의 모든 곳에 있는 중생들 가운데서 법을 말하노라.

그래서 그른 법을 버리고 다툼을 쉬고 싸움을 없애고 성냄을 그치고 원수를 풀고 속박을 벗고 옥獄에서 나와 공포를 없애고 살생을 끊으며, 내지 삿된 소견과 나쁜 짓과 하지 못할 일을 모두 금하게 하며, 모든 착한 법을 순종하여 배우고 모든 기술을 닦아 익히어 모든 세간에서 이익을 짓게 하며, 그들에게 가지가지 언론을 분별하여 환희심을 내고 점점 성숙하게 하며, 외도를 따라서 훌륭한 지혜를 말하며 모든 소견을 끊고 불법에 들어오게 하며, 내지 형상 세계의 모든 범천에서도 그들에게 훌륭한 법을 말하노라.

이 삼천대천세계에서와 같이 내지 시방의 열 곱 말할 수 없는 백천억 나유타 부처 세계의 티끌 수 세계에서도 내가 그들에게 부처의 법 · 보살의 법 · 성문의 법 · 독각의 법을 말하며, 지옥을 말하고 지옥 중생을 말하고 지옥으로 가는 길을 말하며, 축생을 말하고 축생의 차별을 말하고 축생의 고통을 말하고 축생으로 가는 길을 말하며, 염라왕의 세계를 말하고 염라왕 세계의 고통을 말하고 염라왕 세계로 가는 길을 말하며, 하늘 세계를 말하고 하늘 세계의 낙을 말하고 하늘 세계로 가는 길을 말하며, 인간을 말하고 인간의 고통과 낙을 말하고 인간으로 가는 길을 말하노라.

보살의 공덕을 드러내 보이려 하며 생사의 걱정을 여의게 하며, 온갖 지혜를 가진 이의 묘한 공덕을 알게 하며 모든 세계에서 미혹하여 받는 고통을 알게 하며, 걸림이 없는 법을 보게 하며 모든 세간이 생기는 원인을 보이려 하며, 모든 세간의 고요한 낙을 나타내려 하며 중생들의 집착한 생각을 버리게 하며, 부처의 의지함이 없는 법을 얻게 하며 모든 번뇌의 둘레를 없애게 하며 여래의 법륜을 굴리게 하려고, 나는 중생들에게 이런 법을 말하노라.

선남자여, 나는 다만 모든 곳에 이르는 보살이 수행하는 청정한 법문과 의지함이 없고 지음이 없는 신통한 힘을 알거니와, 저 보살마하살들이 모든 자유자재한 신통을 갖추고 모든 부처의 세계에 두루 이르며, 넓은 눈의 지위〔普眼地〕를 얻어 모든 음성과 말을 들으며, 모든 법에 들어가 지혜가 자재하며, 다투는 일이 없고 용맹하기 짝이 없으며, 넓고 큰 혀로 평등한 음성을 내며, 몸이 훌륭하여 보살들과 같으며, 여래들과 더불어 끝까지 둘이 없고 차별이 없으며, 지혜의 몸이 광대하여 삼세에 두루 들어가며, 경계가 즈음이 없어 허공과 같은 일이야 내가 어떻게 알며, 어떻게 그 공덕의 행을 말하겠는가.

선남자여, 여기서 남쪽에 한 나라가 있으니 이름이 수나〔輸那〕요 그 나라에 성이 있으니 이름이 가릉가숲〔迦陵迦林〕이요, 거기 비구니가 있으니 이름이 사자빈신〔師子頻申〕이니라. 그대는 거기 가서 보살이 어떻게 보살의 행을 배우며, 보살의 도를 닦느냐고 물으라."

선재동자는 그의 발에 절하고 한량없이 돌고 은근하게 앙모하면서 하직하고 물러갔다.

(25) 사자빈신〔師子頻申〕 비구니를 찾다

그 때 선재동자가 떠나가다가 저 나라에 이르러 이 비구니를 두루 찾았다. 한량없는 사람들이 말하기를, "그 비구니는 승광왕〔勝光王〕이 보시한 햇빛동산〔日光園〕에서 법을 말하여 한량없는 중생을 이익하느니라"고 하였다.

이 때 선재동자는 그 동산에 가서 두루 살펴보았다. 그 동산에 큰 나무가 있으니 이름이 보름달(滿月)이요, 형상은 누각과 같고, 큰 광명을 놓아 한 유순을 비추었다. 또 잎나무가 있으니 이름이 두루 덮음(普覆) 이었고, 모양은 일산 같고 비유리 검푸른 광명을 놓았다.

또 꽃나무가 있으니 이름이 화장華藏이었다. 모양이 높고 커서 설산과 같으며, 여러 꽃비를 내려 다함이 없는 것이 도리천의 파리질다라波利質多羅 나무와 같았다.

또 단 이슬 과실 나무가 있으니 모양이 금산과 같아서 항상 광명을 놓으며 갖가지 과실이 구족하였다. 또 마니보배 나무가 있으니 이름이 비로자나장毗盧遮那藏이요, 형상이 비길 데 없으며 심왕마니보배(心王摩尼寶)가 맨 위에 있고 아승기 빛깔 마니보배가 두루 장엄하였다. 또 의복 나무가 있으니 이름이 청정淸淨이요, 가지각색 의복이 널리어 장식하였다. 또 음악 나무가 있으니 이름이 환희歡喜요, 음성이 아름다워 하늘 풍류보다 훌륭하였다. 또 향나무가 있으니 이름이 두루 장엄(普莊嚴)이요, 항상 묘한 향기를 내어 시방에 풍기며 걸리는 데가 없었다.

동산에는 또 냇물과 샘과 못이 있으니 모두 칠보로 장엄하였고, 흑전단 앙금이 가운데 쌓이고 상품 금모래가 밑에 깔렸으며 팔공덕수가 가득히 찼는데, 우발라꽃 · 파두마꽃 · 구물두꽃 · 분타리꽃들이 위에 덮이었다.

한량없는 보배 나무가 행렬을 지어 둘러서고 나무 밑에는 사자좌를 놓았으니, 갖가지 보배로 장엄하고 하늘 옷을 펴고 묘한 향기를 풍기며, 보배 비단을 드리우고 보배 휘장을 쳤으며, 염부단금 그물을 위에 덮었고 풍경은 바람에 흔들려 아름다운 소리를 내었다.

어떤 나무 아래는 연화장蓮華藏 사자좌를 놓고, 어떤 나무 아래는 향왕마니장香王摩尼藏 사자좌를 놓고, 어떤 나무 아래는 용장엄마니왕장龍莊嚴摩尼王藏 사자좌를 놓고, 어떤 나무 아래는 보사자취마니왕장寶師子聚

摩尼王藏 사자좌를 놓고, 어떤 나무 아래는 비로자나마니왕장毗盧遮那摩尼王藏 사자좌를 놓고, 어떤 나무 아래는 시방비로자나마니왕장十方毗盧遮那摩尼王藏 사자좌를 놓았는데, 낱낱 사자좌마다 각각 십만 사자좌가 둘리어 있고 각각 한량없는 장엄을 갖추었다.

 이 큰 동산에는 여러 보배가 가득 찼으니 마치 바다 가운데 있는 보배섬과 같았고, 가린타迦隣陀 옷이 땅에 깔렸으니 보드랍고 아름다워 발이 편안하여, 밟으면 들어가고 들면 나오며, 한량없는 새들이 화평한 소리를 내며, 보배 전단숲에는 가장 훌륭하게 장엄하고 가지각색 꽃이 끊임없이 내리는 것은 제석천왕의 꽃동산 같고, 비길 데 없는 향기가 항상 풍기는 것은 제석천왕의 선법당善法堂 같았다.

 여러 음악 나무와 보배 다라나무에서는 보배 풍경이 묘한 소리를 내는 것이 자재천의 선구천녀善口天女가 노래하는 것 같았고 여러 여의수如意樹에는 가지각색 옷이 드리워 장엄하여 큰 바다에 한량없는 빛이 있는 것 같았으며, 백천 누각에는 여러 보배로 장엄한 것이 도리천궁의 선견성善見城과 같았고, 보배 일산을 밀리 받은 것은 수미산과 같고 광명이 널리 비치는 것은 범천왕의 궁전과 같았다.

 그 때 선재동자가 이 동산을 보니, 한량없는 공덕과 가지가지 장엄이 모두 보살의 업보로 이루어지고 세상에서 벗어난 선근으로 생기고 부처님들께 공양한 공덕으로 되었으므로 모든 세간에서 같을 이가 없었다. 이것이 다 사자빈신 비구니가 법이 눈어리와 같음을 알면서도 넓고 크고 청정한 복덕과 착한 업을 쌓은 원인으로 생긴 줄을 알았으며, 삼천대천세계의 하늘·용의 팔부신중과 한량없는 중생이 이 동산에 모여 와도 비좁지 않았으니, 왜냐 하면 이 비구니의 부사의한 위덕과 신통으로 생긴 연고였다.

 이 때 선재동자는 사자빈신 비구니가 모든 보배 나무 아래 놓인 사자좌에 두루 앉아 있음을 보았다. 몸매가 단정하고 위의가 고요하며 여러 감관이 조화하여 큰 코끼리왕 같고, 마음에 때가 없음이 깨끗한 못과 같으며, 구하는 대로 베풀어 줌이 화수분과 같고, 세상 법에 물들지 않음은 연꽃과 같으며, 마음에 두려움이 없기는 사자왕과 같고, 깨끗한 계율을 보호하여 흔들리지 않음은 수미산과 같으며, 보는 이마다 서늘케 함은 묘한 향과 같고, 여러 중생의 번뇌를 덜어 줌은 설산에 있는 전당향과 같으며, 보는 중생의 괴로움이 소멸함은 선견약善見藥과 같고 보는 이마다 헛되지 않음은 바루나婆樓那 하늘과 같으며, 모든 선근을 길러 줌은 기름진 밭과 같았다.

낱낱 사자좌에 모인 대중도 같지 아니하고 말하는 법문도 각각 달랐다. 어떤 자리에는 정거천 무리가 둘러앉았는데 대자재천자가 우두머리가 되고, 이 비구니가 말하는 법문은 다함이 없는 해탈〔無盡解脫〕이었다. 어떤 자리에는 범천 무리가 둘러앉았는데, 애락범천왕〔愛樂梵王〕이 우두머리가 되고, 이 비구니가 말하는 법문은 넓은 문이 차별하고 청정한 음성바퀴〔普門差別淨言音輪〕이었다. 어떤 자리에는 타화자재천의 천자·천녀들이 둘러앉았는데, 자재천왕이 우두머리가 되고, 이 비구니가 말하는 법문은 보살청정심菩薩淸淨心이었다.

어떤 자리에는 선변화천의 천자·천녀들이 둘러앉았는데, 선변화천왕이 우두머리가 되고, 이 비구니가 말하는 법문은 모든 법을 좋게 장엄함이었다. 어떤 자리에는 도솔천의 천자·천녀들이 둘러앉았는데, 도솔천왕이 우두머리가 되고 이 비구니가 말하는 법문은 심장이 돌음〔心藏旋〕이었다. 어떤 자리에는 수야마천의 천자·천녀들이 둘러앉았는데, 수야마천왕이 우두머리가 되고, 이 비구니가 말하는 법문은 그지없는 장엄이었다. 어떤 자리에는 삼십삼천의 천자·천녀들이 둘러앉았는데, 제석천왕이 우두머리가 되고, 이 비구니가 말하는 법문은 싫어 떠나는 문이었다.

　어떤 자리에는 백광명百光明용왕・난타難陀용왕・우바난타優波難陀용왕・마나사摩那斯용왕・이라발난타伊羅跋羅陀용왕・아나바달다阿那婆達多용왕 등의 용자와 용녀들이 둘러앉았는데, 사가라娑伽羅용왕이 우두머리가 되고, 이 비구니가 말하는 법문은 부처님의 신통한 경계 광명장엄이었다. 어떤 자리에는 야차의 무리가 둘러앉았는데, 비사문毗沙門천왕이 우두머리가 되고, 이 비구니가 말하는 법문은 중생을 구호하는 광이었다. 어떤 자리에는 건달바 무리가 둘러앉았는데, 지국持國 건달바왕이 우두머리가 되고, 이 비구니가 말하는 법문은 다함 없이 기쁨이었다.

　어떤 자리에는 아수라 무리가 둘러앉았는데, 나후羅睺 아수라왕이 우두머리가 되고, 이 비구니가 말하는 법문은 빨리 법계를 장엄하는 지혜의 문이었다. 어떤 자리에는 가루라 무리가 둘러앉았는데, 빨리 잡는 가루라왕이 우두머리가 되고, 이 비구니가 말하는 법문은 모든 생사의 바나를 공포하게 봉요함이었다. 어떤 자리에는 긴나라 무리가 둘러앉았는데, 큰 나무 긴나라왕이 우두머리가 되고, 이 비구니가 말하는 법문은 부처 수행의 광명이었다.

　어떤 자리에는 마후라가 무리가 둘러앉았는데, 암라숲 마후라가왕이 우두머리가 되고, 이 비구니가 말하는 법문은 부처의 환희한 마음이었다. 어떤 자리에는 한량없는 백천 남자・여자가 둘러앉았는데, 이 비구니가 말하는 법문은 썩 훌륭한 행이었다. 어떤 자리에는 나찰 무리들이 둘러앉았는데, 정기를 항상 빼앗는 큰 나무 나찰왕이 우두머리가 되고, 이 비구니가 말하는 법문은 가엾이 여기는 마음을 냄이었다.

　어떤 자리에는 성문승을 믿고 좋아하는 중생들이 둘러앉았는데, 이 비구니가 말하는 법문은 훌륭한 지혜의 광명이었다. 어떤 자리에는 연각승을 믿고 좋아하는 중생들이 둘러앉았는데, 이 비구니가 말하는 법문은 부처님 공덕의 광대한 광명이었다.

어떤 자리에는 대승을 믿고 좋아하는 중생들이 둘러앉았는데, 이 비구니가 말하는 법문은 넓은 문 삼매 지혜의 광명문이었다. 어떤 자리에는 처음으로 마음을 낸 보살들이 둘러앉았는데, 이 비구니가 말하는 법문은 모든 부처의 서원 덩어리였다. 어떤 자리에는 제2지第二地 보살들이 둘러앉았는데 이 비구니가 말하는 법문은 때를 여읜 바퀴였다. 어떤 자리에는 제3지 보살들이 둘러앉았는데, 이 비구니가 말하는 법문은 고요한 장엄이었다.

어떤 자리에는 제4지 보살들이 둘러앉았는데, 이 비구니가 말하는 법문은 온갖 지혜를 내는 경계였다. 어떤 자리에는 제5지 보살들이 둘러앉았는데, 이 비구니가 말하는 법문은 묘한 꽃 갈무리였다. 어떤 자리에는 제6지 보살들이 둘러앉았는데, 이 비구니가 말하는 법문은 비로자나장이었다. 어떤 자리에는 제7지 보살들이 둘러앉았는데, 이 비구니가 말하는 법문은 두루 장엄한 땅이었다.

어떤 자리에는 제8지 보살들이 둘러앉았는데, 이 비구니가 말하는 법문은 법계에 두루한 경계의 몸이었다. 어떤 자리에는 제9지 보살들이 둘러앉았는데, 이 비구니가 말하는 법문은 얻은 것 없는 힘의 장엄이었다. 어떤 자리에는 제10지 보살들이 둘러앉았는데, 이 비구니가 말하는 법문은 걸림 없는 바퀴였다. 어떤 자리에는 금강저를 든 신장들이 둘러앉았는데, 이 비구니가 말하는 법문은 금강 지혜의 나라연 장엄이었다.

선재동자가 보니, 이러한 여러 길에 있는 중생들로서 이미 성숙한 이와 이미 조복한 이와 법그릇 될 만한 이들은 이 동산에 들어와서, 제각기 자리 아래 둘러앉았는데 사자빈신 비구니가 그들의 욕망과 이해함이 승하고 못한 차별을 따라서 법을 말하며 아뇩다라삼먁삼보리에서 물러가지 않게 하였다.

왜냐 하면 이 비구니는 넓은 눈으로 모두 버리는 반야바라밀문과, 모든 불법을 말하는 반야바라밀문과, 법계가 차별한 반야바라밀문과, 모든 장애를 없애는 바퀴 반야바라밀문과, 모든 중생의 착한 마음을 내는 반야바라밀문과, 훌륭하게 장엄한 반야바라밀문과 걸림 없는 진실한 광 반야바라밀문과, 법계에 원만한 반야바라밀문과, 마음 갈무리 반야바라밀문과, 모든 것을 내는 광 반야바라밀문에 들어갔다.

이 열 가지 반야 바라밀문을 머리로 삼아 수없는 백만 반야바라밀에 들어갔으며, 이 햇빛 동산에 있는 보살과 중생들은 다 사자빈신 비구니가 처음으로 권하여 마음을 내게 하였고, 바른 법을 받고 지니고 생각하고 닦아서 아뇩다라삼먁삼보리에서 물러가지 않게 한 이들이다.

이 때 선재동자는 사자빈신 비구니의 이러한 숲동산·이러한 사자좌·이렇게 거니는 것·이러한 모인 대중·이러한 신통·이러한 변재를 보았고, 또 부사의한 법문을 듣고 광대한 법 구름이 마음을 윤택하게 하여 '내가 마땅히 오른쪽으로 한량없는 백천 바퀴를 돌리라'고 생각하였다.

이 때 이 비구니가 큰 광명을 놓아 그 동산과 모인 대중과 장엄에 비추니, 선재동자는 자기의 몸과 동산에 있는 나무들이 오른쪽으로 이 비구니를 도는 것을 보았다. 한량없는 백천만 바퀴를 돌고는 선재동자가 합장하고 서서 여쭈었다.

"거룩하신 이여, 저는 이미 아뇩다라삼먁삼보리심을 내었사오나, 보살이 어떻게 보살의 행을 배우며 어떻게 보살의 도를 닦는지를 알지 못하나이다. 듣자온즉 거룩한 이께서 잘 가르친다 하오니 바라건대 말씀하여 주소서."

비구니는 말하였다.

"선남자여, 나는 온갖 지혜를 성취하는 해탈을 얻었노라."

선재가 말하였다.

"무슨 까닭으로 온갖 지혜를 성취한다 하나이까?"

"선남자여, 이 지혜의 광명은 잠깐 동안에 삼세의 모든 법을 두루 비추느니라."

"거룩하신 이여, 이 지혜의 광명은 경계가 어떠하나이까?"

비구니가 말하였다.

"선남자여, 나는 이 지혜의 광명문에 들어가서 모든 법을 내는 삼매왕을 얻었으며, 이 삼매를 인하여 뜻대로 태어나는 몸을 얻게 되어, 시방 모든 세계의 도솔천궁에 있는 일생보처 보살의 처소에 나아가고, 그 낱낱 보살의 앞에서 말할 수 없는 세계의 티끌 수 몸을 나타내고, 낱낱 몸으로 말할 수 없는 부처 세계의 티끌 수 공양을 하였으니, 이른바 천왕의 몸과 내지 인간왕의 몸으로 꽃 구름을 들고 화만 구름을 들며, 사르는 향·바르는 향·가루향·의복·영락·당기·번기·비단·일산·보배 그물·보배 휘장·보배 광·보배 등의 모든 장엄거리를 받들어 공양하였느니라.

도솔천궁에 계시는 보살에게와 같이, 태에 들어 있고 태에서 탄생하고, 집에 있고 출가하고, 도량에 나아가서 바른 깨달음을 이루고, 바른 법륜을 굴리고 열반에 들며, 이러는 중간에 천궁에 있기도 하고, 용궁에 있기도 하고 사람의 궁전에 있기도 하는 그 여러 여래의 계신 데서 이렇게 공양하였느니라.

어떤 중생이나 내가 이렇게 부처님께 공양한 줄을 아는 이는 모두 아뇩다라삼먁삼보리에서 물러가지 않았으며, 어떤 중생이나 나에게 오면 나는 반야바라밀을 말하여 주었느니라.

선남자여, 나는 모든 중생을 보아도 중생이란 분별을 내지 않으니 지혜 눈으로 보는 연고며, 모든 말을 들어도 말이란 분별을 내지 않으니 마음에 집착이 없는 연고며, 모든 여래를 뵈어도 여래라는 분별을 내지 않으니 법의 몸을 통달한 연고며, 모든 법륜을 머물러 가지면서도 법륜이란 분별을 내지 않으니 법의 성품을 깨달은 연고며, 한 생각에 모든 법을 두루 알면서도 모든 법이란 분별을 내지 않으니 법이 눈어리 같음을 아는 연고니라.

선남자여, 나는 다만 온갖 지혜를 성취하는 해탈을 알거니와, 저 보살마하살들이 마음에 분별이 없어 모든 법을 두루 알며, 한 몸이 단정하게 앉아서도 법계에 가득하며, 자기의 몸에 모든 세계를 나타내며, 잠깐 동안에 모든 부처님 계신 데 나아가며, 자기의 몸 안에 모든 부처님의 신통한 힘을 나타내며, 한 털로 말할 수 없는 부처의 세계를 두루 들며, 내 몸의 한 털구멍에 말할 수 없는 세계의 이루어지고 무너짐을 나타내며, 한 생각에 말할 수 없이 말할 수 없는 중생들과 함께 있으며, 한 생각 동안에 말할 수 없이 말할 수 없는 모든 겁에 들어가는 일이야 내가 어떻게 알며 그 공덕의 행을 말하겠는가.

선남자여, 여기서 남쪽에 한 나라가 있으니 이름이 험난險難이요, 그 나라에 보배장엄이란 성이 있고, 그 성중에 여인이 있으니 이름을 바수밀다婆須蜜多라 하느니라. 그대는 그에게 가서 보살이 어떻게 보살의 행을 배우며, 보살의 도를 닦느냐고 물으라."

이 때 선재동자는 그의 발에 엎드려 절하고 수없이 돌고 은근하게 앙모하면서 하직하고 물러갔다.

대방광불화엄경 제68권

제68권

39. 입법계품 ⑨

2) 가지 법회 ⑧

(26) 바수밀다婆須蜜多 여인을 찾다

그 때 선재동자는 큰 지혜의 광명이 비치어 마음이 열리며 생각하고 관찰하여 법의 성품을 보고, 모든 음성을 아는 다라니문을 얻었으며, 모든 법륜을 받아 지니는 다라니문을 얻었으며, 모든 중생의 돌아가 의지할 데가 되는 크게 가엾이 여기는 힘을 얻었으며, 모든 법의 이치를 관찰하는 광명의 문을 얻었으며, 법계에 가득한 청정한 서원을 얻었으며, 시방의 모든 법을 두루 비추는 지혜의 광명을 얻었으며, 모든 세계를 두루 장엄하는 자유자재한 힘을 얻었으며, 모든 보살의 업을 널리 발기하는 원만한 서원을 얻고서, 점점 가다가 험난국險難國의 보배로 장엄한 성에 이르러 간 데마다 바수밀다 여인을 찾았다.

성중의 어떤 사람은 이 여인의 공덕과 지혜를 알지 못하고 이렇게 생각하였다.

'이 동자는 여러 감관이 고요하고 지혜가 명철하며, 미혹하지도 않고 산란하지도 않으며, 앞으로 한 길쯤을 자세히 보면서 게으르지도 않고 집착함도 없으며, 눈을 깜박이지도 않고 마음이 흔들리지도 않으며, 너그럽고 깊기는 큰 바다와 같으니, 이 바수밀다 여인에게 사랑하는 마음이나 뒤바뀐 마음이 없을 것이며, 깨끗하다는 생각을 내거나 욕심을 내어서 이 여인에게 반하지도 아니할 것이다. 이 동자는 마의 행을 행하지도 않고 마의 경계에 들어가지도 않고 탐욕의 수렁에 빠지지도 않고 마의 속박을 받지도 아니하여, 하지 아니할 것은 능히 하지 아니할 것이어늘, 무슨 뜻으로 이 여인을 구하는가?'

그 사람들 중에는 이 여인이 지혜가 있는 줄을 아는 이가 있어서 선재에게 말하였다.

"훌륭하고, 훌륭하다. 선남자여, 그대는 이제 이 바수밀다 여인을 찾으니, 그대는 이미 광대한 좋은 이익을 얻었도다. 선남자여, 그대는 결정코 부처의 자리를 구할 것이며, 결정코 모든 중생의 의지가 되려는 것이며, 결정코 모든 중생의 탐애의 화살을 뽑을 것이며, 결정코 모든 중생이 여자에게 대하여 가지는 깨끗하다는 생각을 깨뜨리게 할 것이다. 선남자여, 바수밀다 여인은 이 성중의 저자 북쪽에 있는 자기의 집에 있느니라."

선재동자는 이 말을 듣고 즐거워 뛰놀면서 그의 문 앞에 이르렀다. 그 집을 살펴보니, 크고 훌륭하여 보배 담과 보배 나무와 보배 해자가 각각 열 겹으로 둘려 있고, 그 해자에는 향수가 가득하고 금 모래가 깔렸으며, 하늘의 보배 꽃과 우발라꽃·파두마꽃·구물두꽃·분타리꽃들이 물 위에 덮여 피었다.

궁전과 누각이 여기저기 세워졌는데, 문과 창호가 간 데마다 마주 섰고, 모두 그물과 풍경을 베풀었으며, 번기와 당기를 세우고 한량없는 보배로 훌륭하게 꾸미었다.

유리로 땅이 되었는데 여러 가지 보배가 사이사이 장식되었고, 침수향을 피우고 전단향을 발랐으며, 보배 풍경은 바람에 흔들려 소리를 내고 하늘 꽃을 흩어 땅에 깔았으니, 가지가지로 아름다움을 이루 말할 수 없으며, 모든 보물 고방은 그 수가 백천이고, 열 군데의 숲 동산으로 장엄하였다.

이 때 선재동자는 그 여인을 보았다. 용모는 단정하고 모습이 원만하며, 살갗은 금빛이요, 눈매와 머리카락이 검푸르러 길지도 짧지도 않고 크지도 작지도 않아서 욕심 세계의 사람이나 하늘로는 비길 수 없었다. 음성이 미묘하여 범천보다도 뛰어나며, 모든 중생의 갖가지 말을 모두 구족하여 알지 못함이 없었으며, 글자와 문장을 잘 알고 언론이 능란하며, 눈어리 같은 지혜를 얻어 방편의 문에 들어갔고, 보배 영락과 장엄거리로 몸을 단장하고 여의주로 관을 만들어 머리에 썼다.

또 한량없는 권속들이 둘러 모셨으니, 선근이 같고 행과 소원이 같고 복덕의 큰 갈무리가 구비하여 다함 없었다.

그 때 바수밀다 여인의 몸에서 광대한 광명을 놓아 그 집의 모든 궁전에 비추니, 이 광명을 받는 이는 모두 몸이 서늘하고 상쾌하였다. 선재동자는 그 앞에 나아가 발에 엎드려 절하고 합장하고 서서 말하였다.

"거룩하신 이여, 저는 이미 아뇩다라삼먁삼보리심을 내었사오나, 보살이 어떻게 보살의 행을 배우며 어떻게 보살의 도를 닦는지를 알지 못하나이다. 들자온즉 거룩하신 이께서 잘 가르치신다 하오니 바라옵건대 말씀하여 주소서."

그는 말하였다.

"선남자여, 나는 해탈을 얻었으니 이름은 탐욕의 짬을 여읨[離貪欲際]

이니라. 그들의 욕망을 따라 몸을 나타내나니, 하늘이 나를 볼 적에는 나는 천녀의 형상이 되어 광명이 훌륭하여 비길 데 없으며, 그와 같이 내지 사람이나 사람 아닌 이가 볼 적에 나도 사람이나 사람 아닌 이의 여인이 되어 그들의 욕망대로 나를 보게 하노라.

어떤 중생이 애욕에 얽매여 나에게 오거든, 내가 그에게 법을 말하면 그는 법을 듣고는 탐욕이 없어지고 보살의 집착 없는 경계의 삼매를 얻느니라. 어떤 중생이 잠깐만 나를 보아도 탐욕이 없어지고 보살의 환희한 삼매를 얻느니라. 어떤 중생이 잠깐만 나와 말하여도 탐욕이 없어지고 보살의 걸림 없는 음성 삼매를 얻느니라. 어떤 중생이 잠깐만 내 손목을 잡아도 탐욕이 없어지고 보살의 모든 부처 세계에 두루 가는 삼매를 얻느니라. 어떤 중생이 내 자리에 잠깐만 올라와도 탐욕이 없어지고 보살의 해탈한 광명의 삼매를 얻느니라.

어떤 중생이 잠깐만 나를 살펴보아도 탐욕이 없어지고 보살의 고요하게 장엄한 삼매를 얻느니라. 어떤 중생이 잠깐만 나의 활개 뻗는 것을 보아도 탐욕이 없어지고 보살이 외도를 굴목시키는 삼매를 얻느니라. 어떤 중생이 나의 눈이 깜짝이는 것을 보기만 하여도 탐욕이 없어지고 보살의 부처 경계에 광명 삼매를 얻느니라. 어떤 중생이 나를 끌어안으면 탐욕이 없어지고 보살이 모든 중생을 거두어 주고 떠나지 않는 삼매를 얻느니라. 어떤 중생이 나의 입술만 한 번 빨아도 탐욕이 없어지고 보살이 모든 중생의 복덕을 늘게 하는 삼매를 얻느니라.

무릇 중생들이 나에게 가까이하면 모두 탐욕이 여의는 짬에 머물러 보살의 온갖 지혜가 앞에 나타나는 걸림 없는 해탈에 들어가느니라."

선재동자가 여쭈었다.

"거룩한 이께서는 어떠한 선근을 심고 무슨 복업을 닦았사온대 이렇게 자재함을 성취하였나이까?"

바수밀다 여인이 대답하였다.

"선남자여, 지난 세상에 부처님이 나셨으니 이름이 고행高行이었고, 그 나라의 서울은 묘문妙門이었느니라.

선남자여, 그 고행여래께서 중생을 불쌍히 여기시고 서울에 들어오시어 성문의 턱을 밟으니, 그 성안에 있던 모든 것이 진동하며 갑자기 넓어지고 모든 보배로 장엄하며, 한량없는 광명이 서로 비추고, 가지각색 보배 꽃을 땅에 흩으며 하늘 풍류를 한꺼번에 잡히고 모든 하늘이 허공에 가득하였느니라.

선남자여, 나는 그 때에 장자의 아내가 되었는데 이름은 선혜善慧였다. 부처님의 신통을 보고 마음이 깨달아졌다. 남편과 함께 부처님 계신 데 가서 보배 돈 한 푼으로 공양하였더니, 그 때 문수사리동자가 부처님의 시자가 되었다가 나에게 법을 말하여 아뇩다라삼먁삼보리심을 내게 하였느니라.

선남자여, 나는 다만 이 보살의 탐욕의 쫌을 여읜 해탈을 얻었거니와, 저 보살마하살들이 그지없이 교묘한 방편의 지혜를 성취하여 그 광대한 광의 경계가 비길 데 없는 일이야 내가 어떻게 알며 그 공덕의 행을 말하겠는가.

선남자여, 여기서 남쪽에 성이 있으니 이름이 선도善度요, 그 성에 거사가 있는데 이름이 비슬지라鞞瑟胝羅니, 그가 항상 전단좌부처님(梅檀座佛) 탑에 공양하느니라. 그대는 그에게 가서 보살이 어떻게 보살의 행을 배우며 보살의 도를 닦느냐고 물으라."

이 때 선재동자는 그의 발에 엎드려 절하고 한량없이 돌고 은근하게 앙모하면서 하직하고 떠났다.

(27) 비슬지라_{鞞瑟胝羅} 거사를 찾다

그 때 선재동자는 점점 가다가 선도성善度城에 이르러 거사의 집에 나아가 발에 엎드려 절하고 합장하고 서서 여쭈었다.

"거룩하신 이여, 저는 이미 아뇩다라삼먁삼보리심을 내었사오나, 보살이 어떻게 보살의 행을 배우며 어떻게 보살의 도를 닦는지를 알지 못하나이다. 듣자온즉 거룩한 이께서 잘 가르친다 하오니 바라옵건대 말씀하여 주소서."

거사가 말하였다.

"선남자여, 나는 보살의 해탈을 얻었으니 이름이 반열반의 짬에 들지 않음〔不般涅槃際〕이니라. 선남자여, 나는 이렇게 여래가 이미 반열반에 들었다거나, 이렇게 여래가 지금 반열반에 든다거나, 이렇게 여래가 장차 반열반에 들리라거나 하는 생각을 내지 아니하노라. 나는 시방 모든 세계의 부처님 여래들이 필경에 반열반에 드는 이가 없는 줄을 알거니와 중생을 조복하기 위하여 일부러 보이는 것을 제외할 것이니라.

선남자여, 내가 전단좌여래의 탑 문을 열 때에 삼매를 얻었으니 이름이 부처의 종자가 다함이 없음〔佛種無盡〕이니라. 선남자여, 나는 생각마다 이 삼매에 들고, 생각마다 모든 한량없이 훌륭한 일을 아느니라."

선재동자가 물었다.

"이 삼매는 그 경계가 어떠하나이까?"

거사가 대답하였다.

"선남자여, 내가 이 삼매에 들고는 차례차례 이 세계의 부처님들을 보았으니, 이른바 가섭불迦葉佛·구나함모니불拘那含牟尼佛·구류손불拘留孫佛·시기불尸棄佛·비바시불毗婆尸佛·제사불提舍佛·불사불弗沙佛·무상승불無上勝佛·무상연화불無上蓮華佛이니, 이런 이들이 우두머리가 되었으며, 잠깐 동안에 백 부처님을 보고, 천 부처님을 보고, 백천 부처님

을 보고, 억 부처님·천억 부처님·백천억 부처님·야유다 억 부처님·나유타 억 부처님을 보며, 내지 말할 수 없이 말할 수 없는 세계의 티끌 수 부처님들을 차례로 다 보노라.

또 저 부처님들이 처음으로 마음을 내고 선근을 심고 훌륭한 신통을 얻고 큰 원을 성취하고 묘한 행을 닦고 바라밀을 구족하며, 보살의 지위에 들어가서 청정한 법의 지혜를 얻고 마군들을 항복 받고 정등각을 이루어 국토가 청정하고 대중이 둘러싸고 있음을 보노라.

큰 광명을 놓으며 묘한 법륜을 굴리며 신통으로 변화하는 가지가지 차별을, 내가 다 지니고 내가 다 기억하고 살펴보고 분별하여 나타내노라. 미래의 미륵불 등 여러 부처님과 현재의 비로자나불 등 여러 부처님도 다 그와 같이하며, 이 세계에서와 같이, 시방세계에 계시는 삼세의 모든 부처님·성문·독각·보살 대중들도 그와 같이 하느니라.

선남자여, 나는 다만 이 보살들이 얻는 반열반의 짬에 들지 않는 해탈을 얻었거니와, 저 보살마하살들이 한 생각의 지혜로 삼세를 두루 알며, 잠깐 동안에 모든 삼매에 두루 들어가며, 여래의 지혜 해가 항상 마음에 비치어 모든 법에 분별이 없으며, 모든 부처님이 다 평등하고, 여래와 나와 모든 중생이 평등하여 둘이 없음을 알며, 모든 법의 성품이 청정함을 알아 생각함도 없고 움직임도 없지만, 모든 세간에 두루 들어가며, 모든 분별을 여의고 부처의 법인法忍에 머물러서 법계의 중생들을 모두 깨우치는 일이야 내가 어떻게 알며 그 공덕의 행을 말하겠는가.

선남자여, 여기서 남으로 가면 보달락가補怛洛迦산이 있고, 거기 보살이 있으니 이름의 관자재觀自在니라. 그대는 그에게 가서 보살이 어떻게 보살의 행을 배우며 보살의 도를 닦느냐고 물으라."

그리고 게송을 말하였다.

바다 위에 산이 있고 성인 많으니
보배로 이루어져 매우 깨끗해
꽃과 과실 나무들이 우거져 섰고
샘과 못과 시냇물이 갖추어 있는데

용맹하고 장부이신 관자재보살
중생을 이익하려 거기 계시니
너는 가서 모든 공덕 물어 보아라.
그대에게 큰 방편을 일러 주리라.

이 때 선재동자는 그의 발에 절하고 한량없이 돌고 은근하게 앙모하면서 하직하고 물러갔다.

(28) 관자재보살觀自在菩薩을 찾다
　그 때 선재동자는 일심으로 저 거사의 가르침을 생각하여 저 보살의 해탈하는 갈무리에 들어가고, 저 보살의 생각을 따라주는 힘을 얻었고, 저 부처님들의 나타나시는 차례를 기억하고, 저 부처님들이 계속하는 차례를 생각하고, 저 부처님의 명호의 차례를 지니고, 저 부처님들의 말하시는 법을 관찰하고, 저 부처님들의 갖추신 장엄을 알고, 저 부처님들의 정등각을 이룸을 보고, 저 부처님들의 부사의한 업을 분명하게 알고서, 점점 다니다가 그 산에 이르러 간 데마다 이 대보살을 찾고 있었다.
　문득 바라보니, 서쪽 골짜기에 시냇물이 굽이져서 흐르고 수목은 우거져 있으며 부드러운 향풀이 오른쪽으로 쓸려서 땅에 깔렸는데, 관자재보살이 금강석 위에서 가부하고 앉았고, 한량없는 보살들도 보석 위에 앉아서 공경하여 둘러 모셨으며, 관자재보살이 대자대비한 법을 말하여 그들로 하여금 모든 중생을 거두어 주게 하고 계시었다.

선재동자가 보고는 기뻐 뛰놀면서 합장하고 눈도 깜짝이지 않고 쳐다보면서 생각하기를 '선지식은 곧 여래며, 선지식은 모든 법 구름이며, 선지식은 모든 공덕의 광이라, 선지식은 만나기 어렵고, 선지식은 십력+力의 원인이며, 선지식은 다함이 없는 지혜의 횃불이며, 선지식은 복덕의 싹이며, 선지식은 온갖 지혜의 문이며, 선지식은 지혜 바다의 길잡이며, 선지식은 온갖 지혜에 이르는 길을 도와주는 기구로다' 하고 곧 대보살이 계신 데로 나아갔다.

그 때 관자재보살은 멀리서 선재동자를 보고 말하였다.

"잘 왔도다. 그대는 대승의 마음을 내어 중생들을 널리 거두어 주고, 정직한 마음으로 불법을 구하고, 자비심이 깊어서 모든 중생을 구호하며, 보현의 묘한 행이 계속하여 앞에 나타나고, 큰 서원과 깊은 마음이 원만하고 청정하며, 부처의 법을 부지런히 구하여 모두 받아 지니고, 선근을 쌓아 만족함을 모르며, 선지식을 순종하여 가르침을 어기지 않고, 문수사리의 공덕과 지혜의 바다로부터 났으므로 마음이 성숙하여 부처의 세력을 얻고, 광대한 삼매의 광명을 얻었으며, 오로지 깊고 묘한 법을 구하고, 항상 부처님을 뵈옵고 크게 환희하며, 지혜가 청정하기 허공과 같아서 스스로도 분명히 알고 다른 이에게 말하기도 하며, 여래의 지혜의 광명에 편안히 머물러 있도다."

이 때 선재동자는 관자재보살의 발에 엎드려 절하고 수없이 돌고 합장하고 서서 여쭈었다.

"거룩하신 이여, 저는 이미 아뇩다라삼먁삼보리심을 내었사오나, 보살이 어떻게 보살의 행을 배우며 어떻게 보살의 도를 닦는지를 알지 못하나이다. 듣자온즉 거룩한 이께서 잘 가르치신다 하오니 바라옵건대 말씀하여 주소서."

보살이 말하였다.

"훌륭하고, 훌륭하다. 선남자여, 그대는 이미 아뇩다라삼먁삼보리심을 내었도다. 선남자여, 나는 보살의 크게 가엾이 여기는 행의 해탈문을 성취하였노라. 선남자여, 나는 이 보살의 크게 가엾이 여기는 행의 문으로 모든 중생을 평등하게 교화하여 끊이지 아니하노라.

선남자여, 나는 이 크게 가엾이 여기는 행의 문에 머물렀으므로 모든 여래의 처소에 항상 있으며 모든 중생의 앞에 항상 나타나서, 보시로써 중생을 거두어 주기도 하고, 사랑하는 말로써 하기도 하고, 이롭게 하는 행으로써 하기도 하고, 같이 일함으로써 중생을 거두어 주기도 하며, 육신을 나투어 중생을 거둬 주기도 하고, 가지가지 부사의한 빛과 깨끗한 광명을 나타내어 중생을 거둬 주기도 하며, 음성으로써 하기도 하고, 위의로써 하기도 하며, 법을 말하기도 하고, 신통변화를 나타내기도 하며, 그의 마음을 깨닫게 하여 성숙케 하기도 하고, 같은 형상으로 변화하여 함께 있으면서 성숙케 하기도 하노라.

선남자여, 나는 이 크게 가엾이 여기는 행의 문을 수행하여 모든 중생을 구호하려 하노니, 모든 중생이 험난한 길에서 공포를 여의며, 번뇌의 공포를 여의며, 미혹한 공포를 여의며, 속박될 공포를 여의며, 살해될 공포를 여의며, 빈궁한 공포를 여의며, 생활하지 못할 공포를 여의며, 나쁜 이름을 얻을 공포를 여의며, 죽을 공포를 여의며, 여러 사람 앞에서 공포를 여의며, 나쁜 길에 태어날 공포를 여의며, 캄캄한 속에서 공포를 여의며, 옮아 다닐 공포를 여의며, 사랑하는 이와 이별할 공포를 여의며, 원수를 만나는 공포를 여의며, 몸을 핍박하는 공포를 여의며, 마음을 핍박하는 공포를 여의며, 근심 걱정의 공포를 여의어지이다 하노라.

또 원하기를, 여러 중생이 나를 생각하거나 나의 이름을 일컫거나 나의 몸을 보거나 하면, 다 모든 공포를 면하여지이다 하노라.

선남자여, 나는 이런 방편으로써 중생들의 공포를 여의게 하고, 다시 가르쳐서 아뇩다라삼먁삼보리심을 내고 영원히 물러가지 않게 하노라.

선남자여, 나는 다만 이 보살의 크게 가엾이 여기는 행의 문을 얻었거니와, 저 보살마하살들이 보현의 모든 원을 깨끗이 하였고, 보현의 모든 행에 머물러 있으면서, 모든 착한 법을 항상 행하고, 모든 삼매에 항상 들어가고, 모든 그지없는 겁에 항상 머물고, 모든 삼세 법을 항상 알고, 모든 그지없는 세계에 항상 가고, 모든 중생의 나쁜 짓을 항상 쉬게 하고, 모든 중생의 착한 일을 항상 늘게 하고, 모든 중생의 죽살이의 흐름을 항상 끊는 일이야 내가 어떻게 알며, 그 공덕의 행을 말하겠는가.

그 때 동방에 한 보살이 있었으니, 이름은 정취正趣이고, 공중으로부터 사바세계에 와서 철위산[輪圍山] 꼭대기에서 발로 땅을 누르니, 사바세계는 여섯 가지로 진동하고 모든 것이 여러 가지 보배로 장엄하였다.

정취보살이 몸에서 광명을 놓아 해와 달과 모든 별과 번개의 빛을 가리니, 하늘·용들의 팔부와 제석·범천·사천왕의 광명들은 먹덩이와 같아지고, 그 광명이 모든 지옥·축생·아귀·염라왕의 세계를 두루 비추어 모든 나쁜 길의 고통을 소멸하여 번뇌가 일어나지 않고 근심 걱정을 여의게 하였다.

또 모든 부처님 국토에서 모든 꽃·향·영락·의복·당기·번기를 내리며, 이러한 여러 가지 장엄거리로 부처님께 공양하고, 또 중생의 좋아함을 따라 모든 궁전에서 몸을 나타내어 보는 이들을 모두 기쁘게 하였다.

그런 뒤에 관자재보살이 있는 데로 오니, 관자재보살이 선재동자에게 말하였다.

"선남자여, 그대는 이 정취보살이 여기 오는 것을 보느냐?"

선재는 말하였다.

"보나이다."

관자재보살이 말하였다.

"선남자여, 그대는 그에게 가서 보살이 어떻게 보살의 행을 배우며 보살의 도를 닦느냐고 물으라."

(29) 정취보살正趣菩薩을 만나다

이 때 선재동자는 가르침을 받들고 곧 그 보살이 계신 데 나아가 그의 발에 엎드려 절하고 합장하고 서서 여쭈었다.

"거룩하신 이여, 저는 이미 아뇩다라삼먁삼보리심을 내었사오나, 보살이 어떻게 보살의 행을 배우며 어떻게 보살의 도를 닦는지를 알지 못하나이다. 들자온즉 거룩한 이께서 잘 가르치신다 하오니 바라옵건대 말하여 주소서."

정취보살이 말하였다.

"선남자여, 나는 보살의 해탈을 얻었으니 이름이 넓은 문 빠른 행〔普門速疾行〕이니라."

선재동자가 말하였다.

"거룩하신 이여, 어느 부처님에게서 이 법문을 얻었으며, 떠나 오신 세계는 여기서 얼마나 멀며, 떠나 오신 지는 얼마나 오래였나이까?"

정취보살이 말하였다.

"선남자여, 이 일은 알기 어려우니라. 모든 세간의 하늘·사람·아수라·사문·바라문들이 알지 못하느니라. 오직 용맹하게 정진하여 물러가지 않고 겁이 없는 보살들로서, 모든 선지식이 거두어 주고 부처님이 생각하시고 선근이 구족하고 뜻이 청정하여, 보살의 근기를 얻고 지혜의 눈이 있는 이라야, 능히 듣고 능히 지니고 능히 알고 능히 말하느니라."

선재동자가 말하였다.

"거룩하신 이여, 제가 부처님의 신통하신 힘과 선지식의 힘을 받자와 능히 믿고 능히 받겠사오니, 바라옵건대 말씀하여 주소서."

정취보살이 말하였다.

"선남자여, 나는 동방 묘장妙藏 세계의 보승생普勝生부처님 계신 데로부터 이 세계에 왔으며, 그 부처님 처소에서 이 법문을 얻었고, 거기서 떠난 지는 말할 수 없이 말할 수 없는 부처 세계의 티끌 수 겁을 지냈느니라.

낱낱 찰나마다 말할 수 없이 말할 수 없는 부처 세계의 티끌 수 걸음을 걸었고, 낱낱 걸음마다 말할 수 없이 말할 수 없는 세계의 티끌 수 부처 세계를 지나 왔는데, 낱낱 부처 세계마다 모두 들어가서 그 부처님께 아름다운 공양거리로 공양하였으니, 그 공양거리는 모두 위없는 마음으로 이룬 것이며, 지음이 없는 법으로 인정한 것이며, 여러 여래께서 인가한 것이며, 모든 보살이 찬탄하는 것이니라.

선남자여, 나는 또 저 세계의 모든 중생을 보고 그 마음을 다 알며 그 근성을 다 알고, 그들의 욕망과 이해를 따라서 몸을 나타내어 법을 말하는데, 광명을 놓기도 하고 재물을 보시하기도 하여 가지가지 방편으로 교화하고 조복하여 조금도 쉬지 아니하였노라.

동방에서와 같이 남방·서방·북방과 네 간방과 상방·하방에서도 그와 같이 하였느니라.

선남자여, 나는 다만 이 보살의 넓은 문 빠른 행의 해탈을 얻었으므로 빨리 걸어 모든 곳에 이르거니와, 저 보살마하살들이 시방에 두루하여 가지 못하는 데가 없으며, 지혜의 경계도 같아서 차별이 없고, 몸을 잘 나투어 법계에 두루하되, 모든 길에 이르고 모든 세계에 들어가며, 모든 법을 알고 모든 세상에 이르러 평등하게 모든 법문을 연설하며, 한꺼번에 모든 중생에게 비추고, 부처님들에게 분별을 내지 아니하며, 모든 곳에 장애함이 없는 일이야 내가 어떻게 알며, 그 공덕의 행을 말하겠는가.

선남자여, 여기서 남쪽에 타라발지墮羅鉢底라는 성이 있고, 거기 신神이 있으니 이름은 대천大天이니라.

그대는 그에게 가서 보살이 어떻게 보살의 행을 배우며 보살의 도를 닦느냐고 물으라."

이 때 선재동자는 그의 발에 엎드려 절하고 수없이 돌고 은근하게 앙모하면서 하직하고 물러갔다.

(30) 대천신大天神을 찾다

그 때 선재동자는 보살의 광대한 행에 들어가서 보살의 지혜의 경계를 구하며, 보살의 신통한 일을 보고, 보살의 훌륭한 공덕을 생각하고, 보살의 크게 환희함을 내고, 보살의 견고한 정진을 일으키고, 보살의 부사의하고 자유자재한 해탈에 들어가고, 보살의 공덕의 지위를 행하고, 보살의 삼매의 경지를 관찰하고, 보살의 다 지니는 지위에 머물고, 보살의 크게 원하는 지위에 들어가고, 보살의 변재의 지위를 얻고, 보살의 모든 힘의 지위를 이루고서, 점점 다니다가 그 성에 이르러 대천신大天神이 어디 있느냐고 물으니, 사람들이 대답하기를 '이 성안에 있어서 광대한 몸을 나타내고 대승에게 법을 말한다'고 하였다.

그 때 선재동자는 대천신에게 가서 그의 발에 절하고 앞에서 합장하고 말하였다.

"거룩하신 이여, 저는 이미 아뇩다라삼먁삼보리심을 내었사오나, 보살이 어떻게 보살의 행을 배우며 어떻게 보살의 도를 닦는지를 알지 못하나이다. 듣자온즉 거룩하신 이께서 잘 가르치신다 하오니 바라옵건대 말씀하여 주소서."

이 때 대천이 네 손을 길게 펴서 네 바다의 물을 움키어 얼굴을 씻으며 황금꽃을 선재에게 흩고 말하였다.

"선남자여, 모든 보살은 보기 어렵고 듣기 어렵고 세간에 나오는 일이 드물어서, 중생 가운데 가장 제일이며 사람들 중에 분타리꽃이니라. 중생들의 돌아갈 곳이며 중생을 구원하는 이며, 세간을 위하여 평안할 곳이 되고 세간을 위하여 큰 광명이 되며, 미혹한 이에게 편안한 길을 가리키고, 길잡이가 되어 중생을 인도하여 불법의 문에 들게 하며, 법의 대장이 되어 온갖 지혜의 성을 수호하느니라.

보살은 이와 같이 만나기 어려우니, 오직 몸과 말과 뜻에 허물이 없는 이라야 그 형상을 보고 그 변재를 들으며 온갖 시간에 항상 앞에 나타나느니라.

선남자여, 나는 이미 보살의 해탈을 성취하였으니 이름이 구름 그물 〔雲網〕이니라."

선재가 말하였다.

"거룩하신 이여, 구름 그물 해탈의 경계가 어떠하오니까?"

이 때 대천은 선재의 앞에서 금더미·은더미·유리더미·파리더미·자거더미·마노더미·큰 불꽃 보배더미·때 여읜 보배더미·큰 광명 보배더미·시방에 두루 나타나는 보배더미·보배 관더미·보배 인장더미·보배 영락더미·보배 귀고리더미·보배 팔찌더미·보배 자물쇠더미·진주 그물더미·가지각색 마니보배더미·모든 장엄거리더미·여의주더미들을 산같이 나타내었다.

또 모든 꽃·모든 화만·모든 향·모든 사르는 향·모든 바르는 향·모든 의복·모든 당기 번기·모든 음악·모든 다섯 가지 오락 기구를 산더미 같이 나타내며, 또 수없는 백천만억 아가씨〔童女〕들을 나타내고, 대천이 선재동자에게 말하였다.

　"선남자여, 이 물건을 가져다가 여래에게 공양하여 복덕을 닦고, 또 모든 중생에게 보시하여 그들로 하여금 보시〔檀〕바라밀을 배우고 버리기 어려운 것들을 버리게 하라.

　선남자여, 내가 그대에게 이런 물건을 보여 주고 그대로 하여금 보시를 행하게 하듯이, 모든 중생을 위하여서도 그렇게 하며, 이 선근으로써 삼보와 선지식에게 공양하고 공경하여 착한 법을 증장케 하고 위없는 보리심을 내게 하느니라.

　선남자여, 어떤 중생이 오욕五欲을 탐하여 방일하는 이에게는 부정한 경계를 보여 주고, 어떤 중생이 성 잘내고 교만하여 언쟁을 좋아하는 이에게는 매우 무서운 형상을 보여 주되, 나찰 따위가 피를 빨고 살을 씹는 것을 보여서 놀래고 두려워 마음이 부드럽고 원수를 여의게 하며, 어떤 중생이 혼미하고 게으르면 그에게는 국왕의 법과 도적과 수재·화재와 중대한 질병을 보여서 두려운 마음을 내고 근심과 고통을 알아서 스스로 힘쓰게 하노라.

　이러한 가지가지 방편으로써 모든 착하지 못한 행동을 버리고 착한 법을 닦게 하며, 모든 바라밀의 장애를 버리고 바라밀을 구족케 하며, 모든 험하고 어려운 길을 벗어나서 장애가 없는 곳에 이르게 하느니라.

　선남자여, 나는 다만 이 구름 그물 해탈을 알거니와, 저 보살마하살들이 제석천왕과 같이 모든 번뇌의 아수라를 항복 받으며, 큰 물과 같이 모든 중생의 번뇌의 불을 소멸하며, 맹렬한 불과 같이 모든 중생의 애욕의 물을 말리며, 큰 바람과 같이 모든 중생의 여러 소견의 당기를 꺾어 버리며, 금강과 같이 모든 중생의 나라는 산을 깨뜨리는 일이야 내가 어떻게 알며 그 공덕의 행을 말하겠는가.
　선남자여, 이 염부제 마갈제국(摩竭提國)의 보리도량에 땅 맡은 신이 있으니 이름은 잘 머무름[安住]이니라. 그대는 그에게 가서 보살이 어떻게 보살의 행을 배우며 보살의 도를 닦느냐고 물으라."

(31) 잘 머무는 땅 맡은 신[安住神]을 찾다
　그 때 선재동자는 점점 걸어서 마갈제국의 보리도량에 있는 잘 머무는 땅 맡은 신의 처소에 갔다. 백만의 땅 맡은 신들이 함께 있어서 서로 말하였다.
　"여기 오는 동자는 곧 부처의 광이니, 반드시 모든 중생의 의지할 곳이 될 것이며, 반드시 모든 중생의 무명 껍데기를 깨뜨릴 것이다. 이 사람이 이미 법왕의 문중에 났으니 마땅히 때 여의고 걸림 없는 법 비단을 머리에 쓸 것이며, 지혜 보배의 큰 광을 열고 모든 삿된 이론(異論)하는 외도들을 꺾으리라."
　이 때 잘 머무는 땅 맡은 신 등 백만의 신이 큰 광명을 놓아 삼천대천세계에 두루 비추니, 온 땅이 한꺼번에 진동하며 갖가지 보물이 곳곳마다 장엄하며, 깨끗한 그림자와 흐르는 빛이 번갈아 사무치었다. 모든 잎 나무는 한꺼번에 자라나고, 모든 꽃 나무는 한꺼번에 꽃이 피고, 모든 과실 나무는 과실이 모두 익었으며, 모든 강물은 서로 들어가 흐르고, 모든 못에는 물이 넘치며, 가늘고 향기로운 비를 내려 땅을 적시고, 바람은 꽃을 불어다가 위에 흩으며, 무수한 음악을 일시에 잡히고, 하늘의 장엄거리에서는 아름다운 음성을 내니, 소와 코끼리와 사자들이 모두 기뻐서 뛰놀고 영각하니 마치 큰 산이 서로 부딪쳐 소리를 내는 듯하고, 백천의 묻힌 갈무리가 저절로 솟아나왔다.

이 때 잘 머무는 땅 맡은 신이 선재에게 말하였다.

"잘 왔도다. 동자여, 그대가 이 땅에서 선근을 심었을새 내가 나타나노니, 그대는 보려는가?"

그 때 선재동자는 땅 맡은 신의 발에 절하고 수없이 돌고 합장하고 서서 여쭈었다.

"거룩하신 이여, 보려 하나이다."

이 때 잘 머무는 땅 맡은 신이 발로 땅을 눌러서 백천의 아승기 보배 광이 저절로 솟아오르게 하고 말하였다.

"선남자여, 이 보배 광은 그대를 따라다니는 것이니라. 이것은 그대가 옛적에 심은 선근의 과보며, 그대는 복덕으로 유지하는 것이니, 그대는 마음대로 사용하라.

선남자여, 나는 보살의 해탈을 얻었으니 이름은 깨뜨릴 수 없는 지혜광〔不可壞智慧藏〕이니라. 항상 이 법으로 중생들을 성취하느니라.

선남자여, 내가 생각하니, 연등然燈부처님 때로부터 항상 보살을 따라서 공경하고 호위하였으며, 보살들의 마음과 행과 지혜의 경계와 모든 서원과 청정한 행과 모든 삼매와 광대한 신통과 자유자재한 힘과 깨뜨릴 수 없는 법을 살펴보았으며, 모든 부처님의 국토에 두루 가서 모든 여래의 수기를 받았으며, 모든 부처님의 법륜을 굴리며, 모든 수다라修多羅의 문을 널리 말하며, 큰 법의 광명으로 널리 비추어 모든 중생을 교화하고 조복하며, 모든 부처님의 나타내는 신통변화를 내가 모두 받아 지니고 모두 기억하노라.

선남자여, 지나간 옛적 수미산 티끌 수의 겁을 지나서 장엄겁이 있었는데, 세계 이름은 달당기〔月幢〕요, 부처님 명호는 묘안妙眼이니, 그 부처님에게서 이 법문을 얻었노라.

선남자여, 나는 이 법문에서 들락날락하면서 닦고 익히고 증장케 하였으며, 여러 부처님을 항상 뵈옵고 떠나지 않았으며, 이 법문을 처음 얻고부터 현겁賢劫에 이르기까지 그 동안에 말할 수 없이 말할 수 없는 부처 세계의 티끌 수 여래·응공·정등각을 만나서 받들어 섬기고 공경하고 공양하였으며, 또 저 부처님들이 보리좌에 나아가 큰 신통을 나타내심을 보았으며, 또 그 부처님들이 가지신 모든 공덕과 선근을 보았느니라.

선남자여, 나는 다만 이 깨뜨릴 수 없는 지혜 광 법문을 알거니와, 저 보살마하살들이 부처님을 항상 따라다니면서 모든 부처님의 말씀을 능히 지니며, 모든 부처님의 깊은 지혜에 들어가서 잠깐잠깐마다 모든 법계에 가득하며, 여래의 몸과 같고 부처님의 마음을 내며 부처님의 법을 구족하고 부처의 일을 짓는 것이야 내가 어떻게 알며 그 공덕의 행을 말하겠는가.

선남자여, 이 염부제 마갈제국의 가비라성에 밤 맡은 신[主夜神]이 있으니, 이름이 바산바연지婆珊婆演底니라. 그대는 그에게 가서 보살이 어떻게 보살의 행을 배우며 보살의 도를 닦느냐고 물으라."

이 때 선재동자는 땅 맡은 신의 발에 절하고 수없이 돌고 은근하게 앙모하면서 하직하고 물러갔다.

(32) 바산바연지 밤 맡은 신[婆珊婆演底夜神]을 찾다

이 때 선재동자는 일심으로 잘 머무는 땅 맡은 신의 가르침을 생각하고 보살의 깨뜨릴 수 없는 지혜 광 해탈을 기억하여, 그 삼매를 닦고 그 규모를 배우고 그 유희를 살피고 그 미묘한 데 들어가고 그 지혜를 얻고 그 평등함을 통달하고 그 그지없음을 알고 그 깊이를 헤아리면서 점점 걸어서 그 성에 이르렀다.

동문으로 들어가서 잠깐 섰는 동안에 해는 문득 넘어가고, 마음에 보살의 가르침을 순종하면서 저 밤 맡은 신을 보려 하며, 선지식은 여래와 같다는 생각을 하였고, 또 생각하기를 '선지식으로부터 두루한 눈을 얻어 시방의 경계를 볼 것이며, 선지식으로부터 광대한 지혜를 얻어 모든 반연을 통달할 것이며, 선지식으로부터 삼매의 눈을 얻어 모든 법문을 관찰할 것이며, 선지식으로부터 지혜의 눈을 얻어 시방의 세계 바다를 밝게 보리라'고 하였다.

이렇게 생각하다가 그 밤 맡은 신이 허공에 있는 보배 누각의 향연화장香蓮華藏 사자좌에 앉은 것을 보았다.

몸은 금빛이요, 눈과 머리카락은 검푸르고, 용모가 단정하여 보는 이마다 즐거워하며, 보배 영락으로 몸을 장엄하고, 몸에는 붉은 옷을 입고 머리에는 범천관을 썼으며 여러 별들이 몸에서 반짝거리고, 털구멍마다 한량없고 수 없는 나쁜 길 중생들을 제도하여 험난한 길을 면하게 하는 형상을 나타내는데, 이 중생들이 인간에 나기도 하고 천상에 나기도 하며, 이승의 보리로 향해 가기도 하고 온갖 지혜의 길을 닦기도 하였다.

또 저 털구멍마다 가지가지 교화하는 방편을 보이는데, 몸을 나타내기도 하고 법을 말하기도 하며, 성문승의 도를 나타내기도 하고, 독각승의 도를 나타내기도 하며, 보살의 행·보살의 용맹·보살의 삼매·보살의 자재·보살의 있는 곳·보살의 관찰·보살의 사자의 기운 뻗음·보살의 해탈과 유희를 나타내기도 하여, 이렇게 가지가지로 중생을 성숙케 하였다.

선재동자는 이런 일을 보기도 하고 듣기도 하고는 매우 기뻐서 땅에 엎드려 밤 맡은 신의 발에 절하고 수없이 돌고 합장하고 말하였다.

"거룩하신 이여, 저는 이미 아뇩다라삼먁삼보리심을 내었나이다. 저는 선지식을 의지하여 여래의 공덕과 법장을 보호하려 하오니, 바라옵건대 저에게 온갖 지혜에 이르는 길을 보여 주소서. 그 길로 행하여 십력의 지위에 이르고자 하나이다."

그 때 그 밤 맡은 신이 선재에게 말하였다.

"훌륭하고, 훌륭하다. 선남자여, 그대는 깊은 마음으로 선지식을 공경하여 그 말을 듣고 가르치는 대로 수행하나니, 수행하는 연고로 결정코 아뇩다라삼먁삼보리를 얻으리라.

선남자여, 나는 보살의 모든 중생의 어둠을 깨뜨리는 법 광명의 해탈을 얻었노라.

선남자여, 나는 나쁜 꾀를 가진 중생에게는 크게 인자한 마음을 일으키고, 착하지 못한 업을 짓는 중생에게는 크게 가엾이 여기는 마음을 일으키고, 착한 업을 짓는 중생에게는 기뻐하는 마음을 일으키고, 착하고 나쁜 두가지 행을 하는 중생에게는 둘이 아닌 마음을 일으키고, 잡되고 물든 중생에게는 깨끗함을 내게 하는 마음을 일으키고, 삿된 길로 가는 중생에게는 바른 행을 내게 하는 마음을 일으키고, 용렬한 이해를 가진 중생에게는 큰 이해를 내게 하는 마음을 일으키고, 생사를 좋아하는 중생에게는 바퀴 돌기를 버리게 하는 마음을 일으키고, 이승의 길에 머문 중생에게는 온갖 지혜에 머물게 하는 마음을 일으키노라.

선남자여, 나는 이 해탈을 얻었으므로 항상 이런 마음과 서로 응하느니라.

선남자여, 나는 밤이 깊고 사람이 고요하여 귀신과 도둑과 나쁜 중생들이 쏘다닐 때에나, 구름이 끼고 안개가 자욱하고 태풍이 불고 악수가 퍼붓고 해와 달과 별빛이 어두워 지척을 분별 못할 때에, 중생들이 바다에 들어가거나, 육지에 다니거나, 삼림 속에서나, 거친 벌판에서나, 험난한 곳에서 도둑을 만나거나, 양식이 떨어졌거나, 방향을 모르거나, 길을 잃었거나 해서, 놀라고 황겁하여 벗어나지 못하는 이를 보고는 가지가지 방편으로 구제하여 주노라.

바다에서 헤매는 이에게는 뱃사공이 되고 큰 고기·큰 말·큰 거북·큰 코끼리·아수라阿修羅나 바다 맡은 신장이 되어, 그 중생을 위하여 폭풍우가 멎고 파도가 가라앉게 하고, 길을 인도하여 섬에나 언덕을 보여 주어 공포에서 벗어나 편안케 하고, 또 생각하기를 '이 선근을 중생에게 회향하여 모든 괴로움을 여의게 하여지이다' 하느니라.

육지에 다니는 중생들이 캄캄한 밤에 무서운 일을 당했을 적에는, 해나 달이나 별이나 새벽 놀이나 저녁 번개나 갖가지 광명이 되기도 하며, 집이 되고 여러 사람이 되기도 하여 위태한 액난을 면하게 하고, 또 생각하기를 '이 선근을 중생에게 회향하여 모든 번뇌의 어둠을 멸하여지이다' 하느니라.

모든 중생으로서 목숨을 아끼거나 명예를 사랑하거나 재물을 탐하거나 벼슬을 소중히 여기거나 이성異性에게 애착하거나 처첩을 그리워하거나, 구하는 일을 이루지 못하고 근심하는 이들을 내가 모두 구제하여 괴로움을 여의게 하느니라.

험한 산악 지대에서 조난한 이에게는, 착한 신장이 되어 나타나서 친근하기도 하고, 좋은 새가 되어 아름다운 소리로 위로하기도 하며, 신기한 약초가 되어 빛을 내어 비춰 주기도 하고, 과실 나무를 보여 주고 맑은 샘을 보여 주고 지름길을 보여 주고 평탄한 곳을 보여 주어 모든 액난을 면하게 하느니라.

거친 벌판이나 빽빽한 숲 속이나 험난한 길을 다니다가, 덩굴에 얽히었거나 안개에 싸이어 두려워하는 이에게는 바른 길을 지도하여 벗어나게 하고, 또 생각하기를 '모든 중생이 삿된 소견의 숲을 베며 애욕의 그물을 찢고, 생사의 벌판에서 뛰어나며 번뇌의 어둠을 멸하고, 온갖 지혜의 평탄한 길에 들어서서 공포가 없는 곳에 이르러 끝까지 안락케 하여지이다' 하느니라.

　선남자여, 어떤 중생이 국토에 애착하여 근심하는 이에게는, 나는 방편을 베풀어 염증을 내게 하고, 또 원하기를 '모든 중생들이 오온에 애착하지 말고 모두 부처님의 살바야薩婆若 경지에 머무르게 하여지이다' 하느니라.

　선남자여, 어떤 중생이 고향 마을을 사랑하고 집에 탐착하느라고 어둠 속에서 항상 괴로움을 받는 이에게는, 나는 법을 말하여 싫증을 내고 법에 만족하며 법에 의지하여 있게 하고, 또 생각하기를 '모든 중생이 여섯 군데 마을에 탐착하지 말고 생사의 경지에서 빨리 벗어나 끝까지 온갖 지혜의 성에 머물러지이다' 하느니라.

　선남자여, 어떤 중생이 캄캄한 밤길을 가다가 방위를 잘못 알아, 평탄한 길에는 험난한 생각을 내고, 위험한 길에는 평탄한 생각을 내며, 높은 데를 낮다 하고 낮은 데를 높다 하여, 마음이 홀리어 크게 고생하는 이에게는, 나는 좋은 방편으로 광명을 비추어서, 나가려는 이는 문을 보여 주고 다니려는 이는 길을 가리키고, 내를 건너려는 이는 다리를 보여 주고, 강을 건너려는 이는 배를 주며, 방향을 살피는 이에게는 험하고 평탄함과 위태하고 편안한 곳을 일러 주고, 쉬어 가려는 이에게는 도시와 마을과 물과 숲을 가리켜 주고, 또 생각하기를 '내가 여기서 캄캄한 밤을 밝혀 주어 세상의 모든 일을 편하게 하듯이, 모든 중생에게 생사의 캄캄한 밤과 무명의 어두운 데를 지혜의 광명으로 두루 비추게 하여지이다' 하느니라.

　모든 중생들이 지혜의 눈이 없고 허망한 생각과 뒤바뀐 소견에 덮이어서, 무상한 것을 항상하다 생각하고, 낙樂이 없는 것을 즐겁다 생각하고, 나[我]가 아닌 것을 나라 생각하고, 부정한 것을 깨끗하다 생각하며, 나[我]다 사람[人]이다 중생衆生이다라는 고집과 오온·십이처·십팔계의 법에 굳이 집착하여, 원인과 과보를 모르고 착하고 나쁜 것을 알지 못하며, 중생을 살해하고 내지 잘못된 소견을 가지며, 부모에게 불효하고 사문과 바라문을 공경하지 않으며, 악한 사람·선한 사람을 알지 못하고 나쁜 짓을 탐하고 삿된 법에 머물며, 여래를 훼방하고 바른 법륜을 파괴하는 이들과, 보살들을 훼방하고 해롭게 하며 대승을 업신여기고 보리심을 끊으며, 신세진 이에게는 도리어 상해하고 은혜 없는 곳에는 원수로 생각하며, 성현을 비방하고 나쁜 사람을 친근하며, 절이나 탑의 물건을 훔치고 다섯 가지 역적죄〔五逆罪〕를 지으며, 오래지 않아서 삼악도三惡道에 떨어질 이들을 '원컨대 내가 지혜의 광명으로 중생의 캄캄한 무명을 깨뜨리고, 빨리 아뇩다라삼먁삼보리심을 내게 하여지이다' 하느니라.

발심한 뒤에는 보현의 법을 보여 주고 십력을 일러 주며, 여래 법왕의 경계를 보이고 부처님의 온갖 지혜의 성을 보이며, 부처님의 수행과 부처님의 자재와 부처님의 성취와 부처님의 다라니와, 모든 부처의 한결같은 몸과 모든 부처의 평등한 곳을 보여서 그들을 편안히 머물게 하느니라.

선남자여, 모든 중생이 병에 붙들리기도 하고 늙음에 시달리기도 하며 빈궁에 쪼들리기도 하고 화난禍難을 만나기도 하며 국법을 범하고 형벌을 받게 될 적에, 믿을 데 없어 매우 두려워하는 이들을 내가 구제하여 편안케 하고, 다시 생각하기를 '내가 법으로써 중생들을 포섭하여 모든 번뇌와 나고 늙고 병들고 죽는 일과 근심·걱정·고통에서 해탈케 하며, 선지식을 가까이 모시고 법보시를 항상 행하고 착한 업을 부지런히 지으며, 여래의 청정한 법의 몸을 얻어 필경까지 변천하지 않는 자리에 머물러지이다' 하노라.

선남자여, 모든 중생이 소견인 숲에 들어가 삿된 길에 머물며, 여러 경계에 잘못된 분별을 내며, 착하지 않은 몸의 업·말의 업·뜻의 업을 행하고 갖가지 잘못된 고행을 부질없이 지으며, 바른 깨달음이 아닌데 바른 깨달음이라 생각하고, 바른 깨달음을 바른 깨달음이 아니라 생각하며, 나쁜 동무에게 붙들리어 나쁜 소견을 내고, 나쁜 길에 떨어지게 되는 것을 여러 가지 방편으로 구호하여 바른 소견에 들어서 인간이나 천상에 나게 하노라.

그리고 다시 생각하기를 '내가 이 나쁜 길에 떨어질 중생을 구원하는 것처럼, 모든 중생을 널리 구원하여 온갖 괴로움에서 해탈하고 바라밀인 세상에서 벗어나는 성인의 도에 머물러서, 온갖 지혜에서 물러가지 않게 하며, 보현의 서원을 갖추어 온갖 지혜에 가까워지며, 보살의 행을 버리지 않고 부지런히 모든 중생을 교화하게 하여지이다' 하노라.

이 때 바산바연지 밤 맡은 신이 이 해탈의 뜻을 다시 펴려고, 부처님의 신통한 힘을 받잡고 시방을 관찰하며 선재동자에게 게송을 말하였다.

　　내가 얻은 이 해탈문
　　깨끗한 법의 광명을 내어
　　캄캄한 어둠을 깨뜨리고
　　때를 기다려 연설하노라.

　　내가 옛날 그지없는 세월
　　넓고 큰 인자함을 행하여
　　여러 세간 두루 덮었으니
　　불자들은 닦아 배우라.

고요하고 가엾이 여기는 바다
삼세 부처를 내어
중생의 고통 멸하나니
그대들 이 문에 들어가라.

세간의 낙도 내고
출세간의 낙도 내어
내 마음 즐겁게 하나니
그대들 이 문에 들어가라.

함이 있는 근심 버리고
성문의 과도 멀리 하며
부처의 힘 깨끗이 닦나니
그대들 이 문에 들어가라.

나의 눈 매우 청정해
시방세계를 모두 보고
그 세계의 부처님들
보리수 아래 앉으심도 보나니

잘 생긴 몸매로 몸을 장엄하고
한량없는 대중이 둘러 있는데
털구멍에서
가지각색 광명을 내네.

또 모든 중생들은
여기서 죽어 저기에 나고
오취五趣에 헤매면서
한량없는 고통을 받더라.

나의 귀 매우 청정해
듣지 못하는 것이 없어
모든 말 바다를
듣고 기억하고

부처님들 법륜을 굴리는
그 음성 비길 데 없어
여러 가지 말과 글자를
모두 기억하고

나의 코 매우 청정해
모든 법에 막힘이 없고
온갖 것에 자유자재해
그대들 이 문에 들어가라.

나의 혀 매우 넓고 크고
청정하고 말을 잘하여
알맞게 묘한 법 말하니
그대들 이 문에 들어가라.

나의 몸 매우 청정해
삼세가 모두 진여와 평등
중생의 마음을 따라
온갖 것을 모두 나타내.

나의 마음 걸림 없이 청정해
허공에 삼라만상 있는 듯
모든 여래를 생각하여도
그러나 분별하지 않아.

한량없는 세계
모든 마음들
근성과 욕락 모두 알지만
그러나 분별하지 않아.

나의 큰 신통의 힘
한량없는 세계 진동하며
가지 못하는 데 없어
억센 중생들 모두 다 조복.

나의 복 엄청나게 커
허공이 다하지 않는 듯
모든 여래를 공양하고
일체 중생을 이익하며

나의 지혜 넓고 청정해
모든 법의 바다 분명히 알고
중생의 의혹 없애나니
그대들 이 문에 들어가라.

나는 삼세 부처들과
모든 법을 모두 알고
그 방편까지 알아
이 문이 넓고 비길 데 없어

낱낱 티끌 속마다
삼세 모든 세계를 보며
그 세계의 부처님 보니
이것은 넓은 문의 힘.

시방세계의 티끌 속마다
노사나盧舍那부처님
보리수 밑에서 성도하고
법 연설함을 보네.

이 때 선재동자가 밤 맡은 신에게 여쭈었다.
"당신께서 아뇩다라삼먁삼보리심을 낸 지는 얼마나 오래되었고, 이 해탈은 언제 얻었사온대, 이렇게 중생을 이익케 하나이까?"
밤 맡은 신이 대답하였다.
"선남자여, 지나간 옛적, 수미산 티끌 수 겁을 지나서 적정광寂靜光이란 겁이 있었고, 묘한 보배 내는[出生妙寶] 세계가 있었는데, 5억 부처님이 그 세계에서 나셨느니라.

그 세계에 한 사천하가 있으니 이름이 보배 달 등빛[寶月燈光]이며, 성의 이름은 연꽃빛[蓮華光]이며, 그 성에 있는 임금의 이름은 선법도善法度니라. 법으로 교화하여 일곱 보배를 성취하였고 사천하의 왕이 되었으며, 왕의 부인의 이름이 법혜월法慧月인데 밤이 깊도록 잠을 잤느니라.

이 때 성의 동쪽에 적주寂住라는 큰 숲이 있고, 그 숲에 큰 보리수가 있으니 이름이 일체광마니왕장엄一切光摩尼王莊嚴이었느니라. 그 나무에서 모든 부처님의 신통한 힘의 광명이 솟아 나오는데, 일체법뇌음왕一切法雷音王부처님이 그 보리수 아래서 등정각을 이루시고, 한량없는 빛이 있는 광대한 광명을 놓아서 묘한 보배 내는 세계에 두루 비추었느니라.

연꽃빛 성에 밤 맡은 신이 있었으니 이름이 깨끗한 달[淨月]이었느니라. 왕의 부인 법혜월에게 나아가 몸에 있는 영락을 흔들어 부인을 깨우고 말하기를 '부인이여, 일체법뇌음왕여래가 적주 숲에서 위없는 깨달음을 이루시고, 부처님들의 공덕과 자유자재한 신통의 힘과 보현보살의 행과 원을 말씀합니다'라고 하여 부인으로 하여금 아뇩다라삼먁삼보리심을 내어 부처님과 보살과 성문 대중에게 공양하게 하였느니라.

선남자여, 그 때 왕의 부인 법혜월은 다른 사람이 아니라, 이 몸이었느니라. 내가 그 부처님에게서 보리심을 내고 선근을 심었으므로 수미산의 티끌 수 겁 동안에 지옥·아귀·축생의 악취惡趣에 태어나지 아니하고, 미천한 집에도 태어나지 아니하였으며, 모든 감관이 구족하고 고통이 없어, 천상과 인간에서 복덕이 훌륭하였고, 나쁜 세상에 나지도 않으며 언제나 부처님과 보살과 큰 선지식을 떠나지 않고 그들의 계신 데서 선근을 심었으며, 80수미산의 티끌 수 겁을 지내면서 안락을 받았지만 보살의 근성을 만족하지 못하였느니라.

이러한 겁을 지내고 또 1만 겁을 지낸 뒤에 이 현겁賢劫 전에 근심 없이 두루 비추는 겁이 있었고, 그 세계는 이름이 때 여읜 묘한 빛[離垢妙光]이었으며, 그 세계는 깨끗하고 더러움이 서로 섞이었으며, 5백 부처님이 나셨는데, 그 첫째 부처님의 이름이 수미당적정묘안須彌幢寂靜妙眼여래·응공·정등각이었느니라. 나는 명칭名稱장자의 딸이 되었으니 이름이 묘한 지혜 광명[妙慧光明]인데 단정하게 생겼었다. 저 깨끗한 달밤 맡은 신은 서원한 힘으로 때 여읜 세계의 어떤 사천하에서 묘당왕성妙幢王城에 태어나서 밤 맡은 신이 되었으니 이름이 깨끗한 눈[淸淨眼]이었느니라.

나는 어느 때 부모의 곁에서 밤에 잠을 자는데, 그 깨끗한 눈 밤 맡은 신이 나에게 와서 나의 집을 흔들며 큰 광명을 놓고, 그 몸을 나타내어 부처님의 공덕을 찬탄하였느니라.

'묘안妙眼여래가 보리좌에 앉아서 바른 깨달음을 이루셨다' 하고 나와 부모와 권속들에게 권하여 빨리 가서 부처님을 뵈라 하면서, 길을 인도하고 부처님 계신 데 가서 공양을 성대하게 하였느니라.

나는 부처님을 뵈옵고 곧 삼매를 얻었으니 이름이 '부처를 보고 중생을 조복하는 삼세 지혜의 광명을 내는 바퀴'니라. 이 삼매를 얻고는 수미산 티끌 수의 겁을 기억하며, 그 동안에 부처님들이 나심을 보았고, 그 부처님이 묘한 법을 말씀함을 들었으며, 법을 들은 연고로 곧 모든 중생의 어둠을 깨뜨리는 법 광명의 해탈을 얻었느니라.

이 해탈을 얻고는 나의 몸이 부처 세계의 티끌 수 세계에 두루 이름을 보았으며, 저 세계에 있는 부처님들도 보고, 또 나의 몸이 그 부처님 계신 데 있음을 보았으며, 또 그 세계의 모든 중생을 보고 그 말을 알고 그 근성을 알고, 지난 옛적에 선지식의 거두어 주었음을 알았으며, 그들이 좋아하는 대로 몸을 나타내어서 그들을 기쁘게 하였느니라.

나는 그 때 거기서 얻은 해탈이 잠깐잠깐 자랐으며, 그와 동시에 내 몸이 백 부처 세계의 티끌 수 세계에 두루 간 것을 보았고, 또 동시에 내 몸이 천 부처 세계의 티끌 수 세계에 두루 이름을 보고, 또 동시에 내 몸이 백천 부처 세계의 티끌 수 세계에 이름을 보았으며, 이와 같이 잠깐잠깐에 말할 수 없이 말할 수 없는 세계의 티끌 수 세계에 이르렀고, 그런 세계의 모든 여래를 보았으며, 또 내 몸이 저 부처님들의 처소에서 법을 듣고 받아 지니고 기억하고 관찰하여 결정함을 보았노라.

또 그 부처님들의 예전에 나셨던 일[本事]과 큰 서원을 알았으며, 저 여래께서 부처 세계를 깨끗이 장엄하였고 나도 장엄하였으며, 또 그 세계의 모든 중생을 보고 그들에게 알맞은 몸을 나타내어 교화하고 조복하였느니라. 이 해탈문이 잠깐잠깐 자라서 내지 법계에 가득하였느니라.

선남자여, 나는 다만 이 보살이 모든 중생의 어둠을 깨뜨리는 법 광명의 해탈을 알거니와 저 보살마하살들이 보현의 그지없는 행과 원을 성취하고, 모든 법계 바다에 두루 들어가고, 보살들의 금강 지혜 당기인 자재한 삼매를 얻고, 큰 서원을 내고, 부처의 종자에 머물러 있으며, 잠깐 동안에 모든 큰 공덕 바다를 이루고, 모든 광대한 세계를 깨끗이 장엄하고, 자유자재한 지혜로 모든 중생을 교화하여 성숙케 하고, 지혜의 해로 모든 세간의 어둠을 멸하고, 용맹한 지혜로 모든 중생의 잠을 깨우고, 지혜의 달로 모든 중생의 의혹을 결단하고, 청정한 음성으로 모든 생사의 집착을 끊으며, 모든 법계의 낱낱 티끌마다 자유자재한 신통을 나타내고, 지혜의 눈이 깨끗하여 삼세를 평등하게 보는 일이야 내가 어떻게 그 묘한 행을 알며, 그 공덕을 말하며, 그 경계에 들어가서 그 자재함을 보이겠는가.

 선남자여, 이 염부제 마갈제국 보리도량에 밤 맡은 신이 있으니 이름이 보덕정광普德淨光이니라.

 나는 본래 그에게서 아뇩다라삼먁삼보리심을 내었고, 그가 항상 묘한 법으로 나를 깨우쳐 주었느니라. 그대는 그에게 가서 보살이 어떻게 보살의 행을 배우며 보살의 도를 닦느냐고 물으라."

 그 때 선재동자는 바산바연지 신을 향하여 게송을 말하였다.

  당신의 청정한 몸을 보오니
  좋은 모습 세간에 우뚝 뛰어나
  문수사리보살도 같고
  보배의 산과도 같네.

  당신의 법의 몸 깨끗하여
  삼세에 모두 평등하고
  세계들도 그 속에 들어가
  성립되고 파괴됨이 걸림이 없으며

  모든 태어나는 길을 보니
  당신의 형상 모두 보겠고
  하나하나의 털구멍 속에
  별과 달이 각각 나뉘었으며

  그대의 마음 넓고 큰 것이
  허공 시방세계 두루하듯이

부처님들 그 가운데 다 들어가도
청정하여 분별이 없고

털구멍마다
무수한 광명을 놓아
시방의 부처님 계신 데
장엄거리를 널리 내리고

털구멍마다
무수한 몸을 나타내
시방의 모든 국토에
방편으로 중생을 제도

털구멍마다
무수한 세계를 보이며
중생의 욕망 따라서
갖가지로 청정케 해

어떤 중생이
이름 듣거나 몸만 보아도
모두 공덕을 얻어
보리를 성취하나니

오랜 세월 나쁜 길에 있다가
비로소 당신 보오며

환희하게 받자올지니
번뇌를 멸하는 까닭.

일천 세계의 티끌 수 겁에
한 터럭 공덕을 찬탄하여도
세월은 끝날 수 있어도
공덕은 다할 수 없어.

　선재동자는 이 게송을 말하고는 발에 엎드려 절하고, 한량없이 돌고 은근하게 앙모하면서 하직하고 물러갔다.

대방광불화엄경 제69권

제69권

39. 입법계품 ⑩

2) 가지 법회 ⑨

(33) 보덕정광 밤 맡은 신[普德淨光夜神]을 찾다

그 때 선재동자는 바산바연지婆珊婆演底 밤 맡은 신의 처음으로 보리심을 내던 일과 보살의 장藏을 내던 일과 보살의 원을 세우던 일과 보살의 바라밀을 깨끗이 하던 일과 보살의 지위에 들어가던 일과 보살의 행을 닦던 일과 보살의 벗어나는 길을 행하던 일과 온갖 지혜의 광명바다와 중생을 구원하는 마음과 널리 두루하는 크게 가엾이 여기는 구름과, 모든 부처 세계에서 오는 세월이 끝나도록 보현의 행과 원을 항상 내는 것을 분명히 알면서, 점점 나아가 보덕정광普德淨光 밤 맡은 신에게 이르러 그의 발에 절하고 수없이 돌고 합장하고 서서 말하였다.

"거룩하신 이여, 저는 이미 아뇩다라삼먁삼보리심을 내었사오나, 보살이 어떻게 보살의 지위를 수행하며 어떻게 보살의 지위를 내며 어떻게 보살의 지위를 성취하는지를 알지 못하나이다."

밤 맡은 신이 대답하였다.

"훌륭하고, 훌륭하다. 선남자여, 그대는 능히 아뇩다라삼먁삼보리심을 내었고 이제 또 보살의 지위를 수행하고 내고 성취함을 묻는구나.

선남자여, 보살은 열 가지 법을 성취하며, 능히 보살의 행을 원만히 하느니라. 무엇이 열인가? 하나는 청정한 삼매를 얻어 모든 부처님을 항상 봄이요, 둘은 청정한 눈을 얻어 모든 부처님의 잘생긴 모습으로 장엄함을 관찰함이요, 셋은 모든 여래의 한량없고 그지없는 공덕의 큰 바다를 앎이요, 넷은 법계와 평등한 한량없는 부처님 법의 광명 바다를 앎이요, 다섯은 모든 여래의 털구멍마다 중생의 수효와 같은 큰 광명 바다를 놓아 한량없는 중생을 이익함이요, 여섯은 모든 여래의 털구멍마다 모든 보배빛 광명 불꽃 내는 것을 봄이요, 일곱은 생각마다 모든 부처님의 변화하는 바다를 나타내어 법계에 가득하고 모든 부처의 경계에 끝까지 이르러 중생을 조복함이요, 여덟은 부처님의 음성을 얻고 모든 중생의 말과 같아서 삼세 온갖 부처님의 법륜을 굴림이요, 아홉은 모든 부처님의 그지없는 이름 바다를 앎이요, 열은 모든 부처님께서 중생을 조복하는 부사의하고 자재한 힘을 앎이니라.

선남자여, 보살이 이 열 가지 법을 성취하면 보살의 모든 행을 원만 하느니라.

선남자여, 나는 보살의 해탈을 얻었으니 이름이 고요한 선정의 낙으로 두루 다님〔寂靜禪定樂普遊步〕이니라. 삼세의 모든 부처님을 두루 보고 그 부처님들의 청정한 국토와 도량에 모인 대중을 보며, 신통과 이름과 법을 말함과 수명과 말씀과 모습이 각각 같지 아니함을 모두 보면서도 집착함이 없느니라.

왜냐 하면 모든 여래는 가는 것이 아니니 세상 길이 아주 없어진 연고며, 오는 것이 아니니 자체의 성품이 남이 없는 연고며, 나는 것이 아니니 법의 몸이 평등한 연고며, 없어지는 것이 아니니 나는 모양이 없는 연고며, 진실한 것이 아니니 눈어리〔幻〕 같은 법에 머무는 연고며, 허망한 것이 아니니 중생을 이익케 하는 연고며, 변천하는 것이 아니니 생사를 초월한 연고며, 무너지는 것이 아니니 성품이 변하지 않는 연고며, 한 모양이니 말을 여읜 연고며, 모양이 없으니 성품과 모양이 본래 공한 연고니라.

선남자여, 내가 이렇게 모든 여래를 아는 때에, 보살의 고요한 선정의 낙樂으로 두루 다니는 해탈문을 분명하게 알고 성취하고 자라게 하며, 생각하고 관찰하여 견고하게 장엄하며, 모든 허망한 생각과 분별을 일으키지 않고 크게 가엾이 여김으로 모든 중생을 구호하며, 한결같은 마음이 흔들리지 않고 초선初禪을 닦았으며, 뜻으로 짓는 모든 업을 쉬고 모든 중생을 거두어 주며 지혜의 힘이 용맹하고 기쁜 마음이 매우 즐거워 제2선을 닦았으며, 모든 중생의 성품을 생각하며 생사를 여의어 제3선을 닦았으며, 모든 중생의 온갖 고통과 번뇌를 모두 멸하여 제4선을 닦았노라.

그래서 모든 지혜와 서원을 증장하고 원만히 하며, 모든 삼매 바다를 내고, 보살들의 해탈 바다의 문에 들어가며 모든 신통에 유희하고 모든 변화를 성취하여, 청정한 지혜로 법계에 두루 들어갔느니라.

선남자여, 나는 이 해탈을 닦을 적에 가지가지 방편으로 중생을 성취하였으니, 이른바 집에 있으면서 방일하는 중생에게는 부정한 생각·싫은 생각·고달프다는 생각·핍박하는 생각·속박되는 생각·나찰이라는 생각·무상하다는 생각·괴롭다는 생각·나〔我〕가 없다는 생각·공한 생각·남이 없는 생각·자유롭지 못한 생각·늙고 병들어 죽는 생각을 내게 하며, 스스로도 다섯 가지 욕락에 집착을 내지 않고, 중생에게도 권하여 집착하지 않게 하며, 다만 법의 즐거움에 머물러서 집을 떠나 집 아닌 데 들게 하였느니라.

　어떤 중생이 고요한 데 머물렀으면, 나는 그에게 나쁜 소리를 쉬게 하고, 고요한 밤에 깊은 법을 말하여 순조롭게 행할 인연을 주고 출가하는 문을 열어 바른 길을 보이며 광명이 되어 어두운 장애를 제하고 공포를 없애며, 출가하는 일과 불보·법보·승보와 선지식을 찬탄하여 공덕을 갖추게 하며, 또 선지식을 친근하는 행을 찬탄하였느니라.

　또 선남자여, 내가 해탈을 닦을 때에는 중생들로 하여금 법답지 못한 탐욕을 내지 않게 하고 삿된 분별을 일으키지 않게 하며 여러 가지 죄를 짓지 않게 하고, 이미 지은 것은 모두 쉬게 하였으며, 만일 착한 법을 내지 못하였거나 바라밀의 행을 닦지 못하였거나 온갖 지혜를 구하지 못하였거나 큰 자비심을 일으키지 못하였거나 인간과 천상에 태어날 업을 짓지 못한 것들은 모두 내게 하고, 이미 낸 것은 더욱 증장하게 하여, 이렇게 도에 순종하는 인연을 주기도 하고 내지 온갖 지혜의 지혜를 이루게 하였느니라.

　선남자여, 나는 다만 이 보살의 고요한 선정의 낙으로 두루 다니는 해탈문을 얻었거니와, 저 보살마하살들이 보현에게 있는 행과 원을 구족하고 모든 그지없는 법계를 통달하며, 항상 모든 선근을 증장하고 모든 여래의 십력을 비추어 보며, 모든 여래의 경계에 머물러서 생사 중에 있으면서도 장애가 없고 온갖 지혜와 원을 빨리 만족하며, 모든 세계에 널리 나아가 모든 부처님을 두루 뵈오며, 모든 부처의 법을 다 듣고 모든 중생의 어리석음을 능히 깨뜨리며, 나고 죽는 밤중에 온갖 지혜의 광명을 내는 일이야 내가 어떻게 알며, 그 공덕의 행을 말하겠는가.

　선남자여, 여기서 멀지 않은 보리도량의 오른쪽에 밤 맡은 신이 있으니 이름이 기쁜 눈으로 중생을 보는 이〔喜目觀察衆生〕니라. 그대는 그에게 가서 보살의 행을 어떻게 배우며, 보살의 도를 어떻게 닦느냐고 물으라."

그 때 보덕정광 밤 맡은 신이 이 해탈의 뜻을 다시 펴려고 선재동자에게 게송을 말하였다.

믿고 이해하는 마음이 있어
삼세 부처님을 모두 본다면
그 사람 눈이 깨끗해
부처님 바다에 들어가오리.

부처님들의 몸매를 보라.
청정한 모습으로 장엄하시고
잠깐 동안에 신통한 힘으로
법계에 가득하시나니

노사나여래께서
도량에서 바른 깨달음 이루고
모든 법계에서
청정한 법륜을 굴리시나니

여래는 법의 성품이
고요하여 둘이 아님을 아시고
청정한 모습으로 장엄한 몸을
여러 세간에 보이시느니라.

부처님 몸 부사의하여
법계에 충만하시며
모든 세계에 나타나시며
여러 중생을 못 보는 이 없고

부처님 몸의 늘 있는 광명
모든 세계의 티끌 수처럼
가지각색 청정한 빛이
잠깐잠깐마다 법계에 두루해

여래의 한 털구멍으로
부사의한 광명을 놓아
여러 중생에게 비추어
번뇌를 멸하게 하고

여래의 한 털구멍으로
끝이 없는 화신을 내어
법계에 가득하시어
중생들의 괴로움을 없애버리며

부처님이 묘한 음성을 내어
여러 종류를 알게 하시고
광대한 법을 널리 비추어
보리심을 내도록 하네.

부처님이 옛날 수행하실 때
나를 거두어 주셨으므로
오늘날 여래께서
모든 세계에 나타나심을 보고

여러 부처님 세간에 나심이
중생의 수효와 같으며
가지가지의 해탈한 경계
나로서는 알 수 없으며

모든 보살들
부처님의 한 털구멍에 드나니
이와 같은 미묘한 해탈
나로서 알 수 없노라.

이 근처에 밤 맡은 신이 있어
이름은 기쁜 눈으로 중생을 보는 이.
그대는 그에게 가서
보살의 수행을 물으라.

이 때 선재동자는 그의 발에 엎드려 절하고 수없이 돌고 은근하게 앙모하면서 하직하고 물러갔다.

(34) 기쁜 눈으로 중생 보는 밤 맡은 신[喜目觀察衆生夜神]을 찾다
이 때 선재동자는 선지식의 가르침을 공경하고 선지식의 말을 실행

하면서 이렇게 생각하였다.

'선지식은 보기 어렵고 만나기 어려우니, 선지식을 보면 마음이 산란치 않고, 선지식을 보면 장애의 산을 깨뜨리고, 선지식을 보면 크게 가엾이 여기는 바다에 들어가 중생을 구호하고, 선지식을 보면 지혜의 빛을 얻어 법계를 널리 비추고, 선지식을 보면 온갖 지혜의 길을 다 수행하고, 선지식을 보면 시방의 부처 바다를 두루 보고, 선지식을 보면 부처님들이 법륜 굴리는 것을 보고 기억하여 잊지 아니하리라.'

이렇게 생각하고는 기쁜 눈으로 중생을 보는 밤 맡은 신에게 가려는 생각을 내었다.

이 때 기쁜 눈으로 중생을 보는 신은 선재동자에게 가피하여 선지식을 친근하면 모든 선근을 내어 증장하고 성숙케 함을 알게 하였다.

이른바 선지식을 친근하면 도를 도와주는 거리를 닦음을 알게 하고, 선지식을 친근하면 용맹한 마음을 일으킴을 알게 하고, 선지식을 친근하면 깨뜨릴 수 없는 업을 지음을 알게 하고, 선지식을 친근하면 굴복할 수 없는 힘을 얻음을 알게 하고, 선지식을 친근하면 그지없는 방편에 들어감을 알게 하고, 선지식을 친근하면 오래도록 수행함을 알게 하고, 선지식을 친근하면 그지없는 업을 마련함을 알게 하고, 선지식을 친근하면 한량없는 도를 행함을 알게 하고, 선지식을 친근하면 빠른 힘을 얻어 여러 세계에 이름을 알게 하고, 선지식을 친근하면 본래 있던 곳을 떠나지 않고도 시방세계에 두루 이름을 알게 하였다.

이 때 선재동자는 이러한 생각을 내었다.

'선지식을 친근함으로 온갖 지혜의 길을 용맹하게 닦고, 선지식을 친근함으로 큰 서원 바다를 빨리 내게 되고, 선지식을 친근함으로 모든 중생을 위해서는 오는 세월이 끝나도록 그지없는 고통을 받을 수 있고, 선지식을 친근함으로 크게 정진하는 갑옷을 입고 한 티끌 속에서 법을 말하는 소리가 법계에 두루하고, 선지식을 친근함으로 모든 방위의 바다에 빨리 가게 되며, 선지식을 친근함으로 한 터럭만한 곳에서 오는 세월이 다하도록 보살의 행을 닦고, 선지식을 친근함으로 잠깐마다 보살의 행을 행하여 끝까지 온갖 지혜의 지위에 머물게 되고, 선지식을 친근함으로 삼세 모든 여래의 자재한 신통으로 장엄한 길에 들어가고, 선지식을 친근함으로 모든 법계의 문에 항상 들어가게 되고, 선지식을 친근함으로 항상 법계를 반연하여 조금도 동하지 아니하고 시방세계에 가리라.'

선재동자는 이렇게 생각하고 기쁜 눈으로 중생을 보는 밤 맡은 신에게 나아가니, 그 신은 여래의 대중이 모인 도량에서 연화장 사자좌에 앉아 큰 세력으로 널리 기쁘게 하는 당기 해탈〔大勢力普喜幢解脫〕에 들어갔다.

그 몸에 있는 털구멍마다 한량없는 나툰 몸 구름을 내어 그들에게 알맞은 묘한 음성으로 법을 말하여 한량없는 중생들을 두루 거두어 주어 환희하며 이익을 얻게 하였다.

이른바 한량없는 나툰 몸 구름을 내어 시방의 모든 세계에 가득하여서 보살들이 보시바라밀〔檀波羅蜜〕을 행하던 일을 말하여 모든 일에 미련이 없고 모든 중생에게 두루 보시하여 주며 마음이 평등하여 교만이 없고 안팎의 것을 모두 주되 버리기 어려운 것을 버리게 하였다.

중생의 수효와 같이 한량없는 나툰 몸 구름을 내어 법계에 가득하게 모든 중생의 앞에 나타나서 깨끗하게 계율을 지킴을 말하며, 범죄하지 아니하고 여러 가지 고행을 닦아 다 구족하며, 모든 세간에 의지하지 않고 모든 경계에 애착이 없으며, 생사하는 데서 바퀴 돌듯이 오고 감을 말하며, 인간과 천상의 성하고 쇠하고 괴롭고 즐거움을 말하며, 모든 경계가 다 부정하다고 말하며, 모든 법이 다 무상하다고 말하며, 모든 변천하는 것이 다 괴롭고 맛이 없다고 말하며, 세간 사람들로 하여금 뒤바뀐 것을 버리고 부처의 경지에 있어서 여래의 계율을 지니게 하며, 이렇게 여러 가지 계율을 말하여 계율의 향기가 널리 풍기어 중생들을 성숙케 하였다.

또 중생의 수효와 같은 갖가지 몸 구름을 내어 모든 고통을 참으라 말하나니, 이른바 베고 오리고 때리고 꾸짖고 업신여기고 욕하여도 마음이 태연하여 흔들리지도 어지럽지도 말며, 여러 가지 행에 낮지도 높지도 말고 중생들에게 교만한 마음을 내지 말며, 법의 성품에 편안히 머물고 그대로 알며, 보리심을 말하되 다함이 없나니, 마음이 다하지 않으므로 지혜도 다하지 않아 모든 중생의 번뇌를 끊으며 중생들의 미천하고 누추하고 완전치 못한 몸을 말하여 염증을 내게 하고, 여래의 청정하고 미묘하고 위가 없는 몸을 말하여 즐거움을 내게 하나니, 이런 방편으로 중생들을 성숙케 하였다.

또 중생 세계와 같은 갖가지 몸 구름을 내어 중생들의 좋아함을 따라서 용맹하게 정진하여 모든 도를 도와 수는 법을 닦으라 말하며, 용맹하게 정진하여 마와 원수를 항복 받으라 하며, 용맹하게 정진하여 보리심을 내고 흔들리지도 물러가지도 말라 하며, 용맹하게 정진하여 모든 중생을 제도하여 생사의 바다에서 벗어나게 하라 하며, 용맹하게 정진하여 모든 나쁜 길[惡道]의 험난을 멸하라 하며, 용맹하게 정진하여 무지한 산을 깨뜨리라 하며, 용맹하게 정진하여 모든 부처님 여래에게 공양하되 고달픈 생각을 내지 말라 하며, 용맹하게 정진하여 모든 부처님의 법륜을 받아 지니라 하며, 용맹하게 정진하여 모든 장애의 산을 무너뜨리라 하며, 용맹하게 정진하여 모든 중생을 교화하여 성숙케 하라 하며, 용맹하게 정진하여 모든 부처님의 국토를 깨끗하게 장엄하라 하나니, 이런 방편으로 중생을 성숙케 하였다.

또 갖가지 한량없는 몸 구름을 내어 여러 가지 방편으로 중생들의 마음을 기쁘게 하여 나쁜 뜻을 버리고 모든 욕망을 싫어하게 하는데, 부끄러움을 말하여 중생들이 모든 감관을 숨겨 보호하게 하며, 위없이 깨끗한 행을 말하고 욕심 세계는 마魔의 경계라고 말하여 두려움을 내게 하며, 세상의 욕락을 좋아하지 말라고 말하여 법 즐거움에 머물되 차례차례로 모든 선정과 삼매의 낙에 들어가게 하며, 그들로 하여금 생각하고 관찰하여 모든 번뇌를 멸하게 하며, 또 모든 보살의 삼매 바다와 신통한 힘으로 변화하여 나타나서 자유자재하게 유희함을 말하여 중생들로 하여금 환희하고 기뻐서 모든 근심을 여의고 마음이 깨끗하며 모든 근根이 용맹하여 법을 소중하게 여기어 닦아 증장하였다.

또 중생 세계와 같은 갖가지 몸 구름을 내어 그들을 위하여 시방 국토에 가서 부처님과 스승과 선지식에게 공양하고 모든 부처님의 법륜을 받아지니되 부지런히 정진하고 게으르지 말라고 말하며, 또 모든 여래의 바다를 찬탄하고 모든 법문 바다를 관찰하라고 말하여 모든 법의 성품과 모양을 나타내 보이며, 모든 삼매의 문을 열며 지혜의 경계를 열고 중생의 의심 바다를 말리며, 지혜의 금강으로 모든 중생의 소견을 깨뜨리게 하며, 지혜의 해가 떠서 중생들의 어리석은 어둠을 파하여 그들이 환희하여 온갖 지혜를 이루게 하였다.

또 중생의 세계와 같은 여러 가지 몸 구름을 내어 모든 중생의 앞에 나아가서 그들에게 알맞게 여러 가지 말로 법을 말하는데, 세간의 신통과 복력도 말하고 삼계가 모두 무서운 것이라 말하며, 세간의 업을 짓지 말라고 말하여 삼계를 여의고 소견의 숲에서 벗어나게 하며, 온갖 지혜의 길을 칭찬하여 그들로 하여금 이승의 지위에서 뛰어나게 하며, 생사에 머물지도 말고 열반에 머물지도 말라고 말하여, 함이 있는[有爲] 데나 함이 없는[無爲] 데 집착하지 않게 하며, 천궁에 머물거나 내지 도량에 머물라고 말하여 그들로 하여금 보리심을 내게 하나니, 이런 방편으로 중생들을 교화하여 필경에 온갖 지혜를 얻게 하였다.

또 모든 세계의 티끌 수 몸 구름을 내어 모든 중생의 앞에 나아가서 잠깐잠깐마다 보현보살의 모든 행과 원을 보이며, 잠깐잠깐마다 청정한 큰 원이 법계에 가득함을 보이며, 잠깐잠깐마다 모든 세계 바다를 깨끗하게 함을 보이며, 잠깐잠깐마다 모든 여래의 바다에 공양함을 보이며, 잠깐잠깐마다 모든 법문 바다에 들어감을 보이며, 잠깐잠깐마다 모든 세계의 바다의 티끌 수 세계 바다에 들어감을 보이며, 잠깐잠깐마다 모든 세계에서 오는 세월이 끝나도록 온갖 지혜의 도를 청정하게 수행함을 보이며, 잠깐잠깐마다 여래의 힘에 들어감을 보이며, 잠깐잠깐마다 모든 삼세의 방편 바다에 들어감을 보이며, 잠깐잠깐마다 모든 세계에 가서 갖가지 신통 변화를 나타냄을 보이며, 잠깐잠깐마다 모든 보살의 행과 원을 보여서, 모든 중생으로 하여금 온갖 지혜에 머물게 하여, 이렇게 하는 일이 쉬지 아니하였다.

또 모든 중생의 마음 수효와 같은 몸 구름을 내어 모든 중생의 앞에 나아가서 보살들이 온갖 지혜를 모으는 데 도를 도와주는 법을 말하되, 그지없는 힘과 온갖 지혜를 구하는 데 깨뜨릴 수 없는 힘과 다하지 않는 힘과 위없는 행을 닦아 물러가지 않는 힘과 중간에 끊어지지 않는 힘과 나고 죽는 법에 물들지 않는 힘과 모든 마의 군중을 파하는 힘과 모든 번뇌의 때를 여의는 힘과 모든 업장의 산을 깨뜨리는 힘과 모든 겁에 있어서 크게 가엾이 여기는 행을 닦는 데 게으르지 않는 힘과 모든 부처님의 국토를 진동하여 중생들을 환희케 하는 힘과 모든 외도를 깨뜨리는 힘과 넓은 세간에서 법륜을 굴리는 힘을 말하여 이런 방편으로 중생들을 성숙하여 온갖 지혜에 이르게 하였다.

또 중생들의 마음 수효와 같은 한량없이 변화하는 몸 구름을 내어 시방의 한량없는 세계에 나아가서 중생의 마음을 따라 모든 보살의 지혜와 행을 연설하나니, 이른바 모든 중생의 세계 바다에 들어가는 지혜를 말하며, 모든 중생의 마음 바다에 들어가는 지혜를 말하며, 모든 중생의 근성 바다에 들어가는 지혜를 말하며, 모든 중생의 수행 바다에 들어가는 지혜를 말하며, 모든 중생을 제도하되 때를 놓치지 않는 지혜를 말하며, 모든 법계의 음성을 내는 지혜를 말하며, 잠깐마다 모든 법계 바다에 두루하는 지혜를 말하며, 잠깐 동안마다 모든 세계 바다가 무너짐을 아는 지혜를 말하며, 잠깐 동안마다 모든 세계 바다가 이루어지고 머물고 장엄이 차별함을 아는 지혜를 말하며, 잠깐 동안마다 모든 여래를 자재하게 친근하고 공양하며 법륜을 듣는 지혜를 말하며, 이러한 지혜(智)바라밀을 보이어 중생들을 기쁘게 하며 화창하고 즐겁고 마음이 청정하여 결정한 이해를 내고 온갖 지혜를 구하여 물러감이 없게 하였다.

보살의 모든 바라밀을 말하여 중생을 성숙케 하듯이, 모든 보살의 가지가지 수행하는 법을 말하여 이익케 하였다.

또 낱낱 털구멍 속에서 한량없는 종류의 중생들의 몸 구름이 나왔다. 이른바 색구경천色究竟天·선현천善現天·선견천善見天·무열천無熱天·무번천無煩天과 비슷한 몸 구름을 내고, 소광천少廣天·광과천廣果天·복생천福生天·무운천無雲天과 비슷한 몸 구름을 내고, 변정천徧淨天·무량정천無量淨天·소정천少淨天과 비슷한 몸 구름을 내고, 광음천光音天·무량광천無量光天·소광천少光天과 비슷한 몸 구름을 내고, 대범천大梵天·범보천梵輔天·범중천梵衆天과 비슷한 몸 구름을 내고, 자재천自在天·화락천化樂天·도솔타천兜率陀天·수야마천須夜摩天·도리천忉利天과 그들의 천녀 천자들과 비슷한 몸 구름을 내었다.

제두뢰타提頭賴吒 건달바왕·건달바 아들·건달바 딸과 비슷한 몸 구름을 내고, 비루륵차毘樓勒叉 구반다왕·구반다 아들·구반다 딸과 비슷한 몸 구름을 내고, 비루박차毘樓博叉용왕·용의 아들·용의 딸과 비슷한 몸 구름을 내고, 비사문毘沙門 야차왕·야차의 아들·야차의 딸과 비슷한 몸 구름을 내고, 대수大樹 긴나라왕·선혜善慧 마후라가왕·대속질력大速疾力 가루라왕·라후羅睺 아수라왕·염라법왕閻羅法王과 그 아들·딸과 비슷한 몸 구름을 내었다.

사람의 왕과 그 아들과 딸과 비슷한 몸 구름을 내고, 성문과 독각과 부처님들과 비슷한 몸 구름을 내고, 땅 맡은 신·물 맡은 신·불 맡은 신·바람 맡은 신·강 맡은 신·바다 맡은 신·산 맡은 신·나무 맡은 신과, 내지 낮 맡은 신·밤 맡은 신·방위 맡은 신들과 비슷한 몸 구름을 내어 시방에 두루하고 법계에 가득하였다.

저 모든 중생의 앞에서 가지가지 소리를 내었으니, 이른바 바람 둘레 소리·물 둘레 소리·불꽃 소리·바다 조수 소리·땅이 갈라지는 소리·큰 산이 서로 부딪치는 소리·하늘 성城이 진동하는 소리·마니 구슬이 부딪치는 소리·천왕의 소리·용왕의 소리·야차왕의 소리·건달바왕의 소리·아수라왕의 소리·가루라왕의 소리·긴나라왕의 소리·마후라가왕의 소리·사람 왕의 소리·범왕의 소리·천녀들의 노랫소리·하늘의 음악 소리·마니보배왕의 소리들이었다.

이런 여러 가지 음성으로써 기쁜 눈으로 중생을 보는 밤 맡은 신이 처음 발심한 적부터 모은 공덕을 말하였으니, 이른바 모든 선지식을 받들어 섬기며 부처님을 친근하여 착한 법을 수행할 적에, 단檀바라밀을 행하여 버리기 어려운 것을 버리며, 시尸바라밀을 행하여 왕의 지위와 궁전과 권속을 버리고 출가하여 도를 닦으며, 찬제羼提바라밀을 행하여 세간의 모든 괴로움과 보살이 닦는 고행을 참으며, 가지는 바른 법이 모두 견고하여 마음이 흔들리지 않으며, 모든 중생이 나의 몸과 마음에 나쁜 짓 하고 나쁜 말 하는 것을 능히 참으며, 여러 가지 업을 참아 다 무너뜨리지 않고, 온갖 법을 참아서 결정한 지혜를 내며, 모든 법의 성품을 참아 잘 생각하였다.

정진精進바라밀을 행하여 온갖 지혜의 행을 일으키고 모든 불법을 이루며, 선禪바라밀을 행하여 그 선바라밀에 있는 도구와 있는 닦아 익힘과 있는 성취와 있는 청정과 있는 삼매의 신통을 일으킴과 있는 삼매 바다에 들어가는 문을 드러내보이며, 반야般若바라밀을 행하여, 그 반야바라밀에 있는 도구와 있는 청정과 큰 지혜의 해와 큰 지혜의 구름과 큰 지혜의 광과 큰 지혜의 문을 다 드러내 보이었다.

방편方便바라밀을 행하여 그 방편바라밀에 있는 도구·있는 수행·있는 성품·있는 이치〔理趣〕·있는 청정·있는 서로 응하는 일을 다 드러내 보이며, 소원〔願〕바라밀을 행하여 그 소원바라밀에 있는 성품·있는 성취·있는 닦아 익힘·있는 서로 응하는 일을 다 드러내 보이며, 힘〔力〕바라밀을 행하여 힘바라밀에 있는 도구·있는 인연·있는 이치·있는 연설·있는 서로 응하는 일을 다 드러내 보이었다.

지혜〔智〕바라밀을 행하여 그 지혜바라밀에 있는 도구·있는 성품·있는 성취·있는 청정·있는 처소·있는 자라남·있는 깊이 들어감·있는 광명·있는 드러내 보임·있는 이치·있는 서로 응하는 일·있는 가려냄·있는 행상行相·있는 서로 응하는 법·있는 거두어 주는 법과, 아는 법·아는 업·아는 세계·아는 겁·아는 세상·아는 부처님의 나타나심·아는 부처님·아는 보살·아는 보살의 마음·보살의 지위·보살의 도구·보살의 나아감·보살의 회향·보살의 큰 원·보살의 법륜·보살의 가려내는 법·보살의 법 바다·보살의 법운 바다·보살의 이치 따위의 지혜바라밀과 서로 응하는 경계를 다 드러내 보여 중생을 성숙케 하였다.

또 이 밤 맡은 신의 처음 발심한 적부터 모은 공덕의 계속하는 차례와, 익힌 선근의 계속하는 차례와, 한량없는 여러 바라밀의 계속하는 차례와, 여기서 죽어 저기 나는 이름의 계속하는 차례와, 선지식을 친근하고 부처님을 섬기며 바른 법을 받아 지니고 보살의 행을 닦음을 말하며, 여러 삼매에 들어가서 삼매의 힘으로 널리 부처님을 보고 여러 세계를 보고 여러 겁을 알고 법계에 깊이 들어가 중생을 관찰하며 법계 바다에 들어가 중생들이 여기서 죽어 저기 나는 것을 알며, 청정한 하늘 귀를 얻어 온갖 소리를 듣고, 청정한 하늘 눈을 얻어 모든 빛을 보고, 남의 속 아는 지혜를 얻어 중생들의 마음을 알고, 전생 일 아는 지혜를 얻어 앞의 일을 알고, 의지함도 없고 지음도 없이 뜻대로 움직이는 트임을 얻어 자재하게 다니며 시방세계에 두루하나니, 이러한 일이 계속하는 차례와, 보살의 해탈을 얻고 보살의 해탈 바다에 들어가며, 보살의 자유자재함을 얻고 보살의 용맹을 얻으며 보살의 걸음걸이를 얻고 보살의 생각에 머물고 보살의 도에 들어가는 이러한 모든 공덕이 계속하는 차례를 모두 연설하고 분별하여 보이어서 중생들을 성숙케 하였다.

이렇게 말할 때에 잠깐잠깐마다 시방으로 각각 말할 수 없이 말할 수 없는 부처님 국토들을 깨끗하게 하며, 한량없는 나쁜 길 중생을 제도하며, 한량없는 중생을 인간과 천상에 나서 부귀하고 자재하게 하며, 한량없는 중생을 죽살이 바다에서 벗어나게 하며, 한량없는 중생을 성문이나 벽지불의 지위에 머물게 하며, 한량없는 중생을 여래의 지위에 머물게 하였다.

이 때 선재동자는 위에 나타낸 모든 희유한 일을 보고 듣고는, 생각 생각에 관찰하고 생각하고 이해하여 깊이 들어가 편안하게 머물렀으며, 부처님의 위신의 힘과 해탈의 힘을 받잡고, 보살의 부사의한 큰 세력과 널리 기뻐하는 당기의 자재한 힘을 내는 해탈을 얻었다.

　무슨 까닭이냐. 기쁜 눈으로 중생을 관찰하는 밤 맡은 신과 더불어 지난 세상에 함께 수행한 연고며, 여래의 신통한 힘으로 가피한 연고며, 부사의한 선근으로 도와주는 연고며, 보살의 모든 근성을 얻은 연고며, 여래의 종류에 태어난 연고며, 선지식의 힘으로 거두어 주는 연고며, 여래의 호념하심을 받은 연고며, 비로자나여래께서 교화하신 연고며, 저러한 선근이 이미 성숙한 연고며, 보현보살의 행을 닦을 만한 연고니라.

　그 때 선재동자는 이 해탈을 얻고 마음이 환희하여 합장하고 기쁜 눈으로 중생을 관찰하는 밤 맡은 신을 향하여 게송으로 찬탄하였다.

　　한량없고 수없는 겁 동안에
　　부처님의 깊은 법 배우고
　　교화할 만한 이를 따라서
　　묘한 몸을 나타내시네.

　　모든 중생들 미혹하고
　　망상에 빠진 줄 알고
　　갖가지 몸을 나타내어
　　마땅한 대로 조복하나니

　　법의 몸 항상 고요해
　　청정하여 두 모양 없지만
　　중생들을 교화하기 위하여
　　가지각색 형상 나타내며

모든 오온·십이처·십팔계에
집착하지 않지만
행동과 육신을 보이어
모든 중생을 조복하며,

안과 밖 모든 법에 집착하지 않고
나고 죽는 바다에서 뛰어났지만
가지가지 몸을 나투어
모든 세계에 머물고

여러 가지 분별 멀리 여의고
희롱거리 언론에 흔들리지 않으나
망상에 집착한 이를 위해
십력을 선전하도다.

한결같은 마음 삼매에 머물러
한량없는 세월에 동하지 않지만
털구멍으로 변화한 구름 내어
시방 부처님께 공양하고

부처님 방편의 힘을 얻어
생각생각 그지없는 즈음에
갖가지 몸 나타내어
여러 중생들 붙들어 주고

모든 생사의 바다
갖가지 업으로 장엄한 줄 알고도
걸림이 없는 법을 말하여
모두 청정케 하며

형상 있는 몸 짝 없이 묘하고
깨끗하기 보현과 같지만
중생의 마음을 따라
세간의 모든 모양을 보이네.

이 때 선재동자는 이 게송을 말하고 밤 맡은 신에게 여쭈었다.
"당신이 아뇩다라삼먁삼보리심을 내신 것은 어느 때이며, 이 해탈을 얻은 지는 얼마나 오래였나이까?"
기쁜 눈으로 중생을 관찰하는 밤 맡은 신이 게송으로 대답하였다.

생각건대 지나간 세월
세계의 티끌 수 겁 전에
마니 광명 세계가 있고
겁의 이름은 고요한 음성.

그 때 백만 나유타 구지
사천하가 있는데
그런 수효의 임금들이
그 세계들을 통치하였다.

그 중에 한 나라의 서울은
이름을 향당보香幢寶라 하는데
장엄이 가장 훌륭하여
보는 이마다 기뻐하였고

그 서울에 있는 전륜왕
풍신이 아주 아름답고
삼십이 거룩한 모습과
여러 가지 잘생긴 모양으로 장엄

연꽃 속에서 화생하여서
금빛이 찬란한 몸에서
광명이 간 데마다 비치고
염부제에 널리 미치네.

그 임금의 천 명의 태자들
용맹하고 신수가 좋고
일억이나 되는 여러 신하들
지혜 있고 수단도 좋아.

궁녀들은 십억인데
얼굴은 하늘 아가씨
마음씨 곱고 아름다우며
착한 뜻으로 왕을 모시니

그 임금 법으로 백성을 교화
사천하에 두루 미치고
철위산 안 넓은 국토가
모두 풍성한데

나는 그 때 여보女寶가 되어
범천의 음성을 구족하고
몸에서는 금빛 광명이
일천 유순에 비치었소.

날은 이미 저물고
음악도 고요한데
대왕과 궁녀들
모두 깊은 잠에 들었고

그 때 덕해德海부처님
세상에 나시어서
신통한 힘을 나투어
시방 세상에 가득

큰 광명 바다를 놓으니
그 수호 세계의 티끌
가지가지 자재하신 몸
시방세계에 가득하시고

땅이 진동하며 묘한 소리로
부처님 나셨다고 포고하니
하늘·사람·용과 귀신들
모두 기뻐서 어쩔 줄 모르고

낱낱 털구멍에서
부처님 나툰 몸[化身] 나와
시방에 가득
묘한 법 연설하셨네.

그 때 나는 꿈속에서
부처님 신통 변화를 보며
미묘한 법문을 듣고
마음으로 기뻐하는데

밤 맡은 신 일만 명이
공중에 함께 있어서
부처님 나셨다 찬탄하며
나에게 깨우치는 말

슬기로운 이여, 빨리 일어나라.
너의 나라에 부처님 나시니
오랜 세월에 만날 수 없고
뵙기만 하면 청정해지나니.

나는 그 때 깨어나
찬란한 광명을 보고
이 광명 어디서 오나
보리수 아래 부처님 계시니

거룩한 모습 장엄하신 몸
보배의 수미산 같으시고
모든 털구멍에서
큰 광명 바다를 놓고 계시네.

그것을 보고 마음이 즐거워
이런 생각을 하였으니
나도 부처님처럼
광대한 신통 얻어지이다.

그리고 나는 또
대왕과 권속을 깨워
부처님 광명을 보게 하니
모두들 기뻐하였고

나 대왕과 함께
천만억 말탄 시종들과
한량없는 중생을 데리고
부처님 계신 데 나아가

이만 년이 되도록
그 부처님께 공양하고
칠보와 사천하
모든 것을 받들어 보시하네.

그 부처님께서는
공덕보운경功德普雲經을 말하여
중생들의 마음에 맞추어
소원 바다를 장엄케 했으며

밤 맡은 신이 나를 일깨워
이익을 얻게 하였고
나는 또 이런 몸 얻어
방일한 이를 깨워지이다.

나는 이 때에 처음으로
보리를 이루려는 원을 세우고
모든 생사 중에 오가면서
그 마음 잊지 않았네.

나는 그 뒤에
십억 나유타 부처님께 공양
항상 천상·인간의 낙을 받으며
여러 중생을 이익케 했으니

첫 부처님은 공덕해功德海
둘째 부처님 공덕등功德燈
셋째는 묘보당妙寶幢
넷째는 허공지虛空智

제오는 연화장蓮華藏
제육은 무애혜無礙慧
제칠은 법월왕法月王
제팔은 지등륜智燈輪

제구 양족존兩足尊은
보염산등왕寶焰山燈王
제십 조어사調御師는
삼세화광음三世華光音

이런 여러 부처님
내가 모두 공양했으나
지혜 눈 얻지 못하여
해탈 바다에 들지 못하고

그 후부터 차례로
일체보광一切普光 세계가 있으니
겁의 이름은 천승天勝이요
오백 부처님이 세상에 나셨네.

첫 부처님은 월광륜月光輪
둘째 부처님 이름이 일등日燈
셋째 부처님은 광당光幢
넷째 부처님은 보수미寶須彌시다.

제오 부처님 화염불華燄佛
제육은 등해燈海부처님
제칠은 치연불熾然佛
제팔은 천장불天藏佛

제구는 광명왕당光明王幢
제십은 보지광왕불普智光王佛이다.
이러한 여러 부처님께
나는 일찍이 공양했으나

그래도 모든 법에 대하여
없는 것을 있다고 생각하였소.
그 뒤에 또 겁이 있으니
이름이 범광명梵光明이요

세계의 이름은 연화등蓮華燈
장엄이 매우 훌륭했으며
그 세계의 한량없는 부처님
부처님마다 한량없는 대중들

내가 다 공양하면서
존중하고 법문 들었소.
제일은 보수미불寶須彌佛
제이는 공덕해불功德海佛

제삼은 법계음불法界音佛
제사는 법진뢰불法震雷佛
제오는 법당法幢부처님
제육은 지광地光부처님

제칠은 법력광法力光부처님
제팔은 허공각虛空覺부처님
제구는 수미광須彌光부처님
제십은 공덕운功德雲부처님

이러한 모든 여래께
나는 다 공양했지만
법을 분명히 알지 못하여
부처님 바다에 들지 못했고

그 뒤에 또 겁이 있는데
그 이름 공덕월功德月
그 때에 있는 세계는
이름이 공덕당功德幢이고

그 세계에 나신 부처님
팔십 나유타신데
나는 미묘한 공양거리로
정성을 다해 받자왔노라.

첫 부처님은 건달바왕乾闥婆王
둘째 부처님은 대수왕大樹王
셋째는 공덕수미功德須彌부처님
넷째는 보안寶眼부처님

다섯째는 노사나불盧舍那佛
여섯째는 광장엄光莊嚴부처님
일곱째는 법해불法海佛
여덟째는 광승불光勝佛

아홉째는 현승불賢勝佛
열째는 법왕불法王佛
이러한 여러 부처님을
내가 다 공양했으나

깊은 지혜를 얻지 못하여
법 바다에 들어가지 못하고
그 뒤에 또 겁이 있으니
이름이 고요한 지혜

세계 이름은 금강보金剛寶인데
장엄이 가장 훌륭해
그 겁 동안에 일천 부처님
차례차례 나시었으며

중생들은 번뇌가 적고
모인 대중은 모두 청정하였소.
제일은 금강제불金剛臍佛
제이는 무애력불無礙力佛

제삼은 법계영불法界影佛
제사는 시방등불十方燈佛
제오는 비광悲光부처님
제육은 계해戒海부처님

제칠은 인등륜忍燈輪부처님
제팔은 법륜광法輪光부처님
제구는 광장엄光莊嚴부처님
제십은 적정광寂靜光

이러한 여러 부처님을
내가 다 공양하였으나
허공처럼 청정한 법을
깊이 깨닫지 못하고

여러 세계로 다니면서
거기서 수행하였소.
그 다음에 있는 겁은
이름이 선출현善出現

세계는 향등운香燈雲인데
정토淨土·예토穢土가 섞여 되었고
억 부처님이 나타나시어
세계와 겁을 장엄하시고

가지가지로 말씀한 법을
나는 다 기억했노라.
첫 부처님은 광칭불廣稱佛이고
다음은 법해法海부처님

제삼은 자재왕自在王이며
제사는 공덕운功德雲부처님
제오는 법승불法勝佛이요
제육은 천관불天冠佛이며
제칠은 지염불智燄佛이고
제팔은 허공음虛空音부처님

제구의 양족존은
이름이 보생수승불普生殊勝佛
제십의 무상사無上士는

이름이 미간승광명眉間勝光明

이러한 여러 부처님
내가 다 공양했지만
그러나 청정하게
장애하는 길 여의지 못했고

그 다음 겁 이름은
집견고왕集堅固王이요
세계의 이름은 보당왕寶幢王이니
모든 것이 잘 벌려 있었고

오백 부처님이
거기에 나타나시니
내가 공경하며 공양하여
걸림 없는 해탈을 구했노라.

맨 처음 부처님은 공덕륜功德輪
그 다음은 적정음寂靜音부처님
셋째 부처님 공덕해功德海시고
넷째 부처님 일광왕日光王

다섯째는 공덕왕功德王
여섯째는 수미상須彌相이고
다음 부처님 법자재法自在

그 다음도 공덕왕불功德王佛

아홉째가 복수미福須彌부처님
열째는 광명왕불光明王佛이라.
이런 부처님들을
내가 다 공양했으며

그들의 청정한 길에
남김 없이 들어갔으나
그래도 들어가야 할 문에서
지혜를 이루지 못했고

그 다음에 있는 겁은
이름이 묘승주妙勝主요
세계는 적정음寂靜音이니
중생들은 번뇌가 얇으며

그 때에 나시는 부처님
팔십 나유타신데
내가 다 공양하옵고
가장 높은 도를 닦아 행했소.

첫 부처님 이름은 화취華聚이시고
다음 부처님은 해장海藏이시며
그 다음은 이름이 공덕생功德生이요

또 다음은 천왕계天王髻부처님이라.

제오는 마니장摩尼藏부처님이요
제육은 이름이 진금산眞金山이며
제칠은 보취존寶聚尊부처님이고
제팔은 이름이 법당불法幢佛이며

제구 부처님 승재勝財라 하고
제십은 이름이 지혜불智慧佛이니
열 분을 으뜸으로 하여
여러 부처님께 공양하였소.

그 다음에 있는 겁은
이름이 천공덕千功德
그 겁에 세계 있으니
이름이 선화당등善化幢燈이라.

육십억 나유타 부처님이
그 세계에 나시었는데
첫 부처님 적정당寂靜幢이요
그 다음은 사마타奢摩他시며

셋째는 이름이 백등왕百燈王이고
넷째 부처님 적정광寂靜光이며
다섯째는 운밀음雲密陰이요

여섯째는 이름이 일대명日大明이라.

일곱째는 법등광法燈光부처님이요
여덟째는 수승염殊勝燄부처님이요
아홉째는 천승장天勝藏부처님이요
열째는 대후음大吼音부처님이니

이러한 여러 부처님들을
내가 항상 공양했으나
청정한 법인을 얻지 못하여
법의 바다에 못 들어갔소.

다음에 다시 겁이 있으니
이름은 무착장엄無着莊嚴이요
그 때에 있던 세계 이름을
무변광無邊光이라고 불렀으며
그 겁 동안 부처님 나신 수효는
삼십육 나유타 분인데

제일은 공덕수미불功德須彌佛
제이는 허공심虛空心이고
제삼을 구장엄불具莊嚴佛이라 하고
제사는 법뢰음法雷音부처님이며

제오는 법계성法界聲이라 하시고

제육이 묘음운불妙音雲佛이며
제칠은 조시방照十方부처님이며
제팔이 법해음法海音부처님이요

제구는 공덕해불功德海佛이신데
제십은 공덕당功德幢이라 합니다.
이렇게 많은 부처님들도
내가 모두 다 공양하였소.

그 다음 나신 부처님은
이름이 공덕당功德幢이니
그 때에 나는 월면천月面天으로
그 부처님께 공양했더니

그 부처님이 나를 위하여
의지 없는 묘한 법 말씀하시니
나는 그 법문을 듣고
여러 가지 소원을 냈으며

나는 또 청정한 눈과
고요한 선정, 총지總持를 얻어
생각생각마다 능히
여러 부처님을 보았으며

크게 가엾이 여기는 광과

두루 밝은 방편의 눈을 얻어
보리심을 자라게 하고
여래의 힘도 성취하였소.

중생들이 뒤바뀐 소견으로
항상하고 즐겁고 나이고 깨끗하다 하고
어리석은 데 가리워져
허망하게 번뇌를 일으키며

나쁜 소견의 숲 속에 가고 그치고
탐욕 바다에 쏘다니면서
나쁜 길에서 태어날
한량없는 업을 짓고는

여러 가지 길에
업을 따라 태어나서
나고 늙고 죽는 근심과
끝없는 고통에 쪼들리네.

저러한 중생을 보고
위없는 마음 내가 내어서
시방세계에 계시는
십력이신 세존과 같이

부처님과 중생들을 인연으로

큰 서원의 구름 일으키고
그 때부터 공덕을 닦아
방편의 길에 들어갔으며

서원의 구름 두루 가득해
모든 도에 널리 들어가서
바라밀을 구족하고
법계에 충만했으며

여러 가지 지위와
삼세 방편에 빨리 들어가
모든 부처님의 걸림 없는 행을
한 생각 동안에 모두 닦았소.

불자여, 나는 그 때에
보현의 도에 들어가서
열 가지 법계의
차별한 문을 분명히 알았소.

"선남자여, 그대는 어떻게 생각하는가? 그 때 시방의 임금이라는 이름을 가진 전륜성왕으로서 부처의 종자를 이은 이가 어찌 다른 사람이겠는가? 곧 문수사리동자며, 그 때 나를 깨우쳐 준 밤 맡은 신은 보현보살이 화현한 것이니라. 나는 그 때에 왕의 딸로서 그 밤 맡은 신의 깨우침을 받고 부처님을 뵈옵고 아뇩다라삼먁삼보리심을 내었으며, 그 때부터 부처 세계의 티끌 수 겁을 지내오면서 나쁜 길에는 떨어지지 않고, 항상 인간이나 천상에 태어나서 모든 곳에서 부처님을 보았으며, 묘등공덕당妙燈功德幢부처님 때에 이르러서 이 큰 세력으로 널리 기쁘게 하는 당기 해탈을 얻었고, 이 해탈로써 이렇게 모든 중생을 이익케 하였느니라.

선남자여, 나는 다만 이 큰 세력으로 널리 기쁘게 하는 당기 해탈문을 얻었거니와 저 보살마하살들이 잠깐 동안에 모든 여래의 처소에 두루 나아가서 온갖 지혜의 바다에 빨리 들어가는 일과, 잠깐잠깐 동안에 떠나서 나아가는 문으로 모든 큰 서원 바다에 들어가는 일과, 잠깐잠깐 동안에 서원 바다의 문으로 오는 세월이 끝나도록 생각마다 모든 행을 내고 낱낱 행 가운데서 모든 세계의 티끌 수 몸을 내고, 낱낱 몸으로 모든 법계의 문에 들어가고, 낱낱 법계의 문마다 모든 부처 세계에서 중생의 마음을 따라서 여러 가지 묘한 행을 말하며, 모든 세계의 낱낱 티끌 속마다 그지없는 여래 바다를 보고, 낱낱 여래의 처소마다 법계에 두루한 부처님들의 신통을 보며, 낱낱 여래의 처소마다 지나간 겁에 닦던 보살의 행을 보고, 낱낱 여래의 처소마다 모든 법륜을 받아 가지고 수호하며, 낱낱 여래의 처소마다 삼세 모든 여래의 신통 변화하는 것을 보는 일이야 내가 어떻게 알며 그 공덕의 행을 말하겠는가.

선남자여, 여기 모인 대중 가운데 밤 맡은 신이 있으니, 이름이 중생을 널리 구호하는 묘한 덕〔普救衆生妙德〕이니라. 그대는 그에게 가서 보살이 어떻게 보살의 행에 들어가며 보살의 도를 깨끗이 하는가 물으라."

이 때 선재동자는 그의 발에 엎드려 절하고 수없이 돌고 은근하게 앙모하면서 하직하고 떠났다.

대방광불화엄경 제70권

제70권

39. 입법계품 ⑪

2) 가지 법회 ⑩

(35) 중생을 널리 구호하는 묘한 덕 밤 맡은 신[普救衆生妙德夜神]을 찾다

그 때 선재동자는 기쁜 눈으로 중생을 보는 밤 맡은 신에게서 널리 기쁜 당기의 해탈문을 듣고는 믿고 이해하고 나아가며, 알고 순종하고 생각하고 익히면서, 선지식의 가르침을 생각하여 마음에 잠깐도 떠나지 않고, 모든 감관이 산란하지 아니하며, 일심으로 선지식을 뵈오려고 시방으로 두루 구하여 게으르지 아니하면서 발원하기를 '항상 가까이 모시어 공덕을 내며, 선지식으로 더불어 선근이 같으며, 선지식의 교묘한 방편의 행을 얻으며, 선지식을 의지하여 정진 바다에 들어가서, 한량없는 겁에 항상 떠나지 말아지이다' 하였다.

이렇게 원을 세우고 중생을 널리 구호하는 묘한 덕 밤 맡은 신이 있는 데 나아가니, 그 밤 맡은 신은 선재동자를 위하여 보살이 중생을 조복하는 해탈의 신통한 힘을 보이고, 여러 가지 거룩한 몸매로 몸을 장엄하며, 양미간으로 큰 광명을 놓으니 이름이 지혜 등불 두루 비추는 청정한 당기〔智燈普照清淨幢〕라, 한량없는 광명으로 권속을 삼았으며, 그 광명이 모든 세간을 비추고는 선재동자의 정수리로 들어가서 온몸에 가득하였다.

선재동자는 그 때에 곧 끝까지 청정한 바퀴 삼매를 얻었으며, 이 삼매를 얻고는 두 밤 맡은 신의 중간에 있는 모든 지대地大의 티끌·수대의 티끌·화대의 티끌과 금강 마니의 여러 보배 티끌과 꽃과 향과 영락과 여러 장엄거리들에 있는 티끌들을 보았으며, 낱낱 티끌 속에서 부처 세계의 티끌 수 세계가 이루어지고 파괴함을 보았고, 여러 지대·수대·화대·풍대가 뭉쳐짐도 보고, 또 모든 세계가 한데 연접하였는데 모두 땅 둘레〔地輪〕로 갖가지 산과 바다와 갖가지 강과 못과 갖가지 나무와 숲을 싣고 있으며, 여러 가지 궁전을 실었으니, 하늘의 궁전·용의 궁전·야차의 궁전·마후라가의 궁전 등의 사람인 듯 사람 아닌 듯한 이들의 궁전과 집들이었다. 그리고 지옥·축생·염라왕 세계 따위의 온갖 곳과, 여러 길로 바퀴 돌듯이 나고 죽고 가고 오고 하면서 업을 짓고 과보 받는 것이 제각기 차별한 것을 모두 보았다.

또 모든 세계가 차별함을 보니, 어떤 세계는 더럽고 어떤 세계는 깨끗하고 어떤 세계는 더러운 데로 나아가고 어떤 세계는 깨끗한 데로 나아가며, 어떤 세계는 더러우면서 깨끗하고 어떤 세계는 깨끗하면서 더럽고 어떤 세계는 깨끗하기만 하며, 어떤 세계는 모양이 반듯하고 어떤 세계는 엎어져 있고 어떤 세계는 모로 있었다.

이와 같은 여러 세계의 여러 길〔趣〕에서 중생을 널리 구호하는 밤 맡은 신을 보았는데, 온갖 때와 여러 곳에서 여러 중생의 형상과 말과 행동과 이해를 따라서 방편력으로 그들의 앞에 나타나서 그들에게 알맞게 교화하였다.

　지옥의 중생들은 고통에서 벗어나게 하고 축생의 중생들은 서로 잡아먹지 않게 하고 아귀의 중생들은 기갈이 없어지게 하고 용들은 모든 공포를 여의게 하고 욕심 세계의 중생들은 욕심 세계의 고통을 여의게 하고, 사람들에게는 캄캄한 밤중에 대한 두려움·훼방 받는 것에 대한 두려움·나쁜 소문 나는 것에 대한 두려움·대중에 대한 두려움·살아갈 수 없을 것에 대한 두려움·죽음에 대한 두려움·악도惡道에 태어나는 것에 대한 두려움·선근이 끊어지는 것에 대한 두려움·보리심에서 물러나는 것에 대한 두려움·나쁜 동무를 만나게 되는 것에 대한 두려움·선지식을 떠나는 것에 대한 두려움·삼승의 지위에 떨어질 것에 대한 두려움·여러 가지 생사生死하는 것에 대한 두려움·다른 종류들과 함께 있게 되는 것에 대한 두려움·나쁜 시기에 태어나는 것에 대한 두려움·나쁜 종족에 태어나는 것에 대한 두려움·나쁜 업을 짓게 되는 것에 대한 두려움·업과 번뇌에 장애 되는 것에 대한 두려움·여러 생각에 고집하여 속박되는 두려움들을 모두 여의게 하였다.

　또 모든 중생으로서 알나기〔卵生〕·태나기〔胎生〕·누기나기〔濕生〕·바꿔나기〔化生〕·형상 있는 것·형상 없는 것·생각 있는 것·생각 없는 것·생각 있지도 않고 생각 없지도 않은 것들이 앞에 나타나면 부지런히 구호하는 것을 보았으니, 보살의 큰 서원하는 힘을 성취하려는 연고며, 보살의 삼매의 힘에 깊이 들어가려는 연고며, 보살의 신통한 힘을 굳게 하려는 연고며, 보현의 행과 원의 힘을 내려는 연고며, 보살의 크게 가엾이 여기는 바다를 더 넓게 하려는 연고며, 중생을 두루 덮어 주는 걸림 없이 크게 인자함을 얻으려는 연고며, 중생에게 한량없는 낙을 주려는 연고며, 모든 중생을 널리 거두어 주는 지혜와 방편을 얻으려는 연고며, 보살의 광대한 해탈과 자유자재한 신통을 얻으려는 연고며, 모든 부처의 세계를 깨끗이 장엄하려는 연고며, 모든 법을 분명하게 깨치려는 연고며, 모든 부처님께 공양하려는 연고며, 모든 부처님의 가르침을 받아 지니려는 연고며, 모든 선근을 모으고 모든 묘한 행을 닦으려는 연고며, 모든 중생의 마음 바다에 들어가 장애가 없으려는 연고며, 모든 중생의 근성을 알고 교화하여 성숙케 하려는 연고며, 모든 중생의 믿고 이해함을 깨끗이 하고 나쁜 장애를 없애려는 연고며, 모든 중생의 무지한 어둠을 깨뜨리려는 연고며, 온갖 지혜의 청정한 광명을 얻게 하려는 연고니라.

이 때 선재동자는 이 밤 맡은 신의 이런 신통의 힘과 헤아릴 수 없는 깊은 경지와 두루 나타나서 모든 중생을 조복하는 보살의 해탈을 보고, 한량없이 기뻐서 엎드려 예배하고 한결같은 마음으로 우러러보았다.

그 때 그 밤 맡은 신이 보살의 장엄한 모습을 버리고 본래의 형상을 회복하면서도 그 자유자재한 신통의 힘은 버리지 아니하였다.

이 때 선재동자는 공경하고 합장하고 한 곁에 물러가서 게송으로 찬탄하였다.

　　이러하게 신통한 힘
　　내가 뵈옵고
　　마음이 환희하여
　　게송으로 찬탄합니다.

　　당신의 높으신 몸
　　여러 가지 장엄함을 내가 보오니
　　공중에서 반짝반짝 여러 별들이

깨끗하게 단장함과 흡사합니다.

당신이 놓으시는 훌륭한 광명
한량없는 세계의 티끌 수 같은
가지가지 아름다운 여러 빛으로
시방의 많은 세계 비추십니다.

털구멍마다 중생의 수효처럼
많은 광명을 놓으니
낱낱 광명에서
보배로운 연꽃이 나오고

연꽃에서 나툰 몸[化身]이 나와
중생의 고통을 소멸하고
광명에서는 아름다운 향기를 내어
여러 중생에게 널리 풍기며
또 갖가지 꽃을 비내려
모든 부처님께 공양합니다.

눈썹 사이에선 수미산처럼
굉장한 광명을 놓아
여러 중생에게 쪼이니
캄캄한 어리석음 멸하여지고

입으로 놓는 깨끗한 광명

한량없는 해와도 같이
엄청난 비로자나의 경계를
두루 비추며

눈으로 놓는 깨끗한 광명
한량없는 달과도 같이
시방세계에 널리 비추어
세상의 어리석음 없애며

갖가지 몸을 나투어 내니
그 모양 중생과 같아
시방세계에 가득하여
삼계의 중생을 제도.

미묘한 몸은 시방에 퍼져
중생들 앞에 두루 나타나
물과 불과 도둑 따위와
국왕들의 온갖 두려움 제하옵기에

나는 기쁜 눈의 가르침 받고
당신 계신 데 나왔나이다.
당신께서 양미간으로
찬란한 광명을 놓아

시방에 두루 비추어

모든 어둠을 멸하시며
신통한 힘을 나투어
나의 몸에 들여 보내니

원만한 광명을 받고
나의 마음 매우 기쁘옵니다.
다라니와 삼매를 얻고
시방의 부처님 두루 뵈오며

지나는 곳마다
여러 티끌을 보니
낱낱 티끌 속마다
티끌 같은 세계를 보게 되는데

한량없는 어떤 세계를
모두 흐리고 더러워
중생들 고통을 받느라고
항상 울부짖으며

더럽고도 깨끗한 어떤 세계엔
낙은 적고 근심이 많으매
삼승의 형상을 나투고
그곳에 가서 구제하며

깨끗하고 더러운 세계에서는

중생들 즐거워하는데
보살이 항상 가득해
부처님 법을 맡아 지니며

하나하나 티끌 가운데
한량없는 세계 있으니
비로자나 부처님께서
지난 세월에 장엄하신 곳

부처님은 그 많은 세계에서
낱낱이 보리수 아래 앉아서
성도하시고 법륜을 굴려
모든 중생을 제도하시네.

중생을 널리 구호하는 신이
저 한량없는 세계에서
부처님 계신 곳마다
나아가 공양함을 내가 봅니다.

 이 때 선재동자는 이 게송을 말하고, 중생을 널리 구호하는 묘한 덕 밤 맡은 신에게 말하였다.
 "하늘 신이여, 이 해탈은 깊고 깊어 희유하옵니다. 이름은 무엇이라 하오며, 이 해탈을 얻으신 지는 얼마나 오래되었으며, 어떠한 행을 닦아서 청정하게 되었나이까?"
 밤 맡은 신이 대답하였다.

"선남자여, 이것은 알기 어려우니, 모든 하늘이나 인간이나 이승들도 헤아리지 못하느니라. 왜냐 하면 이것은 보현보살의 행에 머무른 이의 경계며, 크게 자비한 광에 머무른 이의 경계며, 모든 세 가지 나쁜 길〔三惡〕과 여덟 가지 어려운 데〔八難〕를 깨끗이 한 이의 경계며, 모든 부처 세계에서 부처의 종자를 계승하여 끊어지지 않게 하는 이의 경계며, 모든 부처의 법에 머물러 지니는 이의 경계며, 온갖 겁 동안에 보살의 행을 닦아 큰 서원 바다를 만족한 이의 경계며, 모든 법계 바다에서 청정한 지혜의 광명으로 무명의 어두운 장애를 멸한 이의 경계며, 잠깐 동안의 지혜 광명으로 온갖 삼세의 방편 바다를 두루 비추는 이의 경계인 까닭이니라.

내 이제 부처님의 힘을 받자와 그대에게 말하리라.

선남자여, 지나간 옛적 부처 세계의 티끌 수 겁 전에 겁이 있었으니 이름이 원만청정圓滿清淨이요, 세계의 이름은 비로자나대위덕毘盧遮那大威德이니라. 그 때 수미산 티끌 수의 여래가 그 세계에 나시었다.

그 부처님의 세계는 일체 향왕 마니보배로 자체가 되어 여러 보배로 장엄하였으며, 때 없는 광명 마니왕 바다 위에 머물렀다. 그 형상이 반듯하고 둥글며 깨끗하고 더러운 것으로 합하여 이루었고, 모든 장엄거리 휘장 구름이 위에 덮이고, 일체장엄마니륜산一切莊嚴摩尼輪山이 천 겹이나 둘렸으며, 묘하게 장엄한 십만억 나유타 사천하가 있었다. 어떤 사천하에는 나쁜 업을 지은 중생들이 살고, 어떤 사천하에는 여러 가지 업을 지은 중생들이 살고, 어떤 사천하에는 선근을 심은 중생들이 살고, 어떤 사천하에는 한결같이 청정한 큰 보살들이 살고 있었다.

이 세계의 동쪽 윤위산輪圍山 곁에 사천하가 있으니 이름이 보배 등불꽃 당기〔寶燈華幢〕였다. 나라 안이 청정하고 음식이 풍족하여 농사를 짓지 않아도 벼와 기장이 저절로 나고, 궁전과 누각이 모두 기묘하고, 여러 여의수如意樹가 간 데마다 줄을 지었으며, 여러 가지 향 나무에서는 향 구름이 항상 나고, 여러 가지 화만 나무에서는 화만 구름이 나고, 여러 가지 꽃나무에서는 아름다운 꽃이 내리고, 여러 가지 보배 나무에서는 신기한 보배가 나서 한량없는 빛이 두루 비추고, 여러 가지 음악 나무에서는 모든 음악이 나오는데 바람이 부는 대로 묘한 음악을 연주하며, 일월 광명 마니보배가 모든 것에 비추어 밤낮으로 받는 쾌락이 끊이지 아니하였다.

이 사천하에 백만억 나유타 나라가 있고, 나라마다 일천의 큰강이 있어 둘러 흐르는데, 강마다 묘한 꽃이 위에 덮이어 물이 흐르는 대로 흔들려서 하늘 풍류를 내며, 모든 보배 나무가 강 언덕에 줄지어 섰는데 갖가지 보배로 꾸미었고, 오고 가는 배들이 마음에 들어 즐거웠다. 강과 강 사이마다 백만억 도성이 있고, 도성마다 백만억 나유타 마을이 있으며, 그러한 도성과 마을에는 각각 한량없는 백천억 나유타 궁전과 숲동산이 둘리어 있었다.

이 사천하의 염부제에 한 나라가 있으니 이름이 보배 꽃 등불〔寶華燈〕이요 태평하고 풍부하여 백성이 번성하였으며, 거기 있는 중생들은 열 가지 착한 일을 행하였다. 그 나라에 비로자나 묘한 보배 연꽃 상투라는 전륜왕이 나는데, 연꽃 속에 화생하여 삼십이 거룩한 모습으로 장엄하였고, 칠보가 구족하며, 사천하에 왕이 되어 바른 법으로 중생을 교화하였다.

왕에게는 일천 아들이 있으니 단정하고 용맹하여 대적을 항복 받으며, 또 백만억 나유타 궁녀宮女와 처녀〔采女〕들이 있으니 왕과 함께 선근을 심었고 모든 행을 함께 닦았으며, 한꺼번에 탄생하여 단정하고 아름답기가 하늘 아씨와 같으며, 몸은 금빛이요 항상 광명을 놓으며, 여러 털구멍으로는 항상 아름다운 향기를 풍겼다. 어진 신하와 용맹한 대장이 십억이나 되며, 왕의 부인은 이름을 원만한 얼굴〔圓滿面〕이라 하는데, 이는 왕의 여보女寶로서 단정하고 아름다우며, 살결이 금빛이요 눈과 머리카락이 검푸르고, 말 소리는 범천의 음성과 같고 몸에는 하늘 향기를 풍기며 항상 광명을 놓아 일천 유순을 비추었다. 그 딸의 이름은 넓은 지혜 불꽃 묘한 덕의 눈〔普智焰妙德眼〕이니, 형상이 단정하고 빛깔이 아름다워서 보는 중생들이 싫은 줄을 몰랐다.

  그 때 중생들의 수명은 한량이 없지만 어떤 중생은 일정하지 않아서 일찍 죽는 이도 있으며, 얼굴도 갖가지, 음성도 갖가지, 이름도 갖가지, 성씨도 갖가지이며, 어리석은 이·지혜 있는 이·용맹한 이·겁약한 이·가난뱅이·부자·괴로운 이·즐거운 이들이 종류가 한량없으며, 어떤 사람은 다른 이에게 말하기를 '내 몸은 단정한데 네 얼굴은 더럽다'고 나무라면서 서로 헐뜯고 욕설하여 나쁜 업을 지으며, 이러한 업을 짓는 연고로 수명과 혈색과 기운과 모든 쾌락이 모두 감하기도 하였다.

  그 때 성 북쪽에 보리수가 있으니 이름이 넓은 빛 법 구름 음성 당기〔普光法雲音幢〕였다. 잠깐잠깐마다 모든 여래의 도량에 나타나서 견고하게 장엄하니, 마니왕으로 뿌리가 되고 온갖 마니로 줄기가 되고 여러 가지 보배로 잎이 되어 차례차례 피어서 서로 어울렸으며, 상하 사방에 원만하게 장엄하여 보배 광명을 놓고 묘한 음성을 내어 모든 여래의 깊은 경계를 연설하였다.

  그 보리수 앞에 향물 못이 있으니 이름은 보배 꽃 광명으로 법을 말하는 우레였다. 묘한 보배로 언덕이 되고, 백만억 나유타 보배 나무가 둘러섰는데, 나무마다 모양이 보리수와 같고, 보배 영락을 드리웠으며, 보배로 이루어진 한량없는 누각이 도량에 두루하여 장엄하게 꾸몄으며, 그 향물 못에 큰 연화가 솟았으니 이름이 삼세 모든 여래의 장엄한 경계를 나타내는 구름〔普現三世一切如來莊嚴境界雲〕이었다.

수미산 티끌 수의 부처님이 거기 나타나셨는데, 첫 부처님의 이름은 보지보염묘덕당〔普智寶焰妙德幢〕이었고, 이 연화 위에서 처음으로 아뇩다라삼먁삼보리를 얻었고, 한량없는 천년 동안 바른 법을 연설하여 중생을 성숙시켰다.

저 여래가 성불하기 십천 년 전에 이 연화에서 깨끗한 광명을 놓았으니 이름은 신통을 나타내어 중생을 성숙함이었고, 만일 중생으로서 이 광명을 만난 이는 마음이 열리어 알지 못함이 없으며, 십천 년 뒤에 부처님이 나실 것을 알았다.

구천 년 전에 깨끗한 광명을 놓았으니 이름은 모든 중생의 때를 여읜 등불이었고, 만일 중생으로서 이 광명을 만난 이는 청정한 눈을 얻어 모든 빛을 보았으며, 구천 년 뒤에 부처님이 나실 것을 알았다.

팔천 년 전에 큰 광명을 놓았으니 이름은 모든 중생의 업을 지어 과보 받는 음성이었고, 만일 중생으로서 이 광명을 만난 이는 모든 업의 과보를 모두 알았으며, 팔천 년 뒤에 부처님이 나실 것을 알았다.

칠천 년 전에 큰 광명을 놓았으니 이름은 모든 선근을 내는 음성이었고, 만일 중생이 이 광명을 만난 이는 모든 근이 다 원만하였으며, 칠천 년 뒤에 부처님이 나실 것을 알았다.

육천 년 전에 큰 광명을 놓았으니 이름은 부처의 부사의한 경계의 음성이었고, 만일 중생으로서 이 광명을 만난 이는 마음이 광대하여 자재함을 두루 얻었으며, 육천 년 뒤에 부처님이 나실 것을 알았다.

오천 년 전에 큰 광명을 놓았으니 이름은 모든 부처의 세계를 깨끗이 하는 음성이었고, 만일 중생으로서 이 광명을 만난 이는 모든 부처님의 청정한 국토를 보았으며, 오천 년 뒤에 부처님이 나실 것을 알았다.

사천 년 전에 큰 광명을 놓았으니 이름은 모든 여래의 경계가 차별

없는 등불이었고, 만일 중생으로서 이 광명을 만난 이는 모두 여러 부처님을 가서 뵈었으며, 사천 년 뒤에 부처님이 나실 것을 알았다.

삼천 년 전에 큰 광명을 놓았으니 이름은 삼세의 밝은 등불이었고, 만일 중생으로서 이 광명을 만난 이는 모든 여래의 본래 일 바다를 다 보았으며, 삼천 년 뒤에 부처님이 나실 것을 알았다.

이천 년 전에 큰 광명을 놓았으니 이름은 여래의 가림을 여읜 지혜 등불이었고, 만일 중생으로서 이 광명을 만난 이는 넓은 눈을 얻어 모든 여래의 신통 변화와 모든 부처의 국토와 모든 세계의 중생을 보았으며, 이천 년 뒤에 부처님이 나실 것을 알았다.

일천 년 전에 큰 광명을 놓았으니 이름은 모든 중생이 부처님을 뵈옵고 선근을 모으게 함이었고, 만일 중생으로서 이 광명을 만난 이는 부처님을 보는 삼매를 성취하였고 일천 년 뒤에 부처님이 나실 것을 알았다.

나중 칠일 전에 큰 광명을 놓았으니 이름은 모든 중생의 기뻐하는 음성이었고, 만일 중생으로서 이 광명을 만난 이는 여러 부처님을 두루 뵈옵고 크게 환희하였으며, 칠일 후에 부처님이 나실 것을 알았다.

칠일이 찬 후에 모든 세계가 다 진동하며 순일하게 깨끗하여 더러움이 없었으며, 잠깐 동안마다 시방의 모든 청정한 부처 세계를 나타내었으며, 저 세계의 여러 가지 장엄도 나타내고, 만일 중생의 근성이 성숙하여 부처님을 볼 만한 이는 다 도량으로 나아갔다.

이 때 저 세계의 모든 윤위산·모든 수미산·모든 산들과, 모든 바다·모든 땅·모든 성·모든 담·모든 궁전·모든 음악·모든 말[言語]들이 모두 음성을 내어 모든 부처님의 신통한 경계를 찬탄하였다.

또 모든 향 구름·모든 사르는 향 구름·모든 가루향 구름·모든 향 마니 형상 구름·모든 보배 불꽃 구름·모든 불꽃 광 구름·모든 마니

옷 구름・모든 영락 구름・모든 묘한 꽃 구름・모든 여래의 광명 구름・모든 여래의 둥근 광명 구름・모든 음악 구름・모든 여래의 서원 소리 구름・모든 여래의 음성 바다 구름・모든 여래의 잘생긴 모습 구름을 내어서 여래가 세간에 나시는 부사의한 모양을 나타내어 보였다.

선남자여, 이 삼세 모든 여래의 장엄한 경계를 두루 비추는 큰 보배 연꽃왕에 열 부처 세계의 티끌 수 연꽃이 둘러싸고, 여러 연꽃 속에는 다 마니보배광 사자좌가 있고 사자좌마다 보살이 가부하고 앉았다.

선남자여, 저 보지보염묘덕당왕여래께서는 여기서 아뇩다라삼먁삼보리를 이룰 때에, 시방의 모든 세계에서 아뇩다라삼먁삼보리를 이루었다.

중생의 마음을 따라 그 앞에 나타나서 법륜을 굴리고, 낱낱 세계에서 한량없는 중생에게 나쁜 길의 고통을 여의게 하고 한량없는 중생을 천상에 나게 하고, 한량없는 중생을 성문이나 벽지불의 지위에 머물게 하였다.

한량없는 중생에게 벗어나는 보리행을 성취케 하고, 한량없는 중생에게 용맹한 당기 보리행을 성취케 하고, 한량없는 중생에게 법 광명 보리행을 성취케 하고, 한량없는 중생에게 청정한 근根 보리행을 성취케 하고, 한량없는 중생에게 평등한 힘 보리행을 성취케 하고, 한량없는 중생에게 법성에 들어가는 보리행을 성취케 하고, 한량없는 중생에게 온갖 처소에 두루 가서 깨뜨릴 수 없는 신통한 힘 보리행을 성취케 하고, 한량없는 중생에게 넓은 문 방편도에 들어가는 보리행을 성취케 하고, 한량없는 중생에게 삼매문에 머무는 보리행을 성취케 하고, 한량없는 중생에게 모든 청정한 경계를 반연하는 보리행을 성취케 하였다.

한량없는 중생에게 보리심을 내게 하고, 한량없는 중생을 보살의 도에 머물게 하고, 한량없는 중생을 청정한 바라밀 길에 머물게 하고, 한량없는 중생을 초지初地에 머물게 하고, 한량없는 중생을 보살의 이지와, 내지 십지에 머물게 하고, 한량없는 중생을 보살의 훌륭한 행과 원에 들어가게 하고, 한량없는 중생을 보현의 청정한 행과 원에 머물게 하였다.

선남자여, 저 보지보염묘덕당여래가 이렇게 부사의한 자재로운 신통을 나타내어 법륜을 굴릴 적에, 그 낱낱 세계에서 마땅한 대로 잠깐잠깐마다 한량없는 중생을 조복하였다.

그 때 보현보살은 보배 꽃 등불 나라 서울 안에 있는 중생들이 잘생긴 모양과, 여러 환경을 믿고 교만한 마음을 내어 다른 이들을 능멸히 여김을 알고, 단정하고 훌륭한 몸으로 화하여 그 성중에 이르러 큰 광명을 놓아 모든 것을 비추었다. 그래서 그 전륜성왕과 여러 보배와 일월성신과 중생들의 모든 광명이 모두 드러나지 못하였다.

마치 해가 뜨면 모든 별의 빛이 없어지는 듯, 검은 먹덩이로 염부금을 상대하는 듯하였다.

이 때 중생들은 이렇게 말하였다.

'이것이 누구의 일일까? 하늘의 짓일까, 범천의 짓일까. 이런 광명을 놓아 우리들의 몸에 있던 광채가 나타내지 못하는구나. 아무리 생각하여도 알수가 없네.'

이 때 보현보살은 그 전륜왕의 궁전 위에 있는 허공 중에서 이렇게 말하였다.

'대왕이여, 지금 당신의 나라에 부처님이 나시어서 넓은 광명 법 구름 음성 당기 보리수 아래에 계신 줄을 아소서.'

이 때에 전륜성왕의 딸 연꽃 묘한 눈 공주가 보현보살의 나투신 몸에 광명이 자재함을 보며, 또 몸에 있는 여러 장엄거리에서 나는 아름다운 소리를 듣고는 환희한 마음으로 이렇게 생각하였다.

'바라건대 내게 있는 모든 선근의 힘으로 이러한 몸과 이러한 장엄과 이러한 모습과 이러한 위의와 이렇게 자유자재함을 얻어지이다. 지금 이 거룩하신 보살께서 중생들이 나고 죽는 캄캄한 밤중에 큰 광명을 놓으면서, 여래가 세상에 나심을 보여 주시니, 원하건대 나도 저와 같이 모든 중생에게 지혜의 광명이 되어 저들의 캄캄한 무명을 깨뜨리게 하소서. 내가 태어나는 곳마다 이 선지식을 항상 떠나지 말게 하여지이다.'

선남자여, 그 때 전륜왕이 귀한 딸과 일천 아들과 권속과 신하들과 네 종류의 군대와 한량없는 성 중의 백성에게 앞뒤로 호위되었는데, 왕의 신통한 힘으로 한 유순쯤 높은 허공에 올라가서 큰 광명을 놓아서 사천하에 비추었다. 여러 중생의 앙모함이 되어 중생들과 함께 부처님을 가 뵈오려고 게송으로 찬탄하였다.

여래께서 세상에 나타나시어
그 많은 중생들을 구원하나니
너희들은 마땅히 빨리 일어나
부처님 계신 데로 나아가거라.

한량없고 수없는 여러 겁 만에
부처님이 세간에 출현하시어
깊고 묘한 법문을 연설하시니
끝없는 중생들이 이익을 얻네.

이 세간 중생들이 잘못된 생각
어리석고 의심 많고 지혜가 없어

생사에 헤매는 줄 살펴보시고
부처님이 자비심을 일으키셨네.

그지없는 억천만 겁 오랜 세월에
위없는 보리행을 닦아 익힘은
많은 중생 건지려고 하시는 원력
가엾게 여기시는 마음이니라.

눈과 코와 손과 발, 머리와 몸과
온갖 것을 모두 다 버리시옵던
보리를 구하려는 고마운 마음
한량없는 오랜 겁 한결같나니

그지없는 억천 겁을 지내더라도
부처님은 만나기 어려운 일이
누구나 보고 듣고 섬긴다 하면
모든 일이 헛되지 아니하리라.

너희들은 지금에 우리와 함께,
부처님 계신 곳에 나아가 뵙자.
여래의 사자좌에 앉으시어서
마군을 항복 받고 부처 되셨네.

여래의 거룩한 몸 앙모하여라.
한량없는 광명을 멀리 놓으니

가지가지 미묘한 여러 빛깔이
캄캄한 모든 것을 제해 버리며

부처님의 하나하나 털구멍마다
부사의한 광명을 각각 놓아서
수없는 중생들께 널리 비추니
그들을 고루고루 기쁘게 한다.

너희들은 모두 다 엄청나게 큰
꾸준히 노력하는 마음을 내고
부처님 계신 곳에 함께 나아가
공경하는 정성으로 공양하여라.

이 때 전륜성왕이 게송으로 부처님을 찬탄하고 여러 중생들을 깨우치고는, 전륜왕의 선근으로부터 십천 가지 광대한 공양거리 구름을 내면서 도량으로 나아가 여래의 계신 데로 향하였다.

온갖 보배 일산 구름·온갖 꽃 휘장 구름·온갖 보배 옷 구름·온갖 보배 방울 그물 구름·온갖 향기 바다 구름·온갖 보배 자리 구름·온갖 보배 당기 구름·온갖 궁전 구름·온갖 묘한 꽃 구름·온갖 장엄거리 구름이 허공에 가득히 장식하였다.

도량에 이르러서는 보지보염묘덕당왕여래普智寶燄妙德幢王如來의 발에 엎드려 예배하고 한량없는 백천 겹을 돌고, 부처님 앞에서 시방을 두루 비추는 보배 연꽃 자리에 앉았다.

전륜성왕의 딸 넓은 지혜 불꽃 묘한 공덕 눈 아씨는 몸에 꾸몄던 장엄거리를 벗어 부처님께 흩었다. 그 장엄거리는 공중에서 보배 일산으로 변화하여 보배 그물이 드리웠는데 용왕이 받들고 있었다. 모든 궁전들이 그 가운데 널려 있는데, 열 가지 보배 일산이 들렸으니 형상이 누각과 같으며 안팎이 청정하였고, 영락 구름과 보배 나무를 향물 바다 마니로 장엄하였다.

이 일산 안에 보리수가 있으니 가지와 잎이 무성하여 법계를 두루 덮었는데, 잠깐 동안에 한량없는 장엄을 나타내었다.

비로자나여래께서 이 보리수 아래 앉으셨는데, 말할 수 없는 부처 세계의 티끌 수 보살들이 앞뒤로 둘러 모시었으니, 모두 보현보살의 행과 원으로부터 나서 여러 보살의 차별없이 머무르는 데 머물렀다.

모든 세간의 임금들도 보겠고, 여래의 자재하신 신통도 보겠고, 모든 겁의 차례와 세계가 이룩하고 파괴함도 보겠고, 저 모든 세계에 여러 부처님이 나시는 차례도 보겠고, 또 저 여러 세계마다 보현보살이 있어서 부처님께 공양하고 중생을 조복하는 것도 보겠고, 또 저 모든 보살들의 몸 속에 있음을 보겠으며, 또 자기의 몸이 그의 몸 속에 있음을 보겠고, 또 그 몸이 모든 여래의 앞과 모든 보현의 앞과 모든 보살의 앞과 모든 중생의 앞에 있음을 보겠다.

또 저 모든 세계마다 각각 부처 세계의 티끌 수 세계가 있어서 갖가지 경계선이며 갖가지 가짐이며 갖가지 형상이며 갖가지 성품이며 갖가지 버려짐이며 갖가지 장엄이며 갖가지 청정함이며 갖가지 장엄 구름이 위에 덮였으며 갖가지 겁의 이름이며 갖가지 부처님이 나심이며 갖가지 삼세며 갖가지 처소며 갖가지 법계에 머무름이며 갖가지 법계에 들어감이며 갖가지 허공에 머무름이며 갖가지 여래의 보리도량이며 갖가지 여래의 신통한 힘이며 갖가지 여래의 사자좌며 갖가지 여래의 대중 바다며 갖가지 여래의 대중 차별이며 갖가지 여래의 교묘한 방편이며 갖가지 여래의 법륜을 굴림이며 갖가지 여래의 묘한 음성이며 갖가지 여래의 말씀 바다며 갖가지 여래의 경전 구름이었다.

이런 것들을 보고는 마음이 청정하여서 매우 환희하였다.

보지보염묘덕당왕여래께서 수다라를 말씀하시니 이름이 일체 여래 전법륜一切如來轉法輪이며 열 부처 세계의 티끌 수 수다라로 권속이 되었다.

이 때 그 아씨가 이 경을 듣고 십천 가지 삼매문을 성취하니, 그 마음이 보드랍고 억세지 않은 것이 마치 태에 처음 든 듯, 처음으로 태어난 듯, 사라婆羅 나무의 싹이 처음 나는 듯, 그 삼매의 마음도 그러하였으니, 이른바 모든 부처님이 보는 삼매·모든 세계 비추는 삼매·모든 삼세 문에 들어가는 삼매·모든 부처님의 법륜을 말하는 삼매·모든 부처님의 서원 바다를 아는 삼매·모든 중생을 깨우쳐 생사의 괴로움에서 벗어나게 하는 삼매·모든 중생의 캄캄함을 깨뜨리려는 삼매·모든 중생의 괴로움을 없애려는 삼매·모든 중생의 즐거움을 내려는 삼매·모든 중생을 교화하면서 고달픈 생각을 내지 않는 삼매·모든 보살의 걸림 없는 당기 삼매·모든 청정한 부처님 세계에 두루 나아가는 삼매들이니, 이러한 십천 삼매를 얻었다.

또 묘한 선정 마음·흔들리지 않는 마음·환희하는 마음·편안히 위로하는 마음·광대한 마음·선지식을 순종하는 마음·깊고 깊은 온갖 지혜를 반연하는 마음·광대한 방편 바다에 머무는 마음·모든 집착을 버리는 마음·모든 세간의 경계에 머물지 않는 마음·여래의 경계에 들어가는 마음·모든 빛깔 바다를 비추는 마음·시끄러움이 없는 마음·거만함이 없는 마음·게으름이 없는 마음·물러가지 않는 마음·게으르지 않는 마음·모든 법의 성품을 생각하는 마음·모든 법문 바다에 편안히 머무는 마음·모든 법문 바다를 관찰하는 마음·모든 중생 바다를 잘 아는 마음·모든 중생 바다를 구호하는 마음·모든 세계 바다를 두루 비추는 마음·모든 부처님의 서원 바다를 두루 내는 마음·모든 장애의 산을 깨뜨리는 마음·복덕을 쌓아서 도를 돕는 마음·여러 부처님의 십력을 보는 마음·보살의 경계를 두루 비추는 마음·보살의 도를 돕는 것을 늘게 하는 마음·모든 방편 바다를 두루 반연하는 마음을 얻었다.

보현보살의 큰 서원을 일심으로 생각하며 모든 여래의 열 부처 세계 티끌 수 서원 바다를 세웠으니, 모든 부처님 국토를 깨끗이 하려는 서원과 모든 중생을 조복하려는 서원과 온갖 법계를 두루 알려는 서원과 온갖 법계 바다에 들어가려는 서원과 모든 부처님 세계에서 오는 세월이 끝나도록 보살의 행을 닦으려는 서원과 오는 세월이 끝나도록 모든 보살의 행을 버리지 않으려는 서원과 모든 여래에게 친근하려는 서원과 모든 선지식을 받들어 섬기려는 서원과 모든 부처님께 공양하려는 서원과 잠깐잠깐마다 보살의 행을 닦고 온갖 지혜를 늘게 하여 간단함이 없으려는 서원이었다. 이와 같은 열 부처 세계의 티끌 수 서원 바다를 세워서 보현보살의 가진 큰 서원을 성취하려 하였다.

그 때 저 여래께서는 그 여인을 위하여, 발심한 후부터 모든 선근과 닦은 묘한 행과 얻은 결과를 연설하여 보여 주었으며, 그로 하여금 깨달아서 여래의 서원 바다를 성취하며, 일심으로 온갖 지혜의 자리에 나아가게 하였다.

선남자여, 또 이보다 열 대겁大劫 전에 세계가 있었으니 이름이 햇빛마니〔日輪光摩尼〕요, 부처님 명호는 인다라당묘상因陀羅幢妙相이었다. 저 묘한 눈 아씨는 저 여래의 남기신 교법 중에서 보현보살의 권고로 연꽃 자리에 있는 낡은 불상을 보수하였고, 보수하고는 또 채색을 올렸으며 다시 보배로 장엄하고, 아뇩다라삼먁삼보리심을 내었다.

선남자여, 내가 생각하니 과거에 보현보살 선지식을 만났으므로 이 선근을 심었으며, 그 후부터 나쁜 길에 떨어지지 않고, 항상 천왕이나 인왕의 족성에 태어나는데, 단정하고 화평하고 모든 모습이 원만하여 보는 이들이 기뻐하였으며, 부처님을 항상 뵈옵고, 보현보살을 항상 친근하였으며, 지금까지도 나를 지도하고 깨우치고 성숙케 하여 환희심을 내게 하신다.

선남자여, 어떻게 생각하느냐? 그 때의 비로자나장묘보연화계 전륜성왕은 다른 이가 아니라, 지금의 미륵보살이시고, 그 때의 원만면圓滿面왕비는 지금의 고요한 음성 바다 밤 맡은 신〔寂靜音海夜神〕이니, 지금 있는 데가 여기서 멀지 아니하다.

그 때의 묘한 공덕 눈 아씨는 곧 내 몸이니, 나는 그 때에 아씨로서 보현보살의 권고를 받고 연꽃 자리 위에 있는 불상을 보수한 것이 위없는 보리의 인연이 되어 아뇩다라삼먁삼보리심을 내게 하였으니, 나는 그 때에 처음으로 발심한 것이다.

그 다음에 또 나를 인도하여 묘덕당妙德幢부처님을 보게 하였는데, 몸의 영락을 끌러서 부처님께 흩어 공양하고 부처님의 신통한 힘을 보며 부처님의 법문 말씀을 들었고, 즉시 보살이 모든 세계에 두루 나타나서 중생을 조복하는 해탈문을 얻었으며, 생각생각마다 수미산 티끌 수 부처님을 보기도 하고, 그 부처님의 도량에 모인 대중들과 청정한 국토를 보기도 하였는데, 나는 모두 존중하고 공경하고 공양하였으며, 법문을 듣고 가르치신 대로 닦아 행하였다.

선남자여, 저 비로자나 대위덕 세계의 원만하고 청정한 겁을 지내고, 다음에 세계가 있었으니 이름이 보배 바퀴 묘한 장엄〔寶輪妙莊嚴〕이며, 겁의 이름은 큰 광명〔大光〕이니, 오백 부처님이 거기서 출현하셨는데, 나는 다 받들어 섬기고 공경하고 공양하였다.

맨 처음 부처님 이름은 대비당大悲幢이시니, 처음 출가하실 적에 나는 밤 맡은 신이 되어 공경하며 공양하였다.

다음에 나신 부처님 이름은 금강나라연당金剛那羅延幢이시니, 나는 전륜왕이 되어 공경하고 공양하였으며, 그 부처님이 나에게 수다라修多羅를 말씀하시니 이름이 일체불출현一切佛出現이라, 열 세계의 티끌 수 수다라로 권속이 되었다.

그 다음에 나신 부처님 이름은 금강무애덕金剛無礙德이시니, 나는 그 때에 전륜왕이 되어 공경하고 공양하였으며, 그 부처님이 나에게 수다라를 말씀하시니, 이름이 보조일체중생근普照一切衆生根이었고, 수미산 티끌 수 수다라로 권속이 되었는데 내가 다 받아 가졌다.

다음에 나신 부처님 이름은 화염산묘장엄火燄山妙莊嚴이시니, 나는 그 때에 장자의 딸이 되었고, 그 부처님은 나에게 수다라를 말씀하시니, 이름이 보조삼세장普照三世藏이었고, 염부제의 티끌 수 수다라로 권속이 되었는데 내가 모두 듣고 법대로 받아 가졌다.

다음에 나신 부처님 이름은 일체법해고승왕一切法海高勝王이시니, 나는 아수라왕이 되어 공경하고 공양하였으며, 그 부처님이 나에게 수다라를 말씀하시니, 이름이 분별일체법계分別一切法界이었고, 오백 수다라로 권속이 되었는데, 내가 다 듣고 법대로 받아 가졌다.

다음에 나신 부처님 이름은 해악법광명海嶽法光明이시니, 나는 용왕의 딸이 되어 여의 마니보배 구름을 내려 공양하였으며, 그 부처님이 나에게 수다라를 말씀하시니, 이름이 증장환희해增長歡喜海이었고, 백만억 수다라로 권속이 되었는데, 내가 모두 듣고 법대로 받아 가졌다.

다음에 나신 부처님 이름은 보염산등寶燄山燈이시니, 나는 바다 맡은 신이 되어 보배 연꽃 구름을 내려 공경하고 공양하였으며, 그 부처님이 나에게 수다라를 말씀하시니, 이름이 법계방편해광명法界方便海光明이었고, 부처 세계의 티끌 수 수다라로 권속이 되었는데, 내가 모두 듣고 법대로 받아 가졌다.

　다음에 나신 부처님 이름은 공덕해광명륜功德海光明輪이시니, 나는 그 때에 오통선인[五通仙]이 되어 큰 신통을 나투었으며 육만 신선들이 앞뒤로 호위하였고, 향 꽃 구름을 내려 공양하였으며, 그 부처님이 나에게 수다라를 말씀하시니, 이름이 무착법등無着法燈이었고, 육만 수다라로 권속이 되었는데, 내가 모두 듣고 법대로 받아 가졌다.

　다음에 나신 부처님 이름은 비로자나공덕장毗盧遮那功德藏이시니, 나는 그 때에 땅 맡은 신이 되었는데 이름이 평등한 뜻을 냄[出生平等義]이었고, 한량없는 땅 맡은 신과 함께 모든 보배 나무와 모든 마니광과 모든 보배 영락 구름을 내려 공양하였으며, 그 부처님이 나에게 수다라를 말씀하시니 이름이 출생일체여래지장出生一切如來智藏이었고, 한량없는 수다라로 권속이 되었는데, 내가 모두 듣고 법대로 받아 가졌다.

　선남자여, 이러한 차례로서 최후에 나신 부처님 이름은 충만허공법계묘덕등充滿虛空法界妙德燈이시니, 나는 기생이 되어 이름을 예쁜이[美顔]라 하였는데, 부처님이 성 안에 들어오심을 뵈옵고 노래와 춤으로 공양하였으며 부처님의 신통을 받자와 공중에 솟아올라 가서 일천 게송으로 부처님을 찬탄하였고, 부처님은 나를 위하여 미간으로 광명을 놓으니 이름이 법계를 장엄하는 큰 광명[莊嚴法界大光明]이었고, 내 몸에 두루 쬐며 나는 그 광명을 받고 해탈문을 얻었으니 이름이 법계의 방편인 물러가지 않는 광[法界方便不退藏]이었다.

　선남자여, 이 세계에는 이러한 부처 세계의 티끌 수 겁이 있었고, 모든 여래가 그 가운데 나시는 것을 내가 모두 받들어 섬기고 공경하고 공양하였으며, 저 여래들께서 말씀하신 법을 내가 다 기억하여 한 구절 한 글자도 잊지 아니하였고, 저 낱낱 여래의 계신 데마다 모든 불법을 칭찬하고 찬탄하여 한량없는 중생에게 이익을 지었으며, 저 모든 여래의 처소에서 온갖 지혜의 광명을 얻고 삼세의 법계 바다에 나타나서 모든 보현의 행에 들어갔다.

　선남자여, 나는 온갖 지혜의 광명을 의지하였으므로 잠깐잠깐마다 한량없는 부처님을 뵈올 수 있으며, 부처님을 뵈옵고는 예전에 얻지 못하고 예전에 보지 못하던 보현의 모든 행을 다 만족하게 성취하나니, 그 까닭은 온갖 지혜의 광명을 얻은 연고다."

　이 때에 중생을 널리 구호하는 밤 맡은 신이 이 해탈의 뜻을 다시 펴려고 부처님의 신통을 받잡고 선재동자에게 게송을 말하였다.

　　선재여, 내 말 들으라.
　　매우 깊고 볼 수 없는 법이
　　삼세의 차별한 모든 문을
　　두루두루 비추느니라.

　　내가 처음 마음을 내고
　　부처님의 공덕을 구하여
　　들어갔던 모든 해탈을
　　그대는 자세히 들으라.

　　내가 생각하니 지나간 옛적
　　세계의 티끌 수 겁 전에
　　그 전에 겁이 있었으니
　　이름은 원만하고 청정함.

　　그 때 널리 비추는 등불이란

세계가 있었는데
수미산 티끌 수 부처님이
그 세상에 나셨느니라.

첫 부처님 이름은 지혜 불꽃
다음 부처님은 법당불法幢佛
셋째는 법수미法須彌이고
넷째는 덕사자德師子며

다섯째는 적정왕寂靜王
여섯째는 멸제견滅諸見
일곱째는 고명칭高名稱
여덟째는 대공덕大功德

아홉째 부처님은 승일불勝日佛이요
열째는 월면月面부처님
이러한 열 부처님 계신 데서
처음으로 법문을 깨달았노라.

이 후부터 차례차례로
열 부처님 나시었으니
제일은 허공처불虛空處佛
제이는 보광普光부처님

제삼은 주제방불住諸方佛

제사는 정념해불正念海佛
제오는 고승광불高勝光佛
제육은 수미운불須彌雲佛

제칠은 법염法焰부처님
제팔은 산승山勝부처님
제구는 대비화大悲華부처님
제십은 법계화法界華부처님

열 부처님 나시는 때에
두 번째 법문을 깨달았고
그 후에도 차례차례
열 부처님 출현했으니

첫 분은 광당光幢부처님
둘째 분 지혜불智慧佛이요
셋째는 심의心義부처님
넷째가 덕주불德主佛이며

다섯째는 천혜天慧부처님
여섯째는 혜왕慧王부처님
일곱째가 승지불勝智佛이고
여덟째 분 광왕불光王佛이며

아홉째는 용맹勇猛부처님

열째 분이 연화불蓮華佛이니
이러한 열 부처님께
세 번째 법문 들었소.

이 뒤에도 차례차례로
열 부처님 나시었는데
첫 부처님 이름이 보염산寶燄山이요
둘째 분은 공덕해功德海시며

셋째 분이 법광명法光明이요
넷째 분이 연화장蓮華藏이며
다섯째는 중생안衆生眼부처님
여섯째 부처님이 향광보香光寶이며

일곱째는 수미공덕불須彌功德佛
여덟째가 건달바왕乾闥婆王
아홉째 분 마니장摩尼藏부처님
열째 분이 적정색寂靜色이며

이 뒤에 또 열 부처님
차례차례 나시었으니
첫 부처님 광대지廣大智시고
둘째 분이 보광명寶光明부처님

셋째 분은 허공운虛空雲이고

넷째 부처님 수승상殊勝相이며
다섯째가 원만계圓滿戒시고
여섯째가 나라연那羅延부처님

일곱째는 수미덕須彌德이며
여덟째가 공덕륜功德輪이고
아홉째가 무승당無勝幢이요
열째는 대수산大樹山이니라.

이 다음에 또 차례로
열 부처님 나셨으니
제일이 사라장娑羅藏이요
제이는 세주신世主身부처님

제삼은 고현광高顯光이고
제사는 금강조金剛照시며
제오가 지위력地威力부처님
제육이 심심법甚深法부처님

제칠에는 법혜음法慧音이요
제팔이 수미당須彌幢이며
제구는 승광명勝光明이고
제십이 묘보광妙寶光이다.

그 뒤에 또 열 부처님이

차례차례 나시었는데
첫 부처님 범광명梵光明이요
둘째 부처님 허공음虛空音이요

셋째 부처님 법계신法界身이요
넷째 부처님 광명륜光明輪이며
다섯째는 지혜당智慧幢부처님
여섯째가 허공등虛空燈이니라.

일곱째는 미묘덕微妙德이고
여덟째가 변조광徧照光이며
아홉째는 승복광勝福光부처님
열째는 대비운大悲雲부처님.

이 다음에 또 열 부처님
차례로 나셨으니
제일이 역광혜力光慧부처님
제이는 보현전불普現前佛

제삼은 고현광高顯光이요
제사는 광명신光明身이며
제오가 법기불法起佛이고
제육은 보상寶相부처님

제칠이 속질풍速疾風부처님

제팔은 용맹당勇猛幢이요
제구는 묘보개妙寶蓋시고
제십이 조삼세照三世부처님.

그 뒤에도 열 부처님이
차례차례로 나시었으니
첫 부처님 원해광願海光이요
둘째 부처님 금강신金剛身이며

셋째는 수미덕須彌德부처님
넷째는 염당왕念幢王이요
다섯째는 공덕혜功德慧부처님
여섯째가 지혜등智慧燈이며

일곱째 부처님이 광명당光明幢
여덟째 부처님은 광대지廣大智
아홉째가 법계지法界智부처님이요
열째가 법해지法海智이다.

그 뒤에도 열 부처님
차례로 나시었으니
첫째 부처님 보시법布施法이시고
다음 부처님 공덕륜功德輪이며

셋째가 승묘운勝妙雲부처님

넷째가 인지등忍智燈부처님
다섯째는 적정음寂靜音이요
여섯째는 적정당寂靜幢부처님

일곱째가 세간등世間燈이시며
여덟째는 심대원深大願이고
아홉째가 무승당無勝幢부처님
열째 부처님이 지염해智燄海.

이 뒤에도 차례차례
열 부처님 나셨으니
처음 부처님 법자재法自在시고
둘째 부처님 무애혜無礙慧시며

셋째는 이름이 의해혜意海慧
넷째는 이름이 중묘음衆妙音
다섯째는 부처님 자재시自在施이고
여섯째는 보현전普現前부처님

일곱째 부처님 수락신隨樂身이요
여덟째 부처님 주승덕住勝德이며
아홉째는 본성불本性佛이고
열째가 현덕불賢德佛이시다.

수미산 티끌 수 겁 동안에

나신 여러 부처님
세간의 등불이시거늘
내가 모두 공양하였고

부처 세계 티끌 수 겁에
출현하신 부처님들을
내가 다 공양하고서
이 해탈문에 들어갔노라.

나는 한량없는 겁 동안
행을 닦고 이 도를 얻었으니
그대도 만일 행을 닦으면
오래잖아 얻게 되오리.

"선남자여, 나는 다만 보살이 온갖 세간에 나타나서 중생을 조복하는 해탈을 얻었을 뿐이니, 저 모든 보살이 그지없는 행을 닦아 모음과 가지가지 이해를 내는 일과 가지가지 몸을 나타냄과 가지가지 뿌리〔根〕를 갖춤과 가지가지 소원을 만족함과 가지가지 삼매에 들음과 가지가지 신통 변화를 일으킴과 가지가지 법을 관찰함과 가지가지 지혜의 문에 들어감과 가지가지 법의 광명을 얻는 일이야 내가 어떻게 알며, 어떻게 그 공덕의 행을 말하겠는가.

선남자여, 여기서 멀지 않은 곳에 밤 맡은 신이 있으니 이름이 고요한 음성 바다〔寂靜音海〕고, 마니 광명 당기 장엄 연꽃 자리〔摩尼光幢莊嚴蓮華座〕에 앉았으며, 백만 아승기 밤 맡은 신들이 앞뒤로 둘러쌌느니라. 그대는 그에게 가서 보살이 어떻게 보살의 행을 배우며 보살의 도를 닦느냐고 물으라."

 이 때 선재동자는 그의 발에 엎드려 절하고 수없이 돌고 은근하게 앙모하면서 하직하고 떠났다.

대방광불화엄경 제71권

제71권

39. 입법계품 ⑫

2) 가지 법회 ⑪

(36) 고요한 음성 바다 밤 맡은 신[寂靜音海夜神]을 찾다

그 때 선재동자는 중생을 널리 구호하는 묘한 덕 밤 맡은 신에게서 보살이 온갖 세간에 나타나서 중생을 조복하는 해탈문을 듣고, 분명히 알고 믿고 이해하며 자유자재하게 편안히 있으면서, 고요한 음성 바다 밤 맡은 신[寂靜音海夜神]에게로 가서, 그의 발에 엎드려 절하고 수없이 돌고 앞에서 합장하고 말하였다.

"거룩하신 이여, 나는 이미 아뇩다라삼먁삼보리심을 내었나이다. 나는 선지식을 의지하여 보살의 행을 배우고 보살의 행에 들어가고 보살의 행을 닦고 보살의 행에 머물고자 하오니, 바라건대 자비하신 마음으로 가엾이 여기시고, 저를 위하여 보살이 어떻게 보살의 행을 배우며 어떻게 보살의 도를 닦는가를 말씀하여 주소서."

그 때 그 밤 맡은 신은 선재동자에게 말하였다.

"훌륭하고, 훌륭하다. 선남자여, 그대가 능히 선지식을 의지하여 보살의 행을 구하려 하는구나. 선남자여, 나는 보살의 생각생각마다 광대한 기쁨을 내는 장엄 해탈문을 얻었노라."

선재동자는 말하였다.

"매우 거룩하신 이여, 그 해탈문은 무슨 사업事業을 지으며 무슨 경계를 행하며 무슨 방편을 일으키며 무슨 관찰을 하나이까?"

밤 맡은 신이 대답하였다.

"선남자여, 나는 청정하고 평등한 좋아하는 마음을 내었노라. 나는 모든 세간의 티끌을 여의고, 청정하고 견고하게 장엄하여 깨뜨릴 수 없는 좋아하는 마음을 내었노라. 나는 물러가지 않는 자리[不退轉位]를 반연하여 영원히 물러가지 아니할 마음을 내었노라. 나는 공덕 보배의 산을 장엄하여 흔들리지 않는 마음을 내었노라. 나는 머무는 곳이 없는 마음을 내었노라. 나는 모든 중생의 앞에 두루 나타나서 구호하는 마음을 내었노라. 나는 모든 부처님 바다를 보아 만족함이 없는 마음을 내었노라. 나는 모든 보살의 청정한 서원의 힘을 구하는 마음을 내었노라. 나는 큰 지혜의 광명 바다에 머무는 마음을 내었노라.

나는 모든 중생이 걱정의 벌판을 뛰어넘게 하려는 마음을 내었노라. 나는 모든 중생이 근심과 괴로움을 여의게 하려는 마음을 내었노라. 나는 모든 중생이 뜻에 맞지 않는 빛·소리·향기·맛·닿음·법진을 버리게 하려는 마음을 내었노라. 나는 모든 중생이 사랑을 이별하는 괴로움과 원수를 만나는 괴로움을 여의게 하려는 마음을 내었노라. 나는 모든 중생이 나쁜 인연과 어리석은 고통 따위를 여의게 하려는 마음을 내었노라. 나는 모든 험난을 당하는 중생의 의지가 되려는 마음을 내었노라. 나는 모든 중생으로 하여금 괴로운 생사에서 뛰어나게 하려는 마음을 내었노라. 나는 모든 중생들이 나고 늙고 병들고 죽는 고통을 여의 게 하려는 마음을 내었노라. 나는 모든 중생이 여래의 위가 없는 법의 즐거움을 성취케 하려는 마음을 내었노라. 나는 모든 중생이 모두 기쁨을 받게 하려는 마음을 내었노라.

이런 마음을 내고는 다시 법을 말하여 그들로 하여금 차츰차츰 온갖 지혜의 지위에 이르게 하노니, 이른바 어떤 중생이 자기가 있는 궁전이나 가옥을 애착함을 보면 나는 그에게 법을 말하여 모든 법의 성품을 통달하여 여러 가지 집착을 여의게 하노라. 어떤 중생이 부모나 형제나 자매를 그리워함을 보면, 나는 그에게 법을 말하여 여러 부처님과 보살의 청정한 모임에 참여케 하노라. 어떤 중생이 처자를 그리워함을 보면, 나는 그에게 법을 말하여 생사의 애착을 버리고 가엾이 여기는 마음을 내어 모든 중생에게 둘이 없이 평등하게 하노라. 어떤 중생이 왕궁에 있으면서 채녀采女들이 받들어 모심을 보면, 나는 그에게 법을 말하여 여러 성인이 모이는 데 참여하여 여래의 가르침에 들게 하노라. 어떤 중생이 경계에 물듦을 보면 나는 그에게 법을 말하여 여래의 경계에 들어가게 하노라.

어떤 중생이 성내는 일이 많음을 보면 나는 그에게 법을 말하여 여래의 참는[忍] 바라밀에 머물게 하노라. 어떤 중생의 마음이 게으름을 보면, 나는 그에게 법을 말하여 청정하게 꾸준히 노력하는 바라밀을 얻게 하노라. 어떤 중생의 마음이 산란함을 보면, 나는 그에게 법을 말하여 여래의 선정[禪]바라밀을 얻게 하노라. 어떤 중생이 여러 소견의 숲이나 무명의 캄캄한 데 들어감을 보면, 나는 그에게 법을 말하여 어두운 숲 속에서 벗어나게 하노라. 어떤 중생이 지혜가 없음을 보면, 나는 그에게 법을 말하여 반야바라밀을 얻게 하노라.

어떤 중생이 삼계三界에 물듦을 보면, 나는 그에게 법을 말하여 생사에서 벗어나게 하노라. 어떤 중생의 뜻이 용렬함을 보면 나는 그에게 법을 말하여 부처님 보리에 대한 서원을 원만케 하노라. 어떤 중생이 저를 이롭게 하는 행에 머무른 이를 보면, 나는 그에게 법을 말하여 모든 중생을 이익케 하려는 소원을 내게 하노라. 어떤 중생이 뜻과 힘이 미약함을 보면, 나는 그에게 법을 말하여 보살의 힘(力)바라밀을 얻게 하노라. 어떤 중생이 어리석어 마음이 캄캄함을 보면, 나는 그에게 법을 말하여 보살의 지혜(智)바라밀을 얻게 하노라.

어떤 중생의 신체가 갖추지 못함을 보면, 나는 그에게 법을 말하여 여래의 청정한 육신을 얻게 하노라. 어떤 중생의 얼굴이 누추함을 보면, 나는 그에게 법을 말하여 위가 없는 청정한 법신을 얻게 하노라. 어떤 중생의 모양이 추악함을 보면, 나는 그에게 법을 말하여 여래의 미묘한 육신을 얻게 하노라. 어떤 중생이 근심하는 생각이 많음을 보면, 나는 그에게 법을 말하여 여래의 끝까지 안락함을 얻게 하노라. 어떤 중생이 가난에 쪼들림을 보면 나는 그에게 법을 말하여 보살의 공덕인 보배광을 얻게 하노라. 어떤 중생이 동산에 있는 이를 보면, 나는 그에게 법을 말하여 불법의 인연을 부지런히 구하게 하노라.

어떤 중생이 길 가는 것을 보면, 나는 그에게 법을 말하여 온갖 지혜의 길로 향하게 하노라. 어떤 중생이 마을 가운데 있음을 보면, 나는 그에게 법을 말하여 삼계에서 뛰어나게 하노라. 어떤 중생이 인간에 있는 것을 보면, 나는 그에게 법을 말하여 이승의 길에서 초월하여 여래의 지위에 머물게 하노라. 어떤 중생이 네 간방에 있음을 보면, 나는 그에게 법을 말하여 삼세가 평등한 지혜를 얻게 하노라. 어떤 중생이 여러 방위에 있음을 보면, 나는 그에게 법을 말하여 지혜를 얻어 모든 법을 보게 하노라.

어떤 중생이 탐심이 많은 이를 보면, 나는 그에게 부정관不淨觀 하는 법을 말하여 생사에 대한 애착을 버리게 하노라. 어떤 중생이 성내는 일이 많음을 보면 나는 그에게 인자함을 관하는 법을 말하여 부지런히 닦는 데 들어가게 하노라. 어떤 중생이 어리석은 짓을 많이 하는 이를 보면 나는 그에게 법을 말하여 밝은 지혜를 얻어 모든 법 바다를 보게 하노라. 어떤 중생이 삼독이 평등한 이를 보면, 나는 그에게 법을 말하여 여러 승乘의 소원 바다에 들게 하노라.

어떤 중생이 나고 죽는 낙을 좋아함을 보면 나는 그에게 법을 말하여 싫어서 떠나게 하노라. 어떤 중생이 생사의 괴로움을 싫어하여 여래의 제도를 받을 이를 보면, 나는 그에게 법을 말하여 능히 좋은 방편으로 일부러 태어나게 하노라. 어떤 중생이 오온五蘊에 애착함을 보면, 나는 그에게 법을 말하여 의지 없는 경계에 머물게 하노라.

어떤 중생의 마음이 용렬한 이를 보면, 나는 그에게 훌륭하게 장엄한 도를 보이노라. 어떤 중생의 마음이 교만한 이를 보면, 나는 그에게 평등한 법의 지혜를 말하노라. 어떤 중생의 마음이 곧지 못한 이를 보면, 나는 그에게 보살의 곧은 마음을 말하노라.

선남자여, 나는 이러한 한량이 없는 법보시로 중생들을 거두어 주되, 가지가지 방편으로 교화하고 조복하여 나쁜 길을 여의고 인간이나 천상의 낙을 받게 하며 삼계의 속박을 벗어나 온갖 지혜에 머물게 하고는, 그 때에 나는 엄청난 즐거움과 법의 광명 바다를 얻고 마음이 화창하며 편안하고 희열하노라.

또 선남자여, 나는 모든 도량에 모인 보살 대중을 항상 관찰하여 그들이 갖가지 원과 행을 닦으며, 갖가지 깨끗한 몸을 나투며, 갖가지 항상한 광명이 있으며, 갖가지 광명을 놓으며, 갖가지 방편으로 온갖 지혜의 문에 들어가며, 갖가지 삼매에 들어 갖가지 신통 변화를 나타내며, 갖가지 음성 바다를 내며, 갖가지 장엄한 몸을 갖추며, 갖가지 여래의 문에 들어가며, 갖가지 세계 바다에 나아가 갖가지 부처 바다를 뵈오며, 갖가지 변재 바다를 얻으며, 갖가지 해탈 경계를 비추며, 갖가지 지혜의 광명 바다를 얻으며, 갖가지 삼매 바다에 들어가며, 갖가지 해탈의 문에 유희하며, 갖가지 문門으로 모든 지혜에 나아가며, 갖가지로 허공 법계를 장엄하며, 갖가지 장엄 구름으로 허공을 두루 덮으며, 갖가지 도량에 모인 대중을 관찰하며, 갖가지 세계를 모으며, 갖가지 부처님 세계에 들어가며, 갖가지 방위 바다[方海]에 나아가 갖가지 여래의 명령을 받으며, 갖가지 여래의 처소에서 갖가지 보살과 함께하며, 갖가지 장엄 구름을 내리며, 여래의 갖가지 법 바다를 보며, 갖가지 지혜 바다에 들어가며, 여래의 갖가지 방편에 들어가며, 여래의 갖가지 장엄한 자리에 앉았음을 아노라.

선남자여, 나는 이 도량에 모인 대중을 관찰하여 부처님의 신통한 힘이 한량없고 그지없음을 알고 매우 환희함을 내노라.

선남자여, 나는 비로자나여래께서 잠깐잠깐마다 부사의하게 청정한 몸을 나타내심을 관찰하나니, 이것을 보고는 매우 환희함을 내노라.

또 여래께서 잠깐잠깐마다 큰 광명을 놓아 법계에 가득함을 관찰하나니, 이것을 보고는 매우 환희함을 내노라.

또 여래께서 낱낱 털구멍에서 잠깐잠깐마다 한량없는 부처 세계의 티끌 수 광명 바다를 내거든, 낱낱 광명이 한량없는 부처 세계의 티끌 수 광명으로 권속을 삼고, 낱낱이 모든 법계에 두루하여 모든 중생의 괴로움을 소멸함을 관찰하나니, 이것을 보고는 매우 환희함을 내노라.

또 선남자여, 나는 여래의 정수리와 두 어깨에서 잠깐잠깐마다 모든 부처 세계의 티끌 수 보배 불꽃 산 구름[寶燄山雲]을 나타내어 시방의 모든 법계에 가득함을 관찰하나니, 이것을 보고는 매우 환희함을 내노라.

또 선남자여, 나는 여래의 털구멍마다 잠깐잠깐 동안에 모든 부처 세계의 티끌 수 향기 광명 구름을 내어 시방의 모든 부처 세계에 가득함을 관찰하나니, 이것을 보고는 매우 환희함을 내노라.

또 선남자여, 나는 여래의 낱낱 모습에서 잠깐잠깐마다 모든 부처 세계의 티끌 수 몸매로 장엄한 여래의 몸 구름을 내어 시방의 모든 세계에 두루 감을 관찰하나니, 이것을 보고는 매우 환희함을 내노라.

또 선남자여, 나는 여래의 털구멍마다 잠깐잠깐 동안에 말할 수 없는 부처 세계의 티끌 수 변화하는 구름을 내어, 여래께서 처음 마음을 내어 바라밀을 닦음으로부터 장엄한 길을 갖추어 보살의 지위에 들어감을 관찰하나니, 이것을 보고는 매우 환희함을 내노라.

또 선남자여, 나는 여래의 낱낱 털구멍에서 잠깐잠깐마다 말할 수 없이 말할 수 없는 부처 세계의 티끌 수 천왕의 몸 구름을 나타내며, 또 천왕의 자재한 신통 변화로 모든 시방의 법계에 가득하여, 천왕의 몸으로 제도할 수 있는 이에게는 그 앞에 나타나서 법을 말함을 관찰하나니, 그것을 보고는 매우 환희함을 내노라.

천왕의 몸 구름과 같이, 용왕·야차왕·건달바왕·아수라왕·가루라왕·긴나라왕·마후라가왕·사람왕·범천왕의 몸 구름에서도 낱낱 털구멍마다 이렇게 나타나서 이렇게 법을 말하나니, 나는 이것을 보고는, 잠깐잠깐 동안에 매우 환희함을 내고 매우 좋아함을 내었으니, 그 분량이 법계의 살바야薩婆若들과 같아서, 예전에 얻지 못한 것을 지금 얻었고, 예전에 증득하지 못한 것을 지금 증득했고, 예전에 들어가지 못한 데 지금 들어갔고, 예전에 만족하지 못한 것을 지금 만족하고, 예전에 보지 못한 것을 지금 보았고, 예전에 듣지 못한 것을 지금 들었노라.

무슨 까닭이냐. 법계의 모양을 능히 분명하게 아는 까닭이며, 온갖 법이 오직 한 모양임을 아는 까닭이며, 삼세의 도에 평등하게 들어간 까닭이며, 온갖 그지없는 법을 말하는 까닭이니라. 선남자여, 나는 이 보살이 생각생각마다 엄청나게 기쁜 장엄을 내는 해탈의 광명 바다에 들어갔노라.

　또 선남자여, 이 해탈은 그지없으니 온갖 법계의 문에 두루 들어가는 연고니라. 이 해탈은 다함이 없으니 온갖 지혜 성품의 마음을 평등히 내는 연고니라. 이 해탈은 짬이 없으니 경계가 없는 모든 중생의 생각 속에 들어가는 연고니라. 이 해탈은 매우 깊으니 고요한 지혜로 알 수 있는 연고니라. 이 해탈은 크고 넓으니 모든 여래의 경계에 두루하는 연고니라. 이 해탈은 무너짐이 없나니 보살의 지혜 눈으로 아는 것인 연고니라. 이 해탈은 바닥이 없으니 법계의 밑바닥까지 다한 연고니라. 이 해탈은 곧 넓은 문이니 한 가지 일에서 모든 신통 변화를 두루 보는 연고니라. 이 해탈은 마침내 취할 수 없으니 모든 법의 몸과 뜻이 없는 연고니라. 이 해탈은 마침내 나지 않나니 눈어리[幻]와 같은 법인 줄을 아는 연고니라.

　이 해탈은 영상과 같으니 온갖 지혜와 서원의 광명으로 생긴 연고니라. 이 해탈은 변화와 같으니 보살의 여러 가지 훌륭한 행을 변화하여 내는 연고니라. 이 해탈은 땅덩이와 같으니 모든 중생의 의지할 곳이 되는 연고니라. 이 해탈은 큰 물과 같으니 크게 가엾이 여김으로 모든 것을 적시는 연고니라. 이 해탈은 큰 불과 같으니 중생들의 탐애의 물을 말리는 연고니라. 이 해탈은 큰 바람과 같으니 중생들을 온갖 지혜로 빨리 나아가게 하는 연고니라. 이 해탈은 큰 바다와 같으니 여러 가지 공덕으로 모든 중생을 장엄하는 연고니라. 이 해탈은 수미산과 같으니 온갖 지혜의 법보法寶 바다를 내는 연고니라. 이 해탈은 큰 성곽과 같으니 모든 미묘한 법으로 장엄한 연고니라. 이 해탈은 허공과 같으니 삼세 부처님의 신통한 힘을 두루 용납하는 연고니라. 이 해탈은 큰 구름과 같으니 중생들에게 법 비를 두루 내리는 연고니라.

이 해탈은 깨끗한 해와 같으니 중생들의 무지한 어둠을 깨뜨리는 연고니라. 이 해탈은 보름달과 같으니 광대한 복덕 바다를 만족케 하는 연고니라. 이 해탈은 진여와 같으니 모든 곳에 능히 두루하는 연고니라. 이 해탈은 자기의 그림자와 같으니 자기의 착한 업으로 화하여 나는 연고니라. 이 해탈은 메아리와 같으니 그에게 맞추어 법을 말하는 연고니라. 이 해탈은 영상과 같으니 중생의 마음을 따라 나타나는 연고니라. 이 해탈은 큰 나무와 같으니 모든 신통의 꽃을 피우는 연고니라. 이 해탈은 금강과 같으니 본래부터 깨뜨릴 수 없는 연고니라. 이 해탈은 여의주와 같으니 한량없이 자유자재한 힘을 내는 연고니라. 이 해탈은 때를 여읜 마니보배와 같으니 모든 삼세 여래의 신통한 힘을 나타내는 연고니라. 이 해탈은 기쁜 당기 마니보배와 같으니 모든 부처님의 법륜의 소리를 평등하게 내는 연고니라.

선남자여, 내가 이제 그대에게 이런 비유를 말하였으니, 그대는 잘 생각하고 따라서 깨달아 들어가라."

그 때 선재동자는 고요한 음성 바다 밤 맡은 신에게 말하였다.

"큰 성인이시여, 어떻게 수행하여서 이 해탈을 얻었나이까?"

밤 맡은 신이 대답하였다.

"선남자여, 보살이 열 가지 큰 법장法藏을 닦아 행하면 이 해탈을 얻느니라.

무엇이 열인가? 첫째는 보시하는 광대한 법장을 닦아서 중생의 마음을 따라서 모두 만족케 하고, 둘째는 계행을 깨끗이 지니는 광대한 법장을 닦아서 모든 부처님의 공덕 바다에 들어가고, 셋째는 참는 광대한 법장을 닦아서 모든 법의 성품을 두루 생각하고, 넷째는 꾸준히 노력하는 광대한 법장을 닦아서 온갖 지혜에 나아가 물러가지 않고, 다섯째는 선정의 광대한 법장을 닦아서 모든 중생의 시끄러움을 없애고, 여섯째는 반야의 광대한 법장을 닦아서 모든 법 바다를 두루 알고, 일곱째는 방편의 광대한 법장을 닦아서 모든 중생들을 성숙케 하고, 여덟째는 서원의 광대한 법장을 닦아서 모든 세계와 모든 중생 바다에 두루하여 오는 세월이 끝나도록 보살의 행을 수행하고, 아홉째는 힘의 광대한 법장을 닦아서 잠깐 동안에 모든 법계 바다에 나타나서 모든 국토에서 등정각을 이루어 쉬지 아니하고, 열째는 깨끗한 지혜의 광대한 법장을 닦아서 여래의 지혜를 얻고, 삼세의 모든 법을 두루 알아 막힘이 없는 것이다.

선남자여, 만일 모든 보살들이 이러한 열 가지 큰 법장에 편안히 머무르면, 곧 이러한 해탈을 얻어 청정하고 증장하고 쌓이고 견고하여 편안히 머물러서 원만하게 되리라."

선재동자가 말하였다.

"거룩하신 이여, 당신이 아뇩다라삼먁삼보리심을 낸 지는 얼마나 오래되었나이까?"

밤 맡은 신이 말하였다.

"선남자여, 이 화장장엄세계해華藏莊嚴世界海의 동쪽으로 열 세계해를 지나가서 세계해가 있으니, 이름은 온갖 깨끗한 빛 보배요, 이 세계해에 한 세계종世界種이 있으니 이름은 모든 여래의 서원 광명 음성이요, 그 가운데 한 세계가 있으니 이름이 청정하고 빛난 금 장엄인데, 일체향 금강 마니왕으로 자체가 되었고, 형상은 누각과 같으며 여러 묘한 보배 구름이 경계선이 되어 모든 보배 영락 바다에 머무르며, 묘한 궁전 구름이 위에 덮였는데, 깨끗한 것과 더러운 것이 섞이었느니라.

이 세계에 옛적에 겁이 있었으니 이름은 넓은 광명 당이요, 나라 이름은 두루 원만한 묘한 광이요, 도량의 이름은 온갖 보배 광 아름다운 달 광명이었으며, 불퇴전법계음不退轉法界音부처님이 이 도량에서 아뇩다라삼먁삼보리를 이루었느니라.

　나는 그 때 보리수신菩提樹神이 되었으니 이름은 복덕을 구족한 등불 광명 당기로서, 도량을 수호하다가 그 부처님이 등정각을 이루어 신통한 힘을 나타내심을 보고 아뇩다라삼먁삼보리심을 내었고, 그 즉시에 삼매를 얻었는데, 이름이 여래의 공덕 바다를 두루 비춤이었느니라.

　이 도량에서 다음 여래가 세상에 나셨으니 이름은 법수위덕산法樹威德山이었다. 나는 그 때 목숨을 마치고 다시 태어나서 그 도량의 밤 맡은 신이 되었으니 이름은 훌륭한 복과 지혜 광명이었는데, 그 여래께서 바른 법륜을 굴리시면서 큰 신통을 나타내심을 보고 삼매를 얻었으니, 이름이 모든 탐욕을 여읜 경계를 두루 비춤이었느니라.

　다음에 여래가 세상에 나셨으니 이름은 일체법해음성왕一切法海音聲王이요, 나는 그 때 밤 맡은 신이 되어 부처님을 뵈옵고 받자와 섬기며 공양하고, 삼매를 얻었으니 이름이 모든 착한 법을 내어 자라게 하는 땅이었느니라.

　다음에 여래가 세상에 나셨으니 이름은 보광명등당왕寶光明燈幢王이요, 나는 그 때 밤 맡은 신이 되어 부처님을 뵈옵고 받자와 섬기며 공양하고 삼매를 얻었으니 이름이 신통을 두루 나타내는 광명 구름이었느니라.

　다음에 여래가 세상에 나셨으니 이름은 공덕수미광功德須彌光이요, 나는 그 때 밤 맡은 신이 되어 부처님을 뵈옵고 받자와 섬기며 공양하고, 삼매를 얻었으니 이름이 여러 부처님 바다를 두루 비춤이었느니라.

　다음에 여래가 세상에 나셨으니 이름은 법운음성왕法雲音聲王이요, 나는 그 때 밤 맡은 신이 되어 부처님을 뵈옵고 받자와 섬기며 공양하고, 삼매를 얻었으니 이름이 모든 법 바다 등불이었느니라.

　다음에 여래가 세상에 나셨으니 이름은 지등조요왕智燈照耀王이요, 나는 그 때 밤 맡은 신이 되어 부처님을 뵈옵고 받자와 섬기며 공양하고, 삼매를 얻었으니 이름이 모든 중생의 괴로움을 없애는 청정한 광명 등불이었느니라.

다음에 여래가 세상에 나셨으니 이름은 법용묘덕당法勇妙德幢이요, 나는 그 때 밤 맡은 신이 되어 부처님을 뵈옵고 받자와 섬기며 공양하고, 삼매를 얻었으니 이름이 삼세 여래의 광명 광이었느니라.

다음에 여래가 세상에 나셨으니 이름은 사자용맹법지등師子勇猛法智燈이요, 나는 그 때 밤 맡은 신이 되어 부처님을 뵈옵고 받자와 섬기며 공양하고 삼매를 얻었으니 이름이 모든 세간에 걸림 없는 지혜 바퀴이었느니라.

다음에 여래가 세상에 나셨으니 이름은 지력산왕智力山王이요, 나는 그 때 밤 맡은 신이 되어 부처님을 뵈옵고 받자와 섬기며 공양하고, 삼매를 얻었으니 이름이 삼세 중생들의 근기와 행을 두루 비춤이었느니라.

선남자여, 청정하고 빛난 금 장엄 세계의 넓은 광명 당기 겁 동안에 이러한 세계의 티끌 수 여래가 세상에 나셨는데, 나는 그 때마다 천왕도 되고 용왕도 되고 야차왕도 되고 건달바왕도 되고 아수라왕도 되고 가루라왕도 되고 긴나라왕도 되고 마후라가왕도 되고, 사람왕도 되고, 범왕도 되며, 하늘의 몸도 되고 사람의 몸도 되고 남자의 몸도 되고 여자의 몸도 되고 동남의 몸도 되고 동녀의 몸도 되어 가지가지 공양거리로 저 여러 부처님께 공양하였고, 그 부처님의 말씀하시는 법도 들었노라.

여기서 목숨을 마치고는 또 이 세계에 태어나서 두 부처 세계의 티끌 수 겁을 지내면서 보살의 행을 닦았고, 그런 뒤에 또 목숨을 마치고는 이 화장엄세계해의 사바세계 티끌 수 겁을 지내면서 보살의 행을 닦았고, 그런 뒤에 또 목숨을 마치고는 이 화장장엄세계해華藏莊嚴世界海의 사바세계에 태어나서 가라구손다(迦羅鳩孫馱 : 拘留孫)여래를 만나서 받자와 섬기며 공양하고, 삼매를 얻었으니 이름이 모든 때를 여읜 광명이었느니라.

다음에 구나함모니拘那舍牟尼여래를 만나서 받자와 섬기며 공양하고, 삼매를 얻었으니 이름이 모든 세계해를 두루 비춤이었느니라.

다음에 가섭迦葉여래를 만나서 받자와 섬기며 공양하고, 삼매를 얻었으니 이름이 모든 중생의 말씀 바다를 연설함이었느니라.

다음에 비로자나여래를 만났는데, 이 도량에서 정등각正等覺을 이루시고 잠깐잠깐 동안 크게 신통한 힘을 나타내시었으며, 나는 그 때 뵈옵고 이 생각생각마다 광대하게 기쁜 장엄을 내는 해탈을 얻었노라. 이 해탈을 얻고는 열 갑절 말할 수 없이 말할 수 없는 부처 세계의 티끌 수 법계가 나란히 정돈된 바다[法界安立海]에 들어갔으며, 그 모든 법계가 나란히 정돈된 바다에 있는 모든 세계의 티끌을 보니, 낱낱 티끌 속에 열 갑절 말할 수 없이 말할 수 없는 세계의 티끌 수 부처님 국토가 있고, 낱낱 부처님 국토에 비로자나여래께서 도량에 앉아서 잠깐잠깐 동안에 정등각을 이루시고 여러 가지 신통 변화를 나투시며, 그 신통 변화는 낱낱이 모든 법계 바다에 두루하며, 또 그 곳에서 말씀하는 묘한 법을 들었노라.

또 저 모든 부처님의 털구멍마다 변화의 바다를 내고, 신통한 힘을 나타내며, 모든 법계 바다의 모든 세계해·모든 세계종·모든 세계에서 중생의 마음을 따라서 바른 법륜을 굴리심을 보고, 나는 빠른 다라니문을 얻었으며, 온갖 글과 뜻을 받아 가지고 생각하여 밝은 지혜로 모든 청정한 법장에 두루 들어가고, 자유자재한 지혜로 모든 깊은 법바다에 노닐고, 두루한 지혜로 삼세의 광대한 이치를 알고, 평등한 지혜로 부처님들의 차별 없는 법을 통달하여, 이렇게 모든 법문을 깨달았 노라.

낱낱 법문 속에서 모든 수다라 구름을 깨닫고, 낱낱 수다라 구름 속에서 모든 법 바다를 깨닫고, 낱낱 법 바다 속에서 모든 법의 품을 깨닫고, 낱낱 법의 품에서 모든 법 구름을 깨닫고, 낱낱 법 구름 속에서 모든 법의 흐름을 깨닫고, 낱낱 법의 흐름 속에서 모든 크게 기쁜 바다를 내고, 낱낱 크게 기쁜 바다에서 모든 지위〔地〕를 내고, 낱낱 지위에서 모든 삼매 바다를 내고, 낱낱 삼매 바다에서 모든 부처 뵙는 바다〔見佛海〕를 얻고, 낱낱 부처 뵙는 바다에서 모든 지혜 광명 바다를 얻었노라.

낱낱 지혜 광명 바다가 삼세를 두루 비추고 시방에 두루 들어가, 한량없는 여래의 옛적에 닦던 수행 바다를 알고, 한량없는 여래의 지내온 본사 바다〔本事海〕를 알고, 한량없는 여래의 버리기 어려운 것을 능히 버린 보시 바다를 알고, 한량없는 여래의 청정한 참는 바다를 알고, 한량없는 여래의 광대한 정진 바다를 알고, 한량없는 여래의 청정한 계행 바다〔戒輪海〕를 알고, 한량없는 여래의 깊고 깊은 선정 바다를 알고, 한량없는 여래의 반야바라밀 바다를 알고, 한량없는 여래의 방편바라밀 바다를 알고, 한량없는 여래의 힘바라밀 바다를 알고, 한량없는 여래의 지혜바라밀 바다를 알았노라.

한량없는 여래가 옛적에 보살의 지위에 머물러서 한량없는 세월에 신통한 힘 나타냄을 알고, 한량없는 여래가 옛적에 보살의 지위에 들어감을 알고, 한량없는 여래가 옛적에 보살의 지위 닦음을 알고, 한량없는 여래가 옛적에 보살의 지위 다스림을 알고, 한량없는 여래가 옛적에 보살의 지위 관찰함을 알았노라.

한량없는 여래가 옛날 보살이던 때에 항상 부처님 뵈옴을 알고, 한량없는 여래가 옛날 보살이던 때에 부처님 바다와 겁 바다를 모두 보고 함께 머무름을 알고, 한량없는 여래가 옛날 보살이던 때에 한량없는 몸으로 세계 바다에 태어남을 알고, 한량없는 여래가 옛날 보살이던 때에 법계에 두루하여 광대한 행을 닦음을 알고, 한량없는 여래가 옛날 보살이던 때에 갖가지 방편문을 나타내어 모든 중생을 조복하고 성숙케 함을 알았노라.

한량없는 여래가 큰 광명을 놓아 시방의 모든 세계 바다에 비춤을 알고, 한량없는 여래가 크게 신통한 힘을 나타내어 모든 중생 앞에 나타남을 알고, 한량없는 여래의 광대한 지혜의 지위를 알고, 한량없는 여래가 바른 법륜 굴림을 알고, 한량없는 여래의 나투는 모습 바다를 알고 한량없는 여래의 나투는 몸 바다를 알고 한량없는 여래의 광대한 힘 바다를 알아서, 모든 여래가 처음 마음 낸 때부터 내지 법이 없어지던 것을, 내가 생각생각마다 다 보고 알았노라.

선남자여, 그대가 묻기를 나의 발심한 지가 얼마나 오래되었는가 하였거니와, 선남자여, 나는 지나간 옛적 두 부처 세계의 티끌 수 겁 전에, 위에서 말한 대로 청정하고 빛난 금 장엄 세계에서 보리수신이 되어 불퇴전법계음不退轉法界音여래의 법문을 듣고 아뇩다라삼먁삼보리심을 내었고, 두 부처 세계의 티끌 수 겁 동안에 보살의 행을 닦았으며, 그런 뒤에 이 사바세계의 현겁賢劫에 태어나서 가라구손다부처님으로부터 석가모니부처님까지와, 오는 세상에 나실 여러 부처님들을 내가 그렇게 친근하고 공양하였으며, 이 세계의 현겁에서 오는 세상의 여러 부처님께 공양한 것처럼 모든 세계의 여러 겁 동안에 나실 오는 세상의 부처님께도 모두 그렇게 친근하고 공양하리라.

선남자여, 저 청정하고 빛난 금 장엄 세계에는 지금도 여러 부처님이 나시면서 계속하여 끊이지 아니하나니, 그대는 한결같은 마음으로 이 보살의 크게 용맹한 문을 닦으라."
　이 때 고요한 음성 바다 밤 맡은 신이 이 해탈의 뜻을 거듭 펴려고 선재동자에게 게송으로 말하였다.

　　선재동자여, 내가 말하는
　　청정한 해탈문을 자세히 들으라.
　　듣고는 환희한 마음을 내어
　　부지런히 닦아 끝까지 이르라.

　　나는 지나간 오랜 겁 동안
　　믿고 좋아하는 마음을 내었으니
　　청정하기 허공과 같아서
　　온갖 지혜를 항상 관찰하였노라.

　　나는 삼세 부처님들께
　　믿고 좋아하는 마음을 내고
　　거기 모인 대중들과 함께
　　항상 친근하기를 원하였느니라.

　　나는 예전에 부처님 뵈옵고
　　중생을 위하여 공양했으며
　　청정한 법문을 듣고
　　마음이 매우 기뻤노라.

　　항상 부모를 소중히 여기듯

공경하고 공양하여
조금도 쉬지 않았으므로
이 해탈문에 들었느니라.

늙은 이·병든 이·가난한 이
모든 감관이 구족하지 못한 이
그들을 모두 구제하여
평안함을 얻게 하였으며

수재·화재·국법·도둑이나
바다에서나, 공포에 싸인 이
그들을 구제하려고
나는 옛날에 행을 닦았으며

번뇌가 많은 이들과
업장에 얽매인 이들과
험난한 길에 빠진 이들을
나는 항상 구제하노라.

여러 가지 나쁜 길[趣]에서
한량없는 고통 받으며
나고 늙고 병들고 죽음을
나는 모두 없애 버리리.

오는 세월이 끝나도록

여러 중생을 위하여
나고 죽는 고통을 멸하고
부처님의 즐거움 얻게 하리.

"선남자여, 나는 다만 잠깐잠깐마다 광대한 기쁨으로 장엄한 해탈을 알거니와, 저 보살마하살들이 모든 법계 바다에 깊이 들어가서 모든 겁의 수효를 다 알고 세계의 이룩되고 무너짐을 널리 보는 일이야 내가 어떻게 알며 그 공덕의 행을 어떻게 말하겠는가.

선남자여, 이 보리도량의 여래의 모임 가운데 한 밤 맡은 신이 있으니, 이름은 모든 성城을 수호하고 위력을 증장함[守護一切城增長威力]이니라. 그대는 그에게 가서 보살이 어떻게 보살의 행을 배우며, 보살의 도를 닦느냐고 물으라."

이 때 선재동자는 한결같은 마음으로 고요한 음성 바다 밤 맡은 신을 관찰하면서 게송을 말하였다.

나는 선지식의 가르침 받고
천신의 있는 곳에 와서
보배 자리에 앉은 신을 보니
몸의 크기가 한량없어라.

빛깔과 모양에 집착하여
모든 법이 있다는 것도 아니나
소견 좁고 지혜 없는 사람
높으신 경계를 뉘 능히 알리.

이 세상의 천상 인간 사람들
한량없는 겁에 관찰하여도
아무도 헤아릴 수 없으니
몸매가 그지없는 연고니라.

오온五蘊을 멀리 여의었고
십이처에도 머물지 않아
세간의 의심 아주 끊었으며
자재한 힘을 나타내시네.

안의 법·밖의 법 취하지 않아
흔들림도 없으며
청정한 지혜의 눈
부처님의 신통을 보나니

몸은 바른 법의 광
마음은 걸림 없는 지혜
지혜의 비춤 이미 얻었고
여러 중생을 다시 비추며

마음에 그지없는 업을 모아
모든 세간을 장엄하였고
세상이 모두 마음인 줄 알면서
중생들같이 몸을 나타내

세상은 모두 꿈이요
모든 부처님은 그림자
여러 가지 법 메아리 같은 줄 알아
중생들로 고집을 없애게.

삼세 중생을 위해
잠깐잠깐 몸을 나투나
마음은 머문 데 없이
시방에 가득 법을 말하네.

그지없는 모든 세계 바다
부처 바다며 중생 바다를
모두 한 티끌 속에 있나니
이 어른의 해탈하신 힘.

이 때 선재동자는 이 게송을 말하고는, 그의 발에 엎드려 절하고 한량없이 돌고, 은근하게 앙모하면서 하직하고 떠났다.

(37) 모든 성을 수호하는 밤 맡은 신[守護一切城夜神]을 찾다

이 때 선재동자는 고요한 음성 바다 밤 맡은 신의 가르침을 따라 그의 말한 법문을 생각하고 관찰하면서, 낱낱 글귀를 하나도 잊지 않았고, 한량없는 깊은 마음과 한량없는 법의 성품과 모든 방편과 신통과 지혜를 기억하고 생각하고 가리어서 계속하고 끊이지 아니하며, 마음이 광대하고 증득하여 편안히 머물면서 모든 성을 수호하는 밤 맡은 신[守護一切城夜神]이 있는 데로 나아갔다.

그 밤 맡은 신은 모든 보배 광명 마니왕으로 된 사자좌에 앉았고, 수없는 밤 맡은 신들이 둘러 모셨는데, 모든 중생의 모습인 몸을 나타내며, 모든 중생을 널리 대하는 몸을 나타내며, 모든 세간에 물들지 않는 몸을 나타내며, 모든 중생의 몸 수효와 같은 몸을 나타내며, 모든 세간을 초과한 몸을 나타내며, 모든 중생을 성숙시키는 몸을 나타내며, 모든 시방에 빨리 가는 몸을 나타내며, 모든 시방을 두루 포섭하는 몸을 나타내며, 끝까지 여래의 성품에 이른 몸을 나타내며, 끝까지 중생을 조복하는 몸을 나타내는 것을 보았다.

선재동자는 그것을 보고 환희하여 뛰놀면서 그의 발에 절하고 한량없이 돌고 앞에 서서 합장하고 말하였다.

"거룩하신 이여, 나는 이미 아뇩다라삼먁삼보리심을 내었사오나, 보살들이 보살의 행을 닦을 적에, 어떻게 중생을 이익케 하며, 어떻게 위없이 거두어 주는 일로 중생을 거두어 주며, 어떻게 불교를 따르며, 어떻게 법왕의 자리에 가까이 하는지를 알지 못하나이다. 바라건대 인자한 마음으로 나에게 말씀하여 주소서."

그 밤 맡은 신은 선재에게 말하였다.

"선남자여, 그대가 모든 중생을 구호하기 위하여, 모든 부처님 세계를 깨끗이 장엄하기 위하여, 모든 여래에게 공양하기 위하여, 모든 겁에 있으면서 중생을 구원하기 위하여, 모든 부처의 성품을 수호하기 위하여, 시방에 두루 들어가 모든 행을 닦기 위하여, 모든 법문 바다에 널리 들어가기 위하여, 평등한 마음으로 모든 것에 두루하기 위하여, 모든 부처님의 법륜을 모두 받기 위하여, 모든 중생의 좋아하는 마음을 따라 법 비를 내리기 위하여 보살들의 수행하는 문을 묻는구나.

선남자여, 나는 보살의 매우 깊고 자유자재한 묘한 음성의 해탈을 얻었고, 큰 법사가 되어 거리낌없으니 모든 부처님의 법장을 잘 열어 보이는 연고며, 큰 서원과 큰 자비의 힘을 갖추었으니 모든 중생으로 하여금 보리심에 머물게 하려는 연고며, 중생을 이익케 하는 모든 일을 지으니 선근을 쌓아 쉬지 아니하는 연고며, 모든 중생을 지도하는 스승이 되었으니 모든 중생으로 하여금 살바야의 도에 머물게 하는 연고며, 모든 세간의 청정한 법 해〔法日〕가 되나니 세간에 두루 비치어 선근을 내게 하는 연고며, 모든 세간에 마음이 평등하니 여러 중생들의 착한 법을 증장케 하는 연고며, 모든 경계에 마음이 청정하니 모든 착하지 못한 업을 없애려는 연고며, 모든 중생을 이익하려고 서원하니 몸이 항상 모든 국토에 나타나는 연고며, 온갖 본사本事의 인연을 나타내니 여러 중생들을 착한 행에 머물게 하려는 연고며, 모든 선지식을 섬기니 중생들을 부처님 가르침에 머물게 하려는 연고니라.

불자여, 내가 이런 법으로 중생에게 베푸는 것은 선한 법을 내어 온갖 지혜를 구하게 하며, 마음이 견고함이 금강 나라연那羅延 광과 같아서 부처의 힘과 마의 힘을 잘 관찰하며, 항상 선지식을 친근하고 모든 업과 번뇌의 산을 깨뜨리며, 온갖 지혜의 도를 돕는 법을 모아서 마음에 항상 온갖 지혜의 지위를 버리지 않게 하려 함이니라.

선남자여, 나는 이러한 깨끗한 법의 광명으로 모든 중생을 이익케 하여 선근과 도를 돕는 법을 모으게 할 때에 열 가지로 법계를 관찰하였으니, 무엇이 열인가?

이른바 나는 법계가 한량없음을 아나니 광대한 지혜의 광명을 얻는 연고며, 나는 법계가 그지없음을 아나니 모든 부처님의 알고 보시는 것을 아는 연고며, 나는 법계가 한정이 없음을 아나니 모든 부처님의 국토에 들어가서 여러 여래께 공경하고 공양하는 연고며, 나는 법계가 가이없음을 아나니 모든 법계 바다 속에서 보살의 행을 닦음을 보이는 연고며, 나는 법계가 끊임이 없음을 아나니 여래의 끊이지 않는 지혜에 들어가는 연고니라.
 나는 법계가 한 성품임을 아나니 여래의 한결같은 음성을 모든 중생이 모두 아는 연고며, 나는 법계의 성품이 깨끗함을 아나니 여래의 서원이 모든 중생을 두루 제도함인 줄을 통달하는 연고며, 나는 법계가 중생에게 두루함을 아나니 보현의 묘한 행이 다 두루하는 연고며, 나는 법계가 한 가지로 장엄함을 아나니 보현의 묘한 행이 잘 장엄하는 연고며, 나는 법계가 파괴할 수 없음을 아나니 온갖 지혜의 선근이 법계에 가득하여 파괴할 수 없는 연고니라.
 선남자여, 이 열 가지로 법계를 관찰하여 선근을 모으며, 도를 돕는 법을 마련하며, 부처님들의 광대한 위덕을 알고, 여래의 부사의한 경계에 깊이 들어가노라.
 또 선남자여, 나는 이렇게 바른 마음으로 생각하고 여래의 열 가지 큰 위덕 다라니 바퀴를 얻었으니, 무엇이 열인가?
 이른바 모든 법에 두루 들어가는 다라니 바퀴며, 모든 법을 두루 지니는 다라니 바퀴며, 모든 법을 두루 말하는 다라니 바퀴며, 시방의 모든 부처님을 두루 생각하는 다라니 바퀴며, 모든 부처님의 명호를 두루 말하는 다라니 바퀴며, 삼세 부처님들의 서원 바다에 두루 들어가는 다라니 바퀴며, 모든 승乘의 바다에 두루 들어가는 다라니 바퀴며, 모든 중생의 업 바다에 두루 들어가는 다라니 바퀴며, 모든 업을 빨리 돌리는(轉) 다라니 바퀴며, 온갖 지혜를 빨리 나게 하는 다라니 바퀴니라.
 선남자여, 이 열 가지 다라니 바퀴는 십천 다라니 바퀴로 권속을 삼고 항상 중생에게 묘한 법을 연설하느니라.
 선남자여, 나는 중생에게 듣는 지혜의 법을 말하기도 하고, 중생에게 생각하는 지혜의 법을 말하기도 하고, 중생에게 닦는 지혜의 법을 말하기도 하며, 중생에게 한 가지 있는 법을 말하기도 하고, 중생에게 온갖 있는 법을 말하기도 하며, 한 여래의 이름 바다 법을 말하기도 하고, 모든 여래의 이름 바다 법을 말하기도 하며, 한 세계 바다의 법을 말하기도 하고, 모든 세계 바다의 법을 말하기도 하며, 한 부처님의 수기 바다〔授記海〕 법을 말하기도 하며, 모든 부처님의 수기 바다 법을 말하기도 하며, 한 여래에게 모든 대중의 도량 바다 법을 말하기도 하며, 모든 여래에게 모인 대중의 도량 바다 법을 말하기도 하며, 한 여래의 법륜 바다 법을 말하기도 하고, 모든 여래의 법륜 바다 법을 말하기도 하며, 한 여래의 수다라 법을 말하기도 하고 모든 여래의 수다라 법을 말하기도 하며, 한 여래의 회중 모으는 법을 말하기도 하고, 모든 여래의 회중 모으는 법을 말하기도 하며, 한 살바야 마음 바다 법을 말하기도 하며, 모든 살바야 마음 바다 법을 말하기도 하며, 한 승乘으로 벗어나는 법을 말하기도 하고 모든 승으로 벗어나는 법을 말하기도 하느니라. 선남자여, 나는 이러한 말할 수 없는 법문으로 중생에게 말하노라.

　선남자여, 나는 여래의 차별 없는 법계문 바다에 들어가서 위가 없는 법을 말하여 중생들을 두루 거두어서 세월이 끝나도록 보현의 행에 머물게 하노라.

　선남자여, 나는 이 매우 깊고 자유자재한 묘한 음성 해탈을 성취하였으므로 잠깐잠깐마다 온갖 해탈문을 증장하며, 잠깐잠깐마다 모든 법계에 가득하노라."

　이 때 선재동자가 밤 맡은 신에게 말하였다.

　"신기하옵니다. 신이시여, 이 해탈문이 그렇게 희유하온데, 거룩하신 이께서 얻은 지는 얼마나 오래되었나이까?"

　밤 맡은 신이 대답하였다.

　"선남자여, 지나간 옛적 세계의 갑절 티끌 수 겁 전에 한 겁이 있었으니 이름이 때 여읜 광명이고, 세계의 이름은 법계 공덕 구름이었다.

모든 중생의 업을 나타내는 마니왕 바다로 자체가 되었는데, 형상은 연꽃 같고 사천하의 티끌 수 향 마니 수미산 그물 속에 있으며, 모든 여래의 서원 음성을 내는 연화로 장엄하고 수미산 티끌 수 연화로 권속을 삼았으며, 수미산 티끌 수 향 마니로 사이사이 장식하였고 수미산 티끌 수 사천하가 있으며, 낱낱 사천하에 백천억 나유타 말할 수 없이 말할 수 없는 성城이 있었다.

선남자여, 그 세계에 한 사천하가 있으니 이름이 묘한 당기요, 그 가운데 서울이 있으니 이름은 넓은 보배 꽃 광명이었다. 그 서울에서 멀지 않은 곳에 보리도량이 있으니 이름은 법왕의 궁전을 두루 나타냄이며, 수미산 티끌 수 여래가 그 가운데 나타나시었느니라.

처음 부처님은 법해뇌음광명왕불法海雷音光明王佛이시니, 그 부처님이 나셨을 적에 청정한 햇빛 얼굴〔日光明面〕 전륜왕이 있어서 그 부처님에게서 일체법해선一切法海旋 수다라를 받아 지니었고, 그 부처님이 열반한 뒤에 전륜왕이 출가하여 바른 법을 보호하여 유지하였다.

법이 없어지려 할 적에 일천 떼의 다른 대중이 있어 일천 가지로 법을 말 하며, 말겁末劫이 거의 되어서는 번뇌와 업이 두터운 나쁜 비구들이 많아서 서로 다투며 경계에만 집착하고 공덕을 구하지 않으며, 왕의 언론·도둑의 언론·여인의 언론·나라의 언론·바다의 언론과 모든 세간의 언론을 말하기만 좋아하므로, 전륜왕인 비구가 말하였다.

'이상하고도 괴로워라. 부처님이 한량없는 겁 바다에서 이 법의 횃불을 모으셨거늘, 어찌하여 너희들은 함께 훼방하고 없애려 하느냐?'

이렇게 말하고는 허공으로 일곱 다라수多羅樹나 올라가서, 몸으로 여러 가지 빛 불꽃 구름을 내며, 가지각색 빛 광명 그물을 놓아 한량없는 중생의 뜨거운 번뇌를 제하게 하며, 한량없는 중생의 보리심을 내게 하였다. 이 인연으로 저 여래의 가르친 법이 다시 6만 5천 년 동안 흥성하였다.

 그 때 비구니가 있었으니 이름이 법륜화광法輪化光이었다. 이는 전륜왕의 딸로서 백천 비구니로 권속을 삼았는데 부왕의 말을 들으며, 신통한 힘을 보고 보리심을 내어 영원히 물러서지 아니하였으며, 삼매를 얻었으니 이름이 모든 불교의 등불이며, 또 매우 깊고 자유자재한 묘한 음성 해탈을 얻었다. 삼매를 얻고는 몸과 마음이 부드러워졌으며, 법해뇌음광명왕여래를 보고 모든 신통한 힘을 얻었다.

 선남자여, 어떻게 생각하느냐? 그 때 전륜성왕으로서 여래를 따라 바른 법륜을 굴리고 부처님이 열반하신 뒤에 말법未法을 흥성하게 한 이는 다른 사람이 아니라 지금의 보현보살이며, 법륜화광 비구니는 곧 내 몸이니라.

 나는 그 때 불법을 수호하여 십만 비구니들로 하여금 아뇩다라삼먁삼보리에서 물러가지 않게 하였고, 또 모든 부처님을 보는 삼매를 얻게 하고, 또 모든 부처님의 법륜과 금강광명다라니를 얻게 하고, 또 모든 법문 바다에 널리 들어가는 반야바라밀을 얻게 하였느니라.

 다음에 부처님이 나시었으니 이름은 이구법광명離垢法光明이고, 다음에 부처님이 나셨으니 이름은 법륜광명계法輪光明髻며, 다음에 부처님이 나셨으니 이름은 법일공덕운法日功德雲이니라. 다음에 부처님이 나셨으니 이름은 법해묘음왕法海妙音王이고 다음에 부처님이 나셨으니 이름은 법일지혜등法日智慧燈이며, 다음에 부처님이 나셨으니 이름은 법화당운法華幢雲이니라. 다음에 부처님이 나셨으니 이름은 법염산당왕法燄山幢王이고 다음에 부처님이 나셨으니 이름은 심심법공덕월甚深法功德月이며, 다음에 부처님이 나셨으니 이름은 법지보광장法智普光藏이고 다음에 부처님이 나셨으니 이름은 개시보지장開示普智藏이니라.

 다음에 부처님이 나셨으니 이름은 공덕장산왕功德藏山王이며, 다음에 부처님이 나셨으니 이름은 보문수미현普門須彌賢이며, 다음에 부처님이 나셨으니 이름은 일체법정진당一切法精進幢이며, 다음에 부처님이 나셨으니 이름은 법보화공덕운法普華功德雲이며, 다음에 부처님이 나셨으니 이름은 적정광명계寂靜光明髻며, 다음에 부처님이 나셨으니 이름은 법광명자비월法光明慈悲月이며, 다음에 부처님이 나셨으니 이름은 공덕염해功德焰海며, 다음에 부처님이 나셨으니 이름은 지일보광명智日普光明이며, 다음에 부처님이 나셨으니 이름은 보현원만지普賢圓滿智며, 다음에 부처님이 나셨으니 이름은 신통지광왕神通智光王이니라.

다음에 부처님이 나셨으니 이름은 복덕화광등福德華光燈이며, 다음에 부처님이 나셨으니 이름은 지사자당왕智師子幢王이며, 다음에 부처님이 나셨으니 이름은 일광보조왕日光普照王이며, 다음에 부처님이 나셨으니 이름은 수미보장엄상須彌寶莊嚴相이며, 다음에 부처님이 나셨으니 이름은 일광보조日光普照며, 다음에 부처님이 나셨으니 이름은 법왕공덕월法王功德月이며, 다음에 부처님이 나셨으니 이름은 개부연화묘음운開敷蓮華妙音雲이며,. 다음에 부처님이 나셨으니 이름은 일광명상日光明相이며, 다음에 부처님이 나셨으니 이름은 보광명묘법음普光明妙法音이며, 다음에 부처님이 나셨으니 이름은 사자금강나라연무외師子金剛那羅延無畏니라.

다음에 부처님이 나셨으니 이름은 보지용맹당普智勇猛幢이며, 다음에 부처님이 나셨으니 이름은 보개법련화신普開法蓮華身이며, 다음에 부처님이 나셨으니 이름은 공덕묘화해功德妙華海며, 다음에 부처님이 나셨으니 이름은 도량공덕월道場功德月이며, 다음에 부처님이 나셨으니 이름은 법거치연월法炬熾然月이며, 다음에 부처님이 나셨으니 이름은 보광명계普光明髻며, 다음에 부처님이 나셨으니 이름은 법당등法幢燈이며, 다음에 부처님이 나셨으니 이름은 금강해당운金剛海幢雲이며, 다음에 부처님이 나셨으니 이름은 명칭산공덕운名稱山功德雲이며 다음에 부처님이 나셨으니 이름은 전단묘월栴檀妙月이니라.

다음에 부처님이 나셨으니 이름은 보묘광명화普妙光明華며, 다음에 부처님이 나셨으니 이름은 조일체중생광명왕照一切衆生光明王이며, 다음에 부처님이 나셨으니 이름은 공덕연화장功德蓮華藏이며, 다음에 부처님이 나셨으니 이름은 향염광명왕香焰光明王이며, 다음에 부처님이 나셨으니 이름은 파두마화인波頭摩華因이며, 다음에 부처님이 나셨으니 이름은 중상산보광명衆相山普光明이며, 다음에 부처님이 나셨으니 이름은 보명칭당普名稱幢이며, 다음에 부처님이 나셨으니 이름은 수미보문광須彌普門光이며, 다음에 부처님이 나셨으니 이름은 공덕법성광功德法城光이며, 다음에 부처님이 나셨으니 이름은 대수산광명大樹山光明이니라.

다음에 부처님이 나셨으니 이름은 보덕광명당普德光明幢이며, 다음에 부처님이 나셨으니 이름은 공덕길상상功德吉祥相이며, 다음에 부처님이 나셨으니 이름은 용맹법력당勇猛法力幢이며, 다음에 부처님이 나셨으니 이름은 법륜광명음法輪光明音이며, 다음에 부처님이 나셨으니 이름은 공덕산지혜광功德山智慧光이며, 다음에 부처님이 나셨으니 이름은 무상묘법월無上妙法月이며, 다음에 부처님이 나셨으니 이름은 법련화정광당法蓮華淨光幢이며, 다음에 부처님이 나셨으니 이름은 보련화광명장寶蓮華光明藏이며, 다음에 부처님이 나셨으니 이름은 광염운산등光焰雲山燈이며, 다음에 부처님이 나셨으니 이름은 보각화普覺華니라.

다음에 부처님이 나셨으니 이름은 종종공덕염수미장種種功德焰須彌藏이며, 다음에 부처님이 나셨으니 이름은 원만광산왕圓滿光山王이며, 다음에 부처님이 나셨으니 이름은 복덕운장엄福德雲莊嚴이며, 다음에 부처님이 나셨으니 이름은 법산운당法山雲幢이며, 다음에 부처님이 나셨으니 이름은 공덕산광명功德山光明이며, 다음에 부처님이 나셨으니 이름은 법일운등왕法日雲燈王이며, 다음에 부처님이 나셨으니 이름은 법운명칭왕法雲明稱王이며, 다음에 부처님이 나셨으니 이름은 법륜운法輪雲이며, 다음에 부처님이 나셨으니 이름은 개오보리지광당開悟菩提智光幢이며, 다음에 부처님이 나셨으니 이름은 보조법륜월普照法輪月이니라.

다음에 부처님이 나셨으니 이름은 보산위덕현寶山威德賢이며, 다음에 부처님이 나셨으니 이름은 현덕광대광賢德廣大光이며, 다음에 부처님이 나셨으니 이름은 보지운普智雲이며, 다음에 부처님이 나셨으니 이름은 법력공덕산法力功德山이며, 다음에 부처님이 나셨으니 이름은 공덕향염왕功德香燄王이며, 다음에 부처님이 나셨으니 이름은 금색마니산묘음성金色摩尼山妙音聲이며, 다음에 부처님이 나셨으니 이름은 정계출일체법광명운頂髻出一切法光明雲이며, 다음에 부처님이 나셨으니 이름은 법륜치성광法輪熾盛光이며, 다음에 부처님이 나셨으니 이름은 무상공덕산無上功德山이며, 다음에 부처님이 나셨으니 이름은 정진거광명운精進炬光明雲이니라.

다음에 부처님이 나셨으니 이름은 삼매인광대광명관三昧印廣大光明冠이며, 다음에 부처님이 나셨으니 이름은 보광명공덕왕寶光明功德王이며, 다음에 부처님이 나셨으니 이름은 법거보개음法炬寶蓋音이며, 다음에 부처님이 나셨으니 이름은 보조허공계무외법광명普照虛空界無畏法光明이며, 다음에 부처님이 나셨으니 이름은 월상장엄당月相莊嚴幢이며, 다음에 부처님이 나셨으니 이름은 광명염산운光明燄山雲이며, 다음에 부처님이 나셨으니 이름은 조무장애법허공照無障礙法虛空이며, 다음에 부처님이 나셨으니 이름은 개현지광신開顯智光身이며, 다음에 부처님이 나셨으니 이름은 세주덕광명음世主德光明音이며, 다음에 부처님이 나셨으니 이름은 일체법삼매광명음一切法三昧光明音이니라.

다음에 부처님이 나셨으니 이름은 법음공덕장法音功德藏이며, 다음에 부처님이 나셨으니 이름은 치연염법해운熾然焰法海雲이며, 다음에 부처님이 나셨으니 이름은 보조삼세상대광명普照三世相大光明이며, 다음에 부처님이 나셨으니 이름은 보조법륜산普照法輪山이며, 다음에 부처님이 나셨으니 이름은 법계사자광法界師子光이며, 다음에 부처님이 나셨으니 이름은 수미화광명須彌華光明이며, 다음에 부처님이 나셨으니 이름은 일체삼매해사자염一切三昧海師子焰이며, 다음에 부처님이 나셨으니 이름은 보지광명등普智光明燈이니라.

 선남자여, 이러한 수미산 티끌 수 여래 중에 마지막 부처님의 이름은 법계성지혜등法界城智慧燈이니, 모든 때 여읜 광명 겁 동안에 세상에 나셨는데, 내가 다 존중하고 친근하여 공양하였고, 말씀하신 묘한 법을 듣고 받아 지니었으며, 또 그 여러 여래에게 출가하여 도를 배웠고, 교법을 수호하였으며, 보살의 매우 깊고 자유자재한 묘한 음성의 해탈에 들어가 갖가지 방편으로 한량없는 중생들을 교화하여 성숙케 하였노라.

 그 후부터 부처 세계의 티끌 수 겁 동안에 부처님들이 세상에 나시는 이들을 내가 다 공양하고 그 법을 수행하였느니라.

 선남자여, 나는 그 때부터 나고 죽는 밤중의 어두운 무명 속에 있는 중생들 중에 홀로 깨어서, 중생들로 하여금 마음성〔心城〕을 수호하고 삼계의 성을 버리게 하며, 온갖 지혜의 위없는 법의 성에 머물게 하였느니라.

 선남자여, 나는 다만 이 매우 깊고 자유자재한 묘한 음성의 해탈을 알고 세간 사람들로 하여금 희롱거리 말을 여의고 두 가지 말을 하지 않으며, 진실한 말과 청정한 말을 하게 할 뿐이니, 저 보살마하살들이 모든 말의 성품을 알아 생각생각마다 모든 중생을 자유롭게 깨닫게 하며, 여러 중생의 음성 바다에 들어가서 온갖 말을 다 분명하게 이야기

하며, 모든 법문 바다를 분명히 보며, 온갖 법을 모두 포섭한 다라니에 이미 자재하여졌으며, 중생들의 의심을 따라서 법을 말하여 모든 중생을 끝까지 조복하며, 모든 중생을 널리 거두어 주고 보살의 위없는 업을 교묘하게 닦으며, 보살의 미세한 지혜에 깊이 들어가 보살들의 법장을 잘 관찰하며, 모든 보살의 법을 자유롭게 말하는 것은 모든 법륜의 다라니를 이미 성취한 연고니, 그런 일이야 내가 어떻게 알며 그 공덕의 행을 말하겠는가.

선남자여, 이 부처님 회중에 밤 맡은 신이 있으니, 이름은 모든 나무의 꽃을 피우는 이〔開敷一切樹華〕니라. 그대는 그에게 가서 보살이 어떻게 온갖 지혜를 배우며, 어떻게 모든 중생들을 편안히 있게 하여 온갖 지혜에 머물게 하는가 물으라."

그 때 모든 성을 수호하는 밤 맡은 신이 이 해탈의 뜻을 다시 밝히려고 선재동자에게 게송을 말하였다.

　　보살의 깊은 해탈 보기 어려워
　　진여와 같은 허공 평등한 모양
　　그지없는 법계의 안에 계시는
　　삼세의 모든 여래 두루 보나니

　　한량없이 훌륭한 공덕을 내며
　　부사의한 참법의 성품에 들어
　　온갖 것에 자재한 지혜 기르고
　　삼세 해탈도를 열어 통하네.

　　세계의 티끌처럼 많은 겁 전에

그 때에 정광淨光이란 겁이 있었고
그 세계의 이름은 법 불꽃 구름〔法焰雲〕
서울 이름 보배 꽃 광명이라 해

그 세상 나시었던 많은 부처님
한량없는 수미산 티끌 같은데
법해음法海音이라 하는 부처님께서
이 겁에 가장 먼저 나시었으며

맨 나중 나시었던 부처님 이름
법계염등왕法界焰燈王이라 일컬으시니
이렇게 나시었던 여러 여래를
내가 모두 공양하고 법을 들었소.

법해뇌음法海雷音부처님 내가 뵈오니
그의 몸은 모두 다 황금빛이요
여러 모양 장엄하심 보배산 같아
나도 여래 이루려고 발심했으며

저 부처님 몸매를 잠깐 뵈옵고
광대한 보리심을 즉시 냈으며
서원하고 온갖 지혜 구하려 하니
그 성품이 법계의 허공과 같아

이리하여 삼세 부처님들과

모든 보살 대중을 두루 뵈오며
　　국토와 중생 바다 다 보고 나서
　　그런 것들 반연하여 대비심 내며

　　중생들의 좋아하는 마음을 따라
　　한량없는 갖가지 몸 나타내어서
　　시방의 모든 국토 두루 가득히
　　땅 흔들고 빛을 펴서 중생 깨닫게.

　　둘째 나신 부처님 가까이 뵙고
　　시방세계 부처님도 다 뵈었으며
　　마지막 부처님이 나시기까지
　　수미산 티끌 수와 같이 많거늘

　　모든 세계 티끌 수 갑절 겁 동안
　　나시는 세상 등불 여러 부처님
　　내가 다 친근하고 받자와 섬겨
　　이 해탈을 청정하게 닦아 이뤘소.

　이 때 선재동자는 보살의 매우 깊고 자유자재한 묘한 음성의 해탈에 들어갔으므로, 그지없는 삼매 바다에 들어가고, 크고 넓은 다라니 바다에 들어가서, 보살의 큰 신통과 보살의 큰 변재를 얻고는 마음이 매우 환희하여 모든 성 수호하는 밤 맡은 신을 관찰하고 게송으로 찬탄하였다.

광대한 지혜 바다 이미 행하고
그지없는 업 바다를 이미 건너서
장수하고 근심 없는 지혜의 몸이
위덕과 광명으로 여기 계시네.

법의 성품 허공같이 통달하시고
삼세 들어가되 걸림이 없어
생각으론 모든 경계 반연하여도
마음에는 여러 분별 아주 끊었고

중생들의 성품 없음 통달하고도
중생에게 대비심을 일으키시며
여래의 해탈문에 깊이 들어가
한량없는 중생을 제도하시고

온갖 법을 관찰하여 생각해 알고
모든 법의 성품에 증하여 들며
부처님의 지혜를 이렇게 닦아
중생을 교화하여 해탈케 하며

당신은 중생들을 지도하는 이
여래의 지혜 길을 열어 보시며
온 법계의 수없는 중생들에게
공포에서 떠나는 행을 말씀해.

여래의 서원 길에 이미 머물고
보리의 큰 교법을 이미 받았고
온갖 것에 두루하는 힘을 닦아서
시방에 자재하신 부처 뵈었네.

신의 마음 깨끗하기 허공과 같아
여러 가지 번뇌를 두루 여의고
삼세 한량없는 여러 세계와
부처 · 보살 · 중생을 모두 아시며

천신은 한 생각에 낮과 밤이며
날과 달과 해와 겁을 모두 아시고
중생들의 여러 종류 이름과 형상
제각기 차별함을 죄다 아시며

시방세계 중생의 죽고 나는 곳
형상 세계 · 무형 세계 유상有想과 무상無想
이런 것들 세속 따라 모두 다 알고
인도하여 보리에 들게 하시네.

여래의 서원 집에 이미 나시고
부처님의 공덕 바다 이미 들어가
마음이 걸림 없고 몸이 청정
중생 따라 여러 몸을 나타내신다.

이 때 선재동자는 게송을 말하고 나서, 밤 맡은 신의 발에 예배하고 수 없이 돌고 은근하게 앙모하면서 하직하고 물러갔다.

대방광불화엄경 제72권

제72권

39. 입법계품 ⑬

2) 가지 법회 ⑫

(38) 모든 나무에 꽃을 피우는 밤 맡은 신[一切樹華夜神]을 찾다

이 때 선재동자는 보살의 매우 깊고 자유자재한 묘한 음성의 해탈문에 들어가서 수행이 증진하여 모든 나무의 꽃을 피우는 밤 맡은 신에게 나아가서 보니, 그 신의 몸이 보배 향 나무로 지은 누각 안에서 묘한 보배로 만든 사자좌에 앉았는데, 백만의 밤 맡은 신이 함께 모시고 있었다.

선재동자는 그의 발에 예배하고 앞에 서서 합장하고 말하였다.

"거룩하신 이여, 저는 이미 아뇩다라삼먁삼보리심을 내었사오나, 보살이 어떻게 보살의 행을 배우며 어떻게 온갖 지혜를 얻나이까? 바라옵건대 자비하신 마음으로 저에게 말씀하여 주소서."

밤 맡은 신이 말하였다.

"선남자여, 나는 이 사바세계에서 해가 지고 연꽃이 오무리어 사람들이 구경하던 일을 파할 적에, 여러 가지 산이나 물이나 성지나 벌판 등지에 있던 여러 가지 중생들이 모두 그들의 있던 데로 돌아가려는 이들을 보면 내가 가만히 보호하여 바른 길을 찾게 하며 가려는 곳에 가서 밤을 편안히 지내게 하노라.

선남자여, 어떤 중생이 한창 나이에 혈기가 충실하며 교만하고 방탕하여 다섯 가지 욕락[五欲]을 마음껏 하거든, 나는 그에게 늙고 병들어 죽는 일을 보이어 두려운 생각을 내고 나쁜 짓을 버리게 하며, 다시 가지가지 선근을 칭찬하여 닦아 익히게 하는데, 인색한 이에게는 보시를 찬탄하고, 파계하는 이에게는 청정한 계율을 칭찬하고, 성 잘내는 이에게는 인자한 데 머물게 하고, 해칠 마음을 가진 이에게는 참는 일을 하게 하고, 게으른 이에게는 정진하게 하고, 산란한 이에게는 선정을 닦게 하고, 나쁜 꾀를 가진 이에게는 반야를 배우게 하고, 소승을 좋아하는 이는 대승에 머물게 하고, 삼계의 여러 길을 좋아하는 이는 보살의 서원바라밀은 머물게 하며, 만일 중생이 복과 지혜가 미약하여 번뇌와 업의 핍박으로 걸림이 많은 이는 보살의 힘바라밀에 머물게 하며, 만일 중생이 마음이 어두워 지혜가 없으면 보살의 지혜바라밀에 머물게 하노라.

선남자여, 나는 이미 보살의 큰 기쁨을 내는 광명의 해탈문을 성취하였노라."

선재동자가 말하였다.

"거룩하신 이여, 이 해탈문의 경계가 어떠하오니까?"

밤 맡은 신이 말하였다.

"선남자여, 이 해탈에 들어가면 여래께서 중생들을 두루 거두어 주는 교묘한 방편 지혜를 아느니라.

어떤 것이 두루 거두어 줌이냐 하면, 선남자여, 모든 중생이 받는 여러 가지 낙은 모두 여래의 위덕의 힘이니, 여래의 가르침을 순종하는 연고며, 여래의 말씀을 실행하는 연고며, 여래의 행을 배우는 연고며, 여래의 두호하는 힘을 얻은 연고며, 여래의 인가하는 도를 닦는 연고며, 여래의 행하던 착한 일을 심는 연고며, 여래의 말씀한 법을 의지하는 연고며, 여래의 지혜의 햇빛으로 비추는 연고며, 여래의 성품이 깨끗한 업의 힘으로 거두어 주시는 연고니라.

어떻게 그런 줄을 아는가 하면, 선남자여, 내가 이 큰 기쁨을 내는 광명의 해탈에 들어가서, 비로자나 여래·응공·정등각께서 과거에 닦으시던 보살의 수행 바다를 기억하여 분명하게 보았노라.

선남자여, 세존께서 옛적에 보살로 계실 때에 모든 중생들이 나라 내 것이라 하는 데 집착하여 무명이란 어두운 밤에 머물며, 여러 소견의 숲 속에 들어가서 탐애에 얽매이고 성내는 데 깨지고 어리석은 데 어지럽히고 미워하는 데 감기어서, 나고 죽는 데 바퀴돌이하고 빈궁한 데 피곤하여 부처님이나 보살들을 만나지 못하는 것을 보시었느니라.

그런 것을 보시고는 가엾이 여기는 마음을 내어 중생을 이익케 하였으니, 이른바 모든 보배로 된 도구를 얻어 중생을 거두어 주려는 마음과, 모든 중생들이 생활에 필요한 물품을 구족하여 모자람이 없게 하려는 마음과, 모든 일에 집착을 여의게 하려는 마음과, 모든 경계에 물들고 탐내지 않으려는 마음과, 모든 것을 아끼지 않으려는 마음과, 모든 과보에 희망하지 않는 마음과 모든 영화에 부러워하지 않는 마음과, 모든 인연에 미혹하지 않으려는 마음을 내었느니라.

진실한 법의 성품을 관찰하려는 마음을 내고, 모든 중생을 구호하려는 마음을 내고, 모든 법의 소용돌이에 깊이 들어가려는 마음을 내고, 모든 중생에 대하여 평등한 데 머물려는 인자한 마음을 내고, 모든 중생에게 방편을 행하려는 가엾이 여기는 마음을 내고, 큰 법의 일산이 되어 중생을 두루 덮으려는 마음을 내고, 큰 지혜의 금강저로 모든 중생의 번뇌의 산을 깨뜨리려는 마음을 내고, 모든 중생의 기쁨을 증장하려는 마음을 내고, 모든 중생을 끝까지 안락케 하려는 마음을 내고, 중생의 욕망을 따라 모든 보배를 비내리려는 마음을 내고, 평등한 방편으로 모든 중생을 성숙케 하려는 마음을 내고, 모든 중생으로 하여금 성스러운 재물을 만족케 하려는 마음을 내고, 모든 중생들이 필경에 모두 십력十力 지혜의 열매를 얻게 하려는 마음을 내었느니라.

　이런 마음을 내고는 보살의 힘을 얻고 큰 신통 변화를 나타내며, 법계와 허공계에 두루하여 모든 중생의 앞에서 생활에 필요한 모든 물품을 비내리어 그들의 욕망대로 뜻에 만족하여 환희케 하며, 뉘우치지도 인색하지도 아니하며 끊이는 사이가 없었다. 이러한 방편으로 중생들을 두루 거두어 교화하고 성숙케 하여 생사의 고통에서 벗어나게 하면서도 갚음을 바라지 아니하며, 여러 중생의 마음 보배를 깨끗하게 다스려서 그들로 하여금 여러 부처님과 같은 선근을 일으키게 하며 온갖 지혜와 복덕 바다를 증장하게 하였다.

　보살이 이리하여 잠깐잠깐에 모든 중생을 성숙케 하며 잠깐잠깐에 모든 부처님 세계를 깨끗이 장엄하며, 잠깐잠깐에 모든 법계에 두루 들어가며, 잠깐잠깐에 허공계에 두루 가득하며, 잠깐잠깐에 모든 삼세에 두루 들어가며, 잠깐잠깐에 모든 중생의 지혜를 성취하고 조복하며, 잠깐잠깐에 온갖 법륜을 항상 굴리며, 잠깐잠깐에 온갖 지혜의 도로써 중생을 이익케 하며, 잠깐잠깐에 모든 세계의 갖가지로 차별한 중생의 앞에서 오는 세월이 끝나도록 모든 부처님의 등정각을 이루심을 나타내며, 잠깐잠깐에 널리 모든 세계의 모든 겁에서 보살의 행을 닦아 두 가지 생각을 내지 아니하나니, 이른바 모든 광대한 세계해의 모든 세계종 가운데 있는 가지가지로 경계가 된 세계와 가지가지로 장엄한 세계와 가지가지의 자체로 된 세계와 가지가지의 형상으로 된 세계와 가지가지 널려 있는 세계에 들어가는 것이라. 어떤 세계는 더러우면서 깨끗함을 겸하고 어떤 세계는 깨끗하면서 더러움을 겸하고, 어떤 세계는 한결같이 더럽기만 하고, 어떤 세계는 한결같이 깨끗하기만 하며, 작기도 하고 크기도 하고 굵기도 하고 가늘기도 하며 혹은 바르고 혹은 기울고 혹은 엎어지고 혹은 잦혀졌으니, 이러한 여러 가지 세계 중에서 잠깐잠깐에 보살들의 행을 행하고 보살의 지위에 들어가고 보살의 힘을 나투며 또한 삼세 모든 부처님의 몸을 나타내고 중생의 마음을 따라 모두 알고 보게 하느니라.

선남자여, 비로자나여래께서 지나간 옛날 이렇게 보살의 행을 닦을 적에 여러 중생들의 공덕을 닦지 않고서 지혜가 없어 나와 내 것에 집착하며, 무명에 가리워서 바르게 생각하지 않고 삿된 소견에 들어가며 원인과 결과를 알지 못하고 번뇌의 업을 따르다가 생사의 험악한 구렁에 빠져서 갖가지 한량없는 괴로움을 받는 것을 보고는, 크게 가엾이 여기는 마음을 내어 온갖 바라밀 행을 갖추어 닦으며 중생들을 위하여 견고하고 선근을 일컬어 찬탄하며 편안히 머물게 하여, 생사와 빈궁한 고통을 여의고 복덕과 도를 돕는 법을 닦게 하느니라.

갖가지 인과의 문을 말하며 업과 과보가 서로 위반하지 않음을 말하며 법에 증하여 들어갈 곳을 말하며 모든 중생의 욕망과 이해함을 말하며 여러 가지로 태어날 국토를 말하여 그들로 하여금 모든 부처의 종자를 끊지 않게 하며 모든 부처님의 가르침을 수호하게 하며 모든 나쁜 짓을 버리게 하며, 또 온갖 지혜에 나아가는 도를 돕는 법을 말하여서, 중생들로 하여금 환희한 마음을 내게 하며 법보시를 행하여 모든 것을 두루 거둬 주게 하여 온갖 지혜의 행을 일으키게 하며, 모든 보살의 바라밀의 도를 닦아 배우게 하며, 온갖 지혜의 이루는 여러 선근 바다를 증장케 하며, 모든 거룩한 재물을 만족케 하며, 부처님의 자유자재한 문에 들어가게 하며 한량없는 방편을 거두어 가지게 하며, 여래의 위엄과 공덕을 살펴보게 하며, 보살의 지혜에 편안히 머물게 하느니라."

선재동자가 말하였다.

"거룩하신 이께서 아뇩다라삼먁삼보리심을 내신 지는 얼마나 오래되었나이까?"

밤 맡은 신이 대답하였다.

"선남자여, 이것은 믿기 어렵고 알기 어렵고 이해하기 어렵고 들어가기 어렵고 말하기 어려우니, 모든 세간에서나 이승들도 알지 못하느니라.

오직 부처님들의 신통한 힘으로 두호하고 선지식의 거두어 준 이는 제외할 것이니, 훌륭한 공덕을 모아 욕망과 좋아함이 청정하여져서 용렬한 마음이 없고 물든 마음이 없고 왜곡한 마음이 없으며, 널리 비추는 지혜의 광명한 마음을 얻고, 중생들을 두루 이익하려는 마음과 모든 번뇌와 여러 마가 깨뜨릴 수 없는 마음을 내고, 온갖 지혜를 기어코 성취하려는 마음과 모든 생사의 낙을 좋아하지 않는 마음을 일으키며, 모든 부처님의 묘한 낙을 능히 구하고, 모든 중생의 괴로움을 능히 멸하고, 모든 부처님의 공덕 바다를 능히 닦고, 모든 법의 참된 성품을 능히 관찰하고, 모든 청정한 믿음과 이해를 능히 갖추고 모든 생사의 흐름을 능히 초월하여 모든 여래의 지혜 바다에 능히 들어가며, 능히 위없는 법의 성城에 결정코 이르며, 여래의 경계에 능히 용맹하게 들어가며, 모든 부처님의 지위에 빨리 나아가며, 온갖 지혜의 힘을 능히 성취하며, 능히 시방에서 이미 끝까지 이름을 얻은 사람이라야 이것을 능히 지니며 능히 들어가고 능히 통달하리라.

왜냐 하면 이것은 여래의 지혜 경계이므로 모든 보살들도 알지 못하거든 하물며 다른 중생이리요.

그러나 내가 이제 부처님의 위신력으로써 화순하여 교화할 만한 중생의 뜻을 빨리 청정케 하며, 선근을 닦는 중생의 마음이 자유자재하게 하기 위하여 그대의 물음을 따라 말하느니라."

이 때에 모든 나무의 꽃을 피우는 밤 맡은 신이 이 뜻을 거듭 밝히려고 삼세 여래의 경계를 관찰하고 게송을 말하였다.

불자여, 그대가 물은
깊고 깊은 부처님 경계는
헤아릴 수 없는 오랜 겁 동안
말하여도 다할 수 없나니

탐욕 · 성냄 · 어리석음과
교만과 의혹에 가리어진
이런 중생들이 알 수 있는
부처님의 묘한 법이 아니고

간탐 · 질투 · 아첨과 속이는
흐린 마음이나 번뇌와 업에
가리어진 이의 알 수 있는
부처님의 경계가 아니고

오온 · 십이처 · 십팔계에 집착하거나
몸이 있다거나 소견이 뒤바뀌고

생각이 뒤바뀐 이의 알 수 있는
부처님의 깨달으심이 아니며

부처님 경계 고요하고
성품이 깨끗하고 분별 여의어,
있다고 고집하는 이로는
이 법의 성품을 알 수가 없어.

부처님의 가문에 나서
부처님의 수호를 받으며
부처님의 법장을 가지는 이라야
지혜 눈으로 보는 경계라.

선지식을 가까이 모시고
희고 깨끗한 법 좋아하며
부처님의 힘을 구하는 이는
이 법문 듣고 기뻐하리니

마음이 깨끗하고 분별 없어
마치 허공과 같고
지혜의 등불로 어둠을 깨친다면
이것이 그들의 경계.

크게 자비한 마음
모든 세간을 두루 덮어

온갖 것에 평등하면
이것이 그들의 경계.

기쁜 마음 집착이 없어
온갖 것을 모두 버리고
중생에게 평등하게 보시하면
이것이 그들의 경계.

깨끗한 마음 나쁜 일 여의고
끝까지 뉘우침 없으며
부처님의 법을 따라 행하면
이것이 그들의 경계.

모든 법의 성품과
모든 업의 씨를 알고
마음이 흔들리지 않으면
이것이 그들의 경계.

용맹하게 꾸준히 노력하고
편안한 마음 물러가지 않아
온갖 지혜 부지런히 닦으면
이것이 그들의 경계.

마음은 고요히 삼매에 머물고
끝까지 청량하여 번뇌 없으며

온갖 지혜의 원인 닦았으면
이것이 깨달은 이의 해탈.

모든 진실한 모양 알고
그지없는 법계의 문 들어가
중생을 제도하여 남김 없으면
이것이 지혜 등 얻은 이의 해탈.

중생의 진실한 성품 통달해
모든 있다는 데 집착하지 않고
그림자처럼 마음 물에 비치면
이것이 바른 길 걷는 이의 해탈.

삼세 모든 부처님의
방편과 서원의 힘으로 나서
모든 세계와 겁에 부지런히 수행하면
이것이 보현의 해탈이니라.

모든 법계의 문에 두루 들어가
시방의 세계 바다 모두 보고
이뤄지고 무너지는 겁을 보아도
끝까지 분별하는 마음 없으며

법계의 모든 티끌 속마다
여래가 보리수 아래 앉아서

성도하고 중생 교화함을 본다면
이것이 걸림 없는 눈 가진 이의 해탈.

그대는 한량없는 겁 바다에서
선지식을 뫼셔 공양하였고
중생을 이익할 바른 법 구하니
듣거든 기억하고 잊지 말아라.

비로자나의 광대한 경계
한량없고 그지없어 부사의하지만
부처님 힘을 입어 말씀하여서
그대의 깊은 마음 더욱 청정케.

"선남자여, 지나간 옛적 세계해의 티끌 수 겁 전에 한 세계해가 있었으니 이름은 넓은 광명 진금 마니산이요, 그 세계해 가운데 부처님이 나시었으니 이름이 보조법계지혜산적정위덕왕普照法界智慧山寂靜威德王이시었다. 선남자여, 그 부처님이 예전 보살의 행을 닦을 적에 그 세계해를 깨끗이 하였는데, 그 세계해 가운데 세계의 티끌 수 세계종이 있고, 낱낱 세계종마다 세계의 티끌 수 세계가 있으며, 낱낱 세계마다 여래께서 나셨으며, 낱낱 여래께서 세계해 티끌 수 수다라를 말씀하시고, 낱낱 수다라에서 부처 세계의 티끌 수 보살들에게 수기를 주시며 갖가지 신통한 힘을 나타내고 갖가지 법문을 말하여 한량없는 중생을 제도하였느니라.
선남자여, 저 넓은 광명 진금 마니산 세계해 가운데 한 세계종이 있으니 이름은 두루 장엄한 당이요, 그 세계종 가운데 한 세계가 있으니 이름이 모든 보배빛 넓은 광명이었다. 모든 화신 부처님의 그림자를 나타내는 마니왕으로 자체가 되고, 형상은 하늘 성과 같으며, 모든 여래 도량의 영상을 나타내는 마니왕으로 밑바닥이 되어 모든 보배 꽃 바다 위에 있으니 깨끗하고 더러움이 섞였으며, 이 세계에 수미산의 티끌 수 사천하가 있고, 한 사천하가 그 복판에 있으니 이름이 온갖 보배산 당기요, 사천하마다 너비와 길이가 10만 유순이며, 낱낱 사천하에 각각마다 1만의 큰 성이 있고, 그 염부제에 한 서울이 있으니 이름이 견고하고 묘한 보배 장엄 구름 등불인데 1만의 큰 성들이 두루 둘러 있다. 그 염부제 사람의 수명이 1만 세 때에 왕이 있었으니 이름이 모든 법음성 원만한 일산이요, 5백 대신과 6만 궁녀와 7백 왕자가 있었는데, 왕자들이 모든 용모가 단정하고 용맹하여 큰 위덕이 있었으며, 그 왕의 위덕이 염부제에 널리 퍼져서 원수와 대적이 없었느니라.

그 세계에서 겁이 다하려 할 적에 오탁(五濁 : 다섯 가지 흐린 것)이 생기어 사람들의 수명은 짧아지고 재물은 모자라고 형상은 더럽고 고통이 많고 낙이 적으며, 열 가지 착한 일(十善)은 닦지 않고 나쁜 업만 지으며 서로 다투고 서로 헐뜯으며 다른 이의 권속을 떠나게 하고 남의 영화를 질투하며, 생각대로 소견을 내고 법답지 못하게 탐심을 내었다.

그런 인연으로 풍우가 고르지 못하고 곡식이 풍년 들지 않으며, 동산에 풀과 나무가 타죽고 백성들은 궁핍하여 질병이 많아서 사방으로 흩어다니며 의지할 데가 없어 모두 서울로 와서 여러 백천만억 겹을 둘러싸고, 사방에서 고래고래 소리를 지르며, 손을 들기도 하고 합장하기도 하며, 머리를 땅에 조아리기도 하고 손으로 가슴을 두들기기도 하며, 무릎을 꿇고 부르짖기도 하고 몸을 솟아 외치기도 하며, 머리를 풀어헤치고 옷은 남루하며, 살갗이 터지고 눈에는 빛이 없는 이들이 임금을 향하여 하소연하였다.

'대왕이여, 대왕이여, 저희들은 지금 빈궁하고 외롭고 굶주리고 헐벗고 병들고 쇠약하여 여러 가지 고통에 시달리고 있습니다. 목숨이 바람 앞의 등불 같사오나 의지할 데도 없고 구해 줄 이도 없사오며, 이런 하소연을 할 데도 없습니다. 그래서 저희들은 이제 대왕을 바라고 왔나이다. 저희들이 보기에는 대왕께서는 매우 인자하시고 매우 슬기로우매 저희들은 안락을 얻으리란 생각, 사랑을 받으리란 생각, 살려 주시리란 생각, 거두어 주시리란 생각, 보배광을 얻었다는 생각, 나루를 만났다는 생각, 바른 길을 찾았다는 생각, 떼를 만났다는 생각, 보물섬을 보았다는 생각, 금은보화를 얻으리란 생각, 천궁에 올랐다는 생각을 내나이다.'

그 때 대왕은 이 말을 듣고는, 백만 아승기 가엾이 여기는 문을 얻어 한결같은 마음으로 생각하며, 열 가지 가엾이 여기는 말을 하였다.

'무엇이 열인가.

애닯다. 중생이여, 바닥을 모를 생사의 구렁에 빠졌으니, 내가 어떻게 라도 빨리 건져내어 온갖 지혜의 땅에 머물게 하리라.

애닯다. 중생이여, 모든 번뇌의 핍박을 받으니 내가 어떻게 라도 구호하여 모든 착한 업에 머물게 하리라.

애닯다. 중생이여, 나고 늙고 병들고 죽는 데 떨고 있으니, 내가 어떻게 라도 의지할 데가 되어 몸과 마음이 편안함을 영원히 얻게 하리라.

애닯다. 중생이여, 항상 세상의 공포 속에서 시달리니, 내가 어떻게 라도 도와 주어 온갖 지혜의 길에 머물게 하리라.

애닯다. 중생이여, 지혜의 눈이 없어 내 몸이란 소견〔身見〕의 의혹에 덮이었으니 내가 어떻게 라도 방편을 지어 의혹의 소견과 눈에 가린 막을 결정해 주리라.

애닯다. 중생이여, 항상 어리석음에 미혹되었으니 내가 어떻게 라도 밝은 횃불이 되어 온갖 지혜의 성을 비추어 보게 하리라.

애닯다. 중생이여, 항상 아끼고 질투하고 아첨하는 데 흐리어졌으니, 내가 어떻게 라도 열어 보여서 청정한 법의 몸을 증득케 하리라.

애닯다. 중생이여, 생사의 바다에 오랫동안 빠졌으니 내가 어떻게 라도 널리 건져내어 보리의 저 언덕에 오르게 하리라.

애닯다. 중생이여, 여러 감관이 억세어 조복하기 어려우니, 내가 어떻게 라도 잘 어거하여 여러 부처님의 신통한 힘을 갖추게 하리라.

애닯다. 중생이여, 소경과 같아서 길을 보지 못하니, 내가 어떻게 라도 잘 인도하여 온갖 지혜의 문에 들어가게 하리라.'

이렇게 말하고는 북을 치고 영을 내리기를 '내가 지금 모든 중생에게 보시하여 필요한 것을 모두 만족케 하리라' 하고, 즉시 염부제에 있는 크고 작은 여러 성과 모든 마을에 선포하여 창고를 열고 갖가지 물품을 내어 네 길거리에 쌓아 놓았으니 금·은·유리·마니 따위의 보배와 의복과 음식과 꽃과 향과 영락과 궁전과 집과 평상과 방석들이 있으며, 큰 광명 마니보배 당기를 세웠으니 그 빛이 몸에 비치면 모두 편안하리라.

또 여러 가지 병에 필요한 약과 끓는 물을 보시하고 여러 가지 보배 그릇에 여러 가지 보배를 담았으니, 금강 그릇에는 갖가지 향을 담고 보배 향 그릇에는 갖가지 옷을 담았으며, 연과 가마와 수레와 당기 번기와 비단 일산 따위의 여러 가지 살림살이에 필요한 것들을 고방문을 열어놓고 보시하여 주며, 또 여러 마을과 성시와 동산과 숲과 처자와 권속과 왕의 지위와 머리·눈·귀·코·입술·혀·치아·손·발·가죽·살·염통·콩팥·간·허파 따위의 몸 속과 밖에 있는 것들을 베풀어 주었다.

그 견고하고 묘한 보배로 장엄한 구름 등불 서울의 동쪽에 문이 있으니 이름은 마니산 광명문이고, 그 문 밖에 보시하는 모둠이 있으니, 땅이 넓고 청정하고 평탄하여 구렁이나 가시덤불이나 자갈 따위가 없고, 모두 아름다운 보배로 되었으며, 여러 보배 꽃을 흩고 묘한 향을 풍겼으며 여러 가지 보배등을 켰으니, 모든 향기 구름이 허공에 가득하고, 한량없는 보배 나무가 차례차례 줄을 지었으며, 한량없는 꽃 그물·한량없는 향 그물이 위에 덮이고 한량없는 백천억 나유타 악기에서는 아름다운 음악이 항상 나는데, 이런 것들을 모두 묘한 보배로 장엄하였으니 모두 보살의 깨끗한 업으로 생긴 과보니라.

그 모둠 가운데 사자좌를 놓았으니, 열 가지 보배가 바닥이 되고, 열 가지 보배로 난간이 되었으며, 열 가지 보배 나무가 사방으로 둘러섰고, 금강보배 바퀴가 그 밑을 받치었는데, 모든 보배로 용과 신의 형상을 만들어 함께 받들게 하였고 갖가지 보물로 장엄하였으며, 당기·번기가 사이사이로 벌였고 여러 가지 그물이 위에 덮이고 한량없는 보배 향에서는 향기 구름이 나오고 여러 가지 보배 옷이 곳곳에 깔려 있고, 백천 가지 풍류를 항상 잡히며, 또 그 위에 보배 일산을 받았는데, 한량없는 보배 불꽃 광명을 놓아서 염부금처럼 찬란하고 깨끗하며 보배 그물을 덮고 영락을 드리우고, 마니보배로 된 띠가 두루 벌렸고, 갖가지 풍경에서는 항상 묘한 소리를 내어 중생들에게 착한 업을 닦으라고 권하였다.

그 때 대왕이 사자좌에 앉았는데, 얼굴이 단정하고, 거룩한 모습을 구족하며, 빛이 찬란한 보배로 관을 만들어 썼으니, 나라연那羅延 같은 몸을 해칠 수 없고 여러 지절이 모두 원만하고 성품이 너그럽고 어질어서 왕족에 태어났으며, 재물과 법에 자유자재하고 변재가 걸림이 없고 지혜가 통달하며 어진 정사로 나라를 다스리매 명령을 어기는 이가 없었다.

 그 때 염부제에 한량없고 수없는 백천만억 나유타 중생들이 있는데, 갖가지 국토에서 갖가지 종족과 갖가지 형상과 갖가지 의복과 갖가지 말과 갖가지 욕망을 가진 이들이 이 모둠에 모여와서 대왕을 우러러보면서 이렇게 말하였다.

 '이 대왕은 큰 지혜가 있는 이며, 복이 수미산 같은 이며, 공덕이 달 같은 이로서 보살의 서원에 머물러서 광대한 보시를 하시나이다.'

 이 때 대왕은 저들이 와서 구걸함을 보고, 가엾이 여기는 마음을 내고 환희한 마음을 내고 존중하는 마음을 내고 선지식이란 마음을 내고 광대한 마음을 내고 서로 계속하는 마음을 내고 정진하는 마음을 내고 물러가지 않는 마음을 내고 모든 것을 주려는 마음을 내고 두루한 마음을 내었느니라.

 선남자여, 그 때 대왕이 구걸하는 이들을 보고 크게 환희한 마음을 내는 것이 잠깐 동안이지만, 가령 도리천왕·야마천왕·도솔타천왕이 백천억 나유타 겁 동안에 받을 쾌락과 자재천왕이 한량없는 겁 동안에 받을 쾌락과 대범천왕이 그지없는 겁 동안에 받을 범천의 쾌락과 광음천왕이 헤아릴 수 없는 겁 동안에 받을 천상의 낙과 변정偏淨천왕이 다함 없는 겁 동안에 받을 천왕의 낙과 정거淨居천왕이 말할 수 없는 겁 동안에 고요한 데 머무를 낙으로도 미칠 수 없느니라.

 '한 남자여, 마치 어떤 사람이 어질고 인자하고 효도하고 공순한 이로서 난리를 만나 부모·처자·형제·자매와 멀리 헤어졌다가, 뜻밖에 거친 벌판에서 서로 만나 반겨 붙들고 어루만지며 어쩔 줄을 모르듯이, 저 대왕이 와서 구걸하는 이들을 보고 기뻐함도 그와 같았느니라.

 선남자여, 그 대왕이 그 때에 선지식을 만나서 부처님의 보리를 이해하고 욕망함이 더욱 증장하며 근기가 성취하고 믿음이 청정하며 환희함이 만족하였으니, 무슨 까닭인가? 이 보살이 여러 가지 행을 부지런히 닦아 온갖 지혜를 구하며, 모든 중생을 이익하기를 원하고 보리의 한량없는 낙을 얻기를 원하며, 모든 착하지 못한 마음을 버리고 모든 선근을 모으기를 좋아하며, 모든 중생을 구호하기를 원하고 살바야의 도를 관찰하기를 좋아하며, 온갖 지혜의 법을 수행하기를 즐기고 모든 중생의 소원을 만족케 하며, 모든 부처님의 공덕 바다에 들어가서 모든 마의 번뇌와 업을 깨뜨리며, 모든 여래의 가르침을 따라서 온갖 지혜의 걸림 없는 도를 행하였느니라.

온갖 지혜의 흐름에 깊이 들어갔으며 모든 법의 흐름이 항상 앞에 나타나며 큰 서원이 다함이 없어 대장부가 되었으며 거룩한 이의 법에 머물러 여러 가지의 착한 일을 쌓아 모으며 모든 집착을 여의어 모든 세간의 경계에 물들지 않으며, 모든 법의 성품이 허공과 같음을 알고 와서 구걸하는 이에게 외아들인 생각과 부모라는 생각과 복밭이란 생각과 만나기 어려운 생각과 이익하고 신세롭다는 생각과 견고한 생각과 스승이란 생각과 부처님이란 생각을 내었느니라.

그래서 처소도 가리지 않고 종류도 택하지 않고 형상도 가리지 않고, 오는 이마다 그의 욕망대로 인자한 마음으로 모든 것을 평등하게 보시하여 만족케 하였으니, 음식으로 모든 것을 평등하게 보시하여 만족케 하였으니, 음식을 구하는 이는 음식을 주고 옷을 구하는 이는 옷을 주고 향과 꽃을 구하는 이는 향과 꽃을 주고 화만과 일산을 구하는 이는 화만과 일산을 주며, 당기·번기·영락·궁전·동산·정원·코끼리·말·수레·평상·보료·금·은·마니·보물과 고방에 쌓아둔 것과, 권속·도시·마을들을 모두 이렇게 중생들에게 보시하였느니라.

그 때 이 모둠 가운데 한 장자의 딸이 있었으니, 이름은 보배 광명〔寶光明〕이었으며 60명의 처녀들과 함께 있었다.

단정하고 아름다워 사람들이 기뻐하니, 살갗은 금빛이고 눈과 머리카락은 검푸르고, 몸에서는 향기가 나고 입으로는 범천의 음성을 말하며, 훌륭한 보배 옷으로 단장하였고, 항상 수줍은 모습을 품고 바른 생각이 산란하지 않으며, 위의를 갖추고 어른을 공경하며, 깊고 묘한 행을 따르기를 생각하여 한번 들은 법은 늘 기억하고 잊지 않으며, 전생에 심은 선근이 마음을 윤택하게 하매 청정하고 광대하기가 허공과 같아서 중생들을 평등하게 있게 하며 부처님들을 항상 보고 온갖 지혜를 구하였느니라.

그 때 보배 광명 아씨가 대왕으로부터 멀지 않은 데서 합장 예배하고 생각하기를, '나는 좋은 이익을 얻었네. 나는 좋은 이익을 얻었네. 나는 지금 큰 선지식을 뵈었네' 하면서, 대왕에게 대하여 큰 스승이란 생각과 선지식이란 생각과 자비를 구족한 생각과 능히 거두어 주리라는 생각을 내고, 마음이 정직하여 환희심을 내고, 몸에 걸었던 영락을 벗어 왕에게 받들고 이렇게 원하였다.

'지금 이 대왕께서 한량없고 그지없는 무명 중생의 의지할 데가 되었사오니 저도 오는 세상에서 그와 같이 되어지이다. 이 대왕의 아시는 법과 타시는 수레와 닦으시는 도와 갖추신 모습과 가지신 재산과 거두어 주시는 대중이 그지없고 다함이 없으며 이길 수 없고 파괴할 수 없사오니, 저도 오는 세상에 그와 같이 되며, 그의 나시는 곳에 나도 따라가서 나게 하여지이다.'

이 때 대왕은 이 아씨가 이런 마음을 내는 줄을 알고 말하였다

'아가씨여, 네가 욕구하는 대로 모두 너에게 주리라. 내게 있는 온갖 것을 다 버려서 모든 중생들이 모두 만족하게 하리라.'

이 때 보배 광명 아가씨는 믿는 마음이 청정하여지고 매우 환희하여 게송으로 대왕을 찬탄하였다.

지난 옛날 이 성중에
대왕이 나시기 전엔
즐거운 것 하나도 없어
마치 아귀들 사는 데 같았네.

중생들이 서로 살해하고
훔치고 간음하며
이간하고 거짓말하고
무리하고 욕설만 하며

남의 재물을 욕심내고
성 잘내고 표독한 마음 품어
나쁜 소견, 나쁜 행동
죽으면 나쁜 길에 떨어지며

이러한 중생들이 우악하고
어리석고
뒤바뀐 소견에 빠졌으매
매우 가물어 비가 안 오고

비가 오지 아니하여
곡식은 싹이 나지 못하고
풀과 나무는 타 죽고
샘과 시냇물 모두 마르고

대왕이 아직 나시기 전에
물은 모두 말라버리고
동산에 해골이 많아
마치 거친 벌판 같았네.

대왕께서 임금이 되시어
여러 백성을 건지시니
반가운 구름 팔방에 퍼져
단비가 흡족하게 내리며

대왕이 이 나라에 군림하여
여러 가지 나쁜 짓 끊어 주시매
감옥에는 죄인이 없고
외로운 이들 편안해.

예전에는 여러 중생들
서로서로 남을 해치며
피를 빨고 살을 씹더니
지금은 모두 인자하여지고

예전에는 여러 중생들
가난하고 헐벗어서
풀잎으로 앞을 가리고
굶주려서 아귀 같더니

대왕이 세상에 나시매
살이 저절로 나고
나무에서 의복이 나와
남자와 여자들 새 옷을 입고

옛날에는 하찮은 이끗을 다투어
법도 없이 서로 뺏더니
지금은 모든 것이 풍족하여
마치 제석천의 동산에 온 듯.

옛날에는 사람들 나쁜 짓을 하며
턱없이 음탐을 내어
유부녀나 아가씨들을
갖가지로 침해하더니

지금에는 얌전하고
옷 잘입은 부인을 보고도
마음에 물들지 않아
마치 지족천知足天에나 온 듯.

옛날에는 여러 중생들
거짓말 하고 진실치 못하여
법도 모르고 이익도 없이
아첨하고 알랑대더니

지금에는 여러 사람들
나쁜 말은 하나도 없고
마음이 유순하며
하는 말이 모두 화순해.

옛날에는 여러 중생들
여러 가지로 삿된 짓 하여
개·돼지·소를 보고도
합장하고 절을 하더니

지금은 임금의 바른 법 들어
옳게 알고 사견이 없어져
즐겁고 괴로움이 모두가
인연으로 생기는 줄 알았네.

대왕이 묘한 연설 하시매
듣는 이 모두 기뻐하나니
제석과 범천의 음성으로도
이 소리 미칠 수 없고

대왕의 보배로 된 일산
공중에 높이 솟았는데
유리로 대가 되고
마니 그물을 덮었으며

황금 풍경에서는
여래의 화평한 음성이 나서
미묘한 법을 말하여
중생의 번뇌를 멸하며

또 시방 여러 세계의
모든 겁 동안에 나신
여래와 그 권속들의
법을 널리 연설하고

또 차례차례로
과거의 시방세계와
그 국토에 계시던
모든 여래를 말하며

또 미묘한 음성이
염부계閻浮界에 퍼져서
인간과 천상의
여러 가지 법을 말하니

중생들이 듣고는
스스로 업의 모임을 알고
악을 버리고 부지런히 닦아
부처님의 보리로 회향하였소.

대왕의 아버지는 정광명이고
어머니는 연꽃빛.
다섯 가지 흐림이 나타날 적에
임금으로서 천하를 다스리니

그 때 엄청난 동산이 있고
동산에는 5백의 못이 있어
각각 1천의 나무가 둘러서고
못마다 연꽃이 덮이고

그 못 언덕 위에
집을 지으니 기둥이 천 개
난간이며 모든 장엄이
모두 구비하였다.

말세가 되고 나쁜 법 생겨
여러 해 비가 안 오니
못에는 물이 마르고
초목은 말라 죽더니

대왕이 나시기 7일 전에
이상한 상서가 나타나
보는 이마다 생각하기를
세상을 구할 이가 나시려나.

그 날 밤중에
여섯 가지로 땅이 진동하며
어느 보배 꽃 덮인 못에는
햇빛처럼 빛나며

5백 개의 못 안에는
팔공덕수가 가득하고
마른 나무에는 가지가 나고
꽃과 잎이 무성하며

못에 가득한 물은
여러 곳으로 넘쳐 흘러서
널리 염부제에까지
흡족하게 적시었으니

약풀이나 여러 나무나
온갖 곡식이며 채소들
가지와 잎과 꽃과 열매가
모두 다 번성하였고

구렁과 도랑과 언덕
높은 곳 낮은 땅
이런 모든 땅바닥
한결같이 평탄하여지고

가시덤불과 자갈밭
온갖 더러운 것들
모두 잠깐 동안에
보배 옥으로 변하니

중생들 이것을 보고
기뻐 찬탄하면서
좋은 이익을 얻은 것이
목마를 때 마신 것 같다고 하네.

그 때 정광명왕은
한량없는 권속들과 함께
법의 수레를 갖추고
숲 동안에 놀러 가시니

5백 연못 가운데
경희慶喜라는 못이 있고
못 위에 법당이 있으니
부왕께서 거기 앉으시다.

선왕이 부인께 말하기를
지금부터 이레 전에
밤중에 땅이 진동하면서
여기서 광명이 나타나고

저 연못 속에는
천엽千葉 연화가 피었는데
찬란하기 1천 햇빛과 같아
수미산 꼭대기까지 사무쳤소.

금강으로 줄기가 되고
염부금은 꽃판이 되고
여러 가지 보배는 꽃과 잎이며
묘한 향은 꽃술이 되었는데,

그 연꽃에서 왕이 탄생하여
단정하게 가부하고 앉으니
거룩한 모습으로 장엄하며
하늘과 신명들 공경하였네.

선왕은 너무 기뻐서
못에 들어가 얼싸안고
나와서 부인께 주면서
당신의 아들이니 경사 났소.

묻힌 보배 솟아나오고
보배 나무에는 옷이 열리며
하늘 풍류의 아름다운 소리
공중에 가득히 차네.

모든 중생들
기쁜 마음으로 합장하고
희유한 일이라 외치며
훌륭하다, 세상을 구원할 이여.

왕의 몸으로 광명을 놓아
온갖 것을 두루 비추니
모든 사천하의
암흑은 스러지고 병이 소멸해

야차와 비사사毘舍闍
독한 벌레와 나쁜 짐승
사람을 해치는 것들
모두 숨어 버리고

나쁜 이름 좋은 이익을 잃고
횡액과 병에 붙들리는 것 등
이런 괴로움 소멸되니
모든 사람들 기뻐 뛰네.

여러 가지 중생들
부모와 같이 서로 보고
나쁜 짓 버리고 인자한 마음으로
온갖 지혜만을 구하며

나쁜 길은 닫아 버리고
인간과 천상의 길을 열며
살바야(薩婆若) 드날려
중생들을 제도하나니

우리들 대왕 뵈옵고
모두 좋은 이익 얻으며
갈 데 없고 지도할 이 없는 이들
모두 다 안락 얻었네.

이 때 보배 광명 아가씨〔童女〕는 게송으로 모든 법 음성 원만한 일산 왕을 찬탄하고, 한량없이 돌고 합장하고 엎드려 절하고는 허리를 굽혀 공경하며 한 곁에 물러가 앉았다.

그 때 대왕은 아가씨에게 말하였다.

'착하다. 아가씨여, 네가 다른 이의 공덕을 능히 믿으니 희유한 일이로다. 아가씨여, 모든 중생들은 다른 이의 공덕을 믿지도 알지도 못하느니라.

아가씨여, 모든 중생들은 은혜 갚을 줄을 알지 못하며 지혜가 없고 마음이 흐리며 성품이 밝지 못하여 뜻과 기운이 없고 수행하는 일까지 물러가나니, 이런 사람들은 보살과 여래의 공덕과 신통한 지혜를 믿지도 않고 알지도 못하느니라.

아가씨여, 너는 이제 결정코 보리에 나아가려 하므로 보살의 이러한 공덕을 능히 아는 것이로다. 너는 지금 이 염부제에 나서 용맹한 마음을 내어 중생을 널리 거두어 주는 공이 헛되지 아니할 것이며, 또 이런 공덕을 성취하리라.'

왕은 이렇게 아가씨를 칭찬하고는 훌륭한 보배 옷을 가져 보배 광명 아가씨와 그 권속들에게 주며, 이 옷을 입으라고 낱낱이 말하였다.

그 때 아가씨들은 무릎을 땅에 꿇고 두 손으로 옷을 받들어 머리 위에 올려 놓았다가 입었다. 옷을 입고는 오른쪽으로 왕을 돌았는데, 보배 옷에는 모든 별 같은 광명이 두루 나오는 것을 여러 사람들이 보고 이렇게 말하였다.

'이 아가씨들이 모두 단정하여 깨끗한 밤하늘에 별처럼 장엄하였도다.'

선남자여, 그 때에 모든 법 음성 원만한 왕은 다른 사람이 아니라, 지금의 비로자나 여래·응공·정등각이니라.

또 정광명왕은 지금의 정반왕이시고, 연꽃 광명 부인은 마야부인이며, 보배 광명 아가씨는 곧 내 몸이니라. 그 왕이 그 때에 사섭법四攝法으로 거두어 준 중생들은 지금 이 회상에 있는 여러 보살들이니, 모두 아뇩다라삼먁삼보리에서 물러나지 않고, 초지初地에도 있고, 내지 십지에도 있으면서, 여러 가지 큰 서원을 갖추고 여러 가지 도를 돕는 법을 모으고, 여러 가지 묘한 행을 닦아서 여러 가지 장엄을 갖추고 여러 가지 신통을 얻고 여러 가지 해탈에 머물러 있으면서, 이 모인 가운데서 여러 가지 묘한 법의 궁전에 거처하느니라.

그 때 모든 나무의 꽃을 피우는 밤 맡은 신이 선재동자에게 이 해탈의 뜻을 거듭 펴려고 게송을 말하였다.

  나에게는 넓고 큰 눈이 있어
  시방의 모든 세계해에서
  오취五趣에 바퀴 돌듯하는 이를
  모두 다 보며

그리고 저 여러 부처님께서
보리수 아래 앉으시니
신통이 시방에 가득하며
법을 말하여 중생 제도함을 보노라.

나에게는 청정한 귀가 있어
온갖 소리를 다 듣고
부처님이 법을 말씀하시면
환희하게 믿는 것도 듣노라.

나에게는 남의 속 아는 지혜가 있어
둘도 없고 걸림도 없으며
한 생각에 여러 마음들을
능히 아노라.

나에게는 전생 일 아는 지혜가 있어
여러 겁 동안에 있었던
내 일과 남의 일을
분명하게 모두 아노라.

나는 또 잠깐 동안에
세계해의 티끌 같은 겁 동안
부처님과 보살과
오취五趣의 중생들을 알며

또 여러 부처님께서
처음에 보리심을 내시고
내지 여러 가지 행을 닦아서
낱낱이 원만하심을 알고

또 저 부처님들께서
보리를 성취하시고
가지가지 방편으로 중생을 위하여
법륜을 굴리심을 알며,

또 저 부처님께서
가지신 여러 승乘들과
바른 법이 머무는 동안과
얼마나 중생을 건지심을 아노라.

나는 한량없는 겁 동안
닦아 익힌 이 법문을
이제 너에게 말하노니
불자여, 마땅히 배우라.

"선남자여, 나는 다만 이 보살의 광대한 기쁜 광명을 내는 해탈문을 알거니와, 저 보살마하살들의 모든 부처님을 가까이 모시고 공양하며 온갖 지혜의 큰 서원 바다에 들어가서 모든 부처님의 서원 바다를 만족하며, 용맹한 지혜를 얻어 한 보살의 지위에서 모든 보살 지위의 바다에 들어가며, 청정한 서원을 얻어 한 보살의 행에서 모든 보살의 수행 바다에 들어가며 자유자재한 힘을 얻어 한 보살의 해탈문에서 모든 보살의 해탈문 바다에 들어가는 일이야 내가 어떻게 알며 그 공덕의 행을 말하겠는가.

 선남자여, 이 도량 안에 한 밤 맡은 신이 있으니, 이름은 큰 서원 정진하는 힘으로 모든 중생 구호하는 이〔大願精進力救護一切衆生〕니라. 그대는 그에게 가서 보살이 어떻게 중생을 교화하여 아뇩다라삼먁삼보리에 나아가게 하며, 어떻게 모든 부처님 세계를 깨끗이 장엄하며, 어떻게 모든 여래를 받들어 섬기며, 어떻게 모든 부처님의 법을 닦느냐고 물으라."

 그 때 선재동자는 그의 발에 엎드려 절하고 수없이 돌고 은근하게 앙모하면서 하직하고 물러갔다.

대방광불화엄경 제73권

제73권

39. 입법계품 ⑭

2) 가지 법회 ⑬

(39) 큰 서원 정진하는 힘으로 모든 중생 구호하는 밤 맡은 신을 찾다

그 때 선재동자는 큰 서원 정진하는 힘으로 모든 중생 구호하는 밤 맡은 신〔一切衆生夜神〕에게 나아갔다.

그 밤 맡은 신이 대중들 가운데서 모든 궁전 나타내는 마니왕장 사자좌에 앉았는데, 법계의 국토를 두루 나투는 마니보 그물이 그 위에 덮였다.

해와 달과 별의 그림자인 몸을 나투고 중생들의 마음을 따라 모두 볼 수 있는 몸을 나투고, 모든 중생의 형상과 평등한 몸을 나투고, 그지없이 광대한 빛깔 바다의 몸을 나투고, 온갖 위의를 나타내는 몸을 나투고, 시방에 두루 나타내는 몸을 나투고, 모든 중생을 두루 조복하는 몸을 나투고, 빠른 신통을 널리 부리는 몸을 나투고, 중생들을 이익하여

끊이지 않는 몸을 나투고, 항상 허공에 다니면서 이익하게 하는 몸을 나투며, 여러 부처님 계신 데서 예배하는 몸을 나투고, 모든 선근을 닦는 몸을 나투고, 부처님 법을 받아 지니고 잊지 않는 몸을 나투고, 보살의 큰 서원을 이룩하는 몸을 나투고, 광명이 시방에 가득한 몸을 나투고, 법의 등불로 세상의 어둠을 두루 없애는 몸을 나투며, 법이 눈어리[幻]와 같음을 아는 깨끗한 지혜의 몸을 나투고, 티끌의 어둠을 멀리 여의는 법의 성품 몸을 나투고, 넓은 지혜로 법을 비추어 분명히 아는 몸을 나투고, 끝까지 병환이 없고 열이 없는 몸을 나투고, 깨뜨릴 수 없이 견고한 몸을 나투고, 머무는 데 없는 부처님 힘의 몸을 나투고, 분별 없이 때를 여의는 몸을 나투고, 본래 청정한 법의 성품 몸을 나투었다.

이 때 선재동자는 이렇게 세계의 티끌 수와 같이 차별한 몸을 보고, 한결같은 마음으로 엎드려 절하고 몸을 땅에 던졌다가 얼마 만에 일어나서 합장하고 우러러보면서 선지식에게 열 가지 마음을 내었다.

무엇을 열 가지라 하는가. 이른바 선지식에게 내 몸과 같은 마음을 내니 나로 하여금 부지런히 노력하여 온갖 지혜의 도를 돕는 법을 마련케 하는 연고며, 선지식에게 자기의 업과 과보를 깨끗이 하는 마음을 내니 가까이 모시고 공양하여 선근을 내는 연고며, 선지식에게 보살의 행을 장엄하는 마음을 내니 나로 하여금 모든 보살의 행을 빨리 장엄케 하는 연고니라.

선지식에게 모든 부처님 법을 성취하는 마음을 내니 나를 인도하여 도를 닦게 하는 연고며, 선지식에게 능히 내게 한다는 마음을 내니 나에게 위없는 법을 내게 하는 연고며, 선지식에게 벗어난다는 마음을 내니 나로 하여금 보현보살의 행과 원을 수행하여 벗어나게 하는 연고며, 선지식에게 모든 복덕 바다를 갖추었다는 마음을 내니 나로 하여금 모든 착한 법을 모으게 하는 연고니라.

 선지식에게 더욱 자라게 한다는 마음을 내니 나의 온갖 지혜를 더욱 자라게 하는 연고며, 선지식에게 모든 선근善根을 갖추었다는 마음을 내니 나의 소원을 원만하게 하는 연고며, 선지식에게 큰 이익을 마련한다는 마음을 내니 나로 하여금 모든 보살의 법에 자유로 편안히 머물게 하는 연고며, 온갖 지혜의 길을 이루게 하는 연고며, 모든 부처님 법을 얻게 하는 연고니, 이것이 열이니라.

 이런 마음을 내고는 저 밤 맡은 신이 여러 보살 세계의 티끌 수 같은 많은 행과 같음을 얻었느니라. 이른바 생각함이 같으니 마음으로 항상 시방의 모든 삼세 부처님을 생각하는 연고며, 슬기가 같으니 모든 법 바다의 차별한 문을 분별하여 결정하는 연고며, 나아감이 같으니 모든 부처님 여래의 묘한 법륜을 굴리는 연고며, 깨달음이 같으니 허공과 같은 지혜로 모든 세 가지 세간에 널리 들어가는 연고며, 근기가 같으니 보살의 청정한 광명의 지혜 뿌리를 성취하는 연고며, 마음이 같으니 걸림 없는 공덕을 잘 닦아서 모든 보살의 도를 장엄하는 연고며, 경계가 같으니 부처님들의 행하시는 경계를 널리 비추는 연고니라.

 증득함이 같으니, 온갖 지혜로 실상의 바다를 비추는 깨끗한 광명을 얻는 연고며, 이치가 같으니 지혜로써 모든 법의 진실한 성품을 아는 연고며, 용맹이 같으니 모든 장애의 산을 깨뜨리는 연고며, 육신이 같으니 중생의 마음을 따라 몸을 나타내는 연고며, 힘이 같으니 온갖 지혜를 구하여 물러나지 않는 연고며, 두려움이 같으니 마음이 청정하기 허공과 같은 연고며, 정진이 같으니 한량없는 겁에 보살의 행을 행하여 게으르지 않는 연고니라.

 변재가 같으니 법에 걸림 없는 지혜의 광명을 얻는 연고며, 평등할 이 없음이 같으니 몸매가 청정하여 세간에 뛰어난 연고며, 사랑스러운 말이 같으니 모든 중생들이 다 기뻐하는 연고며, 묘한 음성이 같으니 모든 법문 바다를 두루 연설하는 연고며, 원만한 음성이 같으니 모든 중생들이 제 나름으로 아는 연고며, 깨끗한 덕이 같으니 여래의 깨끗한 공덕을 닦아 익히는 연고며, 지혜의 지위가 같으니 모든 부처님 계신 데서 법륜을 받는 연고니라.

청정한 행이 같으니 모든 부처님의 경계에 편안히 머무는 연고며, 크게 인자함[大慈]이 같으니 생각마다 모든 국토의 중생 바다를 널리 덮는 연고며, 크게 가엾이 여김[大悲]이 같으니 법 비를 널리 내려서 모든 중생을 윤택케 하는 연고며, 몸으로 짓는 업이 같으니 방편의 행으로 모든 중생들을 교화하는 연고며, 말로 짓는 업이 같으니 종류를 따르는 음성으로 모든 법문을 연설하는 연고며, 뜻으로 짓는 업이 같으니 중생들을 두루 포섭하여 온갖 지혜의 경계 속에 두는 연고며, 장엄함이 같으니 모든 부처님의 세계를 깨끗이 장엄하는 연고니라.

친근함이 같으니 부처님이 세상에 나시면 모두 가까이 모시는 연고며, 권하여 청함이 같으니 모든 부처님께 청하여 법륜을 굴리게 하는 연고며, 공양함이 같으니 항상 모든 부처님께 공양하기를 좋아하는 연고며, 교화함이 같으니 모든 중생들을 조복하는 연고며, 광명이 같으니 모든 법문을 밝게 비추는 연고며, 삼매가 같으니 모든 중생의 마음을 널리 아는 연고며, 두루 가득함이 같으니 자재한 힘으로 모든 부처님의 세계 바다에 충만하여 행을 닦는 연고니라.

머무는 곳이 같으니 모든 보살의 큰 신통에 머무는 연고며, 권속이 같으니 모든 보살들과 함께 있는 연고며, 들어가는 곳이 같으니 세계의 미세한 곳에 두루 들어가는 연고며, 마음으로 생각함이 같으니 모든 부처님의 세계를 널리 아는 연고며, 나아감이 같으니 모든 부처님 세계 바다에 두루 들어가는 연고며, 방편이 같으니 모든 부처님의 세계를 다 나타내는 연고며, 훌륭하게 뛰어남이 같으니 여러 부처님 세계에서 견줄 데가 없는 연고니라.

물러가지 않음이 같으니 시방에 두루 들어가되 걸림이 없는 연고며, 어둠을 깨뜨림이 같으니 모든 부처님의 보리의 지혜를 이루시는 큰 광명을 얻는 연고며, 죽살이 없는 지혜〔無生忍〕가 같으니 모든 부처님의 대중이 모인 바다에 들어가는 연고며, 두루함이 같으니 모든 부처님의 세계 그물에서 말할 수 없는 세계의 여러 여래에게 공경하고 공양하는 연고며, 지혜로 증득함이 같으니 저들의 법문 바다를 분명히 아는 연고며, 수행함이 같으니 모든 부처님의 법문을 따라 행하는 연고며, 바라고 구함이 같으니 청정한 법을 매우 좋아하는 연고니라.

청정함이 같으니 부처님의 공덕을 모아 몸과 입과 뜻을 장엄하는 연고며, 묘한 뜻이 같으니 온갖 법을 지혜로 분명히 아는 연고며, 정진이 같으니, 모든 선근에 두루 들어가는 연고며, 깨끗한 행이 같으니 모든 보살의 행을 만족하게 이루는 연고며, 걸림 없음이 같으니 모든 법이 모양이 없음을 아는 연고며, 교묘함이 같으니 모든 법에 지혜가 자재한 연고며, 따라 좋아함이 같으니 중생의 마음을 따라 경계를 나타내는 연고니라.

방편이 같으니 모든 익힐 것을 잘 익히는 연고며, 보호하여 염려함이 같으니 모든 부처님의 보호하여 염려하실 것을 얻는 연고며, 지위에 들어감이 같으니 모든 보살의 지위에 들어가게 되는 연고며, 머무를 바가 같으니 모든 보살의 자리에 편안히 머무는 연고며, 수기授記함이 같으니 모든 부처님이 수기를 주시는 연고며, 삼매가 같으니 한 찰나 동안에 모든 삼매문에 두루 들어가는 연고며, 세우는 것이 같으니 가지가지 부처님 일을 나타내는 연고니라.

바르게 생각함이 같으니 모든 경계의 문을 바르게 생각하는 연고며,

수행함이 같으니 오는 세월이 끝나도록 모든 보살의 행을 수행하는 연고며, 깨끗한 믿음이 같으니 모든 여래의 한량없는 지혜를 매우 좋아하는 연고며, 버리는 것이 같으니 모든 장애를 멸하여 없애는 연고며, 물러가지 않는 지혜가 같으니 모든 여래의 지혜와 평등한 연고며, 태어남이 같으니 세상을 응하여 나타나서 모든 중생을 성숙하게 하는 연고며, 머무는 바가 같으니 온갖 지혜의 방편문에 머무는 연고니라.

경계가 같으니 법계의 경계에 자재함을 얻는 연고며, 의지할 데 없음이 같으니 모든 의지하려는 마음을 영원히 끊은 연고며, 법을 말함이 같으니 모든 법의 평등한 지혜에 들어간 연고며, 부지런히 닦음이 같으니 항상 부처님들의 보호하여 염려하심을 입는 연고며, 신통이 같으니 중생을 깨우쳐서 모든 보살의 행을 닦게 하는 연고며, 신통한 힘이 같으니 시방의 세계 바다에 능히 들어가는 연고며, 다라니가 같으니 모든 다라니 바다를 두루 비추는 연고니라.

비밀한 법이 같으니 모든 수다라의 묘한 법문을 아는 연고며, 매우 깊은 법이 같으니 모든 법이 허공과 같음을 이해하는 연고며, 광명이 같으니 모든 세계를 두루 비추는 연고며, 기뻐서 좋아함이 같으니 중생의 마음을 따라 열어 보이어 기쁘게 하는 연고며, 진동함이 같으니 중생에게 신통한 힘을 나타내어 시방의 모든 세계를 모두 진동하는 연고며, 헛되지 않음이 같으니 보고 듣고 기억함이 모두 그들의 마음을 조복하게 하는 연고며, 벗어남이 같으니 모든 큰 서원 바다를 만족하여 여래의 십력의 지혜를 성취하는 연고니라.

이 때 선재동자는 큰 서원 정진하는 힘으로 모든 중생을 구호하는 밤 맡은 신을 살펴보고 열 가지 청정한 마음을 일으키며, 이렇게 세계의 티끌 수 같은 많은 보살과 같은 행을 얻었다. 이런 것을 얻고는 마음이 더욱 청정하여 오른 어깨를 드러내며 그의 발에 절하고 일심으로 합장하고 게송을 말하였다.

나는 굳건한 뜻을 내어
위없는 깨달음을 구하려고
지금 선지식에게
나와 같은 마음을 내었네.

선지식을 보기만 하면
그지없이 깨끗한 법을 모으며
여러 가지 죄를 없애고
보리의 열매를 이루오리.

나는 선지식 뵈옵고
공덕으로 마음 장엄
오는 세계의 겁이 다하도록
행할 도를 부지런히 닦고

내가 생각하니 선지식께서
나를 거두어 이익케 하며
또 바른 교의 진실한 법을
나에게 보여 주시며

나쁜 길은 닫아버리고
인간·천상의 길을 보여 주시며
여러 부처님이 이루신

온갖 지혜의 길도 보이시네.

생각건대 선지식은
부처님의 공덕 갈무리
잠깐잠깐마다 허공과 같은
공덕 바다를 능히 내시며

나에게 바라밀을 주시고
헤아릴 수 없는 복을 늘게 하며
깨끗한 공덕을 자라게 하여
부처님의 비단 갓을 나에게 씌우고

또 생각하니 선지식은
부처님의 지혜를 만족하고
원만하고 깨끗한 법을
항상 의지하려 하시니

나는 이런 것을 말미암아
모든 공덕을 구족하고
널리 중생을 위하여
온갖 지혜의 도를 연설하네.

거룩하신 나의 스승님
나에게 위없는 법 주시니
한량없고 수없는 겁에도

그 은혜를 다 갚지 못하리.

그 때 선재동자는 이 게송을 말하고 다시 여쭈었다.
"크게 거룩하신 이여, 바라옵건대 말씀하소서. 이 해탈문의 이름은 무엇이오며, 발심하신 지는 얼마나 오래되었사오며, 어느 때에 아뇩다라삼먁삼보리를 얻었나이까?"
밤 맡은 신이 말하였다.
"선남자여, 이 해탈문의 이름은 중생을 교화하여 선근을 내게 함〔敎化衆生令生善根〕이니, 나는 이 해탈을 성취하였으므로 모든 법의 성품이 평등함을 깨달았고, 법의 진실한 성품에 들어가 의지함이 없는 법을 증득하였으며, 세간을 여의었으면서도 모든 법의 모양이 차별함을 알고, 또 푸르고 누르고 붉고 흰 것의 성품이 실답지 아니하여 차별이 없는 것도 분명히 통달하였노라.
그러면서도 한량없는 모양의 육신을 나타내나니 이른바 갖가지 육신〔色身〕, 하나 아닌 육신, 그지없는 육신, 청정한 육신, 모든 것으로 장엄한 육신, 여럿이 보는 육신, 모든 중생과 같은 육신, 여러 중생의 앞에 나타나는 육신, 광명이 널리 비추는 육신, 보기에 싫지 않은 육신, 잘생긴 모습이 청정한 육신, 모든 악을 여의고 빛나는 육신, 큰 용맹을 나타내는 육신, 얻기 어려운 육신, 모든 세간에서 가릴 이 없는 육신이며, 모든 세간에서 함께 칭찬하여 다함이 없는 육신, 잠깐마다 항상 관찰하는 육신, 갖가지 구름을 나타내는 육신, 갖가지 형상으로 빛을 나타내는 육신, 한량없이 자재한 힘을 나타내는 육신, 묘한 광명이 있는 육신, 온갖 것으로 깨끗하고 묘하게 장엄한 육신, 모든 중생을 따라서 성숙하게 하는 육신, 마음에 좋아함을 따라 앞에 나타나 조복하는 육신, 걸림 없이 널리 빛나는 육신, 깨끗하고 더럽지 않은 육신, 구족하게 장엄하여 깨뜨릴 수 없는 육신, 부사의한 법의 방편으로 빛나는 육신이며, 온갖 것을 가릴 수 없는 육신, 어둠이 없어 모든 어둠을 깨뜨리는 육신, 모든 희고 깨끗한 법을 모은 육신, 큰 세력의 공덕 바다 육신, 과거에 공경한 원인으로 생긴 육신, 허공같이 청정한 마음으로 생긴 육신, 가장 훌륭하고 광대한 육신, 끊임없고 다함 없는 육신, 광명 바다 육신, 모든 세간에 의지할 데 없는 평등한 육신, 시방에 두루하여 걸림 없는 육신, 잠깐잠깐마다 가지가지 빛깔 바다를 나타내는 육신, 모든 중생의 기쁜 마음을 늘게 하는 육신이며, 모든 중생 바다를 거두어 들이는 육신, 낱낱 털구멍에서 모든 부처님의 공덕 바다를 말하는 육신, 모든 중생의 욕망과 이해하는 바다를 깨끗이 하는 육신, 모든 법과 이치를 결정코 분명히 아는 육신, 장애 없이 널리 비추는 육신, 허공과 같은 깨끗한 광명 육신, 넓고 크고 깨끗한 광명을 놓는 육신, 때 없는 법을 비추어 나타내는 육신, 견줄 데 없는 육신, 차별하게 장엄한 육신, 시방을 두루 비추는 육신, 때를 따라 나타나서 중생을 응해주는 육신, 고요한 육신이며, 모든 번뇌를 없앤 육신, 모든 중생의 복밭인 육신, 모든 중생의 봄[見]이 헛되지 않은 육신, 큰 지혜의 용맹한 힘인 육신, 거리낌없이 두루 가득한 육신, 묘한 몸 구름이 널리 나타나 세간이 모두 이익을 받는 육신, 큰 자비 바다를 구족한 육신, 큰 복덕 보배 산왕 육신, 광명을 놓아 세간의 온갖 길에 비추는 육신, 큰 지혜 청정한 육신, 중생의 바른 생각을 내는 육신, 모든 보배 광명 육신이며, 넓은 광명 갈무리 육신, 세간의 갖가지 청정한 모양을 나타내는 육신, 온갖 지혜의 처소를 구하는 육신, 히죽이 웃음을 나투어 중생의 깨끗한 믿음을 내게 하는 육신, 모든 보배로 장엄한 광명 육신, 모든 중생을 취하지도 않고 버리지도 않는 육신, 결정도 없고 끝닿은 데도 없는 육신, 자재하게 가지加持하는 힘을 나타내는 육신, 모든 신통 변화를 나투는 육신, 여래의 가문에 태어나는 육신, 모든 악을 멀리 여의고 법계 바다에 두루하는 육신, 모든 여래의 도량에 모인 회중에 두루 나타나는 육신이며, 갖가지 빛깔 바다를 구족한 육신, 착한 행에서 흘러나오는 육신, 교화할 이를 따라 나타내는 육신, 모든 세간에서 보아도 싫은 줄 모르는 육신, 갖가지 깨끗한 광명 육신, 모든 삼세 바다를 나타내는 육신, 갖가지 깨끗한 광명 육신, 모든 삼세 바다를 나타내는 육신, 모든 광명 바다를 놓는 육신, 한량없이 차별한 광명 바다를 나타내는 육신, 모든 세간의 향기 광명을 일으키는 육신, 말할 수 없는 해 바퀴 구름을 나타내는 육신이며, 광대한 달 바퀴 구름을 나타내는 육신, 한량없는 수미산의 묘한 꽃 구름을 놓는 육신, 가지가지 화만 구름을 내는 육신, 모든 보배 연꽃 구름을 나타내는 육신, 모든 사르는 향 구름을 일으켜 법계에 두루하는 육신, 모든 가루향 갈무리 구름을 흩는 육신, 모든 여래의 큰 서원 몸을 나타내는 육신, 모든 말과 음성으로 법 바다를 연설하는 육신, 보현보살의 형상을 나타내는 육신들이니라.

　잠깐잠깐마다 이러한 모습의 육신을 나타내어 시방에 가득하여 중생들로 하여금 보거나 생각하거나 법문 말함을 듣거나 가까이 모시거나 하여, 깨달음을 얻게도 하고 신통을 보게도 하고 변화를 보게도 하되, 마음에 좋아함을 따라 조복하여 착하지 못한 업을 버리고 착한 행에 머물게 하느니라.

　선남자여, 이것은 큰 원력을 말미암은 연고며, 온갖 지혜의 힘인 연고며, 보살의 해탈한 힘인 연고며, 크게 가엾이 여기는 힘인 연고며, 크게 인자한 힘인 연고로 이런 일을 짓느니라.

　선남자여, 나는 이 해탈에 들어서 법의 성품이 차별이 없음을 알면서도 한량없는 육신을 능히 나타내며, 낱낱 몸마다 한량없는 모습 바다를 나타내고, 낱낱 모습에서 한량없는 광명 구름을 놓고, 낱낱 광명에서 한량없는 부처님이 나심을 나타내며, 낱낱 부처님이 한량없는 신통한 힘을 나타내어 중생들의 지난 세상에 지은 선근을 열어 내나니, 심지 못한 이는 심게 하고, 이미 심은 이는 자라게 하고, 이미 자란 이는 성숙하게 하며, 잠깐잠깐 동안에 한량없는 중생으로 아뇩다라삼먁삼보리에서 물러가지 않게 하노라.

선남자여, 그대가 묻기를 언제부터 '보리심을 내었으며 보살의 행을 닦았습니까' 하거니와, 이런 이치를 부처님의 신통한 힘을 받자와 그대에게 말하리라.

선남자여, 보살의 지혜 바퀴는 모든 분별하는 경계를 멀리 여의었으므로 생사 중에 있는 길고 짧고 물들고 깨끗하고 넓고 좁고 많고 적은 그러한 겁으로는 분별하여 보일 수 없느니라. 왜냐 하면 보살의 지혜 바퀴는 본래부터 성품이 깨끗하여 모든 분별의 그물을 여의고 모든 장애의 산을 초월하였지마는, 교화할 만한 이를 따라서 널리 비추는 연고니라.

선남자여, 비유컨대 해는 낮과 밤이 없지마는 뜨는 때를 낮이라 하고 지는 때를 밤이라 하나니, 보살의 지혜 바퀴도 그와 같아서 분별도 없고 세 세상도 없지마는 교화 받을 중생이 마음에 나타남을 따라서 머물러 있는 것을 말하여 앞의 겁·뒤의 겁이라 하느니라.

선남자여, 마치 해가 염부제의 허공에 떴을 적에 그림자가 모든 보물이나 강과 바다의 맑은 물에 나타나는 것을 모든 중생들이 눈으로 보지만 저 해는 여기 오는 것이 아닌 것과 같으니라. 보살의 지혜 바퀴도 그와 같아서 생사 과보 바다[諸有海]에서 뛰어나 부처님의 참된 법의 고요한 허공에 머물러서 의지한 데가 없거니와, 중생들을 교화하기 위하여 여러 길에서 여러 종류로 태어나지만, 실제로는 생사生死하지도 않고 물들지도 않으며, 긴 세월·짧은 세월이라는 생각의 분별이 없느니

라.

왜냐 하면 보살은 모든 뒤바뀐 생각과 소견을 끝까지 여의고, 진실한 견해를 얻어 법의 참 성품을 보았으므로 모든 세간이 꿈과 같고 눈어리와 같아서 없는 줄을 알지만, 큰 자비와 큰 원력으로 중생의 앞에 나타나서 교화하고 조복하느니라.

불자여, 마치 뱃사공이 항상 큰 배를 타고 강 가운데 있어서 이 언덕을 의지하지도 않고 저 언덕에 닿지도 않고 가운데 머물지도 않으면서 중생을 건네주기를 쉬지 아니하는 것과 같으니라. 보살마하살도 그와 같아서 바라밀 배를 가지고 생사의 흐름에 있어서 이 언덕을 의지하지도 않고 저 언덕에 닿지도 않고 가운데 머물지도 않으면서 중생을 제도하기를 쉬지 아니하나니, 비록 한량없는 겁 동안에 보살행을 닦으면서 일찍이 겁의 길고 짧음을 분별하지 아니 하느니라.

불자여, 마치 큰 허공은 모든 세계가 그 속에서 이룩하고 망그러지거니와 본 성품이 청정하여 물들지도 어지럽지도 않고 걸림도 없고 만족함도 없으며, 길지도 않고 짧지도 아니하여 오는 세월이 끝나도록 모든 세계를 가지고 있는 것과 같으니라. 보살마하살도 그와 같아서 허공과 같이 넓고 크고 깊은 마음으로 큰 서원인 바람 둘레〔風輪〕를 일으켜 모든 중생들을 거두어 주는데, 나쁜 길〔惡道〕을 여의고 착한 길〔善趣〕에 나게 하며, 온갖 지혜 자리〔智地〕에 머물게 하여 번뇌와 생사의 속박을 없애지만 근심하거나 기뻐하거나 고달파하는 마음이 없느니라.

선남자여, 마치 요술로 만든 사람〔幻人〕이 몸과 사지가 갖추었지만 숨을 들이쉬고 내쉬고 차고 덥고 굶주리고 목마르고 근심하고 기뻐하고 나고 죽는 열 가지 일이 없는 것과 같으니라.

보살마하살도 그와 같아서 눈어리 같은 지혜와 평등한 법의 몸으로써 여러 가지 모습을 나타내어 모든 업보의 길에서 한량없는 겁을 지나면서 중생을 교화하지만 죽고 사는 모든 경계에 대하여 기쁨도 싫음도 없고, 사랑함도 성냄도 없으며, 괴로움도 즐거움도 없고, 가짐도 버림도 없으며, 편안함도 공포함도 없느니라.

불자여, 보살의 지혜가 비록 이렇게 깊고 깊어 헤아릴 수 없거니와 내가 부처님의 위신을 받자와 그대에게 말하여 오는 세상의 모든 보살들로 하여금 큰 서원을 만족하여 모든 힘을 성취하게 하리라.

불자여, 지나간 옛적 세계해의 티끌 수 겁 전에 한 겁이 있었으니, 이름이 착한 빛〔善光〕이요, 세계의 이름은 보배 광명〔寶光〕이었느니라. 그 겁 동안에 1만 부처님이 세상에 나셨으니 그 첫 부처님의 이름은 법륜음허공등왕法輪音虛空燈王 여래·응공·정등각이어서 십호十號가 원만하셨느니라.

그 염부제에 한 수도가 있으니 이름이 보배 장엄〔寶莊嚴〕이요, 그 동쪽으로 멀지 않은 곳에 큰 숲이 있으니 이름이 묘한 빛〔妙光〕이요, 그 숲 속에 보배 꽃〔寶華〕이란 도량이 있고, 그 도량에 보광명마니연화장사자좌普光明摩尼蓮華藏師子座가 있었는데, 그 부처님이 이 사자좌에서 아뇩다라삼먁삼보리를 이루시고, 백년 동안을 이 도량에 앉아서 모든 보살과 천상과 인간과 염부제에서 선근을 심어서 성숙한 이들을 위하여 바른 법을 연설하셨느니라.

그 때 임금의 이름은 훌륭한 빛〔勝光〕이요, 사람들의 목숨은 만 살인데 그 가운데는 살생하고 훔치고 음란하고 방탕하고 거짓말, 꾸밈 말, 이간하는 말, 욕설하며, 탐욕 많고 성내고 나쁜 소견 가지고, 부모에게 불효하고, 사문·바라문을 공경하지 않는 이가 많았으므로, 임금은 그들을 조복하기 위하여 옥을 만들고 칼〔枷〕과 고랑과 수갑들을 마련하여 한량없는 중생이 그 속에서 고생하고 있었다.

그 임금의 태자는 이름이 조복 잘하는 이〔善伏〕인데, 단정하고 특수하여 사람들이 보기를 좋아하며 스물여덟 가지 거룩한 모습을 구족하였다. 궁중에 있으면서 옥에 갇힌 죄수들이 고생하는 소리를 듣고 가엾은 마음을 이기지 못하여 대궐에서 나와 옥으로 달려가 보았다. 모든 죄수들이 고랑에 채우고 칼에 씌워져 쇠사슬에 서로 묶이어서 캄캄한 속에 갇혔는데, 불에 볶이고 연기에 쐬이고 곤장에 맞고 코를 베이기도 하였으며, 발가벗기고 머리카락이 헝크러지고 기갈이 극심하고 몸이 수척하고 근육이 터지고 뼈가 드러나 지독한 고통을 부르짖고 있었다.

태자가 보고는 착한 마음을 내어 두려움이 없는 음성으로 위로하였다.

'너희들은 걱정하지 말고 공포하지 말라. 내가 너희들을 이 고통에서 벗어나게 하리라.'

태자는 임금 계신 곳에 가서 여쭈었다.

'옥에 갇힌 죄인들이 고통이 막심하오니 관대하게 용서하시어 무외無畏를 베푸십시오.'

왕이 5백 명의 대신들을 모으고 이 일을 물으니, 대신들은 이렇게 대답하였다.

'저 죄인들은 관청의 물품을 훔치고 왕의 자리를 뺏으려 하고, 궁중에 침입하였사오니, 죄는 열 번 죽어 마땅하오며, 만일 구하려는 이가 있으면 그도 사형을 받아야 합니다.'

그 때 태자는 슬픈 마음이 더욱 간절하여 대신들에게 말하였다.

'당신들의 말과 같을진댄, 저 사람들은 놓아 주고 그들이 받을 형벌로 나를 다스리라. 나는 그들을 위하여 모든 형벌을 다 받을 것이며, 몸이 가루가 되고 목숨이 끊어져도 아낄 것이 없으며, 다만 저 죄인들의 고통을 면하게 하리라.

왜냐 하면 내가 만일 이 중생들을 구원하지 못한다면 어떻게 삼계三

界의 옥중에서 고통 받는 중생을 구원하리요. 모든 중생들이 삼계 가운데서 탐욕과 애정에 얽매이고 어리석음에 가리워서 가난하여 공덕이 없고, 여러 가지 나쁜 길에 떨어져서 형상이 더럽고 모든 기관이 방일하며, 마음이 아득하여 나갈 길을 구하지 못하고, 지혜의 빛을 잃어 삼계를 좋아하며 모든 복덕을 끊고, 지혜를 멸하였으며, 갖가지 번뇌가 마음을 어지럽게 하며 고통의 옥에 갇히고 마魔의 그물에 들어가 나고 늙고 병들고 죽음과 근심하고 슬퍼하고 시끄럽고 해쳐서 이런 고통이 항상 괴롭히나니, 내가 어찌하면 저들을 해탈하게 하리요. 마땅히 몸과 목숨을 버리어 구제하리라.'

이 때 대신들이 왕에게 나아가서 손을 들고 외쳤다.

'대왕이시여, 저 태자의 생각은 국법을 깨뜨리고 만민에게 화난을 미치게 하려 하옵니다. 대왕께서 태자를 사랑하여 책벌하지 않으시면 대왕의 지위도 오래도록 보존하지 못하리이다.'

왕은 이 말을 듣고 대노하여 태자와 모든 죄인들을 사형하려 하였다.

왕후가 이 일을 알고는 근심하고 부르짖으며, 초라한 모습과 허름한 의복으로 일천 시녀와 함께 임금 계신 데 나아가 몸을 땅에 던지며 왕의 발에 엎드려 절하고 이렇게 말하였다.

'바라옵건대 대왕이시여, 태자의 목숨을 용서하옵소서.'

임금은 태자를 돌아보면서 말하였다.

'죄인들을 구원하려 하지 말라. 만일 죄인을 구원한다면 너를 죽이리라.'

그 때 태자는 오로지 온갖 지혜를 구하기 위하여, 여러 중생들을 이익하게 하기 위하여, 크게 가엾이 여김으로써 널리 구원해 주기 위하여 마음이 굳세어지고 물러가거나 겁나는 일이 없어져서 왕에게 여쭈었다.

'바라옵건대 저들의 죄를 용서하시면 제 몸이 사형을 받겠나이다.'
'네 뜻대로 하리라.'
이 때 왕후가 다시 왕에게 여쭈었다.
'대왕이시여, 태자로 하여금 보름 동안만 보시를 행하여 마음대로 복을 지은 뒤에 죄를 받도록 허락하옵소서.'
왕은 그 일을 허락하였다.
그 때 나라 북쪽에 큰 동산이 있으니 이름이 햇빛〔日光〕이며, 그 곳은 옛적에 보시하던 곳인데, 태자는 그 곳에 가서 크게 보시하는 모임을 차리고, 음식·의복·화만·영락·바르는 향·가루향·당기·번기·보배 일산과 모든 장엄거리를 사람들이 달라는 대로 모두 주었다. 이렇게 보름이 지나서 마지막 날이 되었는데, 임금과 대신과 장자와 거사와 성 안에 있는 백성들과 여러 외도들이 모두 모여 왔다.
이 때에 법륜음허공등왕 여래께서 중생들을 조복할 때가 된 줄을 아시고 대중들과 함께 이 동산으로 오시는데, 천왕들은 둘러싸고 용왕은 공양하고 야차왕은 수호하고 건달바왕은 찬탄하고 아수라왕은 허리 굽혀 절하고 가루라 왕은 깨끗한 마음으로 보배 꽃을 흩고 긴나라왕은 환희하여 권하고 마후라가왕은 일심으로 우러러보면서 모임 가운데로 들어왔다.
이 때 태자와 대중들은 부처님 오시는 것을 멀리서 보았다. 단정하고 존엄하고 특별하시며 여러 기관이 고요하심은 길 잘든 코끼리 같고, 마음에 때가 없기는 깨끗한 몸과 같으며, 큰 신통을 나투시고 크게 자재하심을 보이시고 큰 위덕을 나타내시며 여러 가지 거룩한 모습으로 몸을 장엄하였고, 큰 광명을 놓아 널리 세계에 비추며 모든 털구멍으로는 향기 불꽃 구름을 내어 시방의 한량없는 세계를 진동하며, 이르는 곳마다 여러 가지 장엄거리를 비내리시니, 부처님의 위의와 부처님의 공덕으로 보는 중생들의 마음이 깨끗하고 환희하여 번뇌가 소멸되었다.

　이 때 태자와 대중들은 땅에 엎드려 부처님 발에 절하고 평상을 차려 놓고 합장하고 여쭈었다.

　'잘 오시나이다. 세존이시여, 잘 오시나이다. 부처님이시여, 바라옵건대 저희들을 가엾이 여기시며 저희들을 거두어 주시사 이 자리에 앉으시옵소서.'

　부처님의 위신으로 정거천 사람들이 그 자리를 변화하여 향마니 연화좌를 만드니, 부처님은 그 위에 앉으시고 보살 대중도 자리에 나아가 둘러앉았다.

　그 때 모임 가운데 있던 모든 중생은 여래를 뵈옵고 괴로움이 멸하고 장애가 없어져서 거룩한 법을 들을 만하였다. 여래께서는 교화할 시기인 줄을 아시고 원만한 음성으로 수다라(修多羅)를 말씀하시니, 그 이름은 원인을 두루 비추는 바퀴[普照因輪]며, 여러 중생이 제나름대로 이해하였다.

　그 회중에 있던 80나유타 중생들은 티끌과 때를 멀리 여의고 깨끗한 법눈을 얻었으며, 한량없는 나유타 중생들은 배울 것 없는 지위를 얻었고, 십천 중생은 대승의 도에 머물러서 보현의 행에 들어가 큰 서원을 성취하였다.

　이 때에 시방으로 각각 백 세계의 티끌 수 중생들은 대승법 가운데서 마음이 조복되고 한량없는 세계의 모든 중생은 나쁜 길을 여의고 천상에 태어났고, 잘 조복하는 태자는 그 즉시로 보살이 중생을 교화하여 선근善根을 내게 하는 해탈문을 얻었다.

　선남자여, 그 때의 태자는 다른 이가 아니라, 곧 내 몸이었으니, 나는 옛적에 크게 가엾이 여기는 마음을 내어 몸과 목숨과 재물을 버려서 고통 받는 중생들을 구제하였고, 크게 보시하는 문을 열고 부처님께 공양하였으므로 이 해탈을 얻었노라.

　불자여, 나는 그 때에 다만 모든 중생을 이익하려 하였을 뿐이고 삼계에 애착하지도 않고 과보를 구하지도 않고 명예를 탐하지도 않고, 자기는 칭찬하고 남은 훼방하지도 않았으며, 모든 경계에 대하여 탐내어 물들지도 않고 두려워함도 없었으며, 오직 대승으로 벗어날 길을 장엄하고, 온갖 지혜의 문을 관찰하기를 좋아하면서 고행을 닦아 이 해탈문을 얻었노라.

　불자여, 그대는 어떻게 생각하는가. 그 때 나를 해하려던 5백 대신이 어찌 다른 사람이랴. 지금의 제바달다提婆達多의 5백 명의 무리들이니, 이 사람들도 부처님의 교화를 받고 다 아뇩다라삼먁삼보리를 얻을 것이니라. 오는 세상에 수미산의 티끌 수 겁을 지나서 그 때에 겁의 이름은 착한 빛[善光]이요, 세계의 이름은 보배 광명[寶光]이니, 그 가운데서 성불하여 5백의 부처님이 차례로 세상에 나실 터이니라.

　첫째 부처님 이름은 대비大悲시고, 둘째 부처님은 요익세간饒益世間이시고, 셋째 부처님은 대비사자大悲師子시고, 넷째 부처님은 구호중생救護衆生이시며, 내지 마지막 부처님은 의왕醫王이시니라. 비록 여러 부처님의 가엾이 여기심이 평등하거니와, 그 국토와 문벌과 부모와 태어나서 탄생하고 출가하여 도를 닦고 도량에 나아가 바른 법륜을 굴리어 수다라를 말씀하시는 말씀과 음성과 광명과 모인 대중과 수명과 법이 세상에 머무는 일과 그 명호는 각각 다르시니라.

　불자여, 내가 구원한 그 죄인들은 곧 구류손拘留孫 등 현겁의 일천 부처님과 백만 아승기 큰 보살들로서 무량정진력명칭공덕혜無量精進力名稱功德慧 여래에게서 아뇩다라삼먁삼보리심을 내었고, 지금 시방의 국토에서 보살의 도를 행하며 이 보살이 중생을 교화하여 선근을 내게 하는 해탈을 닦아서 늘게 하는 이들이니라.

그 때의 훌륭한 빛 임금은 지금의 살차니건자薩遮尼乾子 대논사大論師
요, 그 왕궁에 있던 이와 권속들은 니건자의 6만 제자로서 스승과 함께
와서 큰 논論의 당기를 세우고 부처님과 논의하다가 항복하여 아뇩다라
삼먁삼보리의 수기를 받은 이들이니 이 사람들도 장래에 부처를 이룰
것이며, 그 국토의 장엄과 겁의 수와 명호는 각각 다르니라.

불자여, 나는 그 때에 죄인을 구원하고는 부모의 허락을 얻어 국토와
처자와 재물을 버리고 법륜음허공등왕 부처님 계신 데서 출가하여 도
를 배우며 5백 년 동안 범행을 닦아서 백만 다라니와 백만 신통과 백만
법장法藏을 성취하고 백만의 온갖 지혜를 구하려고 용맹하게 정진하며
백만 참는 문〔堪忍門〕을 깨끗하게 다스리고 백만의 생각하는 마음을 늘
게 하고 백만의 보살의 힘을 성취하고 백만의 보살 지혜의 문에 들어가
백만의 반야바라밀 문을 얻었노라.

시방의 백만 부처님을 뵈옵고 백만 보살의 큰 원을 냈으며, 생각마다
시방으로 각각 백만의 부처님 세계를 비추어 보고, 생각마다 시방세계
의 지난 겁과 오는 겁에 나시는 백만 부처님을 기억하고 생각마다 시방
세계의 백만 부처님의 변화 바다를 알고, 생각마다 시방의 백만 세계에
중생들이 여러 가지 길에서 업을 따라 태어나는 때·죽는 때, 착한 길
과 나쁜 길, 좋은 모습과 나쁜 모습을 보며, 그 중생들의 갖가지 마음
과 갖가지 욕망과 갖가지 근성과 갖가지 익힌 업과 갖가지 성취함을 다
분명하게 아노라.

불자여, 나는 그 때에 목숨이 마친 뒤에 다시 그 왕가에 태어나서 전
륜왕이 되었고, 법륜음허공등왕여래가 열반한 뒤에 또 여기서 법공왕法
空王여래를 만나서 받자와 섬기고 공양하였으며, 다음에는 제석이 되어
이 도량에서 천왕장天王藏여래를 만나 친근하고 공양하였으며, 다음에
는 야마천왕夜摩天王이 되어 이 세계에서 대지위력산大地威力山여래를 만

나 친근하고 공양하였으며, 다음에는 도솔천왕兜率天王이 되어 이 세계에서 법륜광음성왕法輪光音聲王여래를 만나 친근하고 공양하였으며, 다음에는 화락천왕化樂天王이 되어 이 세계에서 허공지왕虛空智王여래를 만나 친근하고 공양하였으며, 다음에는 타화자재천왕他化自在天王이 되어 이 세계에서 무능괴당無能壞幢여래를 만나 친근하고 공양하였으며, 다음에는 아수라왕阿修羅王이 되어 이 세계에서 일체법뇌음왕一切法雷音王여래를 만나 친근하고 공양하였으며, 다음에는 범왕梵王이 되어 이 세계에서 보현화연법음普現化演法音여래를 만나 친근하고 공양하였노라. 불자여, 이 보배 광명 세계의 착한 빛 겁 가운데서 일만 부처님이 세상에 나셨는데 내가 다 친근하게 섬기고 공양하였노라.

다음에 또 겁이 있으니 이름이 햇빛이며 60억 부처님이 세상에 나셨는데, 맨 처음 부처님의 이름이 묘상산妙相山이시고, 나는 큰 지혜〔大慧〕라는 왕후가 되어 그 부처님을 받자와 섬기며 공양하였고, 다음에 나신 부처님은 원만견圓滿肩이신데 나는 거사가 되어 친근하며 공양하였고, 다음에 나신 부처님은 이구동자離垢童子신데 나는 대신이 되어 친근하며 공양하였고, 다음 나신 부처님은 용맹지勇猛持신데 나는 아수라왕이 되어 친근하며 공양하였고, 다음에 나신 부처님은 수미상須彌相이신데 나는 나무 맡은 신이 되어 친근하며 공양하였고, 다음에 나신 부처님은 이구비離垢臂신데 나는 장사물주가 되어 친근하며 공양하였고, 다음에 나신 부처님은 사자유보師子遊步신데 나는 성 맡은 신이 되어 친근하며 공양하였고, 다음에 나신 부처님은 보계寶髻신데 나는 비사문毘沙門천왕이 되어 친근하며 공양하였고, 다음에 나신 부처님은 최상법칭最上法稱이신데 나는 건달바왕이 되어 친근하며 공양하였고, 다음에 나신 부처님은 광명관光明冠이신데 나는 구반다왕이 되어 친근하며 공양하였노라.

그 겁 가운데 이렇게 차례로 60억 여래가 세상에 나셨는데, 나는 항상 여기에서 여러 가지 몸을 받아 가지고 부처님 계신 데마다 친근하며 공양하면서 한량없는 중생을 교화하여 성취하게 하였고, 낱낱 부처님 계신 데서 갖가지 삼매문과 갖가지 다라니문과 갖가지 신통문과 갖가지 변재문과 갖가지 온갖 지혜의 문과 갖가지 법을 밝히는 문과 갖가지 지혜의 문을 얻어, 갖가지 시방 바다를 비추며, 갖가지 부처님 세계 바다에 들어가며, 갖가지 부처님 바다를 보아서 청정하게 성취하며 증장하고 광대하게 하였노라.

이 겁에서 저러한 부처님을 친근하며 공양한 것처럼, 모든 곳에서 온갖 세계해의 티끌 수 겁에 모든 부처님이 세상에 나실 적마다 친근하고 공양하며, 법문을 듣고 믿어 받고 보호해 가지기도 또한 그렇게 하였으며, 이러한 모든 부처님 처소에서 이 해탈문을 닦아 익혔으며, 다시 한량없는 해탈의 방편을 얻었노라."

이 때 모든 중생을 구호하는 밤 맡은 신이 이 해탈의 뜻을 거듭 펴려고 선재동자에게 게송을 말하였다.

  그대가 환희하여 믿는 맘으로
  부사의한 해탈법을 내게 물으니
  부처님의 염려하는 힘을 받자와
  그대에게 말하노니 자세 들으라.

  그지없고 넓고 큰 지나간 겁이
  세계 바다 티끌 수보다 많은데
  그 때의 세계 이름 보배의 광명
  그 세계의 겁 이름 착한 빛이네.

이 시절의 착한 빛 큰 겁 동안에
일만 여래 세상에 나시는 이를
내가 모두 친근하고 공양하면서
그를 따라 배우고 해탈 얻었네.

그 때에 수도 이름 보배의 장엄
사방이 반듯하고 매우 화려해
여러 업을 지은 중생 살고 있는데
어떤 이는 청정하고 어떤 인 나빠.

그 때에 훌륭한 빛 임금이 있어
언제나 정법으로 중생을 교화
잘 조복하는 이[善伏]란 태자 있으니
형상이 단정하고 거룩한 모습.

그 때에 한량없는 여러 죄인이
옥중에 갇히어서 죽게 되는데
태자는 그를 보고 자비한 마음
왕에게 여쭙기를, '용서하소서'.

이 때에 신하들은 왕께 말하되
태자의 이런 말은 나라 망치니
죄인들은 형벌을 받아야 하는데
어떻게 용서하여 주게 되리까.

태자에게 훌륭한 빛 임금의 말씀
'용서하면 그 죄를 네가 받는다.'
태자는 자비하신 마음이 간절
중생을 구하기에 겁이 없었다.

그 때에 왕의 부인 시녀 데리고
임금 앞에 나아가 아뢰는 말씀
'태자에게 허락하여 보름 동안만
보시하여 공덕을 짓게 하소서.'

대왕은 이 말 듣고 허락하여서
보시회를 마련하고 가난을 구제
모든 중생 그리로 모여드는데
요구대로 모든 것 갖추 주나니

이렇게 보시하기 보름이 차서
태자의 죽을 시간 닥쳐왔으매
백천만억 사람들 몰려들어서
한꺼번에 쳐다보고 울부짖는다.

여러 사람 근성이 익은 줄 알고
중생을 교화하려 부처님 와서
신통 변화 나투어 장엄하시니
친근하여 공경하지 않는 이 없네.

부처님이 한결같은 음성으로써
두루 비추는 경을 말씀하시니
한량없는 중생들 마음이 화평
아뇩다라 수기를 모두 받았고

잘 조복하는 태자 즐거운 마음
위없는 보리심을 일으키려는
여래를 섬기려는 서원 세우고
중생의 의지할 곳 되어지이다.

그리고는 부처님을 따라 출가해
온갖 가지 지혜의 길을 닦아서
그 때에 이 해탈문 법을 얻은 후
큰 자비로 모든 중생 제도하였고

그 속에서 겁 바다를 지나가면서
모든 법의 참된 성품 자세 살피고
언제나 고해에서 중생 건지며
이렇게 보리도를 닦아 익히고

그 겁에서 부처님 나시는 대로
받자와 섬기면서 남기지 않고
청정하게 믿고 아는 마음으로써
말씀하신 법문 듣고 지니었으며

그 다음에 세계의 티끌 수처럼
한량없고 그지없는 겁 바다에서
그 세상에 나시는 모든 부처님
모두 다 이와 같이 공양하였소.

나는 옛날 태자로 있었을 적에
중생들이 옥중에 갇힘을 보고
서원코 몸을 버려 구원했으며
그 연유로 이 해탈문 증득하였고

세계에 티끌처럼 많은 겁 바다
지내오며 이것을 항상 익히어
생각생각 그 법문 증장케 하고
그지없는 좋은 방편 다시 얻었소.

저 가운데 나 계시는 여러 부처님
내가 모두 뵈옵고 깨달았으며
내가 얻은 해탈문 더욱 밝았고
가지가지 방편도 함께 늘었소.

한량없는 천만억 오랜 겁 동안
부사의한 해탈문 배워 얻었고
부처님의 법 바다 그지없거늘
나는 모두 한꺼번에 능히 마셨소.

시방에 많이 있는 모든 세계에
이 몸이 들어가서 걸림이 없고
세 세상 가지가지 국토의 이름
잠깐잠깐 죄다 알아 남김 없으며

삼세의 수없는 부처님 바다
낱낱이 분명하게 모두 보았고
그 몸의 모습까지 나타내어서
여래의 계신 곳에 두루 나가며

그리고 또 시방의 모든 세계에
모든 부처님들의 계신 데마다
여러 가지 장엄 구름 널리 비내려
위없는 무상각無上覺께 공양하였고

또다시 그지없는 물음으로써
수많은 세존들께 여쭈어 보고
그 부처님 말씀하는 묘한 법 구름
모두 받아 지니어 잊지 않았고

시방의 한량없는 모든 세계에
계시는 부처님과 대중 앞에서
기묘하게 장엄한 자리에 앉아
가지가지 신통한 힘 나타냈으며

시방의 한량없는 여러 세계에
가지가지 신통 변화 나타내는데
한 몸에 한량없는 몸을 나투고
한량없는 몸 속에 한 몸 나투며

또다시 하나하나 털구멍 속에
수없는 큰 광명을 두루 놓으며
가지가지 교묘한 방편으로써
중생의 번뇌불을 꺼서 멸하고

또다시 하나하나 털구멍 속에
한량없는 화신 구름 나타내어서
시방의 온 세계에 가득히 차게
법 비를 두루 내려 중생을 제도

시방에 수가 없는 모든 불자들
부사의한 이 해탈문 빨리 들어가
오는 세상 한량없는 겁이 닳도록
편안히 보살행을 닦아 행하며

좋아하는 마음 따라 법을 말하여
저들의 삿된 소견 없애버리고
하늘 길과 성문과 연각들이며
여래의 온갖 지혜 보여 주시며

모든 중생 태어나는 곳을 따라서
그지없는 갖가지 몸을 보이되
그들의 종류 따라 형상 나투며
그 마음 맞추어서 법을 말하니

누구나 이 해탈문 얻기만 하면
그지없는 공덕 바다 머무르리니
세계해의 티끌 수가 한량없듯이
헤아릴 수가 없고 끝이 없으리.

"선남자여, 나는 다만 이 중생을 교화하여 선근을 내게 하는 해탈문을 알거니와, 저 보살마하살들이 모든 세간을 초월하여 여러 길의 몸을 나타내며, 머무름 없이 반연攀緣하여 장애가 없고 모든 법의 성품을 분명히 알며, 온갖 법을 잘 관찰하여 내가 없는 지혜를 얻고 내가 없는 법을 증득하며, 모든 중생을 교화하고 조복하되 쉬지 아니하고, 마음이 항상 둘이 아닌 법문에 머무르고 모든 말씀 바다에 두루 들어가는 일이야 내가 어떻게 알며, 저의 공덕 바다와 저의 용맹한 지혜와 저의 마음으로 행하는 것과 저의 삼매의 경계와 저의 해탈의 힘을 어떻게 말하겠는가.

선남자여, 이 염부제에 람비니嵐毘尼 숲 동산이 있고, 그 숲에 묘한 덕이 원만한 신〔妙德圓滿〕이 있으니, 그대는 저에게 가서 '보살이 어떻게 보살의 행을 닦아 여래의 가문에 태어나며, 세상의 빛이 되어 오는 세월이 다하도록 고달픔이 없느냐' 하고 물으라."

이 때 선재동자는 그의 발에 엎드려 절하고 한량없이 돌고 합장하고 우러러보면서 하직하고 물러갔다.

대방광불화엄경 제74권

제74권

39. 입법계품 ⑮

2) 가지 법회 ⑭

(40) 룸비니 숲 신을 찾다

이 때 선재동자는 큰 서원 정진하는 힘으로 모든 중생 구호하는 밤 맡은 신에게서 해탈문을 얻고는 생각하고 닦으며 분명히 알고 정진하면서, 점점 나아가다가 룸비니〔嵐毘尼〕숲에 이르러 묘한 덕이 원만한 신을 두루 찾았다.

그는 온갖 보배 나무로 장엄한 누각 가운데 보배 연꽃 사자좌에 앉았는데, 20억 나유타 하늘들이 둘러 모시고 공경하며 그들에게 보살의 태어나는 바다의 경전〔菩薩受生海經〕을 말씀하여 여래의 가문에 나서 보살의 큰 공덕을 증장하게 하는 것을 보았다.

선재동자가 보고는 그의 발에 절하고 합장하고 서서 말하였다.

"거룩하신 이여, 저는 이미 아뇩다라삼먁삼보리심을 내었사오나, 보

살이 어떻게 보살의 행을 닦으며 여래의 가문에 나서 세상의 큰 광명이 되는지를 알지 못하나이다."

그 신이 대답하였다.

"선남자여, 보살의 열 가지 태어나는 장(受生藏)이 있나니, 만일 보살이 이 법을 성취하면 여래의 가문에 태어나서 잠깐잠깐에 보살의 선근을 증장하되, 고달프지도 않고 게으르지도 않으며, 싫지도 않고 물러가지도 않으며, 끊김도 없고 잃음도 없으며, 모든 의혹을 여의어 겁약하거나 후회하는 마음을 내지 않고, 온갖 지혜에 나아가 법계의 문에 들어가며, 광대한 마음을 내고 모든 바라밀을 증장하여 부처님의 위없는 보리를 성취하며, 세상 길을 버리고 여래의 지위에 들어가 훌륭한 신통을 얻으며 부처님의 법이 항상 앞에 나타나서 온갖 지혜의 진실한 이치를 따르게 되느니라.

무엇이 열인가. 첫 번째는 모든 부처님께 항상 공양하기를 원하여 태어나는 장이요, 두 번째는 보리심을 내어 태어나는 장이요, 세 번째는 여러 법문을 관찰하고 부지런히 행을 닦아 태어나는 장이요, 네 번째는 깊고 청정한 마음으로 삼세를 두루 비추어 태어나는 장이요, 다섯 번째는 평등한 광명으로 태어나는 장이요, 여섯 번째는 여래의 가문에 나게 되는 태어나는 장이요, 일곱 번째는 부처님 힘의 광명으로 태어나는 장이요, 여덟 번째는 넓은 지혜의 문을 관찰하여 태어나는 장이요, 아홉 번째는 장엄을 널리 나투어 태어나는 장이요, 열 번째는 여래의 지위에 들어가 태어나는 장이니라.

선남자여, 어찌하여 모든 부처님께 항상 공양하기를 원하여 태어나는 장이라 하는가. 선남자여, 보살이 처음 마음 낼 적에 원하기를 '나는 마땅히 모든 부처님을 존중하고 공경하고 공양하며, 부처님을 뵈옵되 만족함이 없으며, 여러 부처님에게 항상 사모하고 좋아하며 깊은 믿음을 내고 모든 공덕을 닦아 항상 쉬지 않으리라' 하나니, 이것이 보살이 온갖 지혜를 위하여 첫 번째로 선근을 모으는 태어나는 장이니라.

어찌하여 보리심을 내어 태어나는 장이라 하는가. 선남자여, 이 보살이 아뇩다라삼먁삼보리심을 내는 것은 이른바 크게 가엾이 여기는 마음을 내나니, 모든 중생을 구호하려는 연고며, 부처님께 공양하려는 마음을 내나니, 끝까지 받자와 섬기려는 연고며, 바른 법을 널리 구하려는 마음을 내나니, 모든 것을 아끼지 않는 연고며, 광대하게 향하여 나아가려는 마음을 내나니, 온갖 지혜를 구하는 연고며, 한량없이 인자한 마음을 내나니, 중생을 널리 거두어 주는 연고니라.

모든 중생을 버리지 않으려는 마음을 내나니 온갖 지혜를 구하는 서원인 갑옷을 입는 연고며, 아첨이 없으려는 마음을 내나니 실제와 같은 지혜를 얻는 연고며, 말씀과 같이 실행하려는 마음을 내나니 보살의 도를 닦는 연고며, 부처님을 속이지 않으려는 마음을 내나니 보살의 도를 닦는 연고며, 부처님을 속이지 않으려는 마음을 내나니 모든 부처님의 큰 서원을 수호하는 연고며, 온갖 지혜로 원하는 마음을 내나니 오는 세월이 끝나도록 중생 교화하기를 쉬지 않으려는 연고며, 보살이 이러한 세계의 티끌 수 보리심의 공덕으로 여래의 가문에 태어나나니 이것이 보살의 두 번째 태어나는 장이니라.

어찌하여 여러 법문을 관찰하고 부지런히 행을 닦아 태어나는 장이라 하는가. 선남자여, 이 보살마하살이 모든 법문 바다를 관찰하려는 마음을 일으키고, 온갖 지혜의 원만한 길에 회향하려는 마음을 일으키고, 바른 생각으로 잘못된 업이 없으려는 마음을 일으키고, 모든 보살의 삼매 바다의 청정한 마음을 일으키고, 모든 보살의 공덕을 닦아 이루려는 마음을 일으키고, 모든 보살의 도를 장엄하려는 마음을 일으키고, 온갖 지혜를 구하여 크게 정진하는 행으로 모든 공덕을 닦을 적에 겁말의 불이 치성하듯이, 쉬는 일이 없으려는 마음을 일으키고, 보현의 행을 닦아 모든 중생을 교화하려는 마음을 일으키고, 모든 위의를 잘 배우고 보살의 공덕을 닦아 모든 있는 것을 버리고 아무것도 없는 데 머물려는 진실한 마음을 일으키나니, 이것이 보살의 세 번째 태어나는 장이니라.

어찌하여 깊고 청정한 마음으로 삼세를 두루 비추어 태어나는 장이라 하는가. 선남자여, 이 보살이 청정하여 더 나아가는 마음을 갖추고 여래의 보리의 광명을 얻으며, 보살의 방편 바다에 들어가 마음이 견고하기 금강과 같으며, 모든 생사의 길에 나는 것을 등지고 모든 부처님의 자재한 힘을 이룩하며, 썩 나은 행을 닦아 보살의 근기를 갖추며, 마음이 밝고 깨끗하고 서원하는 힘이 흔들리지 아니하여 부처님들의 보호하고 생각하심이 되며, 모든 장애의 산을 깨뜨리고 중생들의 의지할 곳이 되려 하나니, 이것이 보살의 네 번째 태어나는 장이니라.

어찌하여 평등한 광명으로 태어나는 장이라 하는가. 선남자여, 이 보살이 여러 가지 행을 구속하고 중생을 널리 교화하되, 모든 가진 것을 능히 버리고, 부처님의 끝까지 청정한 계율의 경계에 머물며, 참는 법을 구족하여 부처님들의 법 지혜(法忍)의 광명을 얻으며, 큰 정진으로 온갖 지혜에 나아가 저 언덕에 이르며, 선정을 닦아 넓은 문의 삼매를 얻으며, 깨끗한 지혜가 원만하여 지혜의 해(慧日)로 모든 법을 밝히 비추며, 장애 없는 눈을 얻어 부처님 바다를 보고 모든 진실한 법의 성품에 깨달아 들어가며, 모든 세간의 보는 이들이 환희하여 실제와 같은 법문을 닦나니, 이것이 보살의 다섯 번째 태어나는 장이니라.

어찌하여 여래의 가문에 나서 태어나는 장이라 하는가. 선남자여, 이 보살이 여래의 가문에 나서 부처님들을 따라 머물며, 모든 깊고 깊은 법문을 성취하고 삼세 부처님들의 청정한 큰 서원을 갖추며, 모든 부처님과 같은 선근을 얻어 모든 여래와 자체의 성품이 같으며, 세상에서 벗어나는 행과 희고 깨끗한 법을 갖추어 광대한 공덕의 법문에 편안히 머물며, 모든 삼매에 들어가 부처님의 신통한 힘을 보며, 교화할 이를 따라 중생들을 청정하게 하며, 묻는 대로 대답하여 변재가 다함이 없나니, 이것이 보살의 여섯 번째 태어나는 장이니라.

어찌하여 부처님 힘의 광명으로 태어나는 장이라 하는가. 선남자여, 이 보살이 부처님 힘에 깊이 들어가 여러 부처님의 세계에 노닐어도 물러가는 생각이 없으며, 보살 대중을 공양하며 받들어 섬겨도 고달프지 아니하며, 모든 법이 눈어리처럼 일어난 줄을 알며, 모든 세간이 꿈과 같음을 알며, 눈에 보이는 모든 형상(色)이 빛과 같으며, 신통으로 짓는 일이 모두 변화함과 같으며, 모든 태어나는 것이 그림자와 같으며, 부처님의 말씀하는 법이 메아리와 같은 줄을 알고, 법계를 열어 보여 다 필경에 이르게 하나니, 이것이 보살의 일곱 번째 태어나는 장이니라.

어찌하여 넓은 지혜의 문을 관찰하여 태어나는 장이라 하는가. 선남자여, 이 보살이 동진童眞의 지위에 머물러 있으면서 온갖 지혜를 관찰하고, 낱낱 지혜의 문에서 한량없는 겁이 다하도록 모든 보살의 행을 연설하며, 모든 보살의 깊은 삼매에 마음이 자재하여지고, 잠깐잠깐마다 시방세계의 여래가 계신 데 태어나며, 차별이 있는 경계에서 차별이 없는 선정에 들어가고, 차별이 없는 법에 차별이 있는 지혜를 나타내며, 한량없는 경계에서 경계가 없음을 알고, 적은 경계에서 한량없는 경계에 들어가며, 법의 성품이 광대하여 짬이 없음을 통달하고, 모든 세간이 다 거짓 시설이어서 모든 것이 인식하는 마음으로 생긴 줄을 아나니, 이것이 보살의 여덟 번째 태어나는 장이니라.

어찌하여 장엄을 널리 나투어 태어나는 장이라 하는가. 선남자여, 이 보살이 한량없는 부처님 세계를 여러 가지로 장엄하며, 모든 중생과 부처님들의 몸을 널리 변화하여 나타내되 두려움이 없으며, 청정한 법을 연설하여 법계에 두루 다니되 걸림이 없으며, 그들의 마음에 좋아하는 대로 모두 알고 보게 하고, 가지가지로 보리의 행을 이루는 것을 나타내어 보리에 걸림이 없는 온갖 지혜의 길을 내게 하며, 이렇게 하는 일이 때를 놓치지 아니하면서 항상 삼매와 비로자나 지혜의 장에 있나니, 이것이 보살의 아홉 번째 태어나는 장이니라.

어찌하여 여래의 지위에 들어가 태어나는 장이라 하는가. 선남자여, 이 보살이 삼세 여래의 처소에서 정수리에 물 붓는 법〔灌頂法〕을 받고 모든 경계의 차례를 두루 아느니라. 이른바 모든 중생이 앞 세상과 뒷 세상에서 죽고 나는 차례와 모든 보살의 수행하는 차례와 모든 중생의 마음으로 생각하는 차례와 삼세 여래의 성불하는 차례와 교묘한 방편으로 법문 말씀하는 차례를 알며, 앞 세상과 뒷 세상의 모든 겁이 이룩되고 망그러지는 이름의 차례도 알고, 교화를 받을 만한 중생을 따라서 도를 이루는 공덕과 장엄을 나타내며, 신통으로 법을 말하고 방편으로 조복하나니, 이것이 보살의 열 번째 태어나는 장이니라.

불자여, 만일 보살마하살이 이 열 가지 법을 닦아 익히고 증장하며 원만하게 성취하면, 능히 한 가지 장엄 속에 갖가지 장엄을 나타내며, 이렇게 모든 국토를 장엄하며, 모든 중생을 인도하고 깨우쳐서 오는 세월이 끝나도록 쉬지 아니하며, 모든 부처님 법 바다를 연설하며, 여러 가지 경계를 여러 가지로 성숙하여 한량없는 법을 차츰차츰 전하여 오며, 헤아릴 수 없는 부처님의 자재한 힘을 나타내어 모든 허공과 법계에 가득하며, 중생의 마음으로 행하는 바다에서 법륜을 굴리며, 모든 세계에서 성불함을 나타내되 항상 사이가 끊이지 아니하며, 말할 수 없이 청정한 음성으로 모든 법을 말하여 한량없는 곳에 머무르되 통달하여 걸림이 없으며, 온갖 법으로 도량을 장엄하고, 중생의 욕망과 이해하는 차별을 따라 성불함을 나타내고, 한량없는 깊은 법장을 열어 모든 세간을 교화하고 성취하느니라."

이 때 룸비니 숲 맡은 신이 이 뜻을 거듭 펴려고 부처님의 신통으로 시방을 관찰하고 게송을 말하였다.

가장 높고 때 없이 청정한 마음
부처님들 뵈옵기 싫은 줄 몰라
오는 세월 끝나도록 공양하고자
이는 지혜 밝은 이 태어나는 장.

삼세의 수없는 국토 가운데
살고 있는 중생들과 여러 부처님
제도하고 받드옵기 항상 원하니
부사의한 이들의 태어나는 장.

법 듣기 싫지 않고 관찰 좋아해
삼세에 두루하여 걸림 없으며
몸과 마음 깨끗하기 허공 같나니
이는 명망 있는 이들의 태어나는 장.

마음은 자비 바다 항상 머물고
굳기로는 금강과 보배산 같아
온갖 가지 지혜문을 통달했으니
이는 가장 높은 이의 태어나는 장.

인자함이 모든 것에 두루 덮이고
묘한 행은 바라밀을 항상 더하여
법의 광명 삼라만상 두루 비추니
이는 용맹한 이의 태어나는 장.

법의 성품 통달하여 걸림이 없고
삼세 부처님들 가문에 나서
시방의 법계 바다 널리 드나니
이는 슬기 있는 이의 태어나는 장.

법의 몸 깨끗하고 마음 트이어
시방의 모든 국토 두루 나아가
부처님의 모든 힘 다 이루나니
헤아릴 수 없는 이 태어나는 장.

깊은 지혜 들어가 자재하였고
여러 가지 삼매도 다 끝났으며
온갖 지혜 진실한 문 다 보았으니
이는 참 몸 가진 생각 태어나는 장.

부처님의 모든 국토 잘 다스리고
중생 교화하는 법 닦아 이루어
여래의 자재한 힘 나타내나니
큰 이름 떨친 이가 태어나는 장.

오래부터 살바야 닦아 행하고
여래의 높은 지위 빨리 들어가
법계를 밝게 알아 걸림 없나니
이는 여러 불자들이 태어나는 장.

"선남자여, 보살이 이 열 가지 법을 갖추고 여래의 가문에 태어나면 모든 세간의 청정한 광명이 되느니라. 선남자여, 나는 한량없이 오랜 겁으로부터 이 자재하게 태어나는 해탈문을 얻었노라."

선재동자는 말하였다.

"거룩하신 이여, 이 해탈문의 경계는 어떠하오니까?"

신은 대답하였다.

"선남자여, 나는 먼저 발원하기를 '모든 보살이 태어날 적마다 다 친근하게 하여지이다. 비로자나 여래의 한량없이 태어나는 바다에 들어가지이다' 하였고, 이런 서원의 힘으로 이 세계의 염부제에 있는 룸비니 숲 동산에 나서 '보살이 언제나 내려 오실는가' 하고 생각하였노라.

백 년을 지난 뒤에 세존이 도솔타천(兜率陀天)으로부터 내려오시는데, 그 때 이 숲 속에는 열 가지 상서가 나타났으니, 무엇이 열인가. 첫 번째는 이 동산의 땅이 홀연히 평탄해지고 구렁(坑坎)이나 등성이가 나타나지 않았다. 두 번째는 금강으로 땅이 되어 모든 보배로 장엄하고, 자갈과 가시덤불과 말뚝들이 없어졌다. 세 번째는 보배로 된 다라(多羅) 나무가 줄을 지어 둘러서고 그 뿌리가 깊이 들어가 물 있는 짬(水際)에까지 이르렀다. 네 번째는 모든 향의 움이 돋고 향의 광(香藏)이 나타났으며, 보배 향으로 된 나무가 수부룩하게 무성하여 모든 향기가 천상의 향기보다도 더 아름다웠다.

다섯 번째는 여러 묘한 화만과 보배 장엄거리가 줄지어 퍼져서 곳곳마다 가득하였다. 여섯 번째는 동산 안에 있는 나무에는 모두 마니보배 꽃이 저절로 피었다. 일곱 번째는 연못 속에는 자연히 꽃이 나는데, 땅속에서 솟아올라서 물 위에 두루 덮었다. 여덟 번째는 이 숲 속에는 사바세계의 욕심 세계와 형상 세계에 있는 하늘·용·야차·건달바·아수라·가루라·긴나라·마후라가의 왕들이 모두 모여 와서 합장하고 있었다.

아홉 번째는 이 세계에 있는 하늘 여자와 내지 마후라가의 여자들이 모두 환희하여 여러 가지 공양거리를 받들고 필락차畢洛叉 나무를 향하여 공경하고 서 있었다. 열 번째는 시방의 모든 부처님 배꼽에서 '보살이 태어나는 자재한 등불〔菩薩受生自在燈〕'이란 광명을 놓아 이 숲에 비추고, 낱낱 광명에서는 부처님이 태어나고 탄생하는 신통 변화와 보살들이 태어나는 공덕을 나타내었고, 또 여러 부처님의 가지가지 음성을 내었다. 이것이 이 숲 속의 열 가지 상서다.

이 상서가 나타날 때에 모든 천왕들은 보살이 내려오실 줄을 알았고, 나는 이 상서를 보고 한량없이 기뻐하였다. 선남자여, 마야부인摩耶夫人이 가비라성迦毘羅城에서 나와 이 숲에 들어올 때도, 열 가지 광명의 상서가 있어 중생들에게 법의 광명을 얻게 하였다.

무엇이 열인가. 이른바 모든 보배 꽃 광 광명, 보배 향 광 광명, 보배 연꽃이 피어 진실하고 묘한 음성을 연설하는 광명, 시방 보살이 처음으로 마음을 내는 광명, 모든 보살이 여러 지위에 들어가서 신통 변화를 나타내는 광명, 모든 보살이 바라밀의 원만한 지혜를 닦는 광명, 모든 보살이 중생을 교화하는 방편 지혜의 광명, 모든 보살이 법계를 증득하는 진실한 지혜의 광명, 모든 보살이 부처님의 자재하심을 얻어 태어나고 출가하여 정각을 이루는 광명이니, 이 열 가지 광명이 한량없는 중생들의 마음을 두루 비추느니라.

선남자여, 마야부인이 필락차 나무 아래 앉을 적에 다시 보살이 탄생하려는 열 가지 신통 변화를 나타내었느니라.

무엇이 열인가. 선남자여, 보살이 탄생하시려는 때에 욕심 세계[欲界]의 하늘·천자·천녀와 형상 세계[色界]의 모든 하늘·용·야차·건달바·아수라·가루라·긴나라·마후라가와 그 권속들이 공양하기 위하여 구름같이 모여 왔고, 마야부인은 위엄과 덕이 썩 훌륭하여 여러 털구멍에서 광명을 놓아 삼천대천세계를 두루 비추어 막히는 데가 없었으며, 다른 광명들은 모두 나타나지 못하였고, 모든 중생의 번뇌와 나쁜 길의 고통을 말하였으니, 이것이 보살의 탄생하시려는 첫 번째의 신통 변화니라.

또 선남자여, 그 때에 마야부인의 복중에서 삼천대천세계의 모든 형상을 나타내었는데, 백억 염부제 안에 각각 나라가 있고 각각 숲 동산이 있어 이름이 같지 아니하였으며, 다 마야부인이 그 가운데 계시거든, 하늘 대중이 둘러 모셨으니, 보살이 장차 태어나시려 할 때의 부사의한 신통 변화를 나타내려는 것이다.

이것이 보살의 탄생하시려는 두 번째의 신통 변화니라.

또 선남자여, 마야부인의 모든 털구멍마다 여래께서 옛날 보살의 도를 수행할 적에 모든 부처님께 공경하고 공양하던 일과 부처님들의 법문 말씀하는 음성을 듣던 일을 나타내었느니라. 마치 밝은 거울이나 물 속에 허공과 해와 달과 별과 구름과 우레의 모양을 나타내듯이, 마야부인의 털구멍도 그와 같아서, 여래의 지난 세상 인연을 능히 나타내었으니, 이것이 보살의 탄생하시려는 세 번째의 신통 변화니라.

또 선남자여, 마야부인의 털구멍에는 여래께서 지난 세상 보살의 행을 닦을 적에 계시던 세계와 도시와 마을과 산과 숲과 강과 바다와 중생과 겁의 수효를 나타냈으며, 부처님이 세상에 나신 일과 깨끗한 국토에 들어가서 태어나는 일과 수명이 길고 짧음과 선지식을 의지하여 착한 법을 닦던 일과 모든 세계에서 태어날 적마다 마야부인이 어머니가 되시던 온갖 일이 모두 털구멍에 나타났으니, 이것이 보살의 탄생하시려는 네 번째의 신통 변화니라.

또 선남자여, 마야부인의 낱낱 털구멍마다 여래께서 지난 세상에 보살이 행을 닦으실 적에 나셨던 곳과 모습[色相]과 형상[形貌]이 나타났으며, 의복과 음식과 괴롭고 즐거운 일이 낱낱이 나타나서 분명하게 볼 수 있었으니, 이것이 보살의 탄생하시려는 다섯 번째의 신통 변화니라.

또 선남자여, 마야부인의 털구멍마다 세존께서 지난 세상 보시하는 행을 닦을 적에 버리기 어려운 머리·눈·귀·코·입술·혀·치아·몸·손·발·피·살·힘줄·뼈와 아들·딸·아내·첩·도시·궁전·의복·영락·금·은·보화 따위의 안팎으로 모든 것을 버리던 일을 나타내었으며, 또 받는 이의 형상과 음성과 처소까지 보였으니, 이것이 보살의 탄생하시려는 여섯 번째의 신통 변화니라.

또 선남자여, 마야부인이 이 농산에 들어올 적에 이 숲에는 지난 세상의 부처님들이 모태에 드실 때의 국토·동산·의복·화만·바르는 향·가루향·번기·당기·깃발·일산과 모든 보배로 장엄한 것이 모두 나타났고, 풍류와 노래와 아름다운 음성을 모든 중생들이 다 듣고 보게 되었으니, 이것이 보살의 탄생하시려는 때의 일곱 번째 신통 변화니라.

또 선남자여, 마야부인이 이 동산에 들어올 적에 그 몸으로부터 보살이 거주하는 마니보배로 된 궁전과 누각을 내었는데, 모든 하늘·용·야차·건달바·아수라·가루라·긴나라·마후라가나 사람 왕의 거처하는 데보다 뛰어났으며, 보배 그물을 위에 덮고 묘한 향기가 두루 풍기며, 여러 보배로 장엄하여 안팎이 청정하고 제각기 달라서 서로 섞이지 않고 룸비니 동산에 두루 가득하였으니, 이것이 보살의 탄생하시려는 때의 여덟 번째 신통 변화니라.

또 선남자여, 마야부인이 이 동산에 들어올 적에 그 몸에서 열 곱 말할 수 없는 백천억 나유타 세계의 티끌 수 보살을 내었는데, 그 보살들의 형상과 용모와 잘생긴 모습과 광명과 나아가고 멈추는 위의와 신통과 권속들이 모두 비로자나보살과 다르지 않았으며, 다 한꺼번에 여래를 찬탄하였으니, 이것이 보살의 탄생하시려는 때의 아홉 번째 신통 변화니라.

또 선남자여, 마야부인이 보살을 탄생하려 할 때에, 문득 그 앞에 금강의 짬〔際〕으로부터 큰 연꽃이 솟아났으니, 이름은 온갖 보배로 장엄한 광〔一切寶莊嚴藏〕이며, 금강으로 줄기가 되고 여러 보배로 꽃술이 되고 여의 보배로 꽃판이 되었다. 열 세계의 티끌 수 잎은 모두 마니로 되었고 보배 그물·보배 일산이 위에 덮였는데, 모든 천왕들이 함께 받들었고, 모든 용왕은 향 비〔香雨〕를 내리고, 모든 야차왕은 공경하며 둘러싸고 하늘 꽃을 흩고, 모든 건달바왕은 아름다운 음성으로 지난 세상에 보살이 부처님께 공양하던 공덕을 찬탄하고, 모든 아수라왕은 교만한 마음을 버리고 머리를 조아려 경례하고, 모든 가루라왕은 보배 번기를 드리워 허공에 가득하고, 모든 긴나라왕은 환희하여 앙모하면서 보살의 공덕을 노래하며 찬탄하고, 모든 마후라가왕은 모두 환희하여 노래하고 찬탄하며 모든 보배 장엄 구름을 비내렸으니, 이것이 보살의 탄생하시려는 때의 열 번째 신통 변화니라.

선남자여, 룸비니 동산에서 이 열 가지 모양이 나타난 뒤에 보살의 몸이 탄생하시니, 마치 공중에 찬란한 해가 뜨는 듯, 높은 산 위에서 좋은 구름이 일어나는 듯, 여러 겹 쌓인 구름 속에 번개가 비치는 듯, 어두운 밤에 횃불을 밝히는 듯이, 보살이 어머니의 옆구리로 나시는 모습과 광명도 그와 같았다.

"선남자여, 보살이 그 때에 비록 처음으로 나심을 나타내었지만 모든 법이 꿈과 같고 눈어리 같고 그림자 같고 영상과 같아서 오는 것도 없고 가는 것도 없고 나지도 않고 멸하지도 않는 것임을 이미 통달하였느니라.

선남자여, 부처님이 이 사천하의 염부제에 있는 룸비니 동산에서 처음으로 탄생하시면서 가지가지 신통 변화가 나타나는 것을 내가 보는 동시에, 여래께서 삼천대천세계의 백억 사천하의 염부제에 있는 룸비니 동산에서 처음으로 탄생하시면서 가지가지 신통 변화를 나타내는 것도 보았고, 또 삼천대천세계의 낱낱 티끌 속에 있는 한량없는 세계에서도 그러함을 보았고, 또 백 부처님 세계, 천 부처님 세계와, 내지 시방 모든 세계의 낱낱 티끌 속에 있는 한량없는 세계에서와 같이, 모든 부처님 세계에도 다 여래께서 탄생하시면서 가지가지 신통 변화를 나타내는 것을 보았나니, 이와 같이 잠깐잠깐도 항상 끊어지지 아니하였느니라."

이 때 선재동자는 저 신에게 말하였다.

"큰 천신께서 이 해탈을 얻은 지는 얼마나 오래였나이까?"

신이 대답하였다.

"선남자여, 지나간 옛적 일억 세계의 티끌 수 겁을 지내고, 또 그만한 겁 전에 세계가 있었으니 이름이 두루한 보배〔普寶〕요, 겁의 이름은 즐거움〔悅樂〕이었는데, 80나유타 부처님이 그 속에서 나시었느니라. 첫 부처님의 이름은 자재공덕당〔自在功德幢〕으로서 열 가지 호가 구족하였고, 그 세계에 묘한 빛 장엄〔妙光莊嚴〕이란 사천하가 있었느니라.

그 사천하의 염부제에 한 나라가 있으니 이름은 수미장엄당〔須彌莊嚴幢〕이요, 그 나라의 왕은 이름이 보배 불꽃 눈〔寶焰眼〕이며, 그 왕의 부인은 기쁜 빛〔喜光〕이었느니라. 선남자여, 이 세계에서는 마야부인이 비로자나여래의 어머니가 되는 것처럼 저 세계에서는 기쁜 빛 부인이 첫 부처님의 어머니가 되었느니라.

선남자여, 그 기쁜 빛 부인이 보살을 탄생하려는 때에 20억 나유타 채녀采女들과 함께 금꽃 동산에 나아갔는데, 동산에 누각이 있으니 이름이 묘한 보배 봉우리[妙寶峰]요, 그 곁에 나무가 있으니 이름이 온갖 것 보시[一切施]라, 기쁜 빛 부인이 그 나뭇가지를 더위잡고 보살을 낳으니, 여러 천왕들이 향수로써 목욕시켰다.

그 때 깨끗한 빛[淨光]이란 유모가 그 곁에 있었는데, 천왕들이 보살을 목욕을 시키고는 유모에게 주었고, 유모는 보살을 받들고 매우 기뻐하면서 보살의 넓은 눈 삼매[菩薩普眼三昧]를 얻었다. 이 삼매를 얻고는 시방의 한량없는 여러 부처님을 뵈옵고 다시 보살이 여러 곳에서 일부러 태어나는 자재한 해탈을 얻었는데, 처음 태胎에 드는 의식[識]이 걸림 없이 빠른 것같이 하였고, 이 해탈을 얻은 연고로 모든 부처님들이 본래 서원한 힘으로 자재하게 태어나는 것을 보기도 그와 같이 하였다.

선남자여, 어떻게 생각하느냐. 그 유모는 다른 이가 아니라, 내 몸이었느니라.

나는 그 때부터 잠깐잠깐마다 비로자나불이 보살로 태어나는 바다와 중생을 조복하는 자재한 신통을 보았으며, 비로자나불이 본래의 서원한 힘으로 잠깐잠깐마다 이 삼천대천세계와 내지 시방 모든 세계의 티끌 속에서 보살로 태어나면서 신통 변화를 나타냄을 보는 것처럼, 모든 부처님도 그와 같이 보고, 공경하고 받자와 섬기면서 공양하고, 말씀하시는 법을 듣고 말씀하신 대로 수행하였노라."

이 때 룸비니숲 신이 이 해탈의 뜻을 거듭 펴려고 부처님의 신통한 힘을 받들어 시방을 관찰하고 게송을 말하였다.

불자여, 그대가 물은
부처님의 깊은 경지를
내가 이제 그 인연 말하리니
그대여, 자세히 들으라.

일억 세계 티끌 수 겁 전에
즐거움이란 겁이 있으니
팔십 나유타 여래께서
그 세상에 나시었는데

그 첫 부처님이
자재공덕당이시니
나는 금꽃 동산에서
그가 탄생하심을 보았소.

나는 그 때 유모로서
지혜 있고 총명했는데
천왕들이 금빛 보살을
나에게 주었소.

나는 빨리 받잡고
살폈으나 정수리는 볼 수 없고
잘생긴 모습 모두 원만하여
낱낱이 끝닿은 데 없었소.

때 없이 깨끗한 몸
거룩한 모습으로 장엄했으니
마치 보배로 된 형상처럼
보고 스스로 기뻐하였소.

그 공덕 생각하니
모든 복 바다 빨리 더할 듯
이 신통한 일을 보고
큰 보리심 내어

부처의 공덕 구하고
큰 서원 넓히었으며
모든 세계 깨끗이 장엄
삼악도를 없애 제했소.

시방의 모든 국토에서
수없는 부처님 공양하며
본래의 서원 닦아 행하여
중생들의 고통 건져 주려고

나는 그 부처님에게
법문 듣고 해탈 얻어
일억 세계의 티끌 수처럼
한량없는 겁에 행을 닦았소.

그런 겁 동안 많은 부처님
나는 모두 공양하고
그의 바른 법 보호하여
이 해탈 바다 깨끗이 하고

나는 잠깐 동안에
세계의 티끌 속에 계시는
낱낱 여래께서 깨끗케 한
세계 바다를 보니

그 세계마다 부처님 계셔
동산에서 탄생하시며
부사의하고 광대한
신통을 제각기 나투었소.

어떤 헤아릴 수 없는
억만 세계의 여러 보살들
천궁에 계시면서
부처의 보리 증득하려고

한량없는 세계 바다에서
부처님들 탄생하시고
대중에 둘러싸여 설법하심을
여기서 모두 보았소.

나는 잠깐 동안에
억만 세계의 티끌 수 보살들
출가하여 도량에서
부처님 경계 나타냄을 보고

나는 또 세계의 티끌 속에서
한량없는 부처님 성도하시고
여러 가지 방편으로
괴로운 중생을 건지심 보고

모든 티끌 속에서
부처님들 법륜 굴리며
그지없는 음성으로
감로법을 비내리며

티끌 수 같은 억천 겁
낱낱 세계의 티끌 속에서
부처님이 열반에 드심을
나는 또 모두 보았소.

이렇게 한량없는 세계에
여래께서 탄생하는 대로
나는 몸을 나누어
그 앞에 공양하였고

부사의한 세계 바다
한량없는 길 각각 다른데
나는 그 앞에 나타나
큰 법 비를 내렸소.

불자여, 나는
이 부사의한 해탈문을
한량없는 겁에 말하여도
다하지 못할 줄을 아소.

"선남자여, 나는 다만 이 보살의 한량없는 겁, 모든 곳에서 가득히 태어나는 자재한 해탈을 알거니와, 저 보살마하살들이 능히 잠깐 동안으로 여러 겁을 삼으며 온갖 법을 관찰하고, 좋은 방편으로 일부러 태어나서 모든 부처님께 공양하며, 모든 불법을 끝까지 통달하고 모든 길에 태어나서 여러 부처님 앞에서 연꽃 자리에 앉으며, 중생을 제도할 시기를 알고는 일부러 태어나서 방편으로 조복하며, 여러 세계에서 신통 변화를 나타내되 그림자와 같이 그 앞에 나타나는 일이야 내가 어떻게 알며 그 공덕의 행을 말하겠는가.

선남자여, 이 가비라성迦毘羅城 중에 석가 아씨가 있으니 이름이 구파瞿波라. 그대는 그에게 가서 보살이 어떻게 나고 죽는 속에서 중생을 교화하느냐고 물으라."

선재동자는 그의 발에 엎드려 절하고 수없이 돌고 은근하게 우러러 보면서 하직하고 떠났다.

대방광불화엄경 제75권

제75권

39. 입법계품 ⑯

2) 가지 법회 ⑮

(41) 석가녀釋迦女 구파瞿波를 찾다

이 때 선재동자는 가비라성迦毗羅城을 향하면서 태어나는 해탈을 생각하고 닦아 더 늘게 하며 광대하게 하여 기억하고 버리지 아니하며, 점점 행하여 보살들이 모여 있는 법계를 널리 나타내는 광범한 강당에 이르렀다.

그 가운데 신이 있으니 이름이 근심 없는 덕이었고, 궁전을 맡은 1만 신들과 함께 와서 선재동자를 맞으면서 이렇게 말하였다.

"잘 오시도다. 장부여, 큰 지혜가 있고 큰 용맹이 있어 보살의 부사의하고 자재한 해탈을 닦으며, 마음에는 광대한 서원을 항상 버리지 않고, 법의 경계를 잘 관찰하며, 법의 성에 편안히 있으면서 한량없는 방편문에 들어가 여래의 큰 공덕 바다를 성취하였고, 묘한 변재를 얻어 중생들을 잘 조복하며, 거룩한 지혜의 몸을 얻어 항상 따라 수행하고, 모든 중생의 마음과 행이 차별함을 알아 그들이 기뻐서 부처님 도로 나아가게 하나이다.

내가 보건대 당신은 묘한 행을 닦는 마음이 잠깐도 게으르지 않으며, 동작하는 위의가 모두 청정하니, 당신은 오래지 않아서 여래의 청정하게 장엄한 위없는 삼업三業을 얻을 것이며, 여러 가지 잘생긴 모습으로 몸을 장엄하고, 십력十力의 지혜로 마음을 훌륭하게 장식하여 모든 세간에 다니리이다.

또 보니 당신은 용맹하게 정진함이 비길 데 없으니, 오래지 않아서 삼세의 부처님들을 보고 그의 법을 들을 것이며, 오래지 않아서 모든 보살의 선정과 해탈과 삼매의 낙을 얻을 것이며, 오래지 않아서 여러 부처님 여래의 깊은 해탈에 들어갈 것이외다.

왜냐 하면 선지식을 보면 친근하게 공양하며 그의 가르침을 받고는 기억하고 닦아 행하며, 게으르지 않고 물러가지 않고 근심이 없고 뉘우침이 없고 장애가 없으며, 마魔와 마의 백성들이 저해하지 못하며, 오래지 않아 위없는 과를 이를 연고외다."

선재동자가 말하였다.

"거룩하신 이여, 지금 말씀하신 것을 내가 모두 얻으려 하나이다.

거룩하신 이여, 모든 중생들이 번뇌를 쉬며 나쁜 업을 여의고, 안락한 곳에 나서 깨끗한 행을 닦기로 내가 원하옵나니, 거룩하신 이여, 모든 중생이 번뇌를 일으키고 나쁜 업을 지어 악취惡趣에 떨어져서 몸과 마음으로 고통을 받는 것을 보살이 보면 걱정하고 괴로운 마음을 내는 것이외다.

거룩하신 이여, 비유하면 어떤 사람이 지극히 사랑하는 외아들이 있는데, 다른 사람이 아들의 몸을 할퀴고 찢는 것을 보면 아픈 가슴을 참을 수 없습니다. 보살마하살도 그와 같아서, 중생들이 번뇌로 업을 짓고 삼악취三惡趣에 떨어져 모든 고통을 받는 것을 보면 근심하고 걱정할 것이며, 만일 중생들이 몸과 말과 뜻으로 세 가지 착한 업을 짓고 천상이나 인간에 나서 쾌락을 받는 것을 보면 보살이 매우 즐거워할 것이외다.

그 까닭을 말하면, 보살은 자기를 위하여서 온갖 지혜를 구하는 것이 아니니, 나고 죽는 일과 모든 욕락을 탐하지 않으며 뒤바뀐 생각과 뒤바뀐 소견과 뒤바뀐 마음과, 얽매임과, 따라다니며 잠자게 하는〔隨眠〕것과, 애착하고〔愛〕억측하는〔見〕힘을 따라 옮겨지지 않으며, 중생들의 여러 가지 즐기는 생각을 일으키지 않으며, 여러 선정의 즐거움에 맛들이지도 않고, 장애가 되거나 고달프거나 물러가서 생사에 머물지도 아니하나이다.

다만 중생들이 모든 존재〔有〕에서 한량없는 괴로움을 받는 것을 보고는 크게 가엾이 여기는 마음을 내어 큰 서원의 힘으로 두루 거두어 주며, 자비와 서원의 힘으로 보살의 행을 닦나니, 모든 중생의 번뇌를 끊기 위하여, 여래의 온갖 지혜의 지혜를 구하기 위하여, 모든 부처님 여래에게 공양하기 위하여, 모든 넓고 큰 국토를 깨끗이 장엄하기 위하여, 모든 중생의 욕락과 그의 몸과 마음으로 행하는 일을 깨끗이 다스리기 위하여, 나고 죽는 속에서 고달픈 줄을 모르나이다.

거룩하신 이여, 보살마하살은 모든 중생에게 장엄이 되나니 인간과 천상에서 부귀의 낙樂을 내게 하는 연고며, 부모가 되나니 그를 위하여 보리심을 잘 정돈하는 연고며, 양육함이 되나니 그의 보살의 도를 성취케 하는 연고며, 호위함이 되나니, 삼악도三惡道를 여의게 하는 연고며, 뱃사공이 되나니 생사의 바다를 건네게 하는 연고며, 의지할 데가 되나니 마와 번뇌의 공포를 버리게 하는 연고며, 끝단 데가 되나니 서늘한 낙樂을 영원히 얻게 하는 연고며, 나루터가 되나니 모든 부처님 바다에 들어가게 하는 연고이나이다.

길잡이가 되나니 온갖 법 보배가 있는 섬에 이르게 하는 연고며, 묘한 꽃이 되나니 부처들의 공덕의 마음을 피게 하는 연고며, 장엄거리가 되나니 복덕과 지혜의 빛을 놓는 연고며, 좋아할 것이 되나니 무릇 하는 일이 모두 단정한 연고며, 존경할 만하니 모든 나쁜 업을 멀리 여의는 연고며, 보현보살이 되나니 단정하고 엄숙한 몸을 갖춘 연고며, 크게 밝음이 되나니 항상 지혜의 깨끗한 광명을 놓는 연고며, 큰 구름이 되나니 모든 감로의 법을 비내리는 연고이나이다.

거룩한 이여, 보살이 이렇게 수행할 때에 모든 중생으로 하여금 사랑하고 좋아하여 법의 즐거움을 구족케 하나이다."

이 때 선재동자가 법당에 오르려 하매, 근심 없는 덕과 여러 신들이 천상의 것보다 더 좋은 화만·바르는 향·가루향과 여러 가지 장엄거리로 선재에게 흩으며 게송을 말하였다.

    당신은 지금 세간을 뛰어나
    세상의 큰 등불 되고
    모든 중생을 두루 위하여
    위없는 깨달음 부지런히 구하니

    한량없는 억천 겁에
    당신을 뵈올 수 없어
    공덕의 햇빛 하늘에 떠서
    세간의 어둠 없애고

당신은 모든 중생들이
번뇌에 덮임을 보고
가엾이 여기는 마음으로
스승 없는 도를 증득하려고

당신은 청정한 마음으로
부처님의 보리 구하여
선지식 받들어 섬기며
몸과 목숨 아끼지 않아.

당신은 모든 세간에
의지도 없고 애착도 없고
넓은 마음 걸림 없이
깨끗하기 허공 같으며

당신은 보리의 행을 닦아
공덕이 모두 원만하고
큰 지혜의 광명 놓아
모든 세간 널리 비추며

당신은 세간을 떠나지 않고
세간에 집착하지도 않아
걸림 없이 세간에 다니기
바람이 허공에 다니는 듯

마치 화재가 일어날 적에
무엇으로도 끌 수 없듯이
당신이 보리를 닦는
정진의 불 그와 같네.

용맹하고 크게 정진함
견고하여 동할 수 없으며
금강 같은 지혜의 사자
어디 다녀도 두려움 없듯

모든 법계에 있는
여러 세계 바다에
당신이 모두 나아가
선지식을 친근히 모시네.

 그 때 근심 없는 덕 신〔無憂德神〕이 이 게송을 말하고 법을 좋아하는 연고로 선재동자를 따라다니며 항상 떠나지 않았다.
 이 때 선재동자는 법계를 널리 나타내는 광명한 강당에 들어가 석씨녀釋氏女를 두루 찾다가, 강당 안에서 보배연꽃 사자좌에 앉은 것을 보았다.
 팔만 사천의 시녀〔采女〕들이 둘러 모시었는데, 그 시녀들도 모두 왕의 가문에서 났으며, 지난 세상에 보살의 행을 닦으며 선근을 함께 심고 보시와 좋은 말로 중생들을 거두어 주며, 이미 온갖 지혜의 경계를 분명히 보았고, 부처님의 보리의 행을 함께 닦았으며, 바른 선정에 항상 머물고 크게 가엾이 여기는 데 항상 노닐며, 중생들을 널리 거두어 주기를 외아들같이 하고, 인자한 마음을 갖추고 권속이 청정하였으며, 지난 세상에 보살의 헤아릴 수 없는 교묘한 방편을 성취하여 아뇩다라삼먁삼보리에서 물러가지 아니하며, 보살의 모든 바라밀을 구족하고 모든 집착을 여의어 생사를 좋아하지 않으며, 비록 번뇌와 업이 있는 데다니어도 마음은 항상 청정하며, 온갖 지혜의 도를 항상 관찰하여 장애의 그물을 떠나 집착하는 데서 뛰어났으며, 법의 몸으로부터 나툰 몸〔化形〕을 보이며, 보현의 행을 내고 보살의 힘을 자라게 하며, 지혜의 해와 슬기의 등불이 이미 원만하였다.

그 때 선재동자는 석녀釋女 구파瞿波에게 나아가 발에 엎드려 절하고 합장하고 서서 말하였다.

"거룩하신 이여, 저는 이미 아뇩다라삼먁삼보리심을 내었으나, 보살이 어떻게 해야 생사 중에서 생사의 걱정에 물들지 않으며, 법의 성품을 깨달아 성문이나 벽지불의 지위에 머물지 않으며, 부처의 법을 구족하고도 보살의 행을 닦으며, 보살의 지위에 있으면서 부처님 경계에 들어가며, 세간에서 초월하고도 세간에 태어나며, 법의 몸을 성취하고도 그지없는 여러 가지 육신을 나타내며, 형상 없는 법을 증득하고도 중생을 위하여 모든 형상을 나타내며, 법은 말할 것 없음을 알고도 중생을 위하여 법을 연설하며, 중생이 공한 줄 알면서도 중생을 교화하는 일을 버리지 않으며, 부처님은 나지도 않고 멸하지도 않음을 알면서도 부지런히 공양하고 물러가지 않으며, 모든 법이 업도 없고 과보도 없음을 알면서도 여러 가지 착한 행을 닦아 항상 쉬지 않는지를 알지 못하나이다."

그 때 구파녀瞿波女는 선재에게 말하였다.

"훌륭하고, 훌륭하다. 선남자여, 그대가 이제 보살마하살의 이와 같이 행하는 법을 묻는구나. 보현의 모든 행과 원을 닦는 이라야 능히 이렇게 묻느니라. 자세히 듣고 잘 생각하라. 내가 부처님의 신통한 힘을 받자와 그대에게 말하리라.

선남자여, 만일 보살들이 열 가지 법을 성취하면 인다라 그물 같은 넓은 지혜 광명인 보살의 행을 능히 원만하리라.

무엇이 열인가? 이른바 선지식을 의지하는 연고며, 광대하고 훌륭한 이해를 얻는 연고며, 청정한 욕망을 얻는 연고며, 온갖 복과 지혜를 모으는 연고며, 여러 부처님에게서 법을 듣는 연고며, 마음에 항상 삼세 부처님을 버리지 않는 연고며, 모든 보살의 행과 같은 연고며, 모든 여래가 보호하고 염려하는 연고며, 큰 자비와 묘한 서원이 다 청정한 연고며, 지혜의 힘으로 모든 생사를 모두 끊는 연고니, 이것이 열이니라. 만일 보살들이 이 법을 성취하면 인다라 그물 같은 넓은 지혜의 광명인 보살의 행을 능히 원만하느니라.

불자여, 만일 보살이 선지식을 친근하면 정진하고 물러가지 아니하여 다함이 없는 부처의 법을 닦아서 내느니라. 불자여, 보살은 열 가지 법으로 선지식을 친근하나니, 무엇이 열인가? 이른바 자기의 몸과 목숨을 아끼지 않으며, 세상의 즐거워하는 도구를 탐내어 구하지 않으며, 모든 법의 성품이 평등한 줄을 알며, 모든 지혜와 서원을 영원히 퇴타하여 버리지 않으며, 모든 법계의 진실한 모양을 관찰하며, 마음에는 모든 존재의 바다를 항상 떠나며, 법이 공함을 알고 마음에 의지함이 없으며, 모든 보살의 큰 원을 성취하며, 모든 세계 바다를 항상 나타내며, 보살의 걸림 없는 지혜 바퀴를 깨끗이 닦는 것이니라.

불자여, 마땅히 이 법으로 모든 선지식을 섬기고 어기지 말라."

그 때 석가釋迦 구파녀瞿波女는 이 뜻을 거듭 펴려고 부처님의 신통한 힘을 받자와 시방을 관찰하고 게송을 말하였다.

보살이 모든 중생 이익하려고
바른 생각 선지식을 친히 섬기며
부처같이 공경하고 게으름 없어
이 행은 이 세상의 인다라 그물

좋은 이해[勝解] 넓고 크기 허공 같아서
이 가운데 삼세가 모두 들었고
국토 · 중생 · 부처님도 그러하나니
이것은 넓은 지혜 광명행이며

즐거운 맘 허공같이 끝단 데 없고
번뇌는 아주 끊고 때를 여의고
모든 부처 계신 데서 공덕 닦으니
이 행은 이 세상의 몸 구름의 행

보살이 온갖 지혜 닦아 익히고
헤아릴 수가 없는 공덕 바다에
모든 복덕 지혜의 몸 깨끗이 하니
이 세상에 물들지 아니하는 행

모든 세계 부처님 여래에게서
그 법문 들어 받기 싫은 줄 몰라
실상의 지혜 등불 능히 내나니
이 행은 이 세상의 두루 비춘 행

시방의 부처님들 한량이 없어
한 생각에 모든 것에 다 들어가며
마음에는 여래를 버리지 않나니
보리를 향해 가는 큰 서원의 행

부처님의 여러 대중 모인 회상과
수없는 보살들의 삼매 바다와
서원 바다·방편 바다 다 들어가니
이 행은 이 세상의 인다라 그물

모든 부처님들의 가피를 입어
그지없이 오는 세월 끝날 때까지
간 데마다 보현의 도 닦아 행하니
이것은 보살들의 몸 나투는 행

중생들의 많은 고통 받음을 보고
대자대비한 맘으로 세간에 나서
법의 광명 연설하여 어둠 없애니
이런 것은 보살의 지혜 해의 행

중생들 여러 길에 있음을 보고
그지없는 묘한 법륜 위해 모아서
그들의 생사 흐름 끊게 하나니
이것은 보현행을 수행하는 것

보살이 이 방편을 닦아 행하고
중생의 마음 따라 몸을 나투어
모든 세계 좋고 나쁜 여러 길에서
한량없는 중생들을 제도하오며

대자대비 여러 가지 방편으로써
세간에 두루하게 몸을 나투고
중생들의 욕망 따라 법을 말하여
모두들 보리도로 향하게 하네.

이 때 석가녀 구파瞿波는 이 게송을 말하고 나서 선재동자에게 말하였다.

"선남자여, 나는 이미 모든 보살의 삼매 바다를 관찰하는 해탈문을 성취하였노라."

선재동자가 말하였다.

"거룩하신 이여, 이 해탈문의 경계가 어떠하나이까?"

구파가 대답하였다.

"선남자여, 내가 이 해탈문에 들고는, 이 사바세계에서 부처 세계의 티끌 수 겁 동안에 있는 모든 중생들이 여러 길〔趣〕에서 헤매면서, 여기서 죽어 저기 나는 일과, 선을 짓고 악을 지어 모든 과보를 받는 일과, 벗어나기를 구하는 이와 구하지 않는 이와, 바로 결정된 것·잘못 결정된 것·결정되지 못한 것과, 번뇌 있는 선근·번뇌 없는 선근과, 구족한 선근·구족하지 못한 선근과, 착하지 못한 뿌리에 잡히는 선근과, 선근에 잡히는 착하지 못한 뿌리와, 이렇게 모은 선한 법·선하지 못한 법을 내가 다 알고 보노라.

또 저 겁 동안에 계시던 부처님의 이름과 차례를 내가 다 알고, 그 부처님 세존께서 처음 발심하던 것과 방편으로 온갖 지혜를 구하던 것과, 여러 가지 큰 서원 바다를 내고 부처님들께 공양하며, 보살의 행을 닦으며, 등정각을 이루고 묘한 법륜을 굴리며, 큰 신통을 나투어 중생들을 제도하던 것을 내가 다 아노라.

또 저 부처님들의 대중이 제각기 다를 것을 알며, 그 모인 가운데 중생들이 성문승을 의지하여 뛰어나던 일과 그 성문 대중이 과거에 모든 선근을 닦던 일과 그들이 얻은 여러 가지 지혜를 내가 다 아노라.

어떤 중생은 독각승을 의지하여 뛰어나던 일과, 그 독각들의 가진 선근과 얻은 보리와 고요하게 해탈하고 신통 변화로 중생을 성숙하며 열반에 드는 것을 내가 다 아노라.

또 저 부처님의 보살 대중과 그 보살들이 처음 발심하여 선근을 닦아 익히고, 한량없는 원과 행을 내고 모든 바라밀을 만족하게 성취하고, 가지가지로 보살의 도를 장엄하는 것을 아노라.

자유자재한 힘으로 보살의 지위에 들어가서 보살의 지위에 머물고, 보살의 지위를 관찰하고 보살의 지위를 깨끗이 함과, 보살 지위의 모양·보살 지위의 지혜·보살에 소속한 지혜·보살이 중생을 교화하는 지혜·보살이 세워 놓는 지혜·보살의 광대한 행의 경계·보살의 신통·보살의 삼매 바다·보살의 방편과 보살이 잠깐 동안에 들어가는 삼매 바다·얻은 온갖 지혜의 광명·얻은 온갖 지혜의 번개빛 구름·얻은 실상의 법 지혜·통달한 온갖 지혜·머무는 세계 바다·들어간 법 바다·아는 중생 바다·머무는 방편·내는 서원·나투는 신통을 내가 다 아노라.

선남자여, 이 사바세계에서 오는 세월이 끝날 때까지의 겁 바다가 서로 계속하여 끊어지지 아니함을 내가 다 아노라.

이 사바세계를 아는 것처럼, 사바세계 안에 있는 티끌 수 세계도 알고, 또 사바세계 안에 있는 온갖 세계도 알고, 또 사바세계의 티끌 속에 있는 세계도 알고, 또 사바세계의 밖으로 시방에 새가 없이〔無間〕 있는 세계도 알고, 또 사바세계의 세계종世界種에 소속한 세계도 알고, 또 비로자나 세존의 화장세계해 가운데 있는 시방의 한량없는 세계종에 소속한 세계들도 아노라.

이른바 세계의 넓기·세계의 정돈됨·세계의 바퀴·세계의 도량·세계의 차별·세계의 옮김·세계의 연화·세계의 수미산·세계의 이름과, 이 세계해의 끝까지 모든 세계가 비로자나 세존의 본래의 원력으로 말미암은 것임을 내가 다 알고 능히 기억하노라.

또 여래께서 옛날에 있었던 바다도 기억하노니, 이른바 모든 승乘의 방편을 닦아 모으며, 한량없는 겁 동안에 보살의 행에 머물렀으며, 부처님의 국토를 깨끗이 하고 중생을 교화하며, 부처님을 받자와 섬기고 있을 곳을 마련했으며, 법문 말씀함을 듣고 삼매를 얻어 자재하여지며, 단檀바라밀을 닦아 부처님의 공덕 바다에 들어가며, 계율을 지니고 고행하며, 여러 가지 참음을 갖추고 용맹하게 정진하며, 선정을 성취하고 지혜를 원만하며, 여러 곳에 일부러 태어나며, 보현의 행과 원을 모두 청정히 하며, 여러 세계에 두루 들어가서 부처님의 국토를 깨끗이 하며, 모든 여래의 지혜 바다에 널리 들어가며, 모든 부처님의 보리를 두루 거두어 가지는 것이다.

또 여래의 큰 지혜의 광명을 얻고 부처님의 온갖 지혜의 성품을 증득하며, 등정각을 이루고 묘한 법륜을 굴리며, 부처님의 도량에 모인 대중과, 그 대중 가운데 중생들이 옛적부터 심은 선근과 처음 발심할 적부터 중생을 성숙하며, 수행하는 방편이 잠깐잠깐마다 증장하여 여러 삼매와 신통과 해탈을 얻은 따위의 모든 일을 내가 분명히 아노라.

왜냐 하면 나의 이 해탈은 모든 중생의 마음과 행동과 모든 중생의 닦아 행한 선근과 모든 중생의 물들고 청정함과 모든 중생의 갖가지 차별을 능히 알며, 모든 성문의 여러 삼매문과 모든 연각의 고요한 삼매·신통·해탈과 모든 보살·모든 여래의 해탈과 광명을 모두 분명히 아는 연고니라."

선재동자는 구파에게 말하였다.

"거룩하신 이여, 이 해탈을 얻은 지는 얼마나 오래되었나이까?"

"선남자여, 지난 옛적 부처 세계의 티끌 수 겁 전에 한 겁이 있었으니 이름은 썩 좋은 행〔勝行〕이요, 세계의 이름은 두려움 없음〔無畏〕이며, 그 세계에 안은安隱이란 사천하가 있고, 그 사천하의 염부제에 서울이 있으니 이름이 가장 좋은 나무〔高勝樹〕인데, 80개의 서울 중에 가장 첫째이며, 그 나라의 임금은 재물 주인〔財主〕이니라. 그 왕에게 6만 시녀와 5백 대신과 5백 왕자가 있는데, 그 왕자들이 모두 용맹하고 건장하여 대적을 항복 받았느니라.

그 왕의 태자는 이름이 위덕주威德主이니, 단정하고 특출하여 사람들이 보기를 좋아하며, 발바닥은 판판하며 수레바퀴 모양이 구족하고, 발등은 불룩하고, 손과 발가락 사이에는 그물 같은 막이 있고, 발꿈치는 가지런하고 손발이 보드랍고, 이니야伊尼耶 사슴의 장딴지 같고, 일곱 군데가 원만하고, 남근男根은 으슥하게 숨어 있고, 몸의 윗부분은 사자왕 같고, 두 어깨는 평평하고, 두 팔은 통통하며 길고, 몸이 곧고, 목에 세 줄 무늬가 있고, 치아는 40개인데 가지런하며 빽빽하고, 어금니 4개가 유난이 희고, 혀가 길고 넓고, 범천의 음성을 내고, 눈이 검푸르고 속눈썹이 소와 같고, 미간에는 흰 털이 있고, 정수리에는 살상투〔肉髻〕가 있고, 살결은 보드랍고 연하여 진금빛이요, 몸에 솜털이 위로 쓸리고, 머리카락이 제청帝靑 구슬빛 같고, 몸이 원만하기가 니구타尼拘陀

나무와 같았다.

　그 때 태자는 부왕의 명령을 받고 십천 시녀와 함께 향아원香芽園에 가서 구경하며 즐겼다. 태자는 이 때 보배 수레를 탔는데, 수레에는 여러 가지 장엄을 갖추었고, 큰 마니 사자좌를 놓고 그 위에 앉았으며, 5백 시녀는 보배 줄을 잡고 수레를 끌고 가는데, 나아가고 멈춤이 법도가 있어 빠르지도 더디지도 않았고, 백천만 사람은 보배 일산을 받고, 백천만 사람은 보배 당기를 들고, 백천만 사람은 보배 번기를 들고, 백천만 사람은 풍악을 잡히고 백천만 사람은 유명한 향을 사르고, 백천만 사람은 아름다운 꽃을 흩으며 앞뒤로 호위하고 따라갔다.

　길은 평탄하여 높고 낮은 데가 없고, 여러 가지 보배 꽃을 위에 깔았으며, 보배 나무는 줄을 짓고 보배 그물이 가득히 덮였으며, 여러 가지 누각이 그 사이에 뻗었는데, 그 누각에는 갖가지 보물을 쌓아 두기도 하고 모든 장엄거리를 벌여 놓기도 하고 갖가지 음식을 베풀기도 하고 갖가지 의복을 걸어 놓기도 하였으며, 살림살이에 필요한 물품을 저축하며, 얌전한 여인들과 많은 하인들을 있게도 하고서 요구하는 대로 보시하였다.

　그 때 잘 나타나는 여인에게 처녀 딸이 있으니 이름이 묘한 덕 갖춘이〔具足妙德〕이었다. 얼굴이 단정하고 모습이 점잖으며, 몸과 키가 알맞고 눈과 머리카락이 검푸르며, 소리는 범천의 음성 같고 모든 기술을 통달하고 변론에 능하며, 공손하고 부지런하여 게으르지 않고 인자하고 사랑하여 남을 해롭게 하지 않으며, 예모를 잘 알고 온화하고 질직하며, 어리석지 않고 탐욕이 없으며, 아첨하거나 속이는 일이 없는데, 보배 수레를 타고 시녀들께 호위되어 어머니와 더불어 서울에서 나와 태자보다 앞서서 가다가 태자의 음성과 노래를 듣고 사랑하는 마음이 나서 어머니에게 말하였다.

"나는 저 사람을 섬기고자 합니다. 만일 뜻대로 되지 않으면 자살이라도 하겠나이다."

어머니가 말하였다.

"너는 그런 생각을 하지 말라. 왜냐 하면 이 일은 될 수 없는 일이다. 저 태자는 전륜왕의 거룩한 모습을 구족하였으니 후일에 왕의 대를 이어 전륜왕이 되며, 보녀寶女가 생겨서 허공으로 자재하게 다니게 될 것이다. 우리는 미천하여 그의 배필이 될 수 없으므로 이 일은 가망이 없으니, 너는 그런 생각을 하지 말라."

그 때 향아원 옆에 법구름 광명이란 도량이 있었고, 그 도량에 부처님이 계셨으니 이름이 승일신勝日身이요, 십호十號가 구족하였으며, 세상에 나신 지 이레가 되었다. 그 때 처녀가 잠깐 졸다가 꿈에 그 부처님을 뵈옵고 깨어나니, 공중에서 천인이 말하였다.

"승일신여래께서 법구름 광명 도량에서 등정각을 이루신 지 이레가 되었는데, 보살 대중이 앞뒤에 둘러 모시었고 하늘·용·야차·건달바·아수라·가루라·긴나라·마후라가와, 범천과 내지 색구경천과, 지신·풍신·불 맡은 신·물 맡은 신·강 맡은 신·바다 맡은 신·산 맡은 신·나무 맡은 신·동산 맡은 신·약 맡은 신·땅 맡은 신들이 부처님을 뵈오려 모여왔다."

이 때 묘한 덕 갖춘 처녀는 꿈에 여래를 뵙기도 하고 부처님의 공덕을 들었던 연고로 마음이 편안하고 두려움이 없어서 태자의 앞에서 게송을 말하였다.

내 몸은 가장 단정해
소문이 시방에 퍼지고
지혜는 짝할 이 없으며

모든 기술을 모두 잘 알아

한량없는 백천 무리들
나를 보고 욕심 내지만
나는 그들에게
조금도 애욕이 없어

성내지도 원망하지도 않으며
싫어하지도 기뻐하지도 않고
광대한 마음을 내어
중생을 이익하려네.

내가 지금 태자를 보니
모든 공덕의 모습 갖추고
마음은 기쁘고 경행하며
여러 감관이 모두 화평해

살갗은 빛난 보배 같고
고운 머리카락 오른쪽으로 돌고
넓은 이마에 눈썹 가늘어
나는 당신을 섬기려 하오.

태자의 몸을 보니
순금으로 부은 동상 같고
큰 보배 산과도 같고

거룩한 모습 맑고 빛나며

눈은 길고 검푸른 빛
얼굴은 보름달, 사자의 뺨
화평한 면모, 고운 음성
나의 소원 받아 주소서.

넓고 길고 아름다운 혀
붉은 구릿빛 같고
범천의 음성, 긴나라 목소리
듣는 이 모두 즐거워하며

입은 방정해 들리지〔蹇縮〕 않고
이는 희고 가지런하고
말하거나 웃을 적에는
보는 이가 즐거워하며

때 없고 깨끗한 몸
삼십이 거룩한 모습
당신은 반드시 이 세계에서
전륜왕이 되오리다.

태자는 그 처녀에게 말하였다.
"너는 누구의 딸이며, 누구의 보호를 받는가? 만일 허락한 데가 있다면 나는 사랑하는 마음을 낼 수가 없소."

그 때 태자는 게송으로 물었다.

그대의 몸 매우 청정하고
공덕의 모습 갖추었네.
내 지금 묻노니
그대는 어디 있으며

부모는 누구고
누구에게 매여 있는가.
이미 매인 데 있으면
그 사람이 너를 지배하리라.

그대는 남의 것을 훔치지 않는가.
남을 해치려는 마음 없는가.
삿된 음행 하지 않는가.
어떤 말을 의지해 머무는가.

남의 나쁜 일을 말하지 않는가.
남의 친한 이를 헐뜯지 않는가.
다른 이의 경계를 침노하지 않는가.
남에게 성내지 않는가.

잘못된 소견을 내지 않는가.
어그러지는 업을 짓지 않는가.
아첨하거나 잘못된 힘과

방편으로 세상을 속이지 않는가.

부모를 존중하는가.
선지식을 공경하는가.
가난하고 곤궁한 이에게
거두어 줄 생각을 내는가.

만일 선지식이
법을 말하여 주면
견고한 마음을 내어
끝까지 존중하겠는가.

부처님을 사랑하는가.
보살을 잘 아는가.
스님들의 공덕 바다를
능히 공경하겠는가.

법을 능히 아는가.
중생을 청정케 할 수 있는가.
법에서 살겠는가.
법 아닌 데서 살겠는가.

외로운 이들을 보면
인자한 마음을 내겠는가.
나쁜 길에 있는 중생에게

가엾은 마음을 낼 수 있는가.

다른 이의 잘 되는 것을 보고
환희한 마음을 내겠는가.
누가 당신을 핍박하여도
성을 내지 않겠는가.

그대는 보리심을 내어
중생을 깨우쳐 주겠는가.
끝없는 세월에 수행하여도
게으른 생각이 없겠는가.

그 때 처녀의 어머니가 태자에게 게송을 말하였다.

태자여, 들으소서.
이 딸이 처음 나던 일과
자라던 모든 인연을
이제 말하오리다.

태자께서 처음 나던 날
이 애가 연꽃에서 났는데
눈은 깨끗하고 길고
사지가 모두 구족하였소.

나는 어느 봄철에

사라 나무 동산에 구경 갔더니
여러 가지 약풀은
갖가지로 무성하였고

이상한 나무에 핀 꽃
바라보매 좋은 구름과 같고
아름다운 새 화답하는 노래
숲 속에서 즐거워하고

함께 나갔던 8백 아가씨들
단정하기 사람 홀리며
입은 의복 화려하고
노래도 아름다워.

그 동산에 못이 있어
이름을 연꽃 당기〔蓮華幢〕
나는 시녀들께 둘러싸여
연못가에 앉았소.

그 연못 속에는
천 잎 연화가 났는데
보배잎, 유리로 된 줄기
염부단금 꽃받침 되고

그날 밤 지새고

햇볕이 처음 올라와
연꽃이 활짝 피어
청정한 광명 놓으니

그 광명 매우 찬란해
해가 처음 떠오르는 듯
염부제에 두루 비추니
모두들 희한하다고

막 이 때 옥 같은 딸
그 연꽃 속에 태어나는데
몸은 한없이 청정하고
팔다리 모두 원만해

이것은 인간의 보배
깨끗한 업으로 나는 것
전세의 인으로 고스란히
이 과보를 받았소.

검은 머리칼, 청련화 같은 눈
범천의 음성, 금빛 광명
화만과 보배의 상투
깨끗하여 때가 없고

팔다리 모두 완전하고

몸은 아무 흠도 없이
마치 순금으로 된 불상
보배 꽃 속에 의젓이 앉은 듯

털구멍에서 나오는 전단 향기
모든 것에 풍기고
입에서 연꽃 향기 나며
범천의 음성을 내나니

이 처녀 있는 곳에는
항상 하늘풍류 잡히니
용렬한 인간으로는
이런 이를 짝할 수 없어

이 세상에 어느 사람도
아가씨의 남편될 이 없고
오직 당신만이 훌륭하오니
바라건대 받아지이다.

키가 크지도 짧지도 않고
뚱뚱하지도 홀쭉하지도 않고
모든 것이 모두 단정하오니
바라건대 받아지이다.

글이나 글씨나 셈하는 법이나

여러 가지 기술과 학문
통달하지 못한 것이 없나니
바라건대 받아지이다.

여러 가지 무예도 잘 알고
어려운 소송도 판결 잘하고
화해하기 어려운 일 화해하나니
바라건대 받아지이다.

몸이 매우 청결하여
보는 이 만족한 줄 모르며
공덕으로 꾸미었으니
당신이여, 받아 주소서.

중생들에게 있는 병환
그 원인 잘 알고
병에 알맞게 약을 주어
모든 병 능히 없애며

염부제의 여러 가지 말
차별도 한량없으며
음악의 소리까지
통달하지 못하는 것 없고

여자들이 하는 일

이 애가 모두 다 알지만
여자의 병통이 없으니
당신은 빨리 받아 주소서.

질투도 모르고 간탐도 없고
욕심도 없고 성내지도 않아
성품이 곧고 부드러워
거칠고 나쁜 짓 모두 여의고

어른을 공경할 줄 알아
받들어 섬기고 거역하지 않으며
착한 행실 잘 닦나니
당신의 뜻을 순종하리다.

늙고 병든 이·가난한 이와
곤란에 빠져서 구원할 이 없고
의지할 데 없는 이 보면
항상 가엾은 마음을 내며

제일가는 이치〔第一義〕늘 관찰하고
자기의 이익은 구하지 않으며
중생만 이익하려고
마음을 장엄했으며

가고 서고 앉고 눕고

모든 일에 방일치 않아
말하거나 잠잠하거나
보는 이들 기뻐하며

어떠한 곳에나
물들고 집착하지 않지만
공덕 있는 사람을 보면
반가워서 싫은 줄 몰라

선지식을 존경하고
악을 여읜 이 좋아하며
마음이 조급하지 않아
생각한 뒤에 일을 처리해

복과 지혜로 장엄하였고
모든 것에 원한이 없어
여인 중에는 최상이오니
태자님 섬기기 마땅합니다.

이 때 태자는 향아원에 들어가서 묘한 덕을 갖춘 아가씨와 잘 나타나는 여인에게 말하였다.

"착한 여인들이여, 나는 아뇩다라삼먁삼보리를 구하는 터이므로, 오는 세월이 끝나도록 한량없는 겁 동안에 온갖 지혜를 돕는 법을 모으며, 그지없는 보살의 행을 닦으며, 모든 바라밀을 깨끗이 하며, 모든 여래에게 공양하며, 모든 부처님의 가르침을 보호해 가지며, 모든 부처님의 국토를 깨끗이 장엄하며, 모든 여래의 성품을 끊어지지 않게 하며, 모든 중생의 성품을 따라 성숙케 하며, 모든 중생의 나고 죽는 고통을 없애어 끝까지 안락한 곳에 두며, 모든 중생의 지혜의 눈을 깨끗이 다스리며, 모든 보살의 닦는 행을 익힐 것이며, 모든 보살의 평등한 마음에 머무르며, 모든 보살의 행할 지위를 성취하며, 모든 중생을 두루 기쁘게 하며, 모든 것을 모두 버려서 오는 세월이 끝나도록 단檀바라밀을 행하여 모든 중생을 만족케 하며, 의복·음식·처·첩·아들·딸·머리·눈·손·발 따위의 안과 밖에 있는 것을 모두 보시하고 아끼는 것이 없을 것이오.

  이러하는 때에 그대가 나의 일을 장애하고 재물을 보시할 때 아까워하고, 아들·딸을 보시할 때에 가슴이 아프고, 온몸을 찢을 때에 마음으로 걱정하고, 그대를 버리고 출가할 때에 그대들은 뉘우칠 것이오."

이 때 태자는 묘한 덕 갖춘 이에게 게송으로 말하였다.

    중생을 가엾이 여김으로써
    나는 보리심을 내었으니
    마땅히 한량없는 겁 동안에
    온갖 지혜 닦아 익히리.

    한량없는 많은 겁 동안
    모든 원력 바다 깨끗이 닦고
    지상地上에 들고 업장 다스림
    또 한량없는 겁 지내고

    삼세 부처님들에게

육바라밀을 배우고
방편의 행 구족하여
보리의 도를 성취했으며

시방의 더러운 세계
내가 다 깨끗이 장엄
모든 나쁜 길의 환난에서
영원히 뛰어나게 하오리.

나는 장차 방편으로
많은 중생 다 제도하여
어리석은 어둠 없애고
부처님의 지혜에 머물게 하며

모든 부처님께 공양하옵고
여러 지위를 깨끗이 하며
큰 자비심 일으키어
안팎의 물건 모두 버리리.

와서 달라는 이 네가 보거든
인색한 마음 행여 내리라.
나는 항상 보시하기 좋아하니
그대 내 뜻을 어기지 말라.

내 머리를 보시하는 것 보고

삼가 걱정하지 말 것이
내 지금 그대에게 말하여
그대의 마음 견고케 하며

내가 손과 발을 끊더라고
그대는 구걸하는 이 미워하지 말라.
그대여, 내 말 듣고
마땅히 잘 생각하여라.

아들과 딸, 사랑하는 물건
모든 것 다 버릴 터이니
그대 내 마음 따른다면
나도 그대의 뜻 이루어 주리.

그 때 아가씨는 태자에게 "말씀한 대로 받자오리다"라고 여쭙고 게송을 말하였다.

한량없는 겁 바다에서
지옥 불이 몸을 태우더라도
나를 사랑하여 받아 주시면
그런 고통 달게 받겠소.

한량없이 태어나는 곳
티끌같이 몸을 부숴도
나를 사랑하여 받아 주시면

그런 고통 달게 받겠소.

한량없는 겁 동안에
크나큰 금강산 이고 다녀도
나를 사랑하여 받아 주시면
그런 고통 달게 받겠소.

한량없는 생사 바다에
나의 몸과 살 보시하여도
당신이 법의 왕 되시는 곳
나도 그렇게 하여 주소서.

만일 나를 받아들여
나의 님 되어 주신다면
세세 생생 보시하실 때
언제나 이 몸을 보시하시라.

중생의 괴로움 딱하게 여겨
보리심 내었을진댄
이미 중생들 거두어 주시니
이 몸도 응당 거두어 주시리.

나는 부귀도 바라지 않고
다섯 가지 욕락도 탐내지 않고
바른 법 함께 행하며

당신으로 나의 님 삼으오리.

검푸르고 길고 넓은 눈
인자하게 세간 살피고
물드는 마음 내지 않으니
반드시 보리를 이루오리.

태자의 가시는 곳엔
땅에서 연꽃이 솟아
반드시 전륜왕 되시리니
나를 사랑하여 받아 주소서.

내가 언제 꿈을 꾸는데
이 묘한 법 보리 도량에
나무 아래 앉으신 여래를
많은 대중이 둘러 모셨고

나는 또 금산과 같으신
부처님께서 나의 머리를
만져 주시는 꿈을 꾸다가
깨어나니 마음이 기뻤소.

지난 옛날에 권속 하늘로
기쁜광명이란 신이 있는데
그 하늘이 내게 말하되

도량에 부처님 나셨다고.

나는 일찍이 생각 내기를
태자의 몸 보기를 원하였는데
그 하늘이 내게 알려주되
너는 지금 보리라고.

지난 옛적에 가졌던 소원
지금 모두 이루었으니
바라건대 함께 가서
저 부처님 공양합시다.

  그 때 태자는 승일신勝日身여래의 이름을 듣고, 매우 기뻐서 부처님 뵈오려고, 그 아가씨에게 5백 마니보배를 흩고, 묘하게 갈문〔妙藏〕 광명 관을 씌우고, 불꽃마니 옷을 입히었다.
  그 아가씨는 그 때에 마음이 흔들리지도 않고 기쁜 내색도 없이, 다만 합장하고 공경하여 태자를 우러러보면서 잠깐도 한눈 팔지 않았다.
  잘 나타나는 어머니는 태자의 앞에서 게송을 말하였다.

이 딸은 매우 단정해
공덕으로 몸을 장엄하고서
예전부터 태자를 섬기려 하더니
이제 소원을 이루었소.

계행을 지니고 지혜 있어

모든 공덕 갖추었으며
넓고 넓은 이 세상에
가장 훌륭해 짝할 이 없네.

이 아기 연꽃에서 나
가문이 나무랄 것 없고
태자와 행과 업 같아
모든 허물 멀리 여의고

이 아기 살갗 보드랍기
하늘의 비단솜 같으니
손으로 한번 만지면
모든 병 소멸합니다.

털구멍에서 나오는 향기
아름답기 비길 데 없어
중생이 맡기만 하면
청정한 계율에 머물게 되고

몸은 금빛과 같아
연꽃좌대에 앉은 모양
중생이 보기만 하면
해칠 뜻 없고 인자하여져

음성이 하도 부드러워

듣는 이 모두 기뻐하나니
중생이 듣기만 하면
여러 가지 나쁜 법 여의게 되네.

마음은 깨끗하여 티가 없으며
아첨과 굽은 일 여의었나니
마음에 맞추어 내는 말이라
듣는 이 모두 즐거워하며

화평하고 부드럽고 체면을 차려
높은 어른 공경하고
탐욕도 없고 속이지 않으며
모든 중생을 가엾이 여기네.

이 아가씨 얼굴이나
권속을 의뢰하지 않고
다만 청정한 마음으로
모든 부처님을 공경합니다.

이 때 태자는 묘한 덕 갖춘 아씨와 십천 시녀와 그 권속들과 함께 향아원에서 나와 법 구름 광명도량으로 향하였다. 도량에 이르러서는 수레에서 내려 부처님 계신 데 나아가 부처님을 뵈오니, 몸매가 단정하고 고요하며 여러 기관이 화순하고 안과 밖이 청정하며, 큰 용의 못과 같아서 흐린 때가 없으셨다. 깨끗한 신심을 내어 기뻐 뛰놀며 부처님 발에 엎드려 절하고 여러 바퀴를 돌았다.

그 때 태자와 묘한 덕 갖춘 아씨는 각각 5백의 보배 연꽃을 부처님께 흩어 공양하였고, 태자는 부처님을 위하여 5백 절을 지었는데, 모두 향나무로 지었고 여러 가지 보배로 장엄하였으며, 5백의 마니보배로 사이사이 꾸미었다.

이 때 부처님은 그들을 위하여 보안등문普眼燈門수다라를 말씀하셨고, 이 법문을 듣고는 모든 법 가운데서 삼매 바다를 얻었으니, 이른바 모든 부처님의 서원 바다를 두루 비추는 삼매·삼세 갈무리를 두루 비추는 삼매·모든 부처님 도량을 보는 삼매·모든 중생을 두루 비추는 삼매·모든 세간을 두루 비추는 지혜 등불 삼매·모든 중생의 근성을 두루 비추는 지혜 등불 삼매·모든 중생을 구호하는 광명 구름 삼매·모든 중생을 두루 비추는 크게 밝은 등 삼매·모든 부처님의 법륜을 연설하는 삼매·보현의 청정한 행을 구족한 삼매이었다.

이 때 묘한 덕 갖춘 아씨도 이기기 어려운 바다광 삼매를 얻고, 아뇩다라삼먁삼보리에서 영원히 물러가지 않았다.

이 때 태자는 묘한 덕 갖춘 아씨와 권속들과 함께 부처님 발에 엎드려 절하고 수없이 돌고 하직하고 궁중으로 돌아가서 부왕께 나아가 절하고 여쭈었다.

"대왕이시여, 승일신勝日身여래께서 세상에 나셨는데, 이 나라 법구름 광명 보리 도량에서 등정각을 이루신 지 오래지 않나이다."

그 때 대왕은 태자에게 말하였다.

"그런 일은 누가 너에게 말하더냐? 하늘이냐, 사람이냐?"

태자는 여쭈었다.

"그것은 묘한 덕 갖춘 여인이 말하더이다."

왕은 이 말을 듣고 가난한 사람이 묻힌 갈무리를 얻은 듯, 한량없이 기뻐하면서 생각하였다.

"부처님은 위가 없는 보배여서 만나기 어려우니, 만일 부처님을 뵈오면 모든 나쁜 길의 공포를 끊을 것이다. 부처님은 의사와 같아서 모든 번뇌의 병을 다스리고 모든 생사의 고통을 구원할 것이다. 부처님은 길잡이와 같아서 중생들을 끝까지 편안한 곳에 이르게 할 것이다."

이렇게 생각하고는 작은 왕과 대신들과 권속들과 찰리刹利와 바라문들 모든 대중을 모아 놓고, 왕의 지위를 선위하여 태자에게 주면서 정수리에 물 붓는 예식을 마치었다. 그리고 1만 사람과 함께 부처님 계신 데 가서 발에 엎드려 절하고 수없이 돌고, 권속들과 함께 물러가지 않았다.

그 때 여래는 그 왕과 대중을 살펴보고, 미간의 흰 털로 큰 광명을 놓으니 이름이 모든 세간의 마음 등불이며, 시방의 한량없는 세계에 두루 비추며 모든 세간 밤 맑은 이의 앞에 머물러 여래의 부사의한 큰 신통을 나타내어 교화를 받을 여러 중생의 마음을 청정케 하였다.

이 때 여래께서 부사의하고 자재한 신통의 힘으로 몸을 나타내어 모든 세간에서 뛰어나고, 원만한 음성으로 대중을 위하여 다라니를 말하니 이름이 모든 법과 뜻이 어둠을 여읜 등불이며, 부처 세계의 티끌 수 다라니로 권속을 삼았다. 그 왕은 이것을 듣고 즉시에 큰 지혜 광명을 얻었고, 모인 가운데 있는 염부제 티끌 수 보살은 이 다라니를 함께 증득하고, 60만 나유타 사람은 모든 번뇌가 다하여 마음에 해탈을 얻었고, 십천 중생을 티끌과 때를 여의고 법눈이 깨끗하게 되었으며, 한량없는 중생은 보리심을 내었다.

부처님이 또 부사의한 힘으로 신통 변화를 널리 나투고 시방의 한량없는 세계에서 삼승의 법을 말하여 중생을 제도하시었다.

이 때 그 부왕은 이렇게 생각하였다.

"내가 만일 집에 있었으면 이렇게 묘한 법을 증득하지 못하려니와,

만일 부처님께 출가하여 도를 배우면 성취하게 되리라."

그리고 부처님께 여쭙기를 "부처님을 따라 출가하여 도를 배워지이다" 하였다.

부처님은 "마음대로 하되 시기를 알아야 하느니라" 하였다.

이 때 재물 주인 왕은 십천 사람과 함께 그 부처님에게 한꺼번에 출가하였고, 오래지 않아서 모든 법과 뜻이 어둠을 여읜 등불 다라니를 성취하였으며, 또 위에 말한 삼매문들을 얻고, 또 보살의 열 가지 신통문(神通門)을 얻고, 또 보살의 그지없는 변재를 얻고, 또 보살의 걸림 없이 깨끗한 몸을 얻었으며, 시방의 부처님 계신 데 가서 법문을 듣고 큰 법사가 되어 묘한 법을 연설하며, 또 신통한 힘으로 시방세계에 두루하여 중생의 마음을 따라 몸을 나타내고, 부처님의 나타나심을 찬탄하여 부처님의 본래 행하시던 일을 말하며, 부처님의 본래 인연을 보이며, 여래의 자재하신 신통의 힘을 칭찬하며, 부처님의 말씀하신 교법을 보호하여 유지하였다.

그 때 태자는 보름 동안 궁전에 있는데, 시녀들이 둘러 호위하고 일곱 가지 보배가 저절로 이르니, 하나는 바퀴 보배니 이름이 걸림 없는 행이요, 둘은 코끼리 보배니 이름이 금강 몸이요, 셋은 말 보배니 이름이 빠른 바람이요, 넷은 구슬 보배니 이름이 햇빛광이요, 다섯은 여자 보배니 이름이 묘한 덕 갖춘 이요, 여섯은 재정 맡은 대신 보배니 이름이 큰 재물이요, 일곱은 군대 맡은 대신 보배니 이름이 때 여읜 눈이었다. 일곱 보배가 구족하고 전륜왕이 되어 염부제의 왕으로서 바른 법으로 세상을 다스리니 백성들이 쾌락하였다.

왕은 1천 아들이 있어 단정하고 용맹하여 원수를 항복 받았으며, 염부제에 80서울이 있고, 서울마다 5백 절이 있으며, 절마다 탑을 세웠는데, 높고 크고 여러 가지 보배로 장식하였고, 서울마다 여래를 청하여 부사의한 여러 가지 공양거리로 공양하려 하며, 부처님이 서울에 들어갈 적에 신통한 힘을 나투어 한량없는 중생으로 하여금 선근을 심게 하였다.

한량없는 중생들이 마음이 청정하여서 부처님을 보고 환희하며 보리심을 내고, 가엾이 여기는 마음으로 중생을 이익케 하며, 부처님 법을 부지런히 닦아 진실한 이치에 들어갔으며, 법의 성품에 머물러 법의 평등함을 알고 삼세 지혜를 얻어 삼세를 평등하게 관찰하며, 모든 부처님의 나시는 차례를 알고, 여러 가지 법을 말하여 중생을 거두어 주며, 보살의 서원을 내어 보살의 도에 들어가며, 여래의 법을 알아 법 바다를 성취하며, 몸을 널리 나타내어 모든 세계에 두루하며, 중생들의 근성과 욕망을 알고, 그들로 하여금 온갖 지혜의 원을 내게 하였느니라.

불자여, 어떻게 생각하느냐? 그 때 왕자로서 전륜왕이 되어 부처님께 공양한 이는 지금의 석가모니부처님이요, 재물주인 왕은 보화불寶華佛이니라.

그 보화불은 지금에 동방으로 세계해의 티끌 수 세계를 지나가서 한 세계해가 있으니 이름이 법계 허공의 그림자를 나타내는 구름이요, 그 가운데 세계 종이 있으니 이름이 삼세 그림자를 나타내는 마니왕이요, 그 세계 종 가운데 한 세계가 있으니 이름이 원만한 광명이요, 그 가운데 한 도량이 있어서 이름이 모든 세간의 임금의 몸을 나타냄이니, 보화여래가 거기서 아뇩다라삼먁삼보리를 이루었으며, 말할 수 없는 부처 세계의 티끌 수 보살들이 앞뒤에 둘러 있으며 법을 말씀하느니라.

보화여래가 옛적에 보살의 도를 닦을 때에 이 세계해를 깨끗이 하였으니, 이 세계해에서 과거·현재·미래의 부처님이 나시는 이는 다 보화여래께서 보살이 되었을 적에 교화하여 아뇩다라삼먁삼보리심을 내게 한 이들이니라.

그 때 아씨의 어머니인 잘 나타나는 이는 지금 나의 어머니 좋은 눈이시고, 그 왕의 권속들은 지금 여래에게 모인 대중이니, 모두 보현의 행을 닦아 큰 원을 성취하였으며, 비록 이 대중이 모인 도량에 있으나, 모든 세간에 두루 나타나서 항상 보살의 평등한 삼매에 머물러 있어 모든 부처님을 항상 뵈옵느니라.

모든 여래께서 허공과 평등한 음성 구름으로 법을 말씀하는 것을 다 들어 받으며, 모든 법에 자재함을 얻어 소문이 여러 부처님 국토에 퍼졌으며, 모든 도량에 나아가고 여러 중생의 앞에 나타나서 마땅한 대로 교화하고 조복하여, 오는 세월이 끝나도록 보살의 도를 닦아 사이가 트지 아니하고 보살의 광대한 서원을 성취하느니라.

불자여, 묘한 덕 갖춘 아씨와 위덕주威德主 전륜왕이 네 가지로 승일신여래께 공양한 이는 내 몸이었느니라.

그 부처님이 열반한 뒤에 그 세계에 60억 백천 나유타 부처님이 세상에 나시는 것을 내가 왕과 더불어 섬기고 공양하였노라.

그 첫 부처님은 이름이 청정신淸淨身이요, 다음 부처님은 일체지월광명신一切智月光明身이요, 다음은 염부단금광명왕閻浮檀金光明王이요, 다음은 제상장엄신諸相莊嚴身이요, 다음은 묘월광妙月光이요, 다음은 지관당智觀幢이요, 다음은 대지광大智光이요, 다음은 금강나라연정진金剛那羅延精進이요, 다음은 지력무능승智力無能勝이요, 다음은 보안상지普安詳智요, 다음은 이구승지운離垢勝智雲이요, 다음은 사자지광명師子智光明이요, 다음은 광명계光明髻요, 다음은 공덕광명당功德光明幢이요, 다음은 지일당智日幢이요, 다음은 보련화개부신寶蓮華開敷身이요, 다음은 복덕엄정광福德嚴淨光이요, 다음은 지염운智燄雲이요, 다음은 보조월普照月이요, 다음은 장엄개묘음성莊嚴蓋妙音聲이니라.

다음은 이름이 사자용맹지광명師子勇猛智光明이요, 다음은 법계월法界月

이요, 다음은 현허공영상개오중생심現虛空影像開悟衆生心이요, 다음은 항후적멸향恒䫐寂滅香이요, 다음은 보진적정음普震寂靜音이요, 다음은 감로산甘露山이요, 다음은 법해음法海音이요, 다음은 견고망堅固網이요, 다음은 불영계佛影髻요, 다음은 월광호月光毫요, 다음은 변재구辯才口요, 다음은 각화지覺華智요, 다음은 보염산寶燄山이요, 다음은 공덕성功德星이요, 다음은 보월당寶月幢이요, 다음은 삼매신三昧身이요, 다음은 보광왕寶光王이요, 다음은 보지행普智行이요, 다음은 염해등燄海燈이요, 다음은 이구법음왕離垢法音王이요, 다음은 무비덕명칭당無比德名稱幢이요, 다음은 수비修臂요, 다음은 본원청정월本願淸淨月이요, 다음은 조의등照義燈이요, 다음은 심원음深遠音이요, 다음은 비로자나승장왕毘盧遮那勝藏王이요, 다음은 제승당諸乘幢이요, 다음은 법해묘련화法海妙蓮華니라.

불자여, 저 겁 동안에 이러한 60억백천 나유타 부처님이 세상에 나시는 이를 내가 다 친근하여 섬기고 공양하였노라.

그 마지막 부처님의 이름은 광대해廣大解니, 그 부처님께서 깨끗한 지혜의 눈을 얻었고, 그 때 그 부처님이 서울에 들어와서 교화하시는데, 나는 왕비가 되어 왕과 더불어 절하여 뵈옵고, 여러 가지 묘한 물건으로 공양하였으며, 그 부처님이 모든 여래의 등불을 내는 법문을 말씀하심을 듣고, 즉시에 모든 보살의 삼매 바다의 경계를 관찰하는 해탈을 얻었노라.

불자여, 나는 이 해탈을 얻고, 보살과 더불어 부처 세계의 티끌 수 겁 동안에 부지런히 수행하며, 부처 세계의 티끌 수 겁에 한량없는 부처님을 섬기고 공양하는데, 한 겁에 한 부처님을 섬기기도 하고, 혹은 두 부처님·세 부처님·부처 세계의 티끌 수 부처님을 만나서 친근하여 섬기고 공양하였으나, 보살의 몸과 형상의 크기와 모양과 그의 몸으로 짓는 업과 마음으로 행함과 지혜와 삼매의 경계를 알지 못하였노라.

불자여, 만일 중생이 보살을 뵙고 보리의 행을 닦되 의심하거나 믿거나 간에 보살의 세간과 출세간의 갖가지 방편으로 거두어 주고 권속을 삼아 아뇩다라삼먁삼보리심에서 물러가지 않게 하느니라.

불자여, 내가 저 부처님을 뵈어 이 해탈을 얻고는, 보살과 더불어 백 부처 세계의 티끌 수 겁에 함께 닦아 익히면서 그 겁 동안에 세상에 나시는 부처님을 내가 다 친근하여 섬기며 공양하고, 말씀하는 법을 듣고 읽고 외우고 받아 지니며, 그 모든 여래에게서 이 해탈과 갖가지 법문을 얻고 갖가지 삼세를 알고, 갖가지 세계해에 들어가서 갖가지로 정각을 이룸을 보고, 갖가지 부처님의 대중이 모인 데 들어가서 보살의 여러 가지 서원을 내고, 보살의 여러 가지 묘한 행을 닦아서 보살의 여러 가지 해탈을 얻었으나, 보살이 얻는 보현의 해탈문을 알지 못하였노라.

왜냐 하면 보살의 보현 해탈문은 큰 허공과 같고 중생의 이름과 같고 삼세 바다와 같고 시방 바다와 같고 법계 바다와 같아서 한량없고 그지없기 때문이니, 불자여, 보살의 보현 해탈문은 여래의 경계와 같으니라.

불자여, 나는 부처 세계의 티끌 수 겁 동안에 보살의 몸을 보아도 만족함이 없었으니, 마치 탐욕이 많은 남녀가 한 데 모이면 서로 사랑하느라고 한량없는 허망한 생각과 감각을 일으키나니, 나도 그와 같아서 보살의 몸을 살펴보니 낱낱 털구멍에서 잠깐잠깐마다 한량없고 그지없는 광대한 세계가 가지가지로 머물고 가지가지로 장엄한 가지가지 현상을 보며, 가지가지 산과 가지가지 땅과 가지가지 구름과 가지가지 이름과 가지가지 부처님이 나심과 가지가지 도량과 가지가지 대중의 모임과 가지가지 수다라修多羅를 연설함과 가지가지 정수리에 물 붓는 일을 말함과 가지가지 승乘과 가지가지 방편과 가지가지로 청정함을 보았노라.

또 보살의 낱낱 털구멍에서 잠깐잠깐마다 그지없는 부처님들이 여러 가지 도량에 앉아서 여러 가지 신통 변화를 나투고 여러 가지 법륜을 굴리고 여러 가지 수다라를 말하여 항상 끊이지 않음을 보노라.

또 보살의 낱낱 털구멍에서 그지없는 중생들의 여러 가지 머무는 곳과 여러 가지 형상과 여러 가지 짓는 업과 여러 가지 근성을 항상 보노라.

또 보살의 낱낱 털구멍에서 삼세 보살들의 그지없이 수행하는 문을 보았으니, 이른바 그지없이 광대한 서원과 그지없이 차별한 지위와 그지없는 바라밀과 그지없는 옛날 일과 그지없이 인자한 문과 그지없이 가엾이 여기는 구름과 그지없이 기뻐하는 마음과 그지없이 중생을 거두어 주는 방편이니라.

불자여, 나는 부처 세계의 티끌 수 겁에서 잠깐잠깐마다 이렇게 보살의 낱낱 털구멍을 보는 데, 한번 간 데는 다시 가지 않고 한번 본 데는 다시 보지 않지만, 그 끝닿은 데를 얻을 수 없으며, 내지 실달悉達 태자가 궁중에 계실 적에 시녀들이 둘러 호위함을 보나니, 나는 해탈의 힘으로 보살의 낱낱 털구멍을 관찰하여 삼세 법계의 일을 모두 보노라.

불자여, 나는 다만 이 보살의 삼매 바다를 관찰하는 해탈만을 얻었거니와, 보살마하살들이 필경에 한량없는 방편 바다로 모든 중생을 위하여 종류를 따라 몸을 나타내며, 모든 중생을 위하여 좋아함을 따르는 행을 말하며, 낱낱 털구멍에 그지없는 형상 바다를 나타내며, 모든 법의 성품이 없는 성품으로 성품을 삼을 줄을 알며, 중생의 성품이 허공과 같아서 분별이 없음을 알며, 부처님의 신통한 힘이 진여와 같음을 알며, 모든 곳에 두루하여 그지없는 해탈의 경계를 나타내며, 잠깐 동안에 광대한 법계에 들어가서 여러 지위의 법문에 유희하는 일이야 내가 어떻게 알며 그 공덕의 행을 말하겠는가.

선남자여, 이 세계 안에 부처님 어머니이신 마야摩耶가 있으니, 그대는 그에게 가서 보살이 어떻게 보살의 행을 닦으며, 모든 세간에 물들지 아니하며, 부처님들께 공양하기를 쉬지 아니하며, 보살의 업을 짓고 영원히 물러가지 않으며, 온갖 장애를 떠나서 보살의 해탈에 들어가되 다른 이를 말미암지 않으며, 모든 보살의 도에 머무르고 모든 여래의 계신 데 나아가서 모든 중생들을 거두어 주며, 오는 세월이 끝나도록 보살의 행을 닦으며, 대승의 원을 내어 모든 중생의 선근을 증장케 하기를 쉬지 아니하느냐고 물으라."
　그 때 석가녀釋迦女 구파瞿波가 이 해탈의 뜻을 거듭 밝히려고 부처님의 신통한 힘을 받자와 게송으로 말하였다.

　　어떤 사람이나 보살이
　　여러 가지 행 닦음을 보고
　　착한 마음·착하지 못한 마음을 내면
　　보살이 다 거두어 주느니라.

　　멀고 먼 옛적
　　백 세계 티끌 수 겁 전에
　　겁이 있으니 이름이 청정
　　세계 이름은 광명이었소.

　　그 겁에 나신 부처님
　　육십천만억인데
　　마지막에 나신 부처님 이름
　　법당등法幢燈이었고

그 부처님 열반하신 뒤
지혜산이란 임금이 있어
남섬부주를 통솔했는데
원수나 대적이 없었고

왕의 아들이 오백 명
단정하고 날쌔고 건장하며
몸매가 매우 청정해
보는 이 기뻐하였네.

그 왕과 왕의 아들들
신심 있어 부처님 공양하고
그 법장을 보호해 가지며
불법 닦기에 부지런했으며

태자의 이름은 착한 광명
때가 없고 방편 많으며
거룩한 모습 원만하여
보는 이 싫은 줄 모르고

오백억 사람 한꺼번에
출가하여 도를 배우며
용맹하고 억세게 정진하여
부처님 법 보호해 가지고

서울 이름은 지혜의 나무
천억 도시가 둘러 있었고
고요한 덕이란 수풀은
모든 보배로 장엄했는데

착한 광명 태자 숲 속에 있어
부처님 바른 법 널리 펴시며
말 잘하고 지혜의 힘
대중을 기쁘게 하였소.

어느 때 밥을 빌려고
그 서울로 들어가는데
행동거지 가장 점잖고
바른 지혜에 산란치 않아.

그 성중에 거사 있으니
착한 명예는 그의 이름.
나는 그 때 거사의 딸로
이름을 일러 맑은 햇빛.

그 때 나는 성중에 있어서
착한 광명 만나니
그 모습 매우 아름다워
애착하는 마음 내었고

다음 내 집에 걸식할 적엔
내 마음 애정을 참을 수 없어
영락을 내어 진주와 함께
바리때 속에 넣어 드렸소.

사랑하는 물든 마음으로
그 불자에게 공양했지만
이백오십 겁 동안
삼악취三惡趣에 안 떨어지고

천왕의 집에나
인간왕 집에 태어나
착한 광명 태자의 몸
거룩하게 장엄함 보았네.

그 뒤부터 지내오면서
이백오십 겁 동안
잘 나타나는 어머니 집에
묘한 덕 갖춘 딸로 태어났는데

그 때부터 태자를 보고
존중하는 마음을 내어
그를 우러러 모시려 하는데
행여나 나를 받아 주시면.

나는 어느 때 태자와 함께
승일신부처님 뵈옵고
공양하고 공경하며
인하여 보리심 내었소.

그 한 겁 동안에
육십억 여래 나시었는데
마지막 나신 부처님 세존
이름이 광대해.

그 부처님께 깨끗한 눈 얻어
법의 모양을 분명히 알고
태어날 곳을 모두 알면서
뒤바뀐 마음 아주 없어져

나는 보살의 삼매와
해탈한 경계 관찰하고
잠깐 동안에 시방에 있는
부사의한 세계해에 들어가

깨끗한 세계와 더러운 세계
갖가지 다른 것 모두 봤으나
깨끗한 것도 탐내지 않고
더러운 것도 싫어하지 않았으며

나는 세계의 모든 도량에
앉으신 여래를 뵈오니
모두 잠깐 동안에
한량없는 광명 놓으리

말할 수 없는 대중의 모인 곳
한 생각 동안에 들어가시고
그들이 얻은
삼매문도 아시며

그들의 광대한 행과
한량없는 지위와 방편
모든 서원의 바다를
잠깐 동안에 모두 아시네.

내가 보니 보살의 몸은
그지없는 겁 행을 닦으사
낱낱 털구멍의 수효
찾아 보아도 얻지 못하며

털구멍마다 있는 세계들
수가 없고 말할 수 없어
땅·물·불·바람의 바퀴
그 가운데는 없는 것 없어

가지가지 세워진 것과
가지가지의 모든 형상과
가지가지 자체와 이름
그지없는 갖가지 장엄

많은 세계해에 있는
말할 수 없는 세계와
그 안에 계신 부처님
법문 말하여 교화함을 보지만

보살의 몸과
몸으로 지은 업 알지 못하며
그의 마음도 지혜도
여러 겁에 행함도 모두 모르오.

그 때 선재동자는 그의 발에 엎드려 절하고 수없이 돌고 하직하고 떠났다.

대방광불화엄경 제76권

제76권

39. 입법계품 ⑰

2) 가지 법회 ⑯

(42) 마야摩耶부인을 찾다

그 때 선재동자는 한결같은 마음으로 마야부인 계신 데 나아가서 부처님의 경계를 관찰하는 지혜를 얻으려 하면서 이렇게 생각하였다.

'이 선지식은 세간을 멀리 여의고 머물 데 없는 데 머물며, 여섯 군데〔處〕를 초월하여 모든 애착을 떠났으며, 걸림 없는 도를 알고 깨끗한 법의 몸을 갖추어 눈어리 같은 업으로 나툰 몸을 나타내며, 눈어리 같은 지혜로 세간을 관찰하며, 눈어리 같은 소원으로 부처님 몸을 지니나니, 뜻대로 나는 몸·나고 없어짐이 없는 몸·오고 감이 없는 몸·헛되고 진실함이 없는 몸·변하여 무너지지 않는 몸·일어나고 다함이 없는 몸·모든 모습이 다한 모습인 몸·두 갓을 떠난 몸·의지할 데 없는 몸·끝나지 않는 몸·분별을 떠나서 그림자처럼 나타나는 몸·꿈 같은 줄 아는 몸・영상 같음을 아는 몸・맑은 해와 같은 몸・시방에 널리 나타내는 몸・삼세에 변함이 없는 몸・몸도 마음도 아닌 몸이니, 마치 허공과 같아서 간 데마다 걸림이 없고 세간의 눈을 뛰어났으며, 보현의 깨끗한 눈이라야 보리라.

이런 이를 내가 어떻게 친근하여 섬기고 공양하며, 그와 함께 있으면서 그 형상을 보고 그 음성을 듣고 그 말을 생각하고 그 가르침을 받으리오.'

이렇게 생각하였을 적에 한 성 맡은 신이 있으니 이름이 보배 눈이었는데, 권속에게 둘러싸여 허공에 몸을 나타내고 갖가지 묘한 물건으로 단장하였으며, 한량없는 여러 가지 빛깔 꽃을 들어 선재에게 흩고 말하였다.

"선남자여, 마땅히 마음 성〔心城〕을 수호할지니, 모든 나고 죽는 경계를 탐하지 않음이니라. 마음 성을 장엄할지니, 여래의 십력十力을 오로지 구함이니라. 마음 성을 깨끗이 다스릴지니, 간탐하고 질투하고 아첨하고 속이는 일을 끝까지 끊음이니라. 마음 성을 서늘하게 할지니, 모든 법의 참된 성품을 생각함이니라. 마음 성을 증장케 할지니, 도를 돕는 모든 법을 마련함이니라. 마음 성을 잘 단정할지니, 선정과 해탈의 궁전을 지음이니라. 마음 성을 밝게 비출지니, 모든 부처님의 도량에 두루 들어가서 반야바라밀법을 들음이니라.

마음 성을 더 쌓을지니, 모든 부처님의 방편인 도를 널리 거두어 가짐이니라. 마음 성을 견고하게 할지니, 보현의 행과 원을 부지런히 닦음이니라. 마음 성을 방비하여 보호할지니, 나쁜 동무와 마군을 항상 방어함이니라. 마음 성을 훤칠하게 통달할지니, 모든 부처님의 지혜 문을 열어 들임이니라. 마음 성을 잘 보충할지니, 모든 부처님의 말씀하신 법을 들음이니라.

마음 성을 붙들어 도울지니, 모든 부처님의 공덕 바다를 깊이 믿음이 니라. 마음 성을 넓고 크게 할지니, 크게 인자함이 모든 세간에 널리 미침이니라. 마음 성을 잘 덮어 보호할지니, 여러 가지 착한 법을 모아 그 위에 덮음이니라. 마음 성을 넓힐지니, 크게 가엾이 여김으로 모든 중생을 불쌍히 여김이니라. 마음 성의 문을 열어 놓을지니 가진 것을 모두 버려서 알맞게 보시함이니라. 마음 성을 세밀하게 보호할지니, 모든 나쁜 욕망을 막아서 들어오지 못하게 함이니라.

마음 성을 엄숙하게 할지니, 나쁜 법을 쫓아버리어 머무르지 못하게 함이니라. 마음 성을 결정케 할지니, 도를 돕는 여러 가지 법을 모으고 항상 물러가지 아니함이니라. 마음 성을 편안하게 세울지니, 삼세 여러 부처님의 가지신 경계를 바르게 생각함이니라. 마음 성을 사무치어 맑게 할지니 모든 부처님의 바른 법륜인 수다라에 있는 법문과 갖가지 인연을 밝게 통달함이니라. 마음 성을 여러 부분으로 분별할지니, 모든 중생에게 널리 알리어서 다 살바야의 길을 얻어 보게 함이니라.

마음 성에 머물러 유지할지니, 모든 삼세 여래의 큰 서원 바다를 냄이니라. 마음 성을 풍부하게 할지니, 법계에 가득한 큰 복덕 더미를 모음이니라. 마음 성을 밝게 할지니, 중생의 근성과 욕망 등 법을 널리 앎이니라. 마음 성을 자유자재하게 할지니, 모든 시방의 법계를 두루 거둠이니라. 마음 성을 청정하게 할지니, 모든 부처님 여래를 바르게 생각함이니라. 마음 성의 성품을 알지니, 모든 법이 다 제 성품이 없는 줄을 앎이니라. 마음 성이 눈어리 같음을 알지니, 온갖 지혜로 법의 성품을 앎이니라.

불자여, 보살마하살이 이렇게 마음 성을 깨끗이 닦으면 모든 착한 법을 능히 모을 것이니라. 왜냐 하면 여러 가지 장애되는 일을 없애는 까닭이니, 이른바 부처님 보는 데 장애되고 법을 듣는 데 장애되고 여래께 공양하는 데 장애되고 중생들을 거두어 주는 데 장애되고 국토를 깨끗이 하는 데 장애되는 것이니라.

선남자여, 보살마하살이 이런 장애를 여읜 연고로, 만일 선지식을 구하려는 마음을 내면 공력功力을 쓰지 않더라도 만나게 되며, 필경에는 부처를 이루게 되느니라."

그 때에 몸 많은 신이 있으니, 이름이 연꽃 법의 공덕과 묘한 꽃 광명인데, 한량없는 신들이 앞뒤로 둘러 모시고 도량에서 나와 공중에 머물러 있으면서 선재동자 앞에서 묘한 음성으로 마야부인을 갖가지로 칭찬하였으며, 귀고리에서 한량없는 가지각색 광명 그물을 놓으니, 그지없는 부처님의 세계에 널리 비추어, 선재동자로 하여금 시방의 국토와 모든 부처님을 보게 하였다. 광명 그물이 한 겹이 지나도록 세간을 오른쪽으로 돌고는, 돌아와서 선재의 정수리에 들어갔으며, 내지 몸에 있는 모든 털구멍에 두루 들어갔다.

선재동자는 곧 깨끗하고 광명한 눈을 얻었으니 모든 어리석은 어둠을 영원히 여읜 연고며, 기리지 않는 눈을 얻었으니 모든 중생의 성품을 능히 아는 연고며, 때를 여읜 눈을 얻었으니 모든 법의 성품 문을 관찰하는 연고며, 깨끗한 지혜의 눈을 얻었으니 모든 부처님 국토의 성품을 관찰하는 연고며, 비로자나 눈을 얻었으니 부처님의 법 몸을 보는 연고며, 넓고 광명한 눈을 얻었으니 부처님의 평등하고 부사의한 몸을 보는 연고며, 걸림 없고 빛난 눈을 얻었으니 모든 세계해의 이룩하고 무너짐을 관찰하는 연고며, 널리 비추는 눈을 얻었으니 시방 부처님이 큰 방편을 일으키어 바른 법륜을 굴리는 연고며, 넓은 경계의 눈을 얻었으니 한량없는 부처님이 자유자재한 힘으로 중생을 조복함을 보는 연고며, 두루 보는 눈을 얻었으니 모든 세계에 부처님들이 나타나심을 보는 연고였다.

이 때에 보살의 법당을 수호하는 나찰귀왕羅刹鬼王이 있으니, 이름은 좋은 눈인데 1만 처자 권속들과 함께 허공에서 여러 가지 묘한 꽃을 선재의 위에 흩고 이렇게 말하였다.

"선남자여, 보살이 열 가지 법[十力]을 성취하면 선지식을 친근하게 되나니, 무엇이 열인가? 이른바 마음이 청정하여 아첨하고 속임을 여의며, 가엾이 여김이 평등하여 중생을 널리 포섭하며, 모든 중생은 진실함이 없음을 알며, 온갖 지혜에 나아가는 마음이 물러가지 않으며, 믿고 이해하는 힘으로 모든 부처님의 도량에 들어가며, 깨끗한 지혜의 눈을 얻어 법의 성품을 알며, 크게 인자함이 평등하여 중생을 두루 덮어주며, 지혜의 광명으로 허망한 경계를 훤칠하게 하며, 단 이슬비로 생사의 뜨거움을 씻으며, 광대한 눈으로 모든 법을 철저하게 살피며 마음이 항상 선지식을 따르나니, 이것이 열이니라.

또 불자여, 보살이 열 가지 삼매의 문을 성취하면, 항상 선지식을 보게 되나니, 무엇이 열인가? 이른바 법이 공한 청정한 바른 삼매 · 시방 바다를 관찰하는 삼매 · 모든 경계에 버리지도 않고 모자라지도 않은 삼매 · 모든 부처님의 나심을 두루 보는 삼매 · 모든 공덕장을 모으는 삼매 · 마음으로 항상 선지식을 버리지 않는 삼매 · 모든 선지식이 부처님의 공덕을 내는 것을 항상 보는 삼매 · 모든 선지식을 항상 여의지 않는 삼매 · 모든 선지식을 항상 공양하는 삼매 · 모든 선지식 계신 데서 항상 과실이 없는 삼매니라.

불자여, 보살이 이 열 가지 삼매의 문을 성취하면 모든 선지식을 항상 친근하게 되고, 또 선지식이 여러 부처님의 법륜을 굴리는 삼매를 얻을 것이며, 이 삼매를 얻고는 모든 부처님의 성품이 평등함을 알고, 가는 곳마다 선지식을 만나게 되느니라."

이런 말을 하였을 때에 선재동자는 공중을 우러러보면서 대답하였다.

"훌륭하고, 훌륭합니다. 그대는 나를 딱하게 여기고 거두어 주기 위하여 방편으로 나에게 선지식 계신 곳에 가게 하며, 어느 지방의 성시나 마을에서 선지식을 구하리까?"

나찰이 말하였다.

"선남자여, 당신은 마땅히 시방에 두루 예배하여 선지식을 구하며, 모든 경계를 정당한 생각으로 생각하여 선지식을 구하며, 용맹하고 자재하게 시방에 두루 노닐면서 선지식을 구하며, 몸과 마음이 꿈 같고 그림자 같은 줄을 관찰하여 선지식을 구하라."

그 때 선재동자는 그의 가르침을 받아 행하면서, 큰 보배 연꽃이 땅에서 솟아나는 것을 보았는데, 금강으로 줄기가 되고 묘한 보배로 연밥송이가 되고, 마니로 잎이 되고 빛나는 보배 왕으로 꽃판이 되고, 여러 가지 보배빛 향으로 꽃술이 되었으며, 무수한 보배 그물이 위에 가득히 덮이었다.

그 꽃판 위에는 누각이 있으니 이름은 시방 법계를 널리 용납하는 광이었다. 기묘하게 장식하였는데, 금강으로 땅이 되고 1천 기둥이 열을 지었으며, 모든 것이 마니보배로 이루어졌고 염부단금으로 벽이 되고 보배 영락이 사방에 드리웠으며, 층대와 섬돌과 난간들이 두루 장엄하였다.

그 누각 안에는 여의주로 된 연꽃 자리가 있으니, 갖가지 보배로 훌륭하게 꾸미고, 보배 난간과 보배 옷이 사이사이 벌여 있으며, 보배 휘장·보배 그물이 위에 덮이고 보배 깃발이 두루 드리워서 실바람만 불어도 빛이 흐르고 소리가 나며, 보배 꽃 당기에서는 여러 가지 기묘한 꽃을 비내리고, 보배 풍경에서는 아름다운 음성을 내고, 보배 창호에는 영락을 드리우고, 마니 속에서는 향수가 흘러나오고, 보배 코끼리 입에서는 연꽃 그물이 나오고, 보배 사자 입에서는 향기 구름을 토하고, 범천 형상의 보배 바퀴에서는 여럿이 좋아하는 음성을 내고, 금강으로 된 방울에서는 여러 보살의 큰 서원의 소리를 내며, 보배 달 당기에서는 부처님의 나툰 몸 형상을 내었다.

정장보배[淨藏寶王]는 삼세 부처님의 태어나는 차례를 나타내고, 일장마니[日藏摩尼]는 큰 광명을 놓아 시방의 부처님 세계에 두루 비추며, 마니보배 왕은 모든 부처님의 원만한 광명을 놓고, 비로자나 마니보배는 공양 구름을 일으키어 모든 부처님 여래에게 공양하며, 여의주에서는 잠깐잠깐에 보현보살의 신통 변화를 나타내어 법계에 가득하고, 수미보배에서는 하늘 궁전을 나타내었으며, 하늘 채녀采女들은 갖가지 묘한 음성으로 여래의 부사의하고 미묘한 공덕을 노래하였다.

이 때 선재동자는 이런 자리를 보는 데, 다시 한량없는 자리들이 둘러쌌으며, 마야부인은 그 자리에 앉아 여러 중생의 앞에서 청정한 육신을 나투었다. 이른바 삼계를 초월한 육신이니 모든 존재의 길에서 뛰어난 연고며, 좋아함을 따르는 육신이니 모든 세간에 집착이 없는 연고며, 널리 두루하는 육신이니 모든 중생의 수효와 같은 연고며, 견줄 데 없는 육신이니 모든 중생의 뒤바뀐 소견을 없애는 연고며, 종류가 한량없는 육신이니 중생의 마음을 따라 갖가지로 나타내는 연고며, 그지없는 모습의 육신이니 갖가지 형상을 두루 나타내는 연고며, 널리 상대하여 나타내는 육신이니 크게 자재하게 나타내어 보이는 연고며, 온갖 것을 교화하는 색신이니 마땅함을 따라 앞에 나타나는 연고다.

항상 나타내어 보이는 육신이니 중생계를 다하면서도 다함이 없는 연고며, 감이 없는 육신이니 모든 길[趣]에서 멸함이 없는 연고며, 옴이 없는 육신이니 모든 세간에서 나는 일이 없는 연고며, 나지 않는 육신이니 생기는 일이 없는 연고며, 멸하지 않는 육신이니 말을 여읜 연고며, 참되지 않은 육신이니 실제와 같음을 얻은 연고며, 헛되지 않은 육신이니 세상을 따라 나타나는 연고며, 흔들림이 없는 육신이니 나고 없어짐을 길이 여읜 연고며, 파괴하지 않는 육신이니 법의 성품은 망그러지지 않는 연고며, 형상이 없는 육신이니 말할 실이 끊어진 연고며, 한 모양인 육신이니 모양 없음으로 모양을 삼는 연고다.

영상과 같은 육신이니 마음을 따라 나타내는 연고며, 눈어리 같은 육신이니 환술인 지혜에서 나는 연고며, 아지랑이 같은 육신이니 생각만으로 유지되는 연고며, 그림자 같은 육신이니 소원을 따라 생기는 연고며, 꿈과 같은 육신이니 마음을 따라서 나타나는 연고며, 법계인 육신이니 성품이 깨끗하기 허공과 같은 연고며, 크게 가엾이 여기는 육신이니 중생을 항상 구호하는 연고며, 걸림이 없는 육신이니 잠깐잠깐에 법계에 두루하는 연고며, 그지없는 육신이니 모든 중생을 두루 깨끗이 하는 연고며, 한량없는 육신이니 모든 말에서 초출超出한 연고며, 머무름이 없는 육신이니 모든 세간을 제도하려는 연고며, 처소가 없는 육신이니 중생을 항상 교화하여 끊이지 않는 연고다.

남이 없는 육신이니 눈어리 같은 원으로 이루는 연고며, 이길 이 없는 육신이니 모든 세간을 초월한 연고며, 실제와 같은 육신이니 선정의 마음으로 나타난 연고며, 나지 않는 육신이니 중생의 업을 따라 나타나는 연고며, 여의주 같은 육신이니 모든 중생의 소원을 만족케 하는 연고며, 분별이 없는 육신이니 중생들의 분별을 따라 일어나는 연고며, 분별을 여읜 육신이니 중생들이 알지 못하는 연고며, 다함이 없는 육신이니 모든 중생의 죽살이 쯤을 다하는 연고며, 청정한 육신이니 여래와 같아서 분별이 없는 연고다.

이러한 몸은 색色이 아니니 있는 빛깔이 영상과 같은 연고며, 수受가 아니니 세간의 괴로운 느낌이 필경에 없어지는 연고며, 상想이 아니니 중생의 생각을 따라 나타난 연고며, 행行이 아니니 눈어리 같은 업으로 성취한 연고며, 식識을 여의었으니 보살의 원과 지혜가 공空하여 성품이 없는 연고며, 모든 중생의 말이 끊어진 연고며, 적멸한 몸을 이미 성취한 연고니라.

그 때 선재동자가 또 보니, 마야부인이 중생들의 마음에 즐김을 따라 모든 세간에서 뛰어나는 육신을 나타내었는데, 이른바 타화자재천보다 뛰어난 하늘 아씨의 몸을 나타내기도 하고, 내지 사천왕천보다 뛰어난 하늘 아씨의 몸을 나타내기도 하며, 용녀龍女보다 뛰어난 여자의 몸과 사람의 여자보다 뛰어난 여자의 몸을 나타내기도 하였다.

이러하게 한량없는 육신을 나타내어 중생들을 이익케 하고 온갖 지혜와 도를 돕는 법을 모았으며, 평등한 보시[檀]바라밀을 행하여 크게 가엾이 여기는 마음으로 모든 세간을 두루 덮어주고, 여래의 한량없는 공덕을 내며, 온갖 지혜의 마음을 닦아 증장케 하고, 모든 법의 참된 성품을 살펴보고 생각하여 깊이 참는 바다를 얻으며, 여러 선정의 문을 갖추고 평등한 삼매의 경계에 머물러 여래의 선정을 얻고, 원만한 광명으로 중생들의 번뇌 바다를 녹여 말리고 마음이 항상 바르게 정하여서 어지럽게 흔들리지 않으며, 깨끗하고 물러가지 않는 법륜을 굴리어 모든 부처님의 법을 잘 알고 항상 지혜로 법의 진실한 모양을 관찰하느니라.

여래를 뵙되 만족한 마음이 없고, 삼세 부처님의 나시는 차례를 알며, 부처님의 삼매가 항상 앞에 나타남을 보고, 여래께서 세상에 나타나시는데 한량없고 수가 없는 청정한 길을 통달하며, 부처님들의 허공 같은 경계를 행하여 중생들을 거두어 주되, 그 마음을 따라서 교화하고 성취하여 부처님의 한량없이 청정한 법 몸에 들어가게 하며, 큰 서원을 성취하고 부처님의 세계를 깨끗이 하여 끝까지 모든 중생을 조복하느니라.

　마음은 부처님의 경계에 항상 들어가 보살의 자유자재한 신통의 힘을 내며, 깨끗하고 물들지 않는 법의 몸을 얻었으면서도 한량없는 육신을 항상 나타내며, 모든 마魔를 굴복하는 힘과 크게 선근을 이루는 힘과 바른 법을 내는 힘과 부처님의 힘을 갖추고 보살의 자재한 힘을 얻어서 온갖 지혜의 힘을 빨리 증장케 하느니라.

　부처님의 지혜 광명을 얻어 모든 것을 널리 비추어 한량없는 중생의 마음 바다와 근성과 욕망과 지해가 가지가지 차별함을 알며, 몸은 시방 세계에 두루 널리어 여러 세계의 이룩하고 파괴되는 모양을 알며, 광대한 눈으로 시방 바다를 보고 두루한 지혜로 삼세 바다를 알며 몸은 모든 부처님 바다를 두루 섬기고 마음은 항상 모든 법 바다를 받아들이느니라.

　모든 여래의 공덕을 닦아 익히고 모든 보살의 지혜를 내며, 모든 보살이 처음 마음을 낸 적부터 내지 행하는 도를 이루는 것을 관찰하며, 모든 중생을 부지런히 수호하고 부처님의 공덕을 칭찬하기를 좋아하며, 모든 보살의 어머니 되기를 원하였다.

　이 때 선재동자는 마야부인이 이렇게 염부제의 티끌과 같은 여러 가지 방편의 문을 나타내는 것을 보았다. 그런 것을 보고는 마야부인이 나타내는 몸의 수효와 같이, 선재동자도 역시 그러한 몸을 나타내어 모든 곳 마야부인의 앞에서 공경하며 예배하고, 즉시에 한량없고 수없는 삼매의 문을 증득하여 분별하며 관찰하고 행을 닦아 증득하여 들어갔고, 삼매에서 일어나서는 마야부인과 그의 권속을 오른쪽으로 돌고 합장하고 서서 말하였다.

　"큰 성인이시여, 문수사리보살께서 저로 하여금 아뇩다라삼먁삼보리심을 내게 하고, 선지식을 찾아가서 친근하고 공양하라 하였나이다. 그래서 저는 낱낱 선지식 계신 곳에 가서 받자와 섬기고 그냥 지나지 아니하였사오며 점점 이곳까지 왔사오니, 바라건대 저를 위하여 보살이 어떻게 보살의 행을 배워서 성취하는 것인지 말씀하여 주소서."

마야부인이 대답하였다.

"불자여, 나는 이미 보살의 큰 원과 지혜가 눈어리 같은 해탈문을 성취하였으므로, 항상 여러 보살의 어머니가 되노라.

불자여, 내가 이 염부제 가비라성迦毘羅城의 정반왕궁에서 오른 옆구리로 실달悉達 태자를 나아 부사의하고 자재한 신통 변화를 나타내듯이, 내지 이 세계해에 있는 모든 비로자나여래가 다 나의 몸에 들어왔다가 탄생하면서 자재한 신통 변화를 나타내느니라.

또 선남자여, 내가 정반왕궁에서 보살이 탄생하려 할 때에, 보살의 몸을 보니, 낱낱 털구멍에서 모두 광명을 놓았는데, 이름이 모든 여래의 태어나는 공덕 바퀴였는데, 낱낱 털구멍에서 말할 수 없이 말할 수 없는 부처 세계의 티끌 수 보살이 태어나는 장엄을 나타내었고, 저 광명들이 모두 모든 세계에 두루 비추었으며, 세계에 비추고는 돌아와서 나의 정수리와 모든 털구멍에까지 들어갔느니라.

또 저 광명 속에서 모든 보살의 이름과 태어나는 신통 변화와 궁전과 권속과 오욕五欲으로 즐기는 일을 나타냈으며, 또 집을 떠나서 도량에 나아가 등정각을 이루고 사자좌에 앉았는데, 보살들이 둘러 모시고 임금들이 공양하며, 대중을 위하여 바른 법륜을 굴리는 것을 보았노라.

또 여래께서 지난 옛적 보살의 도를 수행할 때에 여러 부처님 계신 데서 공경하고 공양하며, 보리심을 내어 부처님 국토를 깨끗이 하고, 잠깐잠깐마다 한량없는 나툰 몸을 보이어 시방의 모든 세계에 가득함을 보았으며, 내지 최후에 반열반에 드시는 일들을 모두 보았노라.

또 선남자여, 저 묘한 광명이 내 몸에 들어올 적에 내 몸의 형상과 크기는 본래보다 다르지 않았지만, 실제로는 모든 세간을 초월하였으 니, 왜냐 하면 내 몸이 그 때에 허공과 같아서 시방 보살의 태어나는 장엄과 모든 궁전을 용납할 수 있었던 연고니라.

그 때 보살이 도솔천兜率天에서 내려오려 할 때에 열 부처 세계 티끌 수 보살이 있었으니, 다 이 보살과 더불어 원이 같고 행이 같고 선근이 같고 장엄이 같고 해탈이 같고 지혜가 같으며, 모든 지위와 모든 힘과 법의 몸과 육신과 내지 보현의 신통과 행과 원이 모두 같았는데 이런 보살들이 앞뒤에 둘러 모셨으며, 또 8만의 용왕 등 모든 세간 맡은 이들이 그 궁전을 타고 와서 공양하였다.

보살이 그 때에 신통한 힘으로 여러 보살과 함께 모든 도솔천궁에 나타났으며, 낱낱 천궁마다 시방 모든 세계의 염부제 안에서 태어나는 영상을 나타내며 한량없는 중생을 방편으로 교화하며, 여러 보살들로 하여금 게으름을 여의고 집착함이 없게 하였다.

또 신통한 힘으로 큰 광명을 놓아 세간을 두루 비추어서 캄캄함을 깨뜨리고 모든 고통과 번뇌를 없애었으며, 중생들로 하여금 과거 세상에서 행한 업을 알고 나쁜 길〔惡道〕에서 영원히 뛰어나게 하였고, 또 모든 중생을 구호하기 위하여 그의 앞에 나타나서 신통 변화를 부렸다. 이러한 여러 가지 기특한 일을 나타내며, 권속들과 함께 와서 내 몸에 들었다.

그 보살들은 나의 뱃속에서 자재하게 돌아다니는데, 삼천대천세계로 한 걸음을 삼기도 하고, 말할 수 없이 말할 수 없는 세계의 티끌 수 부처 세계로 한 걸음을 삼기도 하였다.

또 잠깐잠깐 동안에 시방으로 말할 수 없이 말할 수 없는 모든 세계에 계시는 여래의 도량에 모인 보살 대중과, 사천왕천과 삼십삼천과 내지 형상세계의 범천왕들로서, 보살의 태에 드신 신통 변화를 보고, 공경하고 공양하며, 바른 법을 듣고자 하는 이들이 모두 내 몸에 들어왔으며 나의 뱃속에 이렇게 많은 대중들을 용납하지만, 몸이 더 커지지도 않고 비좁지도 않았으며, 그 보살들은 제각기 자기가 대중이 모인 도량에 있어서 청정하게 장엄함을 보았느니라.

선남자여, 이 사천하의 염부제에서 보살이 태어나실 적에 내가 어머니가 되듯이, 삼천대천세계 백억 사천하의 염부제에서도 모두 그러하지만, 나의 이 몸은 본래부터 둘이 아니며, 한 곳에 있는 것도 아니요 여러 곳에 있는 것도 아니니, 왜냐 하면 보살의 큰 원과 지혜가 눈어리같이 장엄한 해탈문을 닦은 연고니라.

선남자여, 내가 지금 세존에게 어머니가 되듯이, 지난 옛적에 계시던 한량없는 부처님들에게도 그와 같이 어머니가 되었느니라.

선남자여, 나는 옛적에 연꽃 못 맡은 신〔蓮華池神〕이 되었을 때에, 보살이 연꽃 송이에서 화하여 나는 것을 내가 받들고 나와서 보호하여 양육하였는데, 모든 세간 사람들이 나를 보살의 어머니라 하였고, 또 옛적에 내가 보리도량 신이 되었을 때에 보살이 나의 품에서 홀연히 화하여 나셨는데, 세상에서는 나를 보살의 어머니라고 하였느니라.

선남자여, 마지막 몸을 받은 한량없는 보살들이 이 세계에서 가지가지 방편으로 태어남을 보일 적에 나는 그들의 어머니가 되었느니라.

선남자여, 이 세계의 현겁賢劫에서와 같이, 지나간 세상의 구류손불拘留孫佛·구나함모니불拘那舍牟尼佛·가섭불迦葉佛과 지금 세상의 석가모니 부처님이 탄강하실 적에도 내가 그들의 어머니가 되었고, 오는 세상에 미륵보살이 도솔천에서 내려오실 적에 큰 광명을 놓아 법계에 두루 비추며, 모든 보살이 태어나는 신통 변화를 나타내어 인간에서 훌륭한 가문에 탄생하여 중생을 조복하는 때에도 나는 그의 어머니가 되느니라.

이와 같이 차례차례로 사자불師子佛·법당불法幢佛·선안불善眼佛·정화불淨華佛・화덕불華德佛・제사불提舍佛・불사불弗沙佛・선의불善意佛・금강불金剛佛・이구불離垢佛・월광불月光佛・지거불持炬佛・명칭불名稱佛・금강순불金剛楯佛・청정의불淸淨義佛・감신불紺身佛・도피안불到彼岸佛・보염산불寶焰山佛・지거불持炬佛・연화덕불蓮華德佛・명칭불名稱佛・무량공덕불無量功德佛・최승등불最勝燈佛・장엄신불莊嚴身佛・선위의불善威儀佛・자덕불慈德佛・무주불無住佛・대위광불大威光佛・무변음불無邊音佛・승원적불勝怨敵佛・이의혹불離疑惑佛・청정불淸淨佛・대광불大光佛・정심불淨心佛・운덕불雲德佛・장엄정계불莊嚴頂髻佛이며, 수왕불樹王佛・보당불寶幢佛・해혜불海慧佛・묘보불妙寶佛・화관불華冠佛・만원불滿願佛・대자재불大自在佛・묘덕왕불妙德王佛・최존승불最尊勝佛・전단운불栴檀雲佛・감안불紺眼佛・승혜불勝慧佛・관찰혜불觀察慧佛・치성왕불熾盛王佛・견고혜불堅固慧佛・자재명불自在名佛・사자왕불師子王佛・자재불自在佛・최승정불最勝頂佛・금강지산불金剛智山佛・묘덕장불妙德藏佛・보망엄신불寶網嚴身佛・선혜불善慧佛・자재천불自在天佛・대천왕불大天王佛・무의덕불無依德佛・선시불善施佛・염혜불猒慧佛・수천불水天佛・득상미불得上味佛이며, 중생무상공덕불出生無上功德佛・선인시위불仙人侍衛佛・수세어언불隨世語言佛・공덕자재당불功德自在幢佛・광당불光幢佛・관신불觀身佛・묘신불妙身佛・향염불香焰佛・금강보엄불金剛寶嚴佛・희안불喜眼佛・이욕불離欲佛・고대신불高大身佛・재천불財天佛・무상천불無上天佛・순적멸불順寂滅佛・지각불智覺佛・멸탐불滅貪佛・대염왕불大焰王佛・적제유불寂諸有佛・비사거천불毘舍佉天佛・금강산불金剛山佛・지염덕불智焰德佛・안은불安隱佛・사자출현불師子出現佛・원만청정불圓滿淸淨佛・청정현불淸淨賢佛・제일의불第一義佛이며, 백광명불百光明佛・최증상불最增上佛・심자재불深自在佛・대지왕불大地王佛・장엄왕불莊嚴王佛・해탈불解脫佛・묘음불妙音佛・수승불殊勝佛・자재불自在佛・무상의왕불無上醫王佛・공덕월불功德月佛・무애광불無礙光佛・공덕취불功德聚佛·월현불月現佛·일천불日天佛·출제유불出諸有佛·용맹명칭불勇猛名稱佛·광명문불光明門佛·사라왕불娑羅王佛·최승불最勝佛·약왕불藥王佛·보승불寶勝佛·금강혜불金剛慧佛·무능승불無能勝佛·무능영폐불無能映蔽佛·중회왕불衆會王佛·대명칭불大名稱佛·민지불敏持佛·무량광불無量光佛이며, 대원광불大願光佛·법자재불허불法自在不虛佛·불퇴지불不退地佛·정천불淨天佛·선천불善天佛·견고고행불堅固苦行佛·일체선우불一切善友佛·해탈음불解脫音佛·유희왕불遊戱王佛·멸사곡불滅邪曲佛·담복정광불薝蔔淨光佛·구중덕불具衆德佛·최승월불最勝月佛·집명거불執明炬佛·수묘신불殊妙身佛·불가설불不可說佛·최청정불最淸淨佛·우안중생불友安衆生佛·무량광불無量光佛·무외음불無畏音佛·수천덕불水天德佛·부동혜광불不動慧光佛·화승불華勝佛·월염불月燄佛·불퇴혜불不退慧佛·이애불離愛佛이며, 무착혜불無著慧佛·집공덕온불集功德蘊佛·멸악취불滅惡趣佛·보산화불普散華佛·사자후불師子吼佛·제일의불弟一義佛·무애견불無礙見佛·파타군불破他軍佛·불착상불不着相佛·이분별해불離分別海佛·단엄해불端嚴海佛·수미산불須彌山佛·무착지불無著智佛·무변좌불無邊座佛·청정주불淸淨住佛·수사행불隨師行佛·최상시불最上施佛·상월불常月佛·요익왕불饒益王佛·부동취불不動聚佛·보섭수불普攝受佛·요익혜불饒益慧佛·지수불持壽佛·무멸불無滅佛·구족명칭불具足名稱佛이며, 대위력불大威力佛·종종색상불種種色相佛·무상혜불無相慧佛·부동천불不動天佛·묘덕난사불妙德難思佛·만월불滿月佛·해탈월불解脫月佛·무상왕불無上王佛·희유신불希有身佛·범공양불梵供養佛·불순불不瞬佛·순선고불順先古佛·최상업불最上業佛·순법지불順法智佛·무승천불無勝天佛·부사의공덕광불不思議功德光佛·수법행불隨法行佛·무량현불無量賢佛·보수순자재불普隨順自在佛·최존천最尊天이며, 이렇게 누지樓至여래까지 현겁 동안에 이 삼천대천세계에서 부처님 되실 이의 어머니가 되느니라.

이 삼천대천세계에서와 같이, 이 세계해에 있는 시방의 한량없는 세계와 모든 겁에서 보현의 행과 원을 닦아서 모든 중생들을 교화하려는 이에게도 나의 몸이 그들의 어머니가 되는 것을 내가 보노라."

그 때 선재동자는 마야부인에게 여쭈었다.

"크게 거룩하신 이께서 이 해탈을 얻은 지는 얼마나 오래되었나이까?"

마야부인이 대답하였다.

"선남자여, 지나간 옛적, 맨 나중 몸을 받은 보살의 신통한 도의 눈으로 알 것이 아닌 헤아릴 수 없는 겁 전에 그 때에 겁이 있었으니 이름이 깨끗한 빛[淨光]이요, 세계의 이름은 수미덕須彌德이었느니라. 비록 여러 산이 있어 오취五趣 중생들이 섞여 살지만, 그 국토가 여러 가지 보배로 되었고 청정하게 장엄하여 더럽고 나쁜 것이 없었느니라.

천억 사천하가 있는 가운데 한 사천하의 이름이 사자당이요, 그 가운데 80억 서울이 있었는데, 한 서울은 이름을 자재한 당기라 하고, 그 서울에 전륜왕이 있으니, 이름이 대위덕이었느니라.

그 서울 북쪽에 한 도량이 있으니, 이름이 보름달 광명이요, 그 도량을 맡은 신의 이름은 인자한 덕이었다. 그 때에 때 여읜 당기[離垢幢] 보살이 도량에 앉아서 장차 정각을 이루려 하는데 한 악마가 있었으니 이름이 금빛 광명이었느니라. 한량없는 권속들을 데리고 보살이 있는 데에 왔으니 그 대위덕 전륜왕은 이미 보살의 신통과 자재함을 얻었으므로 갑절이나 더 많은 군명을 변화하여 만들어 도량을 에워쌌으매, 악마들이 황공하여 물러가고, 그 보살은 아뇩다라삼먁삼보리를 이루었느니라.

이 때 도량 맡은 신이 이런 일을 보고 한량없이 기뻐하면서 전륜왕에게 아들이란 생각을 내고, 부처님 발에 엎드려 절하고 이렇게 발원하였다.

'이 전륜왕이 여러 곳에 태어날 적마다, 또는 필경에 부처를 이룰 때에 내가 항상 그의 어머니가 되어지이다.'

이렇게 원을 세우고, 이 도량에서 다시 10나유타 부처님께 공양하였느니라.

선남자여, 어떻게 생각하는가? 그 때의 도량 맡은 신은 다른 사람이 아니라, 곧 이 내 몸이며 전륜왕은 지금의 세존이신 비로자나부처님이시니라.

나는 그 때 원을 세운 이후로, 이 부처님 세존이 시방세계의 여러 가지 길[趣]에서 곳곳마다 태어나시며 선근을 심고 보살의 행을 닦아 모든 중생을 교화하여 성취케 하며, 내지 일부러 맨 나중 몸에 있으면서 잠깐잠깐 동안에 모든 세계에서 보살로 태어나는 신통 변화를 나타낼 적마다 항상 나의 아들이 되었고, 나는 항상 어머니가 되었느니라.

선남자여, 지난 세상이나 지금 세상에서 시방세계의 한량없는 부처님이 부처를 이루려 할 적에, 배꼽으로 큰 광명을 놓아 내 몸과 내가 있는 궁전에 비추었으며, 그의 마지막으로 태어날 때까지 나는 그의 어머니가 되었느니라.

선남자여, 나는 다만 이 보살의 큰 원과 지혜가 눈어리 같은 해탈문을 알거니와 저 보살마하살들이 크게 가엾이 여기는 광을 갖추고 중생을 교화하기에 만족한 줄을 모르는 일과 자재한 힘으로 털구멍마다 한량없는 부처님의 신통 변화를 나타내는 일이야 내가 어떻게 알며, 그의 공덕의 행을 말하겠는가.

선남자여, 이 세계의 삼십삼천에 정념正念이란 왕이 있고, 그 왕에게 딸이 있으니 이름이 하느님 광명[天主光]이니라. 그대는 그에게 가서 보살이 어떻게 보살의 행을 배우며, 보살의 도를 닦느냐고 물으라."

그 때 선재동자는 가르침을 공경하여 받잡고 엎드려 절하고 수없이 돌면서 우러러 사모하고 물러갔다.

(43) 하느님 광명[天主光] 아씨를 찾다

선재동자가 천궁에 가서 그 하늘아씨[天女]를 보고는 발에 절하며 돌고 합장하고 서서 말하였다.

"거룩하신 이여, 저는 아뇩다라삼먁삼보리심을 내었사오나, 보살이 어떻게 보살의 행을 배우며 어떻게 보살의 도를 닦는지 알지 못하나이다. 듣자온즉 거룩하신 이께서 잘 가르치신다 하오니 바라옵건대 저에게 말씀하소서."

하늘아씨가 대답하였다.

"선남자여, 나는 보살의 해탈을 얻었으니, 이름이 걸림 없는 생각의 깨끗한 장엄이니라. 선남자여, 나는 이 해탈의 힘으로 지나간 세상을 기억하노라. 과거에 가장 훌륭한 겁이 있었으니 이름이 푸른 연화[靑蓮華]이었느니라. 나는 그 겁에서 항하의 모래처럼 많은 부처님 여래께 공양하였노라. 그 여래들이 처음 출가한 때부터 내가 받들어 수호하고 공양하는 데 절을 짓고 모든 도구를 마련하였노라.

또 저 부처님들이 보살로서 어머니의 태에 계실 때와, 탄생할 때와 일곱 걸음을 걸을 때와 크게 사자후할 때와 동자의 지위에 있으면서 궁중에 계실 때와 보리수를 향하여 정각을 이룰 때와, 바른 법륜을 굴리며 부처님의 신통 변화를 나투어 중생들을 교화하고 조복할 때에 여러 가지 하시던 일을, 처음 발심한 적부터 법이 다할 때까지를 내가 다 밝게 기억하여 잊은 것이 없으며, 항상 앞에 나타나서 생각하고 잊지 않노라.

또 기억하는 것은 과거에 선지善地라는 겁이 있었는데, 나는 그 겁에서 10항하의 모래 수의 부처님 여래께 공양하였노라. 또 과거에 묘덕妙德이란 겁이 있었는데, 나는 그 때에 한 부처 세계의 티끌 수 부처님 여래께 공양하였노라. 또 무소득無所得겁이 있었는데, 나는 그 때에 84억 백천 나유타 부처님 여래께 공양하였노라.

또 좋은 빛 겁이 있었는데, 나는 그 때에 염부제 티끌 수 부처님 여래께 공양하였노라.

또 한량없는 광명 겁이 있었는데, 나는 그 때에 20항하의 모래 수 부처님 여래께 공양하였노라. 또 가장 훌륭한 덕 겁이 있었는데, 나는 그 때에 한 항하의 모래 수 부처님 여래께 공양하였노라. 또 좋게 가엾이 여기는 겁이 있었는데, 나는 그 때에 80항하의 모래 수 부처님 여래께 공양하였노라. 또 잘 노는 겁이 있었는데, 나는 그 때에 60항하의 모래 수 부처님 여래께 공양하였노라. 또 묘한 달 겁이 있었는데, 나는 그 때에 70항하의 모래 수 부처님 여래께 공양하였노라.

선남자여, 이렇게 항하의 모래 수 겁에 내가 부처님 여래·응공·정등각을 항상 버리지 않았음을 기억하며, 저 모든 여래에게서 이 걸림 없는 생각의 깨끗한 장엄인 보살의 해탈을 듣고 받아 지니고 닦아 행하여 항상 잊지 아니하였노라.

이렇게 지나간 겁에 나시었던 여러 여래께서 처음 보살로부터 법이 다할 때까지 하시던 모든 일을 내가 깨끗한 장엄 해탈의 힘으로 모두 기억하여 분명히 앞에 나타나며, 지니고 따라 행하여 잠깐도 게으르거나 폐하지 아니하였노라.

선남자여, 나는 다만 걸림 없는 생각의 깨끗한 해탈을 알 뿐이니, 저 보살마하살들이 죽살이 밤중에 나서도 분명하게 통달하며, 어리석음을 아주 여의고 잠깐도 혼미하지 않으며 마음에는 여러 가지 덮임이 없고 몸은 개운해져서, 법의 성품을 깨끗하게 깨닫고, 십력十力을 성취하여 중생들을 깨우치는 일이야, 내가 어떻게 알며, 그 공덕의 행을 어떻게 말하겠는가.

선남자여, 가비라성에 한 꼬마 선생〔童子師〕이 있으니 이름이 모든 이의 벗이니라. 그대는 그에게 가서 보살이 어떻게 보살의 행을 배우며, 보살의 도를 닦느냐고 물으라."

이 때 선재동자는 법을 들었으므로 기뻐 뛰놀면서 부사의한 선근이 저절로 증장하여 그의 발에 엎드려 절하고 수없이 돌고 하직하고 물러갔다.

(44) 모든 이의 벗 꼬마 선생〔童子師〕을 찾다

천궁에서 내려와 가비라성을 찾아갔다. 모든 이의 벗〔徧友〕이 있는 데 나아가 발에 절하고 두루 돌고 합장하고 공경하며 한 곁에 서서 말하였다.

"거룩하신 이여, 저는 이미 아뇩다라삼먁삼보리심을 내었사오나, 보살이 어떻게 보살의 행을 배우며, 어떻게 보살의 도를 닦는지를 알지 못하나이다. 듣자온즉 거룩한 이께서 잘 가르치신다 하오니, 바라옵건대 말씀하여 주소서."

모든 이의 벗이 대답하였다.

"선남자여, 여기 한 동자가 있으니, 이름이 모든 예술 잘 아는〔善知衆藝〕이니라. 보살의 글자 지혜를 배웠으니 그대는 가서 물으라. 그대에게 말하여 주리라."

(45) 모든 예술 잘 아는〔善知衆藝〕 동자를 찾다

이 때 선재동자는 곧 그에게 가서 엎드려 절하고 한 곁에 서서 말하였다.

"거룩하신 이여, 저는 이미 아뇩다라삼먁삼보리심을 내었사오나, 보살이 어떻게 보살의 행을 배우며, 어떻게 보살의 도를 닦는지를 알지 못하나이다. 듣자온즉 거룩한 이께서 잘 가르친다 하오니 바라옵건대 저에게 말씀하여 주소서."

그 동자는 선재에게 말하였다.

"선남자여, 나는 보살의 해탈을 얻었으니, 이름이 모든 예술 잘 앎이니라. 나는 항상 이 자모字母를 부르노라.

아(阿, a)자를 부를 때는 반야바라밀 문에 들어가나니, 이름이 보살의 위력威力으로 차별이 없는 경계에 들어감이니라.

타(多, ta)자를 부를 때는 반야바라밀 문에 들어가나니, 이름이 그지없는 차별한 문이니라.

파(波, pa)자를 부를 때는 반야바라밀 문에 들어가나니 이름이 법계에 두루 비침이니라.

차(者, ca)자를 부를 때는 반야바라밀 문에 들어가나니, 이름이 넓은 바퀴로 차별을 끊음이니라.

나(那, na)자를 부를 때는 반야바라밀 문에 들어가나니, 이름이 의지한 데 없고 위가 없음을 얻음이니라.

라(邏, la)자를 부를 때는 반야바라밀 문에 들어가나니, 이름이 의지함을 여의고 때가 없음이니라.

다(柂輕呼, da)자를 부를 때는 반야바라밀 문에 들어가나니, 이름이 물러가지 않는 방편이니라.

바(婆蒲我切, va)자를 부를 때는 반야바라밀 문에 들어가나니, 이름이 금강 마당이니라.

다(茶捷解切, da)자를 부를 때는 반야바라밀 문에 들어가나니, 이름이 넓은 바퀴니라.

샤(沙史我切, ṣa)자를 부를 때는 반야바라밀 문에 들어가나니, 이름이 바다 광이니라.

바(縛房可切, ba)자를 부를 때는 반야바라밀 문에 들어가나니, 이름이 두루 내어 편안히 머무름이니라.

타(哆都我切, ta)자를 부를 때는 반야바라밀 문에 들어가나니, 이름이 원만한 빛이니라.

야(也以可切, ya)자를 부를 때는 반야바라밀 문에 들어가나니, 이름이 차별을 모아 쌓음이니라.

슈타(瑟吒, ṣtha)자를 부를 때는 반야바라밀 문에 들어가나니, 이름이 넓은 광명으로 번뇌를 쉬게 함이니라.

카(迦, ka)자를 부를 때는 반야바라밀 문에 들어가나니, 이름이 차별 없는 구름이니라.

사(娑蘇我切, sa)자를 부를 때는 반야바라밀 문에 들어가나니, 이름이 큰 비를 퍼부음이니라.

마(麼, ma)자를 부를 때는 반야바라밀 문에 들어가나니, 이름이 큰 물이 부딪치어 흐르고 여러 봉우리가 가지런히 솟음이니라.

가(伽上聲輕呼, ga)자를 부를 때는 반야바라밀 문에 들어가나니, 이름이 두루 나란히 정돈함이니라.

타(他他可切, tha)자를 부를 때는 반야바라밀 문에 들어가나니, 이름이 진여의 평등한 광이니라.

자(社, ja)자를 부를 때는 반야바라밀 문에 들어가나니, 이름이 세상 바다에 들어가 깨끗함이니라.

스바(鎖, sva)자를 부를 때는 반야바라밀 문에 들어가나니, 이름이 모든 부처님의 장엄을 생각함이니라.

다(柂, dha)자를 부를 때는 반야바라밀 문에 들어가나니, 이름이 모든 법더미를 관찰하여 가려냄이니라.

샤(奢ᄂ可切, śa)자를 부를 때는 반야바라밀 문에 들어가나니, 이름이 모든 부처님의 교법 바퀴〔敎輪〕의 광명을 따름이니라.

카(佉, kha)자를 부를 때는 반야바라밀 문에 들어가나니, 이름이 인행因行을 닦는 지혜 광이니라.

크샤(叉楚我切, kṣa)자를 부를 때는 반야바라밀 문에 들어가나니, 이름이 모든 업 바다를 쉬는 광이니라.

스타(娑蘇紇多上聲呼, sta)자를 부를 때는 반야바라밀 문에 들어가나니, 이름이 번뇌의 막힘을 덜고 깨끗한 광명을 엶이니라.

즈냐(壤, jña)자를 부를 때는 반야바라밀 문에 들어가나니, 이름이 세간의 지혜 문을 지음이니라.

흐르다(曷攞多上聲, rtha)자를 부를 때는 반야바라밀 문에 들어가나니, 이름이 죽살이 경계의 지혜 바퀴니라.

바(婆蒲我切, bha)자를 부를 때는 반야바라밀 문에 들어가나니, 이름이 온갖 지혜 궁전의 원만한 장엄이니라.

차(車上聲呼, cha)자를 부를 때는 반야바라밀 문에 들어가나니, 이름이 수행하는 방편 광이 제각기 원만함이니라.

스마(娑蘇紇切麼, sma)자를 부를 때는 반야바라밀 문에 들어가나니, 이름이 시방을 따라 부처님들을 현재에 봄이니라.

흐바(訶婆二字皆上聲呼, hva)자를 부를 때는 반야바라밀 문에 들어가나니, 이름이 모든 인연 없는 중생을 관찰하고 방편으로 거두어 주어 걸림 없는 힘을 내게 함이니라.

트사(縒七可切, tsa)자를 부를 때는 반야바라밀 문에 들어가나니, 이름이 행을 닦아 모든 공덕 바다에 나아가 들어감이니라.

가(伽上聲呼, gha)자를 부를 때는 반야바라밀 문에 들어가나니, 이름이 모든 법 구름을 가진 견고한 바다 광이니라.

타(吒, ṭa)자를 부를 때는 반야바라밀 문에 들어가나니, 이름이 원하는 대로 시방의 부처님들을 두루 봄이니라.

나(拏㘕可切, ṇa)자를 부를 때는 반야바라밀 문에 들어가나니, 이름이 글자 바퀴에 다함이 없는 여러 억 글자가 있음을 관찰함이니라.

스파(娑蘇紇切頗, spha)자를 부를 때는 반야바라밀 문에 들어가나니, 이름이 중생을 교화하여 끝가는 곳이니라.

스카(娑同前普迦, ska)자를 부를 때는 반야바라밀 문에 들어가나니, 이름이 광대한 광 걸림 없는 변재의 광명 바퀴가 두루 비침이니라.

이사(也夷呬切娑蘇呬切, ysa)자를 부를 때는 반야바라밀 문에 들어가나니, 이름이 모든 부처님 법의 경계를 선전하여 말함이니라.

스차(室者, sca)자를 부를 때는 반야바라밀 문에 들어가나니, 이름이 중생 세계에 법 우레가 진동함이니라.

타(佗吒加切, tha)자를 부를 때는 반야바라밀 문에 들어가나니, 이름이 나[我]가 없는 법으로 중생을 깨우침이니라.

다(陀, da)자를 부를 때는 반야바라밀 문에 들어가나니, 이름이 모든 법륜의 차별한 광이니라.

선남자여, 내가 이런 자모를 부를 때에 이 42반야바라밀 문을 머리로 삼아 한량없고 수없는 반야바라밀 문에 들어가느니라.

선남자여, 나는 다만 모든 예술을 잘 아는 보살의 해탈을 알 뿐이니, 저 보살마하살들이 모든 세간과 출세간의 교묘한 법을 지혜로 통달하여 저 언덕에 이르며, 다른 지방의 이상한 예술을 모두 종합하여 알아 남음이 없으며, 글과 산수를 속속들이 이해하고 의학과 술법으로 여러 가지 병을 잘 치료하며, 어떤 중생들이 귀신에게 들리었거나 원수에게 저주되었거나 나쁜 별의 변괴를 입었거나 송장에게 쫓기거나, 간질·

조갈 따위의 병에 걸린 것을 모두 구원하여 쾌차하게 하는 일과, 또 금·옥·진주·보패·산호·유리·마니·자거·계살라 등의 보배가 나는 처소와 종류가 같지 않음과 값이 얼마나 가는지를 잘 분별하여 알며, 마을이나 영문이나 시골이나 성시나, 크고 작은 도시들과, 궁전·공원·바위·샘물·숲·진펄 등의 사람들이 살 수 있는 데를 보살이 모두 다 지방을 따라 거두어 보호하는 일과, 또 천문·지리와, 사람의 상의 길흉과 새·짐승의 음성을 잘 관찰하며, 구름·안개의 기후로 시절의 흉풍과 국토의 태평하고 나쁜 것을 짐작하는 일과, 이러한 세간의 모든 기술을 모두 잘 알아 근원까지 통달하는 일과, 또 세간에서 뛰어나는 법을 분별하며, 이름을 바로 알고, 이치를 해석하며 본체와 모양을 관찰하고 따라 수행하며, 지혜로 속속들이 들어가 의심도 없고 걸림도 없고 어리석지도 않고 완악하지도 않고 근심과 침울함도 없이 현재에 증득하지 못함이 없는 일들이야, 내가 어떻게 알며 그 공덕의 행을 어떻게 말하겠는가.

선남자여, 이 마갈제국摩竭提國에 한 부락이 있고 거기 성이 있으니, 이름은 바다나婆咀那요, 그 성에 우바이가 있으니 이름이 현승賢勝이니라. 그대는 그에게 가서 보살이 어떻게 보살의 행을 배우며, 보살의 도를 닦느냐고 물으라."

이 때 선재동자는 모든 예술 잘 아는 동자의 발에 엎드려 절하고 수없이 돌고 우러러 사모하면서 하직하고 물러갔다.

(46) 현승賢勝 우바이를 찾다

선재동자는 바다나성을 향하여 가서 현승 우바이에게 이르러 발에 절하고 두루 돌고 합장하고 공경하며 한 곁에 서서 여쭈었다.

"거룩하신 이여, 저는 이미 아뇩다라삼먁삼보리심을 내었사오나, 보

살이 어떻게 보살의 행을 배우며, 어떻게 보살의 도를 닦는지를 알지 못하나이다. 듣자온즉 거룩하신 이께서 잘 가르친다 하오니, 바라옵건대 말씀하여 주소서."

현승 우바이가 대답하였다.

"선남자여, 나는 보살의 해탈을 얻었으니, 이름은 의지할 곳 없는 도량이니라. 이미 스스로 깨우쳐 알고 또 다른 이에게 말하느니라.

또 다함 없는 삼매를 얻었으니, 저 삼매의 법이 다함이 있고 다함이 없는 것이 아니라, 능히 온갖 지혜의 성품인 눈을 냄이 다함 없는 연고며, 또 능히 온갖 지혜의 성품인 눈을 냄이 다함 없는 연고며, 또 능히 온갖 지혜의 성품인 코를 냄이 다함 없는 연고며, 또 능히 온갖 지혜의 성품인 혀를 냄이 다함 없는 연고며, 또 능히 온갖 지혜의 성품인 몸을 냄이 다함 없는 연고며, 또 능히 온갖 지혜의 성품인 뜻을 냄이 다함 없는 연고며, 또 능히 온갖 지혜의 성품인 공덕파도[功德波濤]를 냄이 다함 없는 연고며, 또 능히 온갖 지혜의 성품인 지혜 광명을 냄이 다함 없는 연고며, 또 능히 온갖 지혜의 성품인 빠른 신통을 냄이 다함 없는 연고니라.

선남자여, 나는 다만 이 의지할 곳 없는 도량 해탈을 알 뿐이니, 저 보살마하살들의 모든 것에 집착이 없는 공덕의 행이야, 내가 어떻게 다 알고 말하겠는가.

선남자여, 남쪽에 한 섬이 있으니, 이름이 살찐 밭[沃田]이요, 거기 장자가 있으니, 이름이 견고한 해탈이니라. 그대는 그에게 가서 보살이 어떻게 보살의 행을 배우며, 보살의 도를 닦느냐고 물으라."

이 때 선재동자는 현승의 발에 절하고 수없이 돌고 우러러 사모하면서 하직하고 남쪽으로 떠났다.

(47) 견고한 해탈[堅固解脫] 장자를 찾다

그 성에 이르러서는 장자에게 나아가 발에 절하고 두루 돌고 합장하고 공경하여 한 곁에 서서 여쭈었다.

"거룩하신 이여, 저는 이미 아뇩다라삼먁삼보리심을 내었사오나, 보살이 어떻게 보살의 행을 배우며, 어떻게 보살의 도를 닦는지를 알지 못하나이다. 듣자온즉 거룩하신 이께서 잘 가르치신다 하오니, 바라옵건대 말씀하여 주소서."

장자가 대답하였다.

"선남자여, 나는 보살의 해탈을 얻었으니, 이름이 집착한 생각이 없이 청정한 장엄이니라. 나는 이 해탈을 얻고부터는 시방의 부처님 계신 데 와서 바른 법을 부지런히 구하여 쉬지 아니하였노라.

선남자여, 나는 다만 이 집착한 생각이 없이 청정한 장엄 해탈을 알 뿐이니, 저 보살마하살들이 두려울 것 없음을 얻어 크게 사자후하며, 넓고 큰 복과 지혜의 무더기에 편안히 머무는 일이야, 내가 어떻게 알며, 그 공덕의 행을 말하겠는가.

선남자여, 이 성중에 한 장자가 있으니, 이름은 묘한 달[妙月]이니라. 그 장자의 집에는 항상 광명이 있으니, 그대는 그에게 가서 보살이 어떻게 보살의 행을 배우며, 보살의 도를 닦느냐고 물으라.

이 때 선재동자는 견고한 장자의 발에 절하고 수없이 돌고 하직하고 물러갔다.

(48) 묘한 달[妙月] 장자를 찾다

묘한 달 장자의 있는 데 가서 발에 절하고 두루 돌고 합장하고 공경하면서 한 곁에 서서 여쭈었다.

"거룩하신 이여, 저는 이미 아뇩다라삼먁삼보리심을 내었사오나, 보

살이 어떻게 보살의 행을 배우며, 어떻게 보살의 도를 닦는지를 알지 못하나이다. 듣자온즉 거룩하신 이께서 잘 가르치신다 하오니, 바라옵건대 말씀하여 주소서."

묘한 달이 대답하였다.

"선남자여, 나는 보살의 해탈을 얻었으니, 이름은 깨끗한 지혜 광명이니라.

선남자여, 나는 다만 이 지혜 광명 해탈을 알 뿐이니, 저 보살마하살들이 한량없는 해탈의 법문을 증득한 것이야, 내가 어떻게 알며, 그 공덕의 행을 말하겠는가.

선남자여, 이 남쪽에 성이 있으니, 이름이 출생出生이요, 거기 장자가 있으니 이름은 이길 이 없는 군대〔無勝軍〕니라. 그대는 그에게 가서 보살이 어떻게 보살의 행을 배우며, 보살의 도를 닦느냐고 물으라."

이 때 선재동자는 묘한 달 장자의 발에 절하고 수없이 돌고 우러러 사모하면서 하직하고 떠났다.

(49) 이길 이 없는 군대〔無勝軍〕 장자를 찾다

점점 그 성에 나아가 장자가 있는 데 이르러서는 발에 절하고 두루 돌고 합장하고 공경하면서 한 곁에 서서 여쭈었다.

"거룩하신 이여, 저는 이미 아뇩다라삼먁삼보리심을 내었사오나, 보살이 어떻게 보살의 행을 배우며, 어떻게 보살의 도를 닦는지를 알지 못하나이다. 듣자온즉 거룩하신 이께서 잘 가르치신다 하오니, 바라옵건대 말씀하여 주소서."

장자가 대답하였다.

"선남자여, 나는 보살의 해탈을 얻으니, 이름이 다함 없는 형상〔無盡相〕이니라. 아는 이 보살의 해탈을 증득하였으므로 한량없는 부처님을 뵈옵고 무진장無盡藏을 얻었노라.

선남자여, 나는 다만 이 다함 없는 형상 해탈을 알 뿐이니, 저 보살 마하살들이 한정없는 지혜와 걸림 없는 변재를 얻는 것이야, 내가 어떻게 알며, 그 공덕의 행을 말하겠는가.

선남자여, 이 성 남쪽에 한 촌락이 있으니, 이름은 법法이요, 그 촌락에 바라문이 있으니, 이름이 가장 고요함[最寂靜]이니라. 그대는 그에게 가서 보살이 어떻게 보살의 행을 배우며, 보살의 도를 닦느냐고 물으라."

이 때 선재동자는 이길 이 없는 군대 장자의 발에 절하고 수없이 돌고 우러러 사모하면서 하직하고 떠났다.

(50) 가장 고요한[最寂靜] 바라문을 찾다

점점 남쪽으로 가다가 그 촌락에 이르러 가장 고요한 바라문을 보고 발에 절하고 두루 돌고 합장하고 공경하여 한 곁에 서서 여쭈었다.

"거룩하신 이여, 저는 이미 아뇩다라삼먁삼보리심을 내었사오나, 보살이 어떻게 보살의 행을 배우며 어떻게 보살의 도를 닦는지를 알지 못하나이다. 듣자온즉 거룩한 이께서 잘 가르치신다 하오니, 바라건대 말씀하여 주소서."

바라문이 대답하였다.

"선남자여, 나는 보살의 해탈을 얻었으니, 이름이 진실하게 원하는 말이니라. 과거·현재·미래 보살들이 이 말을 인하여, 내지 아뇩다라삼먁삼보리에 물러가지 않나니 이미 물러간 이도 없고 지금 물러가는 이도 없고, 장차 물러갈 이도 없느니라.

선남자여, 나는 진실하게 원하는 말에 머물렀으므로 뜻대로 짓는 일이 만족하지 않는 일이 없느니라.

선남자여, 나는 다만 이 진실하게 원하는 말의 해탈을 알 뿐이니, 저 보살마하살들이 진실하게 원하는 말과 더불어 행함이 어기지 않으며, 말은 반드시 진실하여 허망하지 않아서, 한량없는 공덕이 이로부터 나는 일이야, 내가 어떻게 알며 말하겠는가.

　선남자여, 이 남쪽에 성이 있으니, 이름이 묘한 뜻 꽃문〔妙意華門〕이요, 거기 동자가 있으니, 이름이 덕 나는 이〔德生〕요, 아가씨가 있으니, 이름이 덕 있는 이〔有德〕니라. 그대는 그들에게 가서 보살이 어떻게 보살의 행을 배우며, 보살의 도를 닦느냐고 물으라."

　이 때 선재동자는 법을 존중히 여기므로 바라문의 발에 절하고 수없이 돌고, 우러러 사모하면서 떠났다.

대방광불화엄경 제77권

제77권

39. 입법계품 ⑱

2) 가지 법회 ⑰

(51) 덕 나는 이[德生] 동자를 찾다

 그 때 선재동자는 점점 남으로 가다가, 묘한 뜻 꽃문 성[妙意華門城]에 이르러 덕 나는 이[德生] 동자와 덕 있는 이[有德] 아가씨를 보고는, 그 발에 엎드려 절하고 오른쪽으로 돌고 앞에 서서 합장하고 말하였다.
 "거룩하신 이여, 저는 이미 아뇩다라삼먁삼보리심을 내었사오나, 보살이 어떻게 보살의 행을 배우며, 어떻게 보살의 도를 닦는지를 알지 못하나이다. 바라옵건대 저를 가엾이 여기시어 말씀하여 주소서."
 이 때 동자와 아가씨는 선재에게 말하였다.
 "선남자여, 우리는 보살의 해탈을 증득하였으니 이름이 눈어리처럼 머무름[幻住]이니라.
 이 해탈을 얻었으므로 모든 세계가 다 눈어림처럼 머무는 줄로 보나니 인연으로 생긴 탓이며, 모든 중생이 다 눈어리처럼 머무는 줄로 보나니 업과 번뇌로 일어난 탓이며, 모든 세간이 다 눈어리처럼 머무는 것이니 무명無明과 유有와 애愛 따위가 서로 인연이 되어 생기는 탓이며, 모든 법이 다 눈어리처럼 머무는 것이니 나란 소견 따위의 갖가지 눈어리 같은 인연으로 생기는 탓이며, 모든 삼세가 다 눈어리처럼 머무는 것이니 나란 소견 따위의 뒤바뀐 지혜로 생기는 탓이며, 모든 중생의 생기고 없어지고 나고 늙고 병들고 죽고 근심하고 슬퍼하고 괴로운 것이 다 눈어리처럼 머무는 것이니 허망한 분별로 생기는 탓이니라.

모든 국토가 다 눈어리처럼 머무는 것이니 생각이 뒤바뀌고 마음이 뒤바뀌고 소견이 뒤바뀌어 무명으로 나타나는 탓이며, 모든 성문과 벽지불이 다 눈어리처럼 머무는 것이니 지혜로 끊는 분별로 이루어지는 탓이며, 모든 보살이 다 눈어리처럼 머무는 것이니 스스로 조복하고 중생을 교화하려는 여러 가지 행과 원으로 이루어지는 탓이며, 모든 보살 대중의 변화하고 조복하는 여러 가지 일이 다 눈어리처럼 머무는 것이니 시원과 지혜의 눈어리로 이뤄지는 탓이니라.

선남자여, 눈어리 같은 경계의 성품은 헤아릴 수 없느니라.

선남자여, 우리 두 사람은 다만 이 눈어리처럼 머무는 해탈을 알 뿐이니, 저 보살마하살의 그지없는 일의 눈어리 그물에 잘 들어가는 그 공덕의 행이야, 우리가 어떻게 알며 어떻게 말하겠는가."

동자와 아가씨는 자기의 해탈〔自解脫〕을 말하고는 부사의한 선근의 힘으로써 선재동자의 몸을 부드럽고 빛나며 윤택케 하고 말하였다.

"선남자여, 여기서 남쪽에 해안海岸이란 나라가 있고 거기 대장엄大莊嚴 동산이 있으며, 그 안에 광대한 누각이 있으니, 이름은 비로자나장엄장이니라. 보살의 선근의 과보로 좇아 생겼으며, 보살의 생각하는 힘·서원하는 힘·자재한 힘·신통한 힘으로 생겼으며, 보살의 교묘한 방편으로 생겼으며, 보살의 복덕과 지혜로 생겼느니라.

선남자여, 부사의한 해탈에 머무른 보살은 크게 가엾이 여기는 마음으로 중생을 위하여 이러한 경계를 나타내며, 이러한 장엄을 모으는 것이니라. 미륵보살마하살이 그 가운데 있으니, 본래 태어났던 부모와 권속과 백성들을 거두어 주어 성숙케 하는 연고며, 또 함께 태어나고 함께 수행하던 중생들을 대승 가운데서 견고하게 하려는 연고며, 또 저 모든 중생들로 하여금 있는 곳을 따르고 선근을 따라서 성취케 하려는 연고니라.

또 그대에게 보살의 해탈문을 보이려는 연고며, 보살이 모든 곳에서 자재하게 태어남을 보이려는 연고며, 보살이 갖가지 몸으로 여러 중생들 앞에 나타나서 항상 교화함을 보이려는 연고며, 보살이 크게 가엾이 여기는 힘으로 모든 세간의 재물을 거두어 주며 싫어하지 않음을 보이려는 연고며, 보살이 모든 행을 갖추 닦으면서도 모든 행이 모양 여읜 것을 보이려는 연고며, 보살이 여러 곳에서 태어나되 모든 태어남이 모양이 없는 줄 아는 것을 보이려는 연고니라.

그대는 그에게 가서, 보살이 어떻게 보살의 행을 행하며, 어떻게 보살의 도를 닦으며, 어떻게 보살의 계율을 배우며, 어떻게 보살의 마음을 깨끗이 하며, 어떻게 보살의 서원을 내며, 어떻게 보살의 도를 돕는 거리[助道具]를 모으며, 어떻게 보살의 머무는 지위에 들어가며, 어떻게 보살의 바라밀을 만족하며, 어떻게 보살의 죽살이 없는 법의 지혜[無生忍]를 얻으며, 어떻게 보살의 공덕의 법을 갖추며, 어떻게 보살 선지식을 섬기는가를 물으라.

왜냐 하면 선남자여, 저 보살마하살은 모든 보살의 행을 통달하였으며, 모든 중생의 마음을 알고 그 앞에 나타나서 교화하고 조복하며, 저 보살은 모든 바라밀을 이미 만족하였고, 모든 보살의 지위에 이미 머물렀고, 모든 보살의 지혜(忍)를 이미 증득하였고, 모든 보살의 지위에 이미 들어갔고, 구족한 수기 주심을 이미 받았고, 모든 보살의 경계에 이미 이르렀고, 모든 부처님의 신통한 힘을 이미 얻었고, 모든 여래가 온갖 지혜인 감로의 법 물로 정수리에 부음을 받았느니라.

선남자여, 저 선지식은 그대의 선근들을 윤택케 하고, 그대의 보리심을 증장케 하고, 그대의 뜻을 견고케 하고, 그대의 착한 일을 더하게 하고, 그대의 보살의 뿌리를 자라게 하고, 그대에게 걸림 없는 법을 보이고, 그대를 보현의 지위에 들어가게 하고, 그대에게 보살의 원을 말하고, 그대에게 보현의 행을 말하고, 그대에게 모든 보살의 행과 원으로 이룩한 공덕을 말하리라.

선남자여, 그대는 한 가지 착한 일을 닦고, 한 가지 법을 비추어 알고, 한 가지 수기를 얻고, 한 가지 지혜에 머무름으로써 끝까지 이르렀다는 생각을 말 것이며, 한정한 마음으로 육바라밀을 행하여 십지에 머물러서 부처님의 국토를 깨끗이 하거나 선지식을 섬기지 말아야 하느니라.

무슨 까닭이냐. 선남자여, 보살마하살은 한량없는 선근으로 심어야 하며, 한량없는 보리의 기구를 모아야 하며, 한량없는 보리의 일을 닦아야 하며, 한량없는 교묘한 회향을 배워야 하느니라.

한량없는 중생 세계를 교화해야 하며, 한량없는 중생의 마음을 알아야 하며, 한량없는 중생의 근성을 알아야 하며, 한량없는 중생의 지해(解)를 알아야 하며, 한량없는 중생의 행을 보아야 하며, 한량없는 중생을 조복해야 하느니라.

한량없는 번뇌를 끊어야 하며, 한량없는 업의 버릇(業習)을 깨끗이 해야 하며, 한량없는 나쁜 소견을 없애야 하며, 한량없는 물든 마음(雜染心)을 제해야 하며, 한량없는 깨끗한 마음을 내야 하며, 한량없는 괴로움의 독화살을 뽑아야 하며, 한량없는 애욕 바다를 말리어야 하며, 한량없는 무명의 어둠을 깨뜨려야 하며, 한량없는 교만한 산을 부숴야 하며, 한량없는 죽살이 결박을 끊어야 하며, 한량없는 존재〔有〕의 강을 건너야 하며, 한량없이 태어나는 바다를 말려야 하느니라.

 한량없는 탐욕의 행을 소멸해야 하며, 한량없는 성내는 행을 깨끗이 다스려야 하며, 한량없는 어리석은 행을 깨뜨려야 하며, 한량없는 마의 그물을 초월해야 하며, 한량없는 마의 업을 여의어야 하며, 보살의 한량없는 욕망을 다스려야 하며, 보살의 한량없는 방편을 증장해야 하며, 보살의 한량없이 더 올라가는 뿌리〔增上根〕를 내야 하며, 보살의 한량없는 결정한 지혜를 밝혀야 하며, 보살의 한량없는 평등에 들어가야 하며, 보살의 한량없는 공덕을 깨끗케 해야 하며, 보살의 한량없는 행들을 닦아야 하며, 보살의 한량없는 세간을 따르는 행을 나타내야 하느니라.

 한량없이 믿는 힘을 내야 하며, 한량없이 정진하는 힘에 머물러야 하며, 한량없는 바르게 생각하는 힘〔正念力〕을 깨끗이 해야 하며, 한량없는 삼매의 힘을 채워야 하며, 한량없는 깨끗한 지혜의 힘〔淨慧力〕을 일으켜야 하며, 한량없는 수승하게 이해하는 힘을 굳게 해야 하며, 한량없는 복덕의 힘을 모아야 하며, 한량없는 슬기의 힘〔智慧力〕을 길러야 하며, 한량없는 보살의 힘을 일으켜야 하며, 한량없는 여래의 힘을 원만히 해야 하느니라.

 한량없는 법문을 분별해야 하며, 한량없는 법문을 분명히 알아야 하며, 한량없는 법문을 청정하게 해야 하며, 한량없는 법의 광명을 내야 하며, 한량없는 법의 비춤을 지어야 하며, 한량없는 종류의 뿌리〔品類根〕를 비추어야 하며, 한량없는 번뇌의 병을 알아야 하며, 한량없는 묘한 법약을 모아야 하며, 한량없는 중생의 병을 고쳐야 하느니라.

한량없는 단 이슬 공양을 잘 장만해야 하며, 한량없는 부처님 국토에 가야 하며, 한량없는 여래에게 공양해야 하며, 한량없는 보살의 모임에 들어가야 하며, 한량없는 부처님의 교화를 받아야 하며, 한량없는 중생의 죄를 참아 받아야 하며, 한량없는 나쁜 길의 고난을 없애야 하며, 한량없는 중생을 선한 길에 나게 해야 하며, 사섭법으로 한량없는 중생을 거두어 줘야 하느니라.

마땅히 한량없는 다라니문을 닦으며 한량없는 큰 서원의 문을 내며 한량없이 크게 인자하고 크게 서원하는 힘을 닦으며, 한량없는 법을 부지런히 구하여 항상 쉬지 않으며, 한량없이 생각하는 힘을 일으키며, 한량없이 신통한 일을 일으키며, 한량없는 지혜의 광명을 깨끗이 하며, 한량없는 중생의 길〔衆生趣〕에 나아가며, 한량없는 모든 존재〔諸有〕에 태어나며, 한량없이 차별한 몸을 나타내며, 한량없는 말을 알아야 하며, 한량없이 차별한 마음에 들어가야 하며, 보살의 큰 궁전에 머물러야 하며, 보살의 깊고 미묘한 법을 보아야 하며, 보살의 알기 어려운 경계를 알아야 하며, 보살의 행하기 어려운 경계를 알아야 하며, 보살의 존중한 위의를 갖추어야 하며, 보살의 들어가기 어려운 바른 지위〔正位〕에 나아가야 하며, 보살의 가지가지 행을 알아야 하며, 보살의 두루한 신통의 힘을 나투어야 하며, 보살의 평등한 법 구름을 받아야 하며, 보살의 그지없는 행의 그물을 넓혀야 하며, 보살의 그지없는 바라밀을 만족해야 하며, 보살의 한량없는 수기를 받아야 하며, 보살의 한량없는 지혜의 문에 들어가야 하며, 보살의 한량없는 지위를 다스려야 하며, 보살의 한량없는 법문을 깨끗이 해야 하며, 보살들이 그지없는 겁에 있으면서 한량없는 부처님께 공양하고, 말할 수 없는 부처님 국토를 깨끗이 장엄하며, 말할 수 없는 보살의 서원을 내는 것을 같이해야 하느니라.

선남자여, 요점을 들어 말하면, 모든 보살의 행을 두루 닦아야 하고,

모든 중생 세계를 두루 교화해야 하고, 모든 겁에 두루 들어가야 하고, 모든 곳에 두루 태어나야 하고, 모든 세상을 두루 알아야 하고, 모든 법을 두루 행해야 하고, 모든 세계를 두루 깨끗케 해야 하고, 모든 소원을 두루 채워야 하고, 모든 부처님께 두루 공양해야 하고, 모든 보살의 원과 두루 같아야 하고, 모든 선지식을 두루 섬겨야 하느니라.

선남자여, 그대는 선지식 구하기를 게을리 하지 말아야 하나니, 선지식을 보고 만족함을 내지 말며, 선지식에게 묻기를 수고로워하지 말며, 선지식에 친근하되 물러갈 생각을 내지 말며, 선지식에 공양하기를 쉬지 말아야 하며, 선지식의 가르침을 받고 잘못 알지 말아야 하며, 선지식의 행을 배우되 의심하지 말며, 선지식이 뛰어나는 문을 말함을 듣고 망설이지 말며, 선지식의 번뇌를 따르는 행을 보고 혐의하지 말며, 선지식에 믿고 존경하는 마음을 변경하지 말아야 하느니라.

무슨 까닭이냐, 선남자여, 보살이 선지식을 인하여 모든 보살의 행을 들으며, 모든 보살의 공덕을 성취하며, 모든 보살의 큰 원을 내며, 모든 보살의 선근을 이끌어 내며, 모든 보살의 도를 돕는 일을 모으며, 모든 보살의 법의 광명을 열어 밝히며, 모든 보살의 뛰어나는 문〔出離門〕을 드러내 보이며, 모든 보살의 청정한 계율을 닦으며, 모든 보살의 공덕법에 머물며, 모든 보살의 광대한 뜻을 깨끗하게 하며, 모든 보살의 견고한 마음을 증장하며, 모든 보살의 다라니와 변재의 문을 구족하며, 모든 보살의 청정한 갈무리〔淸淨藏〕를 얻으며, 모든 보살의 선정의 광명을 내며, 모든 보살의 훌륭한 서원을 얻으며, 모든 보살의 동일한 원을 받으며, 모든 보살의 훌륭한 법을 들으며, 모든 보살의 비밀한 곳을 얻으며, 모든 보살의 법보法寶의 섬에 이르며, 모든 보살의 선근의 싹을 늘게 하며, 모든 보살의 지혜의 몸을 자라게 하며, 모든 보살의 깊고 비밀한 갈무리〔深密藏〕를 보호하며, 모든 보살의 복덕더미를 가지느니라.
　모든 보살의 태어나는 길〔受生道〕을 깨끗이 하며, 모든 보살의 바른 법의 구름을 받으며, 모든 보살의 큰 서원의 길에 들어가며, 모든 여래의 보리의 결과에 나아가며, 모든 보살의 묘한 행을 거두어 가지며, 모든 보살의 공덕을 열어 보이며, 여러 지방에 가서 묘한 법을 들으며, 모든 보살의 광대한 위엄과 공덕을 찬탄하며, 모든 보살의 크게 자비한 힘을 내며, 모든 보살의 훌륭하고 자재한 힘을 거두어 가지며, 모든 보살의 보리의 부분〔菩提分〕을 내며, 모든 보살의 이익하는 일을 짓느니라.
　선남자여, 보살이 선지식의 유지함을 인하여 나쁜 길에 떨어지지 않으며, 선지식의 거두어 줌을 인하여 대승에서 물러가지 않으며, 선지식의 염려함을 인하여 보살의 계율을 범하지 않으며, 선지식의 수호함을 인하여 나쁜 벗을 따르지 않으며, 선지식의 길러 줌을 인하여 보살의 법에 이지러짐이 없으며, 선지식의 붙들어 줌을 인하여 범부의 자리를 초월하며, 선지식의 가르침을 인하여 이승二乘의 지위를 초월하며, 선지식의 지도를 인하여 세간에 뛰어나며, 선지식의 길러 줌을 인하여 세상법에 물들지 않으며, 선지식을 섬김으로 인하여 모든 보살의 행을 닦으며, 선지식께 공양함을 인하여 모든 도를 돕는 법을 갖추며, 선지식을 친근하므로 업과 번뇌에 좌절되지 않으며, 선지식을 믿으므로 세력이 견고하여 모든 마를 무서워하지 않으며, 선지식을 의지하므로 모든 보리의 부분법을 증장하느니라.
　무슨 까닭이냐. 선남자여, 선지식은 장애를 깨끗이 하며, 모든 죄를 소멸하며, 모든 어려움을 제하며, 모든 악한 짓을 그치게 하며, 무명의 캄캄한 밤을 깨뜨리며, 모든 소견의 옥을 부수며, 죽살이의 성에서 나오게 하며, 세속의 집을 버리게 하며, 마의 그물을 찢으며, 괴로운 살을 뽑으며, 무지하고 험난한 곳을 여의게 하며, 삿된 소견의 벌판에서 헤어나게 하며, 모든 존재의 강을 건너게 하며, 모든 삿된 길을 여의게 하느니라.

또 보리의 길을 보여 주며, 보살의 법을 가르치며, 보살의 행에 편안히 머물게 하며, 온갖 지혜로 나아가게 하며, 지혜의 눈을 깨끗하게 하며, 보리심을 자라게 하며, 크게 가엾이 여김을 내며, 묘한 행을 연설하며, 바라밀을 말하며, 악지식惡知識을 배척하며, 모든 지위에 머물게 하며, 모든 참음을 얻게 하며, 모든 선근을 닦아 익히게 하며, 모든 도 닦는 기구를 장만케 하며, 모든 큰 공덕을 베풀어 주느니라.

또 온갖 지혜의 자리[一切種智位]에 이르게 하며, 기뻐서 공덕을 모으게 하며, 뛰놀면서 모든 행을 닦게 하며, 깊고 깊은 이치에 들어가게 하며, 뛰어나는 문을 열어 보이게 하며, 모든 나쁜 길을 막아 버리게 하며, 법의 광명으로 비추게 하며, 법비로 윤택케 하며, 모든 의혹을 소멸케 하며, 모든 소견을 버리게 하며, 모든 부처님의 지혜를 자라게 하며, 모든 부처님의 법문에 편안히 머물게 하느니라.

선남자여, 선지식은 어머니와 같으니, 부처의 종자를 내는 연고며, 아버지와 같으니, 광대하게 이익케 하는 연고며, 유모乳母와 같으니 보호하여 나쁜 짓을 짓지 못하게 하는 연고며, 스승과 같으니, 보살의 배울 것을 보여주는 연고며, 좋은 길잡이와 같으니, 바라밀의 길을 보여주는 연고며, 좋은 의사와 같으니, 번뇌의 병을 치료하는 연고며, 설산과 같으니, 온갖 지혜의 약을 자라게 하는 연고니라. 용맹한 장수와 같으니, 모든 두려움을 제거하는 연고며, 강을 건네주는 사람과 같으니, 죽살이의 빠른 물에서 나오게 하는 연고며, 뱃사공과 같으니, 지혜의 보배 섬에 이르게 하는 연고니라.

선남자여, 항상 이렇게 바른 생각으로 선지식을 생각해야 하느니라.

또 선남자여, 그대가 모든 선지식을 받자와 섬기는 데는 땅과 같은 마음을 내야 하나니, 무거운 짐을 지고도 고달프지 않은 연고며, 금강과 같은 마음을 내야 하나니, 뜻과 서원이 견고하여 깨뜨릴 수 없는 연고며, 철위산과 같은 마음을 내야 하나니, 모든 괴로움으로 요동할 수 없는 연고며, 시중하는 사람과 같은 마음을 내야 하나니, 시키는 일을 모두 순종하는 연고며, 제자와 같은 마음을 내야 하나니, 가르치는 일을 어기지 않는 연고니라.

하인들과 같은 마음을 내야 하나니, 여러 가지 일하는 것을 싫어하지 않는 연고며, 자식을 기르는 어머니와 같은 마음을 내야 하나니, 여러 가지 괴로움을 받아도 고달프다 하지 않는 연고며, 머슴살이 같은 마음을 내야 하나니, 시키는 일을 어기지 않는 연고며, 거름 치는 사람과 같은 마음을 내야 하나니, 고개를 숙이는 연고며, 양순한 말과 같은 마음을 내야 하나니, 나쁜 성질을 여의는 연고며, 큰 수레와 같은 마음을 내야 하나니, 무거운 짐을 운반하는 연고니라.

길들은 코끼리 같은 마음을 내야 하나니, 항상 복종하는 연고며, 수미산 같은 마음을 내야 하나니, 마음이 움직이거나 기울지 않는 연고며, 순한 개와 같은 마음을 내야 하나니 주인을 해하지 않는 연고며, 전다라旃茶羅 같은 마음을 내야 하나니, 교만함을 떠난 연고며, 불깐 소와 같은 마음을 내야 하나니 성내는 일이 없는 연고며, 배와 같은 마음을 내야 하나니, 가고 오는 데 게으르지 않는 연고며, 교량과 같은 마음을 내야 하나니, 건네주면서도 고달픈 줄 모르는 연고며, 효자와 같은 마음을 내야 하나니, 기색을 받들어 순종하는 연고며, 왕자와 같은 마음을 내야 하나니, 내리는 조칙을 따라 행하는 연고니라.

또 선남자여, 그대가 자기의 몸은 병난 것같이 생각하고, 선지식은 의사와 같이 생각하고, 말씀하는 법은 약과 같이 생각하고, 닦는 행은 병이 나은 것같이 생각하라.

또 자기의 몸은 먼 길 떠난 것같이 생각하고, 선지식은 길잡이같이 생각하고 말씀하는 법은 곧은 길같이 생각하고, 닦는 행은 갈 곳에 간 것같이 생각하라.

또 자기의 몸은 강을 건너려는 것같이 생각하고, 선지식은 뱃사공같이 생각하고, 말씀하는 법은 노(櫓)와 같이 생각하고, 닦는 행은 언덕에 닿은 것같이 생각하라.

또 자기의 몸은 곡식의 모와 같이 생각하고, 선지식은 용왕과 같이 생각하고, 말씀하는 법은 비와 같이 생각하고, 닦는 행은 곡식이 영그는 것과 같이 생각하라.

또 자기의 몸은 빈궁한 이같이 생각하고, 선지식은 비사문천왕같이 생각하고, 말씀하는 법은 재물같이 생각하고, 닦는 행은 부자된 것같이 생각하라.

또 자기의 몸은 제자같이 생각하고, 선지식은 훌륭한 장색(良工)같이 생각하고, 말씀하는 법은 기술같이 생각하고, 닦는 행은 다 안 것같이 생각하라.

또 자기의 몸은 무서운 것같이 생각하고, 선지식은 용맹한 사람같이 생각하고, 말씀하는 법은 무기같이 생각하고, 닦는 행은 원수를 깨뜨리는 것같이 생각하라.

또 자기의 몸은 장사꾼같이 생각하고, 선지식은 길잡이같이 생각하고, 말씀하는 법은 보배와 같이 생각하고, 닦는 행은 주워 모으는 것같이 생각하라.

또 자기의 몸은 아들같이 생각하고 선지식은 부모같이 생각하고, 말씀하는 법은 살림살이같이 생각하고, 닦는 행은 살림을 맡는 것같이 생각하라.

또 자기의 몸은 왕자와 같이 생각하고, 선지식은 대신과 같이 생각하고, 말씀하는 법은 왕의 명령같이 생각하고, 닦는 행은 왕관을 쓰는 것같이 생각하고, 왕의 옷을 입는 것같이 생각하고, 왕의 비단띠[繒]를 매는 것같이 생각하고, 왕의 궁전에 앉은 것같이 생각하라.

선남자여, 그대는 마땅히 이러한 마음과 이러한 뜻으로 선지식을 친근해야 하느니라. 왜냐 하면 이러한 마음으로 선지식을 친근하면, 뜻과 원이 영원히 청정하기 때문이니라.

또 선남자여, 선지식은 선근을 자라게 하나니, 마치 설산에서 약초가 자라는 것 같으니라. 선지식은 부처님 법의 그릇이니, 마치 바다가 여러 강물을 받아들이는 것 같으니라. 선지식은 공덕이 나는 곳이니, 마치 바다에서 여러 가지 보배가 나는 것 같으니라.

선지식은 보리심을 깨끗케 하나니, 마치 맹렬한 불이 진금을 불리는 것 같으니라. 선지식은 세간법에서 뛰어나나니, 마치 수미산이 큰 바다에서 솟아나는 것 같으니라.

선지식은 세상법에 물들지 않나니, 마치 연꽃에 물이 묻지 않는 것 같으니라. 선지식은 모든 나쁜 것을 받지 않나니, 마치 큰 바다가 송장을 묵히지 않는 것 같으니라. 선지식은 선한 법[白法]을 증장케 하나니, 마치 보름달의 광명이 원만한 것 같으니라. 선지식은 법계를 밝게 비추나니, 마치 밝은 해가 사천하에 비추는 것 같으니라. 선지식은 보살의 몸을 자라게 하나니, 마치 부모가 아이들을 기르는 것 같으니라.

선남자여, 요점을 말하면, 만일 보살마하살이 선지식의 가르침을 따르면 열곱 말할 수 없는 백천억 나유타 공덕을 얻으며, 열곱 말할 수 없는 백천억 나유타 깊은 마음을 깨끗이 하며, 열곱 말할 수 없는 백천억 나유타 보살의 선근[根]을 자라게 하며, 열곱 말할 수 없는 백천억 나유타 보살의 힘을 깨끗이 하며, 열곱 말할 수 없는 백천억 아승기 장애障礙를 끊으며, 열곱 말할 수 없는 백천억 아승기 마의 경계를 초월하며, 열곱 말할 수 없는 백천억 아승기 법문에 들어가며, 열곱 말할 수 없는 백천억 아승기 도를 돕는 일을 만족하며, 열곱 말할 수 없는 백천억 아승기 묘한 행을 닦으며, 열곱 말할 수 없는 백천억 아승기 큰 원을 내게 되느니라.

선남자여, 다시 간추려 말하면, 모든 보살행과 모든 보살의 바라밀과 모든 보살의 지위와 모든 보살의 법 지혜[忍]와 모든 보살의 다라니문과 모든 보살의 삼매문과 모든 보살의 신통한 지혜와 모든 보살의 회향과 모든 보살의 서원과 모든 보살의 불법을 성취하는 것이 다 선지식의 힘을 말미암나니, 선지식으로 근본을 삼으며, 선지식을 의지하여 생기며, 선지식을 의지하여 뛰어나며, 선지식을 의지하여 자라며, 선지식을 의지하여 머물며, 선지식이 인연이 되고, 선지식이 능히 발기하느니라."

이 때 선재동자는 선지식의 이러한 공덕이 한량없는 보살의 묘한 행을 열어 보이고 한량없이 광대한 부처님 법을 성취함을 듣고, 기뻐 뛰놀면서 덕 나는 이[德生] 동자와 덕 있는 이[有德] 아가씨의 발에 엎드려 절하고 수없이 돌고 은근하게 앙모하며 하직하고 물러갔다.

(52) 미륵보살을 찾다

이 때 선재동자는 선지식의 가르침으로 마음이 윤택하고 바른 생각으로 보살의 행을 생각하면서 해안국海岸國으로 향하였다.

지난 세상에 예경禮敬을 닦지 않은 것을 생각하고 즉시 뜻을 내어 부지런히 행하였다. 지난 세상에 몸과 마음이 깨끗하지 못한 것을 생각하고 즉시 뜻을 내어 스스로 조촐하게 하였다. 지난 세상에 나쁜 업을 지은 것을 생각하고 즉시 뜻을 내어 스스로 끊었다. 지난 세상에 허망한 생각 일으킨 것을 생각하고 즉시 뜻을 내어 항상 바르게 생각하였다.

지난 세상에 닦은 행이 자기의 몸만 위한 것을 생각하고 즉시 뜻을 내어 마음을 넓게 가지고 중생들에까지 미치게 하였다. 지난 세상에 욕심의 대상(欲境)을 따라다니면서 스스로 소모하던 것이 좋은 맛이 없음을 생각하고 즉시 뜻을 내어 불법을 닦아 모든 근기를 길러 스스로 편안하였다.

지난 세상에 삿된 생각으로 뒤바뀌게 응하던 일을 생각하고 즉시 뜻을 내어 바른 소견으로 보살의 원을 일으켰다. 지난 세상에 밤낮으로 애쓰며 나쁜 일을 짓던 것을 생각하고 즉시 뜻을 내어 큰 정진을 하여 불법을 성취하려 하였다. 지난 세상에 오취(五趣)에 태어난 것이 저나 남의 몸에 이익이 없음을 생각하고 즉시 뜻을 내어 이 몸으로 중생을 이익케 하고 불법을 성취하며 모든 선지식을 섬기려고 원하였다. 이렇게 생각하고 매우 환희한 마음을 내었다.

또 이 몸이 나고 늙고 병들고 죽는 여러 가지 괴로움의 굴택임을 보고 원하기를, 오는 세월이 다하도록 보살의 도를 닦고 중생을 교화하며, 여러 여래를 뵈옵고 불법을 성취하며, 모든 부처님 세계로 다니면서 여러 법사(法師)를 섬기고, 모든 부처님의 교법에 머물러 있으면서 여러 불법의 동무를 구하고, 모든 선지식을 보고 모든 부처님의 법을 모아서, 모든 보살의 원과 지혜의 몸을 위하여 인연을 지으려 하였다.

이렇게 생각할 적에 부사의한 한량없는 선근이 자라서, 모든 보살을 믿고 존중하며 희유한 생각을 내고 스승이란 생각을 내었다. 모든 감관이 청정하여지고 선법이 늘었으며, 모든 보살의 공경하고 공양하던 일을 일으키고, 모든 보살의 허리 굽히며 합장함을 짓고, 모든 보살의 세간을 두루 보는 눈(普見世間眼)을 내고, 모든 보살의 중생을 염려하던 생각을 일으키고, 모든 보살의 한량없는 서원으로 나투는 몸을 나타내고,

모든 보살의 청정하게 찬탄하던 음성을 내었다.
 과거와 현재의 여러 부처님과 보살들이 여러 곳에서 성도하심과 신통과 변화를 나타내시며, 내지 한 터럭 끝만한 곳에도 두루하지 않은 데가 없음을 상상하여 보았으며, 또 청정한 지혜와 광명한 눈을 얻어 모든 보살의 행하던 경계를 보고 마음은 시방의 세계 그물에 들어가고, 소원은 허공과 법계에 가득하여, 삼세가 평등하여 쉬지 아니하였다. 이러한 모든 것이 다 선지식의 가르침을 믿은 까닭이었다.
 선재동자는 이렇게 존중함과 이렇게 공양함과 이렇게 칭찬함과 이렇게 관찰함과 이러한 서원의 힘과 이러한 생각과 이렇게 한량없는 지혜의 경계로써 비로자나 장엄장의 큰 누각 앞에서 엎드려〔五體投地〕절하고, 잠깐 동안 마음을 거두고 생각하고 관찰하였으며, 깊이 믿고 애해함과 큰 서원의 힘으로 온갖 곳에 두루한 지혜의 몸이 평등한 문에 들어갔다. 그 몸을 두루 나타내어 모든 여래의 앞·모든 보살의 앞·모든 선지식의 앞·모든 여래의 탑 앞·모든 여래의 형상 앞·모든 부처님과 보살의 계시는 처소 앞·모든 법보 앞·모든 성문과 벽지불과 그들의 탑 앞·모든 거룩한 대중인 복밭 앞·모든 부모와 존장 앞·모든 시방의 중생 앞에 있으면서, 위에 말한 것처럼 존중하고 예경하며 찬탄하기를, 오는 세상이 끝나도록 쉬지 아니하였다.
 허공과 같으니 가와 분량〔邊量〕이 없는 연고며, 법계와 같으니 막힘과 걸림이 없는 연고며, 실제와 같으니 온갖 것에 두루한 연고며, 여래와 같으니 분별이 없는 연고며, 그림자와 같으니 지혜를 따라 나타나는 연고며, 꿈과 같으니 생각으로 좇아 일어나는 연고며, 영상과 같으니 모든 것에 보이는 연고며, 메아리와 같으니 인연으로 생기는 연고며, 나는 일이 없으니 번갈아 일어나고 없어지는 연고며, 성품이 없으니 인연을 따라 변하는 연고였다.

또 모든 과보는 업에서 일어나고, 모든 결과는 인에서 일어나고, 모든 업은 습기習氣에서 일어나고, 모든 부처님 나심은 믿음에서 일어나고, 모든 공양거리를 변화하여 나타냄은 결정한 알음알이에서 일어나고, 모든 나툰 몸 부처님(化佛)은 공경하는 마음에서 일어나고, 모든 부처님 법은 선근에서 일어나고, 모든 나툰 몸은 방편에서 일어나고, 모든 불사는 큰 원에서 일어나고, 모든 보살의 닦는 행은 회향에서 일어나고, 모든 법계의 광대한 장엄은 온갖 지혜의 경계에서 일어나는 줄을 결정코 알았다.

아주 없다는 소견을 여의나니 회향을 아는 연고며, 항상하다는 소견을 여의나니 나는 일이 없음을 아는 연고며, 원인이 없다는 소견을 여의나니 바른 인을 아는 연고며, 뒤바뀐 소견을 여의나니 실제와 같은 이치를 아는 연고며, 자재천이란 소견을 여의나니 남을 말미암지 않음을 아는 연고며, 나라 남이라 하는 소견을 여의나니 인연으로 생기는 줄을 아는 연고며, 가이 있다고 고집하는 소견(邊執見)을 여의나니 법계가 기이없음을 아는 연고며, 가고 온다는 소견을 여의나니 영상과 같음을 아는 연고며, 있다 없다는 소견을 여의나니 나지도 멸하지도 않음을 아는 연고며, 모든 법이란 소견을 여의나니 공하여 남이 없음(無生)을 아는 연고며, 자재하지 못함을 아는 연고며, 소원의 힘으로 나는 줄을 아는 연고며, 모든 모양이란 소견을 여의나니 모양이 없는 짬(無相際)에 들어가는 연고였다.

모든 법이 종자에서 싹이 나는 것 같음을 아는 연고며, 인印에서 글자가 나는 것 같은 연고며, 바탕이 영상과 같음을 아는 연고며, 소리가 메아리와 같음을 아는 연고며, 대경(境)이 꿈과 같음을 아는 연고며, 업이 눈어리 같음을 아는 연고며, 세상이 마음으로 나타남을 아는 연고며, 결과가 원인에서 일어남을 아는 연고며, 과보가 업이 모임인 줄을 아는 연고며, 모든 공덕의 법이 다 보살의 교묘한 방편으로 흘러 나온 것임을 아는 연고였다.

선재동자가 이러한 지혜에 들어가서 단정한 마음과 깨끗한 생각으로 누각 앞에서 엎드려서 은근하게 절하니, 부사의한 선근이 몸과 마음에 흘러 들어서 상쾌하고 기뻤다.

땅에서 일어나 한결같은 마음으로 우러러보면서, 잠깐도 한눈 팔지 아니하고 합장하고 한량없이 돌았고 이렇게 생각하며 말하였다.

"이 큰 누각은 공하고 모양 없고 원 없음을 아는 이가 머무는 곳이리라. 이는 모든 법에 분별이 없는 이가 머무는 곳이리라. 이는 법계가 차별이 없음을 아는 이가 머무는 곳이리라. 이는 모든 중생을 얻을 수 없음을 아는 이가 머무는 곳이리라. 이는 모든 법이 남이 없음을 아는 이가 머무는 곳이리라. 이는 모든 세간에 집착하지 않는 이가 머무는 곳이리라. 이는 모든 굴택에 집착하지 않는 이가 머무는 곳이리라. 이는 모든 마을을 좋아하지 않는 이가 머무는 곳이리라. 이는 모든 대경을 의지하지 않는 이가 머무는 곳이리라. 이는 모든 생각을 여읜 이가 머무는 곳이리라.

이는 모든 법이 제 성품이 없음을 아는 이가 머무는 곳이리라. 이는 모든 차별한 업을 끊은 이가 머무는 곳이리라. 이는 모든 생각과 마음과 의식을 여읜 이가 머무는 곳이리라. 이는 모든 도에 들지도 않고 나지도 않는 이가 머무는 곳이리라.

이는 모든 깊고 깊은 반야바라밀에 들어간 이가 머무는 곳이리라. 이는 방편으로 넓은 문〔普門〕 법계에 머무른 이가 머무는 곳이리라. 이는 모든 번뇌의 불을 멸한 이가 머무는 곳이리라. 이는 더 올라가는 지혜〔增上慧〕로 모든 소견・사랑・교만을 끊은 이가 머무는 곳이리라. 이는 모든 선정・해탈・삼매・신통과 밝음〔明〕을 내어 유희하는 이가 머무는 곳이리라. 이는 모든 보살의 삼매의 경계를 관찰한 이가 머무는 곳이리라. 이는 모든 여래의 처소에 편안히 머무른 이가 머무는 곳이리라.

이는 한 겁을 모든 겁에 넣고 모든 겁을 한 겁에 넣어도 그 형상을 망그러뜨리지 않는 이가 머무는 곳이리라. 이는 한 세계를 모든 세계에 넣고 모든 세계를 한 세계에 넣어도 그 형상을 망그러뜨리지 않는 이가 머무는 곳이리라. 이는 한 법을 모든 법에 넣고 모든 법을 한 법에 넣어도 그 형상을 망그러뜨리지 않는 이가 머무는 곳이리라.

이는 한 중생을 모든 중생에 넣고 모든 중생을 한 중생에 넣어도 그 형상을 망그러뜨리지 않는 이가 머무는 곳이리라. 이는 한 부처님을 모든 부처님에 넣고 모든 부처님을 한 부처님에 넣어도 그 형상을 망그러뜨리지 않는 이가 머무는 곳이리라. 이는 잠깐 동안에 모든 삼세를 아는 이가 머무는 곳이리라. 이는 잠깐 동안에 모든 국토에 이르는 이가 머무는 곳이리라. 이는 모든 중생의 앞에 그 몸을 나타내는 이가 머무는 곳이리라.

이는 마음으로 보는 세간을 항상 이익케 하는 이가 머무는 곳이리라. 이는 온갖 곳에 두루 이르는 이가 머무는 곳이리라. 이는 모든 세간에서 이미 벗어났으나, 중생을 교화하려고 그 가운데 항상 몸을 나타내는 이가 머무는 곳이리라. 이는 모든 세계에 애착하지 않으나, 부처님들께 공양하려고 모든 세계에 다니는 이가 머무는 곳이리라.

이는 본 고장[本處]에서 움직이지 않고 모든 부처님 세계에 두루 나아가 장엄하는 이가 머무는 곳이리라. 이는 모든 부처님을 친근하면서도 부처님이란 생각을 일으키지 않는 이가 머무는 곳이리라. 이는 모든 선지식을 의지하면서도 선지식이란 생각을 내지 않는 이가 머무는 곳이리라. 이는 모든 마의 궁전에 있으면서도 욕심 경계에 탐착하지 않는 이가 머무는 곳이리라. 이는 모든 마음과 생각을 아주 여읜 이가 머무는 곳이리라. 이는 모든 중생 속에 몸을 나타내지만 자기와 다른 이에게 둘이란 생각을 내지 않는 이가 머무는 곳이리라.

이는 모든 세계에 두루 들어가지만 법계에 대하여 차별한 생각이 없는 이가 머무는 곳이리라. 이는 오는 세상의 모든 겁에 머물기를 원하면서도 여러 겁에 길다 짧다는 생각이 없는 이가 머무는 곳이리라. 이는 한 털 끝만한 곳을 여의지 않으면서 모든 세계에 몸을 나타내는 이가 머무는 곳이리라. 이는 만나기 어려운 법을 능히 연설하는 이가 머무는 곳이리라.

이는 알기 어려운 법・매우 깊은 법・둘이 없는 법・모양이 없는 법・상대하여 다스릴 수 없는 법・얻을 바 없는 법・희롱거리 의논이 없는 법에 능히 머무른 이가 머무는 곳이리라.

이는 대자대비에 머무른 이가 머무는 곳이리라. 이는 모든 이승二乘의 지혜를 지났고, 모든 마의 경계를 초월하였고, 세상법에 물들지 아니하고, 보살들의 이르는 언덕에 이르렀고, 여래의 머무시는 곳에 머무른 이가 머무는 곳이리라. 이는 모든 형상을 여의었으면서도 성문의 바른 지위에 들어가지 않고, 모든 법이 나지 않는 줄을 알면서도 나지 않는 법의 성품에 어울리지 않는 이가 머무는 곳이리라. 이는 부정함을 관찰하면서도 탐욕 여의는 법을 증득하지도 않고, 탐욕과 함께 있지도 않으며, 인자함을 닦으면서도 성냄을 여의는 법을 증득하지도 않고, 성내는 일과 함께하지도 않으며, 인연으로 생기는 〔緣起〕 것을 관찰하면서도 어리석음을 여의는 법을 증득하지도 않고, 어리석음과 함께하지도 않는 이가 머무는 곳이리라.

이는 사선정에 머무르면서도 선정을 따라 태어나지도 않고, 네 가지 한량없는 마음을 행하면서도 중생을 교화하기 위하여 형상 세계에 태어나지 않고, 사무색정四無色定을 닦으면서도 크게 가엾이 여김으로써 무형 세계에 머무르지 않는 이가 머무는 곳이리라. 이는 선정[止]과 지혜[觀]를 닦으면서도 중생을 교화하기 위하여 밝음[明]과 해탈을 증득하지 않고, 버리는 일을 행하면서도 중생 교화하는 일을 버리지 않는 이가 머무는 곳이리라. 이는 공함을 관하면서도 공한 소견을 내지 않고, 모양 없음을 행하면서도 모양에 집착하는 중생을 항상 교화하고, 소원 없음을 행하면서도 보리행의 원을 버리지 않는 이가 머무는 곳이리라.

 이는 모든 업과 번뇌에서 자유자재하면서도 중생을 교화하기 위하여 업과 번뇌를 따르며, 죽살이가 없으면서도 중생을 교화하기 위하여 죽살이를 받으며, 모든 길을 여의었으면서도 중생을 교화하기 위하여 여러 길에 일부러 들어가는 이가 머무는 곳이리라. 이는 인자함을 행하면서도 여러 중생에게 미련이 없으며, 가엾이 여김을 행하면서도 여러 중생에게 집착이 없으며, 기뻐함을 행하면서도 괴로운 중생을 보고 항상 불쌍히 여기며, 버림을 행하면서도 다른 이를 이익하는 일을 폐하지 않는 이가 머무는 곳이리라.

 이는 구차제정九次第定을 행하면서도 욕심 세계에 태어남을 싫어하지 않고, 모든 법이 나지도 않고 멸하지도 않음을 알면서도 실제實際를 증득하지 않으며, 삼해탈문三解脫門에 들었어도 성문의 해탈을 취하지 않으며, 사성제四聖諦를 관찰하면서도 소승의 과위에 머무르지 않고, 깊은 인연으로 생김을 관찰하면서도 필경까지 고요한 데 머물지 않고, 팔성도八聖道를 닦으면서도 세간에서 아주 뛰어나기를 구하지 않고, 범부의 지위를 초월하고도 성문이나 벽지불의 지위에 떨어지지 않고, 오취온五取蘊을 관찰하면서도 여러 가지 쌓임을 아주 멸하지 않고, 사마四魔를 초월하고도 마를 분별하지 않고, 육처六處에 집착하지 않으면서도 육처를 아주 멸하지 않고, 진여에 편안히 머무르면서도 실제에 떨어지지 않고, 모든 승을 말하면서도 대승을 버리지 않나니, 이 큰 누각은 이러한 모든 공덕에 머무르는 이가 머무는 곳이리라."
 이 때 선재동자는 게송을 말하였다.

　　이렇게 자비하고 청정한 지혜
　　세간을 이익하는 미륵보살님
　　정수리에 물을 부은 부처님 장자長子
　　여러 경계 드신 이의 머무시는 곳

　　온 세계에 소문 나신 부처님 아들
　　대승의 해탈문에 들어가셨고
　　법계에 다니어도 집착이 없어
　　견줄 데 없는 이의 머무시는 곳

　　보시 · 지계 · 인욕 · 정진 · 선정과 지혜
　　방편과 원과 힘과 신통들까지
　　대승의 여러 가지 바라밀 법을
　　모두 다 갖춘 이의 머무시는 곳

　　지혜가 광대하기 허공과 같고
　　삼세 모든 법을 두루 다 알아
　　걸림 없고 의지 없고 집착 없으니
　　있는 줄 아는 이의 머무시는 곳

　　모든 법이 성품 없고 나지도 않고
　　의지할 데 없음을 분명히 알며

허공에 새가 날 듯 자유자재해
큰 지혜 있는 이의 머무시는 곳

세 가지 독(三毒) 참 성품 분명히 알고
인연법이 허망함을 분별하여도
싫다고 벗어남을 구하지 않는
이렇게 고요한 이 머무시는 곳

세 가지 해탈문과 여덟 가지 길(八道)
쌓임(蘊)과 처(處)와 계(界)와 모든 연기(緣起)를
살피고도 고요한 데 나가지 않는
훌륭하게 교묘한 이 머무시는 곳

시방의 국토들과 모든 중생을
걸림 없는 지혜로 모두 살피어
공한 줄을 알아서 분별치 않는
고요한 데 드신 이의 머무시는 곳

온 법계에 다니면서 걸림 없으나
가는 성품 구하여도 얻을 수 없어
공중에 바람불듯 종적 없나니
의지한 데 없는 이의 머무시는 곳

나쁜 길 모든 중생 고통 받으며
돌아갈 데 없음을 두루 살피고

인자한 광명 놓아 다 없애나니
불쌍하게 여기는 이 머무시는 곳

중생들이 바른 길을 잃어버린 것
소경이 위험한 길 걷는 듯한데
그를 끌어 해탈성에 들게 하나니
이와 같은 길잡이의 머무시는 곳

중생들이 악마의 그물에 들어
나고 늙고 병과 죽음 시달리거늘
그들을 해탈하여 위안하나니
이렇게 용맹한 이 머무시는 곳

중생들이 번뇌 병에 얽힘을 보고
가엾게 생각하는 마음을 내어
지혜의 약으로써 치료하나니
이렇게 큰 의사의 머무시는 곳

중생들이 나고 죽는 바다에 빠져
헤매고 근심하며 괴로움을 보고
그들을 법 배로써 건지시나니
잘 건네는 어른의 머무시는 곳

중생이 번뇌 바다 헤맴을 보고
보리의 묘한 보배 마음을 내어

그 가운데 들어가 건지시나니
사람을 잘 낚는 이 머무시는 곳

언제나 큰 서원과 자비하신 눈
모든 중생 받는 괴로움 두루 살피고
죽살이 바다에서 건져 내나니
이러한 금시조왕 머무시는 곳

해와 달이 허공에 떠 있으면서
모든 세간 비추지 않는 데 없듯
지혜의 광명함도 그와 같아서
세상을 비추는 이 머무시는 곳

보살이 한 중생을 교화하려고
미래의 한량없는 겁을 지나듯
이와 같이 모든 중생 다 그러하여
세상을 건지는 이 머무시는 곳

한 국토의 중생을 교화하는데
오는 세월 끝나도록 쉬지 않는 듯
하나하나 국토에도 다 그러하니
이런 뜻 굳은 이의 머무시는 곳

시방의 부처님들 말씀하는 법
한 자리에 모두 받아 모두 다하며

미래겁이 끝나도록 항상 그러해
지혜 바다 가진 이의 머무시는 곳

모든 세계 바다에 두루 노닐며
모든 도량 바다에 두루 들어가
모든 여래 바다에 공양하나니
이런 행을 닦는 이의 머무시는 곳

모든 수행 바다를 닦아 행하고
그지없는 서원 바다 일으키어서
이와 같이 겁 바다를 지내시나니
이런 공덕 있는 이의 머무시는 곳

한 털 끝에 한량없는 세계가 있고
부처님과 겁과 중생 말할 수 없어
이런 것을 분명하게 두루 보나니
걸림 없는 눈 가진 이 머무시는 곳

한 생각에 그지없는 겁을 거두어
국토와 부처님과 모든 중생을
걸림 없는 지혜로 바로 아나니
이런 공덕 갖춘 이의 머무시는 곳

시방세계 부수어 티끌 만들고
큰 바닷물 털 끝으로 찍어낸 수효

보살의 세운 원이 이와 같나니
걸림 없는 이들의 머무시는 곳

다라니와 삼매와 큰 서원들과
선정과 모든 해탈 성취하여서
낱낱이 그지없는 겁을 지내니
이러한 참 불자의 머무시는 곳

한량없고 그지없는 여러 불자들
가지가지 법을 말해 중생 건지며
세간의 모든 기술 말씀하나니
이런 행을 닦는 이의 머무시는 곳

신통과 방편 지혜 성취하였고
눈이리의 묘한 법문 닦아 행하며
시방의 다섯 길에 나타나나니
걸림 없는 이들의 머무시는 곳

보살이 처음으로 마음을 내고
모든 행을 구족하게 닦아 행하며
나툰 몸 한량없이 법계에 가득
이런 신통 있는 이의 머무시는 곳

한 생각에 보리도를 성취하였고
그지없는 지혜의 업 두루 짓고도

세상 인정 모든 생각 발광하나니
헤아릴 수 없는 이의 머무시는 곳

신통을 성취하여 걸림이 없고
법계에 모두 돌아다니지마는
마음에는 조금도 얻은 것 없어
이런 지혜 가진 이의 머무시는 곳

보살이 걸림 없는 지혜를 닦고
여러 국토 들어가도 집착이 없어
둘이 없는 지혜로 널리 비추니
나가 없는 이들의 주무시는 곳

모든 법이 의지 없고 본래 성품도
허공같이 고요함을 분명히 알아
이러한 경계에서 항상 행하니
이러한 때 여읜 이 머무시는 곳

중생들이 모든 고통 받음을 보고
인자하고 슬기로운 마음을 내어
모든 세간 이익하기 항상 원하니
가엾이 여기는 이 머무시는 곳

불자가 여기 있으면서
중생 앞에 나타나

마치 해와 달처럼
죽살이의 어둠을 제해 버리고

불자가 여기 있으면서
중생의 마음 널리 순종해
한량없는 몸을 나투어
시방세계에 가득하시고

불자가 여기 있으면서
모든 세계의 여래 계신 데
두루 다니는 오랜 세월
한량이 없고 수가 없네.

불자가 여기 있으면서
부처님의 법 생각하는데
한량없고 수없는 겁에
그 마음 싫은 줄 몰라

불자가 여기 있으면서
잠깐잠깐마다 삼매에 들고
낱낱 삼매문에서
부처님 경계 열어 밝히고

불자가 여기 있으면서
모든 세계의 한량없는 겁

중생과 부처님의 일들
모두 다 알고

불자가 여기 있으면서
한 생각에 모든 겁 거둬들이되
다만 중생의 마음 따를 뿐
분별하는 생각 조금도 없네.

불자가 여기 있으면서
모든 삼매를 닦아 익히고
하나하나 마음 속마다
삼세三世 법 분명히 알고

불자가 여기 있으면서
가부 앉아 동하지 않고
모든 세계와 모든 길에
몸을 두루 나타내고

불자가 여기 있으면서
부처님의 법 바다 모두 마시고
지혜 바다에 깊이 들어가
공덕 바다를 구족하였고

불자가 여기 있으면서
모든 세계 수효를 모두 알고

세상의 수효와 중생의 수효
부처님 이름과 수효도 그러해

불자가 여기 있으면서
삼세 가운데 있는
국토가 이룩하고 망그러짐을
한 생각에 모두 알고

불자가 여기 있으면서
부처님의 행과 서원과
보살들의 닦는 행과
중생의 근성과 욕망 다 알고

불자가 여기 있으면서
한 비늘 속에 있는
한량없는 세계와 도량
중생과 겁을 죄다 보고

한 티끌 속과 같이
모든 티끌 모두 그러해
가지가지 다 구족하여
간 데마다 걸림이 없고

불자가 여기 있으면서
모든 법과 중생과

세계와 시간이 일어나지도 않고
있는 것도 아님을 모두 보며

중생을 보는 것처럼
법도 그렇고 여래도 그러해
세계도 그렇고 소원도 그러해
삼세가 다 평등하며

불자가 여기 있으면서
모든 중생을 교화하고
여래께 공양하고
법의 성품을 생각하며

한량없는 천만 겁에
닦은 바 원과 지혜와 행
광대하기 한량이 없어
끝끝내 칭찬할 수 없고

저 여러 매우 용맹하신 이
수행이 걸림 없는 이
이 가운데 계시오매
내 이제 합장하고 경례합니다.

부처님의 장자이시며
거룩하신 미륵보살님

내 이제 공경하여 경례하오니
나를 돌보아 주소서.

이 때 선재동자는 이렇게 보살들의 한량없이 칭찬하고 찬탄하는 법으로, 비로자나 장엄장 큰 누각 안에 계시는 보살들을 찬탄하고는, 허리 굽혀 합장 공경하여 예배하고, 일심으로 미륵보살을 뵈옵고 친근하고 공양하려 하였다.

문득 보니, 미륵보살마하살이 다른 데로부터 오시는데, 한량없는 하늘·용·야차·건달바·아수라·가루라·긴나라·마후라가 왕과, 제석천왕·범천왕·사천왕과 본래 태어난 데〔本生處〕 있는 한량없는 권속과 바라문들과, 수없는 백천 중생들이 앞뒤로 호위하고 와서, 장엄장 누각으로 향하였다.

선재동자가 보고는 기뻐 뛰놀면서 땅에 엎드려 절하였다.

미륵보살은 선재동자를 살펴보고 대중에게 그의 공덕을 찬탄하여 게송을 밀하였다.

너희들 선재동자를 보라.
지혜 있고 마음이 청정
보리행을 구하려고
나에게 이른 것이다.

잘 왔도다 원만한 인자
잘 왔도다 청정한 가엾이 여김
잘 왔도다 고요한 눈
수행하기 게으름 없네.

잘 왔도다 청정한 뜻
잘 왔도다 광대한 마음
잘 왔도다 물러가지 않은 근성
수행하기 게으름 없네.

잘 왔도다 동요하지 않은 행
항상 선지식을 찾아
모든 법 통달하고
중생들을 조복하며

잘 왔도다 묘한 도 행하고
잘 왔도다 공덕에 머물고
잘 왔도다 부처 과위 나아가
조금도 게으름 없네.

잘 왔도다 덕으로 몸이 되고
잘 왔도다 법에 훈습薰習되고
잘 왔도다 끝없는 수행
세간에서 만나보기 어려워라.

잘 왔도다 미혹 여의고
세상법에 물들지 않고
이롭고 쇠하고 헐뜯고 칭찬함을
모든 것 분별이 없네.

잘 왔도다 안락을 주고
부드럽고 교화를 받아
아첨·속임·성내고 교만함
모든 것 소멸해 버렸네.

잘 왔도다 진실한 불자
시방에 두루 다니며
모든 공덕 늘었고
부드러워 게으름 없네.

잘 왔도다 삼세의 지혜
모든 법 두루 다 알며
공덕 갈무리 두루 내어
수행에 고달픔 모르네.

문수보살과 덕운 비구
여러 불자들이
너를 내게 보내며
너에게 걸림 없는 곳을 보이어

보살의 행 갖추 닦고
모든 중생을 거두어 주어
이렇게 훌륭한 사람이
지금 나에게 왔네.

모든 여래들의
청정한 경계 구하려고
광대한 서원 물으면서
나를 찾아왔네.

과거·미래·현재의
부처님들의 이루신 행과 업
그대 닦아 배우려고
나를 찾아왔네.

그대는 선지식에게
미묘한 법 구하고
보살의 행 배우려고
나를 찾아왔고

선지식은 부처님이 칭찬하시고
너의 보리행을 이루게 함을
그대가 생각하고서
나를 찾아왔네.

그대는 선지식이 부모처럼
나를 낳으시고
유모처럼 나를 기르고
보리분법을 늘게 하고

의사처럼 병을 고쳐 주고
하늘처럼 단 이슬 뿌리고
해처럼 바른 길 보여 주고
달처럼 깨끗한 바퀴 굴리고

산처럼 동요하지 않고
바다처럼 늘고 줄지 않고
뱃사공처럼 건네줌을 생각하고
나를 찾아왔네.

선지식을 그대는 보라.
용맹한 대장과 같고
큰 장사 물주와 같고
큰 길잡이 같아서

바른 법 당기를 세우고
부처님 공덕 보여 주고
나쁜 길 없애 버리고
착한 길 가는 문 열어 주고

부처님의 몸 드러내고
부처님의 광 잘 지키고
부처님 법을 잘 가지므로
그를 우러러 받들면서

청정한 지혜 만족하려고
단정한 몸 갖추려고
귀한 가문에 태어나려고
나를 찾아왔네.

너희들 이 사람 보라.
선지식 친근하면서
그를 따라 배운 대로
모든 것을 순종하였고

옛적 복의 인연으로
문수보살이 발심케 하여
따라 행하고 어기지 않으며
수행하되 게으르지 않았고

부모와 친속들과
궁전과 재산을
모두 다 버리고
겸손하게 선지식 구하며

이런 뜻을 깨끗이 하니
세간 몸을 아주 여의고
부처님 국토에 태어나
훌륭한 과보 받으리라.

선재동자는 중생들의
나고 늙고 병들고 죽는
고통을 보고 대비심 내어
위없는 도 부지런히 닦고

선재동자는 중생들의
오취五趣 헤맴을 보고
금강 같은 지혜 구하여
그 괴로운 바퀴 깨뜨리며

선재동자는 중생들의
마음 밭 묶음을 보고
세 가지 독한 가시 제하려고
날카로운 지혜의 모습 구하네.

중생들 캄캄한 속에서
소경처럼 바른 길 잃거늘
선재동자 길잡이 되어
편안한 곳 보여 주고

참는 갑옷과 해탈의 수레
지혜의 잘 드는 검으로
세 가지 존재한 세계에서
번뇌의 도적 깨뜨리네.

선재는 법 배의 사공
모든 중생 널리 건지어
알아야 할 바다[爾焰海] 지나서
보배 섬에 빨리 이르고

선재는 바로 깨달은 해
지혜의 광명과 서원 바퀴로
법계의 허공에 두루 다니며
중생의 굴택 두루 비추네.

선재는 바로 깨달은 달
선한 법[白法]이 다 원만하여
인자한 선정 청량한 빛으로
중생의 마음 평등히 하고

선재는 훌륭한 지혜의 바다
정직한 마음 의지해 있으며
보리의 행 점점 깊어서
모든 법 보배 내는 것이며

선재라는 큰 마음 용이
법계의 허공에 올라가서
구름 덮이고 비를 내려
모든 열매를 성숙케 하네.

선재가 법 등불 켜니
믿음은 심지, 자비는 기름
생각은 그릇, 공덕 빛으로
세 가지 독한 어둠 없애며

깨닫는 마음은 가라라迦羅邏
가엾음은 태요, 인자는 살
보리의 부분인 팔다리
여래장如來藏에서 자라고

복덕 갈무리 증장하고
지혜 갈무리 청정하며
방편 갈무리 열어 헤치고
큰 서원 갈무리 내네.

이러한 큰 장엄
중생들을 구호하나니
모든 천상과 인간에서
듣기 어렵고 보기 어려워

이러한 지혜의 나무
뿌리 깊어 동하지 않고
모든 행이 점점 증장해
여러 중생 가리어 주네.

모든 공덕 내려고
모든 법 물으려고
모든 의심 끊으려고
선지식을 전력해 찾으며

의혹의 마군 깨뜨리려고
여러 소견의 때 없애려고
중생의 속박 풀어주려고
선지식을 전력해 구하네.

나쁜 길 소멸하려면
인간과 천상의 길 보이려면
공덕의 행을 닦아
열반성에 빨리 들어가고

여러 소견의 어려움 건너려면
여러 소견의 그물 찢으려면
애욕의 강을 말리려면
세 가지 존재의 길 보이려면

세간의 의지가 되려면
세간의 광명이 되려면
삼계의 스승이 되어
해탈할 곳을 보이라.

세간의 중생들로 하여금
여러 시방의 집착 여의고
번뇌의 졸음 깨닫고
애욕의 수렁에서 뛰어나게 하려면

갖가지 법을 알고
갖가지 세계를 깨끗케 하여
모든 것 끝까지 이르면
그 마음 매우 즐거우리.

너의 수행 매우 조화롭고
너의 마음 매우 청정하니
닦으려는 공덕이
모든 것 원만하리라.

오래잖아 부처님 뵙고
모든 법 통달해 알고
모든 세계 바다 깨끗이 하여
큰 보리를 이루리라.

모든 수행 바다 채우려고
모든 법 바다 알려고
중생 바다를 제도하려고
이렇게 행을 닦으며,

공덕 언덕에 이르려고
모든 착한 일 내려고
여러 불자들과 함께
이런 마음을 결정하네.

모든 번뇌 끊어야 하고
모든 업 깨끗해야 하고
모든 마 굴복해야 하나니
이런 소원 만족해야 하고

묘한 지혜의 길 내고
바른 법의 길 열고
오래잖아 번뇌와 업과
괴로운 길 버려야 하네.

모든 중생의 바퀴
모든 존재의 바퀴에서 헤매니
네가 법의 바퀴 굴려서
그들의 고통 끊게 하며

네 부처님 종자 가지고
너의 법 종자 깨끗이 하고
너의 승가 종자 모아서
삼세에 두루하네.

모든 애욕의 그물 끊고
모든 소견의 그물 찢고
모든 고통의 그물 구호하여
이 서원의 그물 이루네.

중생 세계를 제도하고
국토 세계를 깨끗이 하고
지혜 세계를 모아서
이 마음 세계 이루네.

중생들을 기쁘게 하고
보살들을 기쁘게 하고
부처님들 기쁘게 하여
이 기쁨을 이루네.

모든 길을 보고
모든 세계를 보고
모든 법을 보아서
이 부처님 견해 이루네.

어둠을 깨는 광명 놓고
뜨거움 쉬는 광명 놓고
나쁜 일 없애는 광명 놓아
삼계〔三有〕의 괴로움 씻으며

하늘 길의 문 열고
부처님 도의 문 열고
해탈의 문을 보여서
중생들 모두 들어가게 하네.

바른 길 보여 주고
삿된 길 끊게 하여
이렇게 부지런히 닦으면
보리의 길 성취하리.

공덕 바다를 닦고
삼유三有의 바다 건너서
중생 바다로 하여금
고통 바다에서 뛰어나게 하며

중생 바다에서
번뇌 바다 소멸하고
수행 바다 닦아서
큰 지혜 바다에 들게 하네.

너의 지혜 바다 늘리고
너의 수행 바다 닦아서
부처님의 큰 서원 바다를
네가 다 만족하며

네가 세계 바다에 들어가
네가 중생 바다 관찰하고
너의 지혜의 힘으로
모든 법 바다를 마시네.

모든 부처님 구름 뵈옵고
공양 구름 일으키고
묘한 법 구름 듣고
이 서원 구름 일으키며

삼유三有의 집에 놀고
모든 번뇌의 집 부수고
여래의 집에 들어가
이러한 도를 행하네.

삼매문에 두루 들어가고
해탈문에 두루 노닐고
신통문에 두루 머물러
법계에 두루 다니며

중생들 앞에 널리 나타나고
부처님 앞에 널리 대하되
마치 해와 달의 광명처럼
이런 힘을 이루네.

행하는 일 흔들리지 않고
행하는 일 물들지 않아
새가 허공에 날듯이
이 묘한 작용 이루며

인다라의 그물처럼
세계 그물 그와 같나니
너는 다 나아가 보라.
바람처럼 걸리지 않으리.

너는 법계에 들어가
모든 세계에 두루 이르러
삼세의 부처님 뵈옵고
매우 즐거운 마음 내라.

너는 여러 가지 법문
얻었거나 얻을 것이니
마땅히 기뻐 뛰놀되
탐하지 말고 싫어 말아라.

너는 공덕의 그릇
능히 부처님 교법 따르고
보살의 행을 닦으면
이렇게 기특한 일 볼 수 있으리.

이러한 불자들
억 겁에도 만나기 어렵거든
하물며 그러한 공덕과
닦은 도를 볼 수 있으랴.

너는 사람으로 태어나
좋은 이익 얻었으매
문수보살 같은 이의
한량없는 공덕 보는 것이다.

모든 나쁜 길 여의었고
여러 가지 어려운 곳 벗어났으며
근심 걱정 뛰어났으니
착하도다 게으르지 말아야 하네.

범부의 지위를 여의었고
보살 지위에 머물렀으니
지혜의 지위를 만족하여
여래의 지위에 들어가라.

보살의 행 바다와 같고
부처님의 지혜 허공 같은데
너의 소원도 그러하니
마땅히 경사롭게 생각하라.

여러 감관 게으르지 말고
바라는 지원 결정하여서
선지식을 가까이하면
오래잖아 원만히 이루리.

보살의 갖가지 행은
모두 중생을 조복하는 것이니
여러 가지 법문 널리 행하여
행여나 의심내지 말라.

그대는 부사의한 복과
진실한 믿음 갖추었으니
그리하여 오늘날
여러 불자를 만났느니라.

여러 불자를 그대가 보라
광대한 이익 얻었나니
하나하나의 큰 서원
모두 믿고 받자오라.

그대 삼유三有 가운데
보살의 행 닦았으므로
여러 불자들이
그대에게 해탈문 보였느니라.

법 그릇 이룰 사람 아니면
불자들과 함께 있어서
한량없는 겁 지내어도
그 경계 알지 못하나니

네가 여러 보살 보고
이런 법 들을 것은
세간에서 어려운 일이니
크게 다행한 생각 내어라.

법이 너를 보호하며 생각하고
보살이 너를 거두어 주어
네가 그 가르침 순종하니
참 좋은 일이다, 오래 살리라.

보살의 집에 태어났고
보살의 덕을 갖추었으며
여래 종자 자랐으니
정수리에 물 붓는 지위에 오르리.

오래잖아서 그대는
여러 불자와 같이 되어서
고통 받는 중생들 보고
편안한 곳에 있게 하리라.

이러한 씨를 심으면
이러한 열매 거두리라.
내 이제 너를 위로하노니
너는 마땅히 기뻐하라.

한량없는 보살들
한량없는 겁에 도를 행했으나
이런 행을 이루지 못하지만
너는 이제 모두 얻었네.

믿고 좋아하고 굳은 정진으로
선재는 이런 행 이루었으니
공경하고 사모하는 맘 있으면
마땅히 이렇게 배워라.

모든 공덕의 행
다 소원에서 생기는 것
선재동자 분명히 알고
항상 부지런히 닦네.

용왕이 구름 일으키면
반드시 비를 내리나니
보살이 소원과 지혜 일으키면
결정코 여러 가지 행을 닦네.

어떤 선지식이나
네게 보현의 행 가르치거든
기쁘게 받들어 섬기고
의혹을 내지 말라.

네가 한량없는 겁에
욕심을 위하여 몸을 버렸거니와
이제 보리를 구하는 데는
이 버리는 것이 좋은 일

네가 한량없는 겁에
나고 죽는 고통 받느라고
부처님 섬기지도 못하고
이런 행을 듣지도 못했거늘

이제 사람의 몸 되어
부처님과 선지식 만나
보리의 행 들었으니
어찌 기쁘지 않으리.

비록 부처님을 만나고
선지식을 만났더라도
마음이 청정치 못하면
이런 법 듣지 못하지만

만일 선지식에게
믿고 존중하고
의심 없고 고달프지 않아야
이런 법 듣게 되나니

이러한 법을 듣고
서원하는 마음 내면
이런 사람은
큰 이익 얻으리.

이렇게 마음이 청정하고
항상 부처님 가까이 모시고
모든 보살 친근하면
결정코 보리 이루며

만일 이 법문에 들어가면
모든 공덕 갖추고
나쁜 길 영원히 여의어
모든 고통 받지 않으리.

오래잖아 이 몸 버리고
부처님의 국토에 나서
시방의 부처님들과
여러 보살 항상 보리니

지나간 원인 분명히 알고
선지식을 섬긴 힘으로
모든 공덕 증장하는 일
물에서 연꽃 나듯이.

선지식 섬기기 좋아하고
부처님을 부지런히 공양하며
전일한 마음으로 법을 들어
항상 행하고 게으르지 말라.

그대는 참된 법 그릇
모든 법 갖추고
온갖 도 닦으며
모든 소원 만족케

그대 믿는 마음으로
내게 와서 예경하고
모든 부처님 회중에
오래잖아 들어가리라.

착하다, 참 불자여
모든 부처님 공경하나니
오래잖아 모든 행 갖추고
부처님 공덕 언덕에 이르리.

그대는 큰 지혜 있는
문수사리에게 가라.
그이는 너로 하여금
보현의 묘한 행 얻게 하리라.

그 때 미륵보살마하살이 여러 대중 앞에서 선재동자의 큰 공덕장을 칭찬하였다.

선재동자는 이 게송을 듣고 기뻐 뛰놀면서 털이 곤두서고 슬피 울어 흐느끼며 일어서서 합장하고, 공경하고 우러러보며, 한량없이 돌았다. 문수사리의 염려한 힘〔念力〕으로, 여러 가지 꽃과 영락과 갖가지 보배가 알지 못하는 사이에 손에 가득하였다. 선재동자는 기뻐하며 이것을 미륵보살마하살께 받들어 흩었다.

미륵보살마하살은 선재동자의 정수리를 만지면서 게송을 말하였다.

착하도다, 참된 불자여
감관을 책려하여 게으르지 않으니
오래잖아 모든 공덕 구족하여서
내 몸이나 문수보살같이 되리라.

선재동자는 게송으로 대답하였다.

내 생각엔 억 겁 지내도
선지식을 못 만나려든
내 이제 친근하여서
높으신 슬하에 왔나이다.

나는 문수보살의 인연으로
뵙기 어려운 이 뵈었사오니
큰 공덕 가지신 이여
또 빨리 뵈어지이다.

대방광불화엄경 제78권

제78권

39. 입법계품 ⑲

2) 가지 법회 ⑱
(52) 미륵보살을 찾다 ②

그 때 선재동자는 합장하고 공경하며 미륵보살마하살께 다시 여쭈었다.

"큰 성인이시여, 저는 이미 아뇩다라삼먁삼보리심을 내었사오나 보살이 어떻게 보살의 행을 배우며 어떻게 보살의 도를 닦는지를 알지 못하나이다.

큰 성인이시여, 모든 여래께서 거룩하신 이에게 수기하시기를 '한 생에 아뇩다라삼먁삼보리를 얻으리라' 하셨다 하나이다. 만일 한 생에 위없는 보리를 얻는다 하오면 이미 모든 보살의 머무르는 곳을 초월한 것이며 모든 보살의 생사를 여읜 지위를 이미 지났으며, 모든 바라밀을 이미 원만하였으며 모든 참는 문에 이미 깊이 들어갔으며, 모든 보살의 지위를 이미 구족하였으며 모든 해탈문에 이미 유희하는 것이며, 모든 삼매의 법을 성취하였으며 모든 보살의 행을 이미 통달하였나이다.

모든 다라니와 변재를 이미 증득하였으며 모든 보살의 자재한 가운데서 이미 자재함을 얻었으며, 모든 보살의 도를 돕는 법을 이미 쌓아 모았으며 지혜와 방편에서 이미 유희하였으며, 큰 신통한 지혜를 이미 내었으며 모든 배울 곳을 이미 성취하였으며, 모든 묘한 행을 이미 원만하였으며 모든 큰 원을 이미 만족하였으며, 모든 부처님의 수기를 이미 받았으며 모든 승의 문을 이미 알았으며, 모든 여래의 보호하여 생각하심을 이미 받을 만하나이다.

모든 부처님의 보리를 이미 거두었으며 모든 부처님의 법장을 이미 가졌으며, 모든 부처님과 보살의 비밀한 갈무리를 이미 파악하였으며 모든 보살 대중 가운데서 이미 우두머리가 되었으며, 번뇌의 마를 부수는 용맹한 장수가 되었으며 생사하는 벌판의 길잡이가 되었으며, 번뇌의 중병을 다스리는 큰 의사가 되었으며 모든 중생 중에서 가장 훌륭하였으며, 모든 세간의 임금 가운데서 자재함을 얻었나이다.

모든 성인 가운데 가장 제일이 되었으며 모든 성문과 독각 중에 가장 높아졌으며, 죽살이 바다에서 뱃사공이 되었으며 모든 중생을 조복하는 그물을 쳤으며, 모든 중생의 근성을 이미 관찰하였으며 모든 중생 세계를 이미 거두어 주었으며, 모든 보살 대중을 이미 수호하였으며 모든 보살의 일을 이미 의논하였으며, 모든 여래가 계신 데 이미 나아갔으며 모든 여래의 모임에 이미 머물렀나이다.

모든 중생의 앞에 이미 몸을 나타냈으며 모든 세상법에 물들 것이 없었으며, 모든 마의 경계를 이미 초월하였으며 모든 부처님의 경계에 이미 머물렀으며, 모든 보살의 걸림 없는 경지에 이미 이르렀으며 모든 부처님께 이미 부지런히 공양하였으며, 모든 부처님의 법과 성품이 이미 같았으며 묘한 법 비단을 이미 매었으며, 부처님께서 정수리에 물 부어 주심을 이미 받았으며 온갖 지혜에 이미 머물렀으며, 모든 부처님 법을 이미 널리 내었으며 온갖 지혜의 지위에 빨리 나아갔나이다.

큰 성인이시여, 보살이 어떻게 보살의 행을 배우며 어떻게 보살의 도를 닦으며 닦고 배움을 따라서 모든 부처님 법을 빨리 구족하며, 염려하는 중생들을 능히 제도하며 세운 원을 두루 성취하며 일으킨 행을 두루 끝내며, 모든 하늘과 사람을 널리 위로하며 제 몸을 저버리지 않고 삼보를 끊어지지 않게 하며, 모든 부처님과 보살의 종자를 헛되지 않게 하며 모든 부처님의 법눈을 가질 수 있나이까? 이런 일들을 말씀하여 주소서."

이 때 미륵보살마하살이 도량에 모인 대중을 살펴보시고 선재동자를 가리키면서 말하였다.

"그대들이여, 그대들은 이 장자의 아들이 나에게 보살의 행과 공덕을 묻는 것을 보는가?

그대들이여, 이 장자의 아들은 용맹하게 정진하고 소원은 혼잡하지 않으며 깊은 마음이 견고하여 항상 물러가지 않으며, 훌륭한 희망을 갖추어 머리에 불타는 것을 끄듯이 만족한 줄 모르며 선지식을 좋아하여 친근하고 공양하며 간 데마다 찾아 다니면서 받들어 섬기고 법을 구하느니라.

그대들이여, 이 장자의 아들은 저번에 복성福城에서 문수보살의 가르침을 받고 점점 남쪽으로 오면서 선지식을 찾았고 백열 선지식을 만난 뒤에 나에게 왔는데 잠깐도 게으른 생각을 내지 않았느니라.

그대들이여, 이 장자의 아들은 매우 희유하니 대승을 향하여 큰 지혜를 의지하고 큰 용맹을 내고, 크게 가엾이 여김의 갑옷을 입고 크게 인자한 마음으로 중생을 구호하며 큰 정진으로 바라밀을 행하며, 큰 장사

주인이 되어 중생들을 보호하며 큰 법 배가 되어 존재의 바다를 건너며 큰 도에 있으면서 큰 법의 보배를 모으며 넓고 크게 도를 돕는 법을 닦느니라.

이런 사람은 듣기도 어렵고 보기도 어렵고 친근하고 함께 있고 함께 행하기 어려우니라.

왜냐 하면 이 장자의 아들은 모든 중생을 구호하려는 마음을 내어 중생들로 하여금 괴로움을 벗어나고 나쁜 길을 뛰어넘게 하며, 험난을 여의고 무명을 깨뜨리며, 죽살이 벌판에서 벗어나 여러 길에서 헤맴을 쉬고 마의 경계를 건너가며, 세상법에 집착하지 않고 욕심의 수렁에서 헤어나게 하며, 탐욕의 굴레를 끊고 소견의 속박을 풀고 생각의 굴택을 헐고 아득한 길을 끊고, 교만의 당기를 꺾고 의혹의 살을 뽑고 졸음의 뚜껑을 벗기고 애욕의 그물을 찢고 무명을 없애고, 생사의 강을 건너고 아첨하는 눈어리를 여의고 마음의 때를 깨끗이 하고 어리석은 의욕을 끊고 생사에서 벗어나게 하느니라.

그대들이여, 이 장자의 아들은 네 강에 표류하는 이를 위하여 큰 법 배를 만들고 소견의 수렁에 빠진 이를 위하여 법 다리를 놓고, 어리석음의 밤에 헤매는 이를 위하여 지혜 등불을 켜고 생사의 벌판에 다니는 이를 위하여 바른 길〔聖道〕을 가리켜 보이고, 번뇌의 병에 앓는 이를 위하여 법 약을 만들고, 나고 늙고 죽음에 고통 받는 이에게는 감로수를 먹여 편안케 하고, 탐욕과 성냄과 어리석은 불길에 들어 있는 이에게는 선정의 물을 부어 서늘케 하고 근심 걱정이 많은 이는 위로하여 편안케 하고 존재의 옥에 갇힌 이는 회유하여 나오게 하며, 소견의 그물에 걸린 이는 지혜의 검으로 벗겨 주고 계의 성〔界城〕에 있는 이에게는 해탈할 문을 보여 주고 험난한 데 있는 이는 편안한 곳으로 인도하고, 결박의 도둑을 무서워하는 이는 두려움 없는 법을 주고 나쁜 길에 떨어진 이는 자비한 손을 주고, 쌓임〔蘊〕에 구속된 이는 열반의 성을 보여 주고, 네 가지 요소의 뱀〔界蛇〕에 감긴 이는 성인의 길로 풀어 주고 여섯 군데 빈 마을에 집착한 이는 지혜의 빛으로 이끌어 내고, 삿된 제도〔邪濟〕에 머문 이는 바른 제도에 들게 하고 나쁜 동무를 가까이하는 이는 선한 동무를 소개하고 범부의 법을 좋아하는 이는 성인의 법을 가르치고, 죽살이에 애착하는 이는 온갖 지혜의 성에 나아가게 하느니라.

그대들이여, 이 장자의 아들은 항상 이런 행으로 중생을 구호하며 보리심을 내고 쉬지 아니하며, 대승의 길을 구하여 게으르지 않으며 법의 물 마시기를 싫어하지 않으며, 도를 돕는 행을 부지런히 쌓으며 모든 법문을 깨끗하게 하기를 좋아하며, 보살의 행을 닦기에 정진을 버리지 않으며 여러 가지 원을 만족하고 방편을 잘 행하며, 선지식을 뵈옵는 데 만족한 줄을 모르며 선지식 섬기기에 고달픈 줄을 모르며, 선지식의 가르침을 듣고 순종하여 행하되 잠깐도 어기지 아니하느니라.

그대들이여, 만일 중생이 아뇩다라삼먁삼보리심을 낸다면 그것은 희유한 일이니라. 만일 마음을 내고 또 능히 정진하는 방편으로 부처님의 법문을 모은다면 갑절이나 희유한 일이니라.

또 능히 이렇게 보살의 도를 구하고, 또 이렇게 보살의 행을 깨끗이 하고, 또 이렇게 선지식을 섬기고 또 이렇게 머리가 불타는 것을 끄듯 하고, 또 이렇게 선지식의 가르침을 순종하고 또 이렇게 견고하게 행을 닦고, 또 이렇게 보리분법을 모으고 또 이렇게 모든 명예와 이끗을 구하지 않고, 또 이렇게 보살의 순일한 마음을 버리지 않고 또 이렇게 집을 좋아하지 않고 욕락에 집착하지 않고 부모와 친척과 동무를 생각하지 않고 다만 보살 동무만을 구하며, 또 이렇게 몸과 목숨을 돌아보지 않고 다만 온갖 지혜의 길을 부지런히 닦기만 원한다면 이것은 점점 갑절이나 더 하기 어려운 일인 줄을 알아야 하느니라.

그대들이여, 다른 보살들은 한량없는 백천만억 나유타 겁을 지내고야 비로소 보살의 원과 행을 만족하며 능히 부처님의 보리에 친근하는 것이어늘, 이 장자의 아들은 한 평생 동안에 부처님 세계를 깨끗이 하고 중생을 교화하고 지혜로써 법계에 깊이 들어가고 모든 바라밀을 성취하고 모든 행을 능히 넓히고 모든 큰 서원을 원만하고 모든 마의 업에서 뛰어나고 모든 선지식을 섬기고 모든 보살의 도를 청정히 하고 보현의 모든 행을 구족하였느니라."

이 때 미륵보살마하살은 이렇게 선재동자의 여러 가지 공덕을 칭찬하여 한량없는 백천 중생에게 보리심을 내게 하고 선재동자에게 말하였다.

"훌륭하고, 훌륭하다. 선남자여, 그대는 모든 세간을 이익케 하려고 모든 중생을 구호하려고 모든 부처님 법을 부지런히 구하려고 아뇩다라삼먁삼보리심을 내었도다.

선남자여, 그대는 좋은 이익을 얻었고 그대는 사람의 몸을 얻었고 그대는 수명이 길고, 그대는 여래가 나심을 만났고 그대는 문수사리 큰 선지식을 보았고, 그대의 몸은 좋은 그릇이 되어 선근으로 윤택하였고, 그대는 깨끗한 법[白法]으로 유지되었으므로 이해와 욕망이 다 청정하였으며 여러 부처님의 함께 염려하심이 되었으며 선지식들이 함께 거두어 줌이 되었느니라.

무슨 까닭이냐. 선남자여, 보리심은 종자와 같으니 모든 불법을 내는 연고며, 보리심은 좋은 밭과 같으니 중생들의 깨끗한 법[白淨法]을 자라게 하는 연고며, 보리심은 땅과 같으니 모든 세간을 유지하는 연고며, 보리심은 깨끗한 물과 같으니 모든 번뇌의 때를 씻는 연고며, 보리심은 큰 바람과 같으니 세간에 두루 걸림이 없는 연고며, 보리심은 치성한 불과 같으니 모든 소견인 섶을 태우는 연고며, 보리심은 밝은 해와 같으니 모든 세간을 두루 비추는 연고며, 보리심은 보름달과 같으니 여러 가지 깨끗한 법이 다 원만한 연고며, 보리심은 밝은 등불과 같으니 갖가지 법의 광명을 내는 연고니라.

보리심은 깨끗한 눈과 같으니 여러 가지 편안하고 위태한 곳을 널리 보는 연고며, 보리심은 큰 길과 같으니 여러 사람을 큰 지혜의 성에 들게 하는 연고며, 보리심은 바르게 건네는 것과 같으니 삿된 법을 여의게 하는 연고며, 보리심은 큰 수레와 같으니 모든 보살의 두루 실어 옮기는 연고며, 보리심은 문과 같으니 모든 보살의 행을 열어 보이는 연고며, 보리심은 궁전과 같으니 삼매법에 편안히 있어 닦게 하는 연고며, 보리심은 공원과 같으니 그 안에서 유희하면서 법의 즐거움을 받는 연고며, 보리심은 집과 같으니 모든 중생을 편안케 하는 연고니라.

보리심은 돌아가는 데니 모든 세간을 이익케 하는 연고며, 보리심은 의지할 데니 모든 보살의 행이 의지한 곳인 연고며, 보리심은 아버지와 같으니 모든 보살을 훈계하여 지도하는 연고며, 보리심은 어머니와 같으니 모든 보살을 낳아 기르는 연고며, 보리심은 유모와 같으니 모든 보살을 양육하는 연고며, 보리심은 착한 벗과 같으니 모든 보살을 성취하여 이익케 하는 연고며, 보리심은 국왕과 같으니 이승二乘의 사람들보다 뛰어나는 연고며, 보리심은 황제와 같으니 모든 원願에서 자유자재한 연고니라.

보리심은 큰 바다와 같으니 모든 공덕이 그 가운데 들어가는 연고며, 보리심은 수미산과 같으니 중생들에게 마음이 평등한 연고며, 보리심은 철위산鐵圍山과 같으니 모든 세간을 거두어 가진 연고며, 보리심은 설산과 같으니 모든 지혜의 약초를 자라게 하는 연고며, 보리심은 향산香山과 같으니 모든 공덕의 향을 내는 연고며, 보리심은 허공과 같으니 모든 묘한 공덕이 넓어 그지없는 연고며, 보리심은 연꽃과 같으니 모든 세간에 물들지 않는 연고니라.

 보리심은 잘 길든 코끼리 같으니 마음이 유순하여 영악하지 않은 연고며, 보리심은 양순한 말과 같으니 모든 사나운 성질을 여읜 연고며, 보리심은 말 모는 이와 같으니 대승의 모든 법을 수호하는 연고며, 보리심은 좋은 약과 같으니 모든 번뇌의 병을 치료하는 연고며, 보리심은 함정과 같으니 모든 나쁜 법을 빠뜨리는 연고며, 보리심은 금강과 같으니 모든 법을 잘 뚫는 연고며, 보리심은 향합과 같으니 모든 공덕의 향을 담는 연고며, 보리심은 고운 꽃과 같으니 모든 세간에서 보기를 좋아하는 연고며, 보리심은 백전단과 같으니 욕심의 열을 헤쳐 청량케 하는 연고며, 보리심은 검은 침향과 같으니 법계에 두루 풍기는 연고니라.

 보리심은 선견약善見藥과 같으니 모든 번뇌병을 없애는 연고며, 보리심은 비급마毘笈摩약과 같으니 모든 의혹의 살을 뽑는 연고며, 보리심은 제석과 같으니 여러 임금 중에 가장 높은 연고며, 보리심은 비사문과 같으니 모든 가난한 고통을 끊는 연고며, 보리심은 공덕천과 같으니 온갖 공덕으로 장엄한 연고니라.

 보리심은 장엄거리와 같으니 모든 보살을 장엄하는 연고며, 보리심은 겁말劫末에 타는 불과 같으니 모든 함이 있는 것[有爲]을 태우는 연고며, 보리심은 남이 없는 뿌리약[無生根藥]과 같으니 모든 불법을 자라게 하는 연고며, 보리심은 용의 턱에 있는 구슬과 같으니 모든 번뇌의 독을 소멸하는 연고며, 보리심은 물 맑히는 구슬과 같으니 모든 번뇌의 흐림을 맑히는 연고니라.

 보리심은 여의주와 같으니 여러 가난한 이를 구해주는 연고며, 보리심은 공덕병과 같으니 모든 중생의 마음을 만족케 하는 연고며, 보리심은 여의수如意樹와 같으니 모든 장엄거리를 비내리는 연고며, 보리심은 거위깃 옷(鵝羽衣)과 같으니 모든 생사의 때가 묻지 않는 연고며, 보리심은 흰 털실과 같으니 본래부터 성품이 깨끗한 연고니라.

보리심은 잘 갈리는 보습과 같으니 모든 중생의 밭을 가는 연고며, 보리심은 나라연(那羅延)과 같으니 나라는 소견 가진 대적을 부수는 연고며, 보리심은 뾰족한 살과 같으니 모든 괴로움의 과녁을 꿰는 연고며, 보리심은 잘 드는 창과 같으니 모든 번뇌 갑옷을 뚫는 연고며, 보리심은 굳은 갑옷과 같으니 모든 진리대로의 마음(如理心)을 보호하는 연고니라.

보리심은 잘 드는 칼과 같으니 모든 번뇌의 머리를 베는 연고며, 보리심은 날카로운 검과 같으니 모든 교만의 투구를 깨는 연고며, 보리심은 장수의 당기와 같으니 모든 마를 굴복하는 연고며, 보리심은 잘 드는 톱과 같으니 모든 무명의 나무를 끊는 연고며, 보리심은 날선 도끼와 같으니 모든 고통의 나무를 찍는 연고니라.

보리심은 병장기와 같으니 모든 괴로움의 난을 막는 연고며, 보리심은 좋은 손(善手)과 같으니 모든 바라밀의 몸(度身)을 방비하는 연고며, 보리심은 튼튼한 발과 같으니 모든 공덕을 세우는 연고며, 보리심은 안약(眼藥)과 같으니 모든 무명의 삼눈(瞖)을 제하는 연고며, 보리심은 족집게와 같으니 모든 몸이란 소견(身見)의 가시를 뽑는 연고니라.

보리심은 방석(臥具)과 같으니 생사의 피로함을 더는 연고며, 보리심은 선지식과 같으니 모든 생사의 속박을 푸는 연고며, 보리심은 보물과 같으니 모든 빈궁을 제하는 연고며, 보리심은 좋은 길잡이와 같으니 보살의 벗어날 길(出要道)을 잘 아는 연고며, 보리심은 묻힌 갈무리(伏藏)와 같으니 공덕 재물을 아무리 내어도 다하지 않는 연고니라.

보리심은 솟는 샘과 같으니 지혜의 물이 끊이지 않는 연고며, 보리심은 거울과 같으니 모든 법문의 영상을 나타내는 연고며, 보리심은 연꽃과 같으니 모든 죄의 때에 물들지 않는 연고며, 보리심은 큰 강과 같으니 모든 건네주는 법을 이끌어 흐르는 연고며, 보리심은 큰 용왕과 같으니 모든 묘한 법 비를 내리는 연고니라.

보리심은 목숨과 같으니 보살의 매우 가엾이 여김의 몸〔大悲身〕을 유지하는 연고며, 보리심은 단 이슬과 같으니 죽지 않는 세계에 편안히 머물게 하는 연고며, 보리심은 큰 그물과 같으니 모든 중생을 두루 거두는 연고며, 보리심은 오랏줄과 같으니 모든 교화 받을 중생을 끌어당기는 연고며, 보리심은 낚시 미끼와 같으니 존재의 못〔有淵〕 속에 사는 이를 끌어내는 연고니라.

보리심은 아가다阿伽陀약과 같으니 병이 없고 길이 편안케 하는 연고며; 보리심은 제독除毒약과 같으니 탐애의 독을 소멸하는 연고며, 보리심은 주문을 잘 외는 것 같으니 모든 뒤바뀜의 독을 제거하는 연고며, 보리심은 빠른 바람과 같으니 모든 장애의 안개를 걷어버리는 연고며, 보리심은 보배 섬과 같으니 모든 깨달을 부분〔覺分〕의 보배를 내는 연고니리.

보리심은 좋은 종자 같으니 모든 희고 깨끗한 법〔白淨法〕을 나게 하는 연고며, 보리심은 주택住宅과 같으니 모든 공덕이 의지한 곳인 연고며, 보리심은 시장과 같으니 보살 장사꾼이 무역하는 곳인 연고며, 보리심은 금 불리는 약〔鍊金藥〕과 같으니 모든 번뇌의 때를 없애는 연고니라.

보리심은 꿀과 같으니 모든 공덕의 맛을 원만하게 하는 연고며, 보리심은 바른 길과 같으니 보살들을 지혜의 성에 들어가게 하는 연고며, 보리심은 좋은 그릇과 같으니 모든 희고 깨끗한 법을 담는 연고며, 보리심은 가물 때의 비와 같으니 모든 번뇌의 티끌을 없애는 연고며, 보리심은 있을 곳이 되나니 모든 보살의 머무는 곳인 연고며, 보리심은 수행壽行이 되나니 성문의 해탈과를 취하지 않는 연고니라.

보리심은 깨끗한 비유리와 같으니 성질이 맑고 깨끗하여 때가 없는 연고며, 보리심은 제석천왕의 푸른 보배(帝靑寶)와 같으니 세간과 이승 二乘의 지혜보다 뛰어나는 연고며, 보리심은 시간 알리는 북과 같으니 중생의 번뇌 졸음을 깨우는 연고며, 보리심은 맑은 물과 같으니 성질이 깨끗하여 흐린 때가 없는 연고며, 보리심은 염부금閻浮金과 같으니 모든 함이 있는 선한 것(有爲善)을 무색케 하는 연고니라.

보리심은 큰 산과 같으니 모든 세간에서 우뚝 솟아난 연고며, 보리심은 돌아갈 데니 오는 이들을 거절하지 않는 연고며, 보리심은 옳은 이익이니 모든 쇠퇴하는 일을 제거하는 연고며, 보리심은 기묘한 보배니 여럿의 마음을 기쁘게 하는 연고며, 보리심은 크게 보시하는 모임과 같으니 중생들의 마음을 만족케 하는 연고며, 보리심은 높고 훌륭한 것이니 중생의 마음으로는 같을 수 없는 연고며, 보리심은 묻힌 갈무리 같으니 모든 부처님 법을 거두어 모은 연고며, 보리심은 인다라 그물과 같으니 번뇌의 아수라를 굴복하는 연고며, 보리심은 바루나婆樓那 바람과 같으니 모든 교화 받을 이를 흔드는 연고며, 보리심은 인다라불(因陀羅火)과 같으니 모든 번뇌의 버릇(惑習)을 태우는 연고며, 보리심은 부처님의 탑과 같으니 모든 세간에서 공양할 바인 연고니라.

선남자여, 보리심은 이렇게 한량없는 공덕을 성취하나니, 요점을 들어 말하면 모든 불법의 공덕과 평등함이니라.

왜냐 하면 보리심은 보살의 행을 내나니, 삼세 여래가 보리심으로부터 나시는 연고니라. 선남자여, 그러므로 만일 아뇩다라삼먁삼보리심을 내는 이는 이미 한량없는 공덕을 내었으며 온갖 지혜의 길을 널리 거두어 가지느니라.

선남자여, 마치 사람이 두려움 없는 약을 가지면 다섯 가지 공포를 여의는 것과 같나니, 무엇이 다섯인가. 이른바 불에 타지 않고 독에 걸리지 않고 칼에 상하지 않고 물에 빠지지 않고 연기에 쏘이지 않음이니라. 보살마하살도 그와 같아서 온갖 지혜의 보리심 약을 얻으면 탐욕의 불에 타지 않고, 성내는 독에 걸리지 않고, 의혹의 칼에 상하지 않고, 존재의 흐름에 빠지지 않고 깨닫고, 살피는[覺視] 연기에 쏘이지 않느니라.

선남자여, 마치 사람이 해탈의 약을 얻으면 마침내 횡액이 없는 것과 같나니, 보살마하살도 그와 같아서 보리심의 해탈하는 지혜의 약을 얻으면 모든 죽살이의 횡액을 여의느니라.

선남자여, 마치 사람이 마하응가摩訶應伽약을 가지면 독사가 냄새를 맡고 멀리 도망하는 것과 같나니, 보살마하살도 그와 같아서 보리심의 큰 응가약을 가지면 모든 번뇌의 악한 독사가 그 냄새를 맡고는 다 흩어져 소멸되느니라.

선남자여, 마치 사람이 이길 이 없는 약을 가지면 모든 원수가 이기지 못하나니, 보살마하살도 그와 같아서 보리심의 이길 이 없는 약을 가지면 모든 마군을 항복 받느니라.

선남자여, 마치 사람이 비급마약을 가지면 독화살이 저절로 떨어지는 것과 같나니, 보살마하살도 그와 같아서 보리심의 비급마약을 가지면 탐욕·성냄·어리석음·삿된 소견의 살이 저절로 떨어지느니라.

선남자여, 마치 사람이 선견善見약을 가지면 모든 병을 제멸하나니, 보살마하살도 그와 같아서 보리심의 선견약을 가지면 모든 번뇌의 병을 제멸하느니라.

선남자여, 약 나무가 있으니 이름이 산다나珊陀那니라. 그 껍질을 벗겨서 부스럼에 붙이면 부스럼이 곧 나으며 그 나무 껍질은 벗기는 대로 곧 아물어서 끝나지 않나니, 보살마하살의 보리심에서 생기는 온갖 지혜의 나무도 그와 같아서 누구나 보고 신심을 내면 번뇌와 업의 부스럼이 곧 소멸되거니와 온갖 지혜의 나무는 조금도 손상하지 않느니라.

선남자여, 약 나무가 있는데 이름은 남이 없는 뿌리〔無生根〕니라. 그 세력으로 모든 염부제의 나무를 자라게 하나니, 보살마하살의 보리심 나무도 그와 같아서 그 세력으로 모든 배우는 이〔學〕·배울 것 없는 이〔無學〕와 보살들의 착한 법을 증장케 하느니라.

선남자여, 약이 있는데 이름은 아람바阿藍婆니라. 그것을 몸에 바르면 몸과 마음에 힘이 나나니, 보살마하살의 보리심 아람바약도 그와 같아서 몸과 마음에 착한 법을 증장케 하느니라.

선남자여, 어떤 사람이 기억하는 힘 있는 약을 먹으면 한번 들은 일을 기억하고 잊지 않나니, 보살마하살이 보리심 기억하는 힘 있는 약을 얻으면 모든 불법을 다 듣고 잊어버리지 않느니라.

선남자여, 마치 대련화大蓮華란 약이 있는데, 그 약을 먹으면 한 겁을 사는 것과 같나니, 보살마하살이 보리심 대련화약을 먹는 것도 그와 같아서 수없는 겁에 목숨이 자유자재하니라.

선남자여, 마치 사람이 몸 가리는 약을 쥐면 사람과 사람 아닌 이가 능히 보지 못하는 것과 같나니, 보살마하살도 그와 같아서 보리심의 몸 가리는 묘한 약을 잡으면 모든 마들이 능히 보지 못하느니라.

선남자여, 바다에 진주가 있으니 이름은 뭇 보배 두루 모음〔普集衆寶〕이니라. 이 진주가 있기만 하면 설사 겁말의 불이 세간을 태우더라도 이 바닷물을 한 방울도 감하게 할 수 없느니라. 보살마하살의 보리심 진주도 그와 같아서, 보살의 서원 바다에 머물러 항상 기억해 가지고 물러가지 않으면 보살의 선근을 하나라도 무너뜨릴 수 없거니와 만일 그 마음이 물러가면 모든 착한 법이 다 소멸되느니라.

선남자여, 대광명이란 마니 구슬이 있는데 이 구슬로 몸을 단장하면 모든 보배 장엄거리를 가리어서 거기 있는 광명이 나타나지 못하나니,

보살마하살의 보리심 보배도 그와 같아서 몸에 단장하면 모든 이승二乘의 마음 보배를 가리어 버려서 모든 장엄거리의 광채가 없어지느니라.

선남자여, 마치 물 맑히는 구슬(水淸珠)이 능히 흐린 물을 맑히듯이 보살마하살의 보리심의 마음 구슬도 그와 같아서 모든 번뇌의 흐린 때를 맑히느니라.

선남자여, 마치 사람이 물에 머무는 보배를 얻어 몸에 매면 큰 바다에 들어가도 물이 해하지 못하듯이, 보살마하살도 그와 같아서 보리심의 물에 머무는 묘한 보배를 얻으면 모든 생사하는 바다에 들어가도 빠지지 않느니라.

선남자여, 어떤 사람이 용의 보배 구슬을 얻어 가지고 용궁에 들어가면 모든 용이나 구렁이가 해하지 못하나니, 보살마하살도 그와 같아서 보리심 큰 용의 보배 구슬을 얻어 가지고 욕심 세계에 들어가더라도 번뇌의 용과 뱀이 해하지 못하느니라.

선남자여, 마치 제석천왕이 마니관을 쓰면 다른 하늘 무리들을 가리이 내리듯이, 보살마하살도 그와 같아서 보리심의 큰 서원인 보배관을 쓰면, 모든 삼세 중생들을 초과하느니라.

선남자여, 마치 사람이 여의주를 얻으면 모든 빈궁한 괴로움을 멸하듯이, 보살마하살도 그와 같아서 보리심 여의주 보배를 얻으면 모든 잘못 생활하는(邪命) 두려움을 멀리 여의느니라.

선남자여, 마치 사람이 일정주日精珠를 얻어 햇빛에 향하면 불이 나듯이, 보살마하살도 그와 같아서 보리심 지혜의 일정주를 얻어 지혜의 빛에 향하면 지혜의 불이 나느니라.

선남자여, 마치 사람이 월정주月精珠를 얻어 달빛에 향하면 물을 내듯이, 보살마하살도 그와 같아서 보리심의 월정주를 얻어서 그 구슬로 회향하는 빛에 비추면 모든 선근의 서원 물을 내느니라.

선남자여, 마치 용왕이 머리에 여의주 보배관을 쓰면 모든 원수의 두려움을 여의듯이, 보살마하살도 그와 같아서 보리심의 크게 가엾이 여기는 보배관을 쓰면 모든 나쁜 길[惡道]의 어려움을 멀리 여의느니라.

선남자여, 마치 보배 구슬이 있는데, 이름은 모든 세간을 장엄하는 갈무리[一切世間莊嚴藏]니라. 얻기만 하면 모든 욕망이 만족하나, 이 보배 구슬은 감손함이 없나니, 보리심의 보배도 그와 같아서 얻는 이가 있으면 소원이 만족하여지나 보리심은 감손하지 않느니라.

선남자여, 전륜왕이 마니보배를 궁중에 놓으면 큰 광명을 내어 모든 어둠을 깨뜨리나니, 보살마하살도 그와 같아서 보리심의 큰 마니보배를 욕심 세계에 두면 큰 지혜의 빛을 놓아 여러 길의 무명의 캄캄함을 깨뜨리느니라.

선남자여, 마치 제석천왕의 푸른 마니보배[帝青大摩尼寶]의 광명을 쬐는 이가 있으면 그 빛과 같아지나니, 보살마하살의 보리심 보배도 그와 같아서 모든 법을 관찰하여 선근에 회향하면 보리심 빛과 같아지지 않는 이가 없느니라.

선남자여, 유리瑠璃 보배는 백천 년 동안을 부정한 속에 있어도 더러운 데 물들지 않나니, 성품이 원래 깨끗한 연고니라. 보살마하살의 보리심 보배도 그와 같아서 백천 겁 동안을 욕심 세계에 있어도 욕심 세계의 과환過患에 물들지 않음이 마치 법계와 같나니, 성품이 청정한 연고니라.

선남자여, 마치 깨끗한 광명[淨光明]이라 하는 보배가 모든 보배의 빛을 모두 가리어 버리듯이, 보살마하살의 보리심 보배도 그와 같아서 모든 범부와 이승의 공덕을 모두 가리어 버리느니라.

선남자여, 불꽃[火燄]이라 하는 보배가 모든 어둠을 다 제하듯이, 보살마하살의 보리심 보배도 그와 같아서 모든 무지의 어둠을 소멸하느니라.

　선남자여, 마치 바다에 값을 매길 수 없는 보배가 있는데 장사치들이 나아가 따서 배에 싣고 성시에 들어가면 다른 마니주는 백천만 종류라도 광택과 값이 비길 수 없듯이, 보리심 보배도 그와 같아서 나고 죽는 바다 속에 있거든 보살마하살이 큰 서원의 배를 타고 깊은 마음이 서로 계속하며 싣고 와서 해탈의 성으로 들어가면 이승의 공덕으로는 미칠 이가 없느니라.

　선남자여, 보배 구슬이 있는데 이름은 자재왕自在王이니라. 염부주에 있어서 해·달과는 멀기가 4만 유순이지만 일궁日宮과 월궁月宮에 있는 장엄이 그 구슬에 모두가 구족하게 나타나나니, 보살마하살의 보리심을 내 깨끗한 공덕 보배도 그와 같아서, 나고 죽는 가운데 있거든 법계인 허공을 비추는 부처님 지혜의 해·달의 모든 공덕이 그 가운데 나타나느니라.

　선남자여, 자재왕이라는 보배 구슬이 해와 달의 광명이 비추는 곳에 있는 모든 재물·보배·의복 따위의 값으로는 미칠 수 없듯이 보살마하살의 보리심을 낸 자재왕 보배도 그와 같아서, 온갖 지혜의 광명이 비추는 곳에 있는 삼세의 천상·인간·이승이 가진 새는 선[漏善]과 새지 않는[無漏] 선의 모든 공덕으로는 미칠 수 없느니라.

　선남자여, 바다 속에 보배가 있는데 이름은 해장海藏이니라. 바다 속에 있는 여러 가지 장엄한 일을 두루 나타내나니, 보살마하살의 보리심 보배도 그와 같아서 온갖 지혜 바다의 여러 가지 장엄한 일을 두루 나타내느니라.

　선남자여, 마치 천상에 있는 염부단금은 심왕心王 대마니보배를 빼놓고는 다른 보배로는 미칠 수가 없나니, 보살마하살의 보리심을 낸 염부단금도 그와 같아서 온갖 지혜의 심왕대보心王大寶를 빼놓고는 다른 것으로는 미칠 수가 없느니라.

선남자여, 마치 사람이 용을 길들이는 법을 잘 알면 여러 용 가운데서 자재하게 되듯이, 보살마하살도 그와 같아서 보리심의 용을 길들이는 법을 잘 알면 모든 번뇌 용 가운데서 자재하게 되느니라.

선남자여, 마치 용사가 갑주를 입고 무기를 들면 모든 대적이 항복받지 못하듯이, 보살마하살도 그와 같아서 보리심의 갑주를 입고 무기를 들면 모든 업과 번뇌의 나쁜 대적이 항복 받지 못하느니라.

선남자여, 마치 천상에 있는 흑전단향은 한 돈쭝(銖)만 살라도 그 향기가 소천세계에 풍기어서 삼천대천세계에 가득한 보배의 값으로는 미치지 못하나니, 보살마하살의 보리심 향도 그와 같아서 잠깐 동안 공덕이 법계에 널리 풍기어서 성문과 연각의 모든 공덕으로는 모두 미치지 못하느니라.

선남자여, 백전단향을 몸에 바르면 모든 시끄러움을 제멸하고 몸과 마음을 청량케 하나니, 보살마하살의 보리심 향도 그와 같아서 허망하게 분별하는 모든 탐욕·성냄·어리석은 번뇌의 시끄러움을 제멸하고 지혜의 청량함을 구족케 하느니라.

선남자여, 만일 수미산에 가까이 있으면 그 빛깔과 같아지나니 보살마하살의 보리심 산도 그와 같아서 가까이하면 그 온갖 지혜의 빛깔과 같아지느니라.

선남자여, 마치 파리질다波利質多 나무 껍질의 향기는 염부제에 있는 바사가婆師迦꽃·첨복가簷蔔迦꽃·소마나蘇摩那꽃들의 향기로는 미칠 수 없나니, 보살마하살의 보리심 나무도 그와 같아서 큰 서원을 세운 공덕의 향기는 모든 이승의 샘이 없는[無漏] 계율·선정·지혜·해탈·해탈지견의 공덕의 향으로는 미치지 못하느니라.

선남자여, 마치 파리질다 나무가 비록 꽃이 피지 않았더라도 이것이 한량없는 꽃들이 날 곳인 줄을 알아야 하듯이, 보살마하살의 보리심 나무도 그와 같아서 비록 온갖 지혜의 꽃이 피지 않았더라도 이것이 수없는 하늘 사람들의 보리꽃이 생길 곳인 줄을 알아야 하느니라.

선남자여, 마치 파리질다 꽃으로 하루 동안 옷에 풍긴 향기는 첨복가꽃·바사가꽃·소마나꽃으로는 천 년 동안 풍기더라도 미칠 수 없듯이, 보살마하살의 보리심 꽃도 그와 같아서 한평생 동안 풍긴 공덕의 향은 시방의 모든 부처님 계신 데 사무쳐서 모든 이승의 샘이 없는 공덕으로는 백천 겁을 풍기어도 미칠 수 없느니라.

선남자여, 바다 섬 가운데 야자나무가 있는데, 뿌리·줄기·가지·잎·꽃·과실을 중생들이 항상 가져다 쓰기를 쉴 새가 없나니, 보살마하살의 보리심 나무도 그와 같아서 자비와 서원하는 마음을 낸 적부터 내지 부처님이 되어 바른 법이 세상에 머물러 있을 때까지 모든 세간을 항상 이익하여 쉬지 않느니라.

선남자여, 마치 하택가訶宅迦라는 약물을 사람이 얻으면 한 냥[兩]으로 천 냥의 구리를 변하여 진금을 만들어도 천 냥의 구리로 이 약을 변할 수는 없느니라. 보살마하살도 그와 같아서 보리심을 회향하는 지혜의 약으로 모든 업과 번뇌를 변하여서 온갖 지혜를 만들 수는 있어도, 업과 번뇌로 그 마음을 변할 수는 없느니라.

선남자여, 마치 작은 불이라도 타는 대로 불꽃이 점점 치성하듯이, 보살마하살의 보리심도 그와 같아서 반연하는 대로 지혜의 불꽃이 증장하느니라.

선남자여, 마치 한 등불이 백천 등을 켜도 본래 등불은 줄지도 않고 다하지도 않듯이, 보살마하살의 보리심 등불도 그와 같아서, 삼세 부처님들의 지혜 등을 두루 켜도 줄지도 않고 다하지도 않느니라.

선남자여, 마치 한 등불이 어두운 방에 들어가면 백천 년 묵은 어둠이 모두 없어지듯이, 보살마하살의 보리심 등불도 그와 같아서 중생의 마음 방에 들어가면 백천만억 말할 수 없는 겁 동안 묵은 업과 번뇌의 갖가지 어둠이 모두 없어지느니라.

선남자여, 마치 등잔 심지가 크고 작음을 따라 광명을 낼 적에 기름을 더 부으면 밝은 광명이 끝까지 끊어지지 않듯이, 보살마하살의 보리심 등불도 그와 같아서 큰 서원으로 심지가 되어 법계를 비추는데 가엾이 여기는 기름을 더하면 중생을 교화하고 국토를 장엄하는 불사를 지어 쉬지 않느니라.

선남자여, 마치 타화자재천왕이 염부단 진금으로 만든 천관을 쓰면 욕심 세계 천자들의 장엄으로는 미치지 못하듯이, 보살마하살도 그와 같아서 보리심 큰 서원의 천관을 쓰면, 모든 범부와 이승의 공덕으로는 미치지 못하느니라.

선남자여, 사자왕의 영각하는 소리를 사자 새끼가 들으면 용맹이 증장하지만 다른 짐승이 듣고는 숨어버리나니, 부처님 사자왕의 보리심 영각도 그와 같아서 보살들이 들으면 공덕이 증장하지만, 얻은 바 있는 이가 듣고는 흩어져 물러가느니라.

선남자여, 마치 어떤 사람이 사자의 힘줄로 거문고 줄을 만들어 타면 다른 악기의 줄들이 모두 끊어지듯이 보살마하살도 그와 같아서, 여래 사자인 바라밀 몸의 보리심 힘줄로 법 풍류의 줄을 만들어 타면 모든 오욕五欲과 이승의 공덕 줄이 모두 끊어지느니라.

선남자여, 어떤 사람이 소나 양 따위의 젖을 모아서 바다를 만들었더라도 사자 젖 한 방울을 그 가운데 넣으면 모두 변하여서 걸림 없이 통과하게 되나니, 보살마하살도 그와 같아서, 여래인 사자의 보리심 젖을 한량없는 겁부터 내려오는 업과 번뇌의 젖 바다에 두면 모두 변하여서 걸림 없이 통과하고 마침내 이승의 해탈에 머물지 않느니라.

선남자여, 마치 가릉빈가迦陵頻伽새는 난각卵殼 속에 있을 적에도 큰 세력이 있어서 다른 새들로는 미치지 못하듯이, 보살마하살도 그와 같아서, 생사의 난각 속에서 보리심을 내면 그 가엾이 여기는 공덕의 세력을 성문이나 연각으로는 미치지 못하느니라.

　선남자여, 금시조왕의 새끼는 처음 날 때부터 눈이 밝고 나는 것도 억세어서 다른 새들은 아무리 오랫동안 자랐더라도 미치지 못하나니, 보살마하살도 그와 같아서 보리심을 내어 부처님의 왕자가 되면 지혜가 청정하고 가엾이 여김이 용맹하여 모든 이승은 백천 겁 동안 도행을 닦았더라도 미칠 수 없느니라.

　선남자여, 어떤 장사가 손에 날카로운 창을 잡고 굳은 갑옷을 찌르면 걸림 없이 관통되나니, 보살마하살도 그와 같아서 보리심의 날카로운 창을 잡고 삿된 소견으로 따라서 자는[隨眠] 갑옷을 찌르면 모두 뚫고 지나가서 걸림이 없느니라.

　선남자여, 마치 마하나가摩訶那迦의 용맹한 장사가 성을 내면 이마에 부스럼이 생기며, 부스럼이 아물기 전에는 염부제의 모든 사람으로는 제어하지 못하듯이, 보살마하살도 그와 같아서 크게 가엾이 여기는 마음을 내면 반드시 보리심을 내고 보리심을 버리기 전에는 모든 세간의 마와 마의 백성들이 해하지 못하느니라.

　선남자여, 마치 활 잘 쏘는 스승의 제자는 비록 그 스승처럼 기술을 익히지 못했더라도, 그 지혜와 방편과 교묘함을 다른 사람들로는 미치지 못하나니, 보살마하살의 마음을 처음 얻는 것도 그와 같아서, 모든 지혜와 행이 능숙하지는 못하였어도, 그의 서원과 지혜와 욕망을 모든 세간의 범부나 이승으로는 미치지 못하느니라.

　선남자여, 마치 사람이 활을 배울 적에 먼저 발을 잘 디디고 뒤에 쏘는 법을 익히듯이, 보살마하살도 그와 같아서 여래의 온갖 지혜의 도를 배우려면 먼저 보리심에 편안히 머무른 뒤에 모든 부처님 법을 닦아 행하느니라.

선남자여, 마치 요술쟁이가 눈어리를 만들려면 먼저 마음을 내어 눈어리하는 법을 기억한 뒤에 눈어리를 만들어서 성취하듯이, 보살마하살도 그와 같아서 모든 부처님과 보살의 신통인 눈어리를 일으키려면 먼저 뜻을 내어 보리심을 낸 뒤에야 모든 일이 성취되느니라.

선남자여, 마치 눈어리가 물질이 없는 데서 물질을 나타내듯이, 보살마하살의 보리심 모양도 그와 같아서, 비록 형상이 없어서 보지는 못하나, 능히 시방 법계에서 갖가지 공덕 장엄을 널리 보이느니라.

선남자여, 마치 고양이가 잠깐만 쥐를 보아도 쥐가 구멍에 들어가 나오지 못하듯이, 보살마하살의 보리심을 내는 것도 그와 같아서 지혜의 눈으로 번뇌와 업을 잠깐만 보아도 모두 숨어버리고 다시 나오지 못하느니라.

선남자여, 마치 사람이 염부단금으로 만든 장엄거리로 단장하면 모든 것을 가려 버려 먹덩이같이 되듯이, 보살마하살도 그와 같아서 보리심 장엄거리로 단장하면 모든 범부와 이승의 공덕 장엄을 가려 버려 빛이 없어지느니라.

선남자여, 마치 좋은 자석은 조그만 힘으로도 모든 철로 된 사슬과 고리를 빨아들이듯이, 보살마하살의 보리심을 내는 것도 그와 같아서 한 생각을 일으키면 모든 소견·욕망·무명의 사슬과 고리를 없애 버리느니라.

선남자여, 마치 자석과 철이 마주치면 곧 흩어지고 남는 것이 없듯이, 보살마하살의 보리심을 내는 것도 그와 같아서 업과 번뇌와 이승의 해탈이 마주치면 모두 흩어져 없어지고 남는 것이 없느니라.

선남자여, 마치 바다에 잘 들어가는 사람은 모든 물에 사는 족속이

해하지 못하며, 고래의 입에 들어가도 씹거나 삼키지 못하듯이, 보살마하살도 그와 같아서 보리심을 내고 죽살이 바다에 들어가면 업과 번뇌가 해하지 못하며 성문이나 연각의 실제 법에 들어가도 거기 방해되지 않느니라.

선남자여, 마치 사람이 감로수를 먹으면 모든 물건이 해하지 못하듯이, 보살마하살도 그와 같아서 보리심의 감로수를 먹으면 성문이나 벽지불의 지위에 떨어지지 않나니, 광대한 자비와 서원이 있는 연고니라.

선남자여, 마치 사람이 안선나安繕那 약을 얻어 눈에 바르면 인간에 다녀도 사람이 보지 못하듯이, 보살마하살도 그와 같아서 보리심의 안선나 약을 얻으면 방편으로써 마의 지경에 들어가도 모든 마들이 보지 못하느니라.

선남자여, 마치 사람이 왕에게 의지하면 다른 이를 두려워하지 않듯이, 보살마하살도 그와 같아서 보리심의 세력 있는 왕에 의지하면 장애와 나쁜 길의 험난함을 두려워하지 않느니라.

선남자여, 마치 사람이 물 속에 있으면 물에 타는 것을 두려워하지 않듯이, 보살마하살도 그와 같아서 보리심 선근의 물 속에 머물면 이승의 해탈 지혜의 불을 두려워하지 않느니라.

선남자여, 마치 사람이 용맹한 대장에게 의지하면 모든 대적을 두려워하지 않듯이, 보살마하살도 그와 같아서 보리심의 용맹한 대장에 의지하면 모든 나쁜 행의 대적을 두려워하지 않느니라.

선남자여, 제석천왕이 금강저를 들면 모든 아수라 무리가 굴복하듯이, 보살마하살도 그와 같아서 보리심의 금강저를 들면 모든 마의 외도가 굴복하느니라.

선남자여, 마치 사람이 장수하는 약을 먹으면 길이 건강하여 늙지도 않고 여위지도 않듯이, 보살마하살도 그와 같아서 보리심의 장수하는 약을 먹으면 수없는 겁 동안 보살의 행을 닦아도 고달픈 마음도 없고 물들지도 않느니라.

선남자여, 마치 사람이 약을 개려면 먼저 깨끗한 물을 가져와야 하듯이, 보살마하살도 그와 같아서 보살의 행과 원을 닦으려면 먼저 보리심을 일으켜야 하느니라.

선남자여, 사람이 몸을 보호하려면 먼저 생명을 보호하나니, 보살마하살도 그와 같아서 부처님 법을 보호하여 유지하려면 먼저 보리심을 보호해야 하느니라.

선남자여, 마치 사람이 목숨이 끊어지면 부모와 친척을 이익케 하지 못하듯이, 보살마하살도 그와 같아서 보리심을 버리고는 모든 중생을 이익케 하지 못하며, 부처님의 공덕을 성취하지 못하느니라.

선남자여, 마치 큰 바다는 망그러뜨릴 수 없듯이, 보리심 바다도 그와 같아서 업과 번뇌와 이승의 마음으로는 망그러뜨릴 수 없느니라.

선남자여, 마치 햇빛은 별의 빛으로는 가릴 수 없듯이, 보리심의 해도 그와 같아서 모든 이승의 샘이 없는 지혜〔無漏智〕의 빛으로는 가릴 수 없느니라.

선남자여, 왕자는 처음 나서도 대신들이 존중함은 종족의 내림이 자재한 연고니, 보살마하살도 그와 같아서 부처님 법에 보리심을 내면 곧 고승과 범행을 오래 닦은 성문이나 연각들이 함께 존중함은 크게 가엾이 여기는 데 자유자재한 연고니라.

선남자여, 마치 왕자는 나이가 어리더라도 모든 대신이 다 경례하듯이, 보살마하살도 그와 같아서 처음으로 마음을 내어 보살의 행을 닦아도 이승의 고승들이 모두 경례하느니라.

선남자여, 왕자가 모든 신하들 가운데서 자유자재하지는 못하나 이미 왕의 모양을 갖추었으므로 모든 신하들과 평등하지 않으니 태어난 곳이 높은 연고니라. 보살마하살도 그와 같아서 모든 업과 번뇌 가운데서 자재하지는 못하나 이미 보리의 모양을 구족하여 모든 이승과는 같지 아니하니 종족이 제일인 연고니라.

선남자여, 마치 청정한 마니보배라도 눈에 병이 있으면 부정한 줄로 보듯이, 보살마하살의 보리심 보배도 그와 같아서 지혜가 없어 믿지 않으면 깨끗하지 못하다고 하느니라.

선남자여, 마치 어떤 약에 주문[呪]의 세력이 들어 있는 것을 만일 중생이 보고 듣고 함께 있으면 모든 병이 다 소멸되듯이, 보살마하살의 보리심 약도 그와 같아서 모든 선근과 지혜와 방편과 보살의 서원과 지혜가 함께 들어 있는 것을 어떤 중생이 보고 듣고 함께 있으며 생각하면 번뇌의 병들이 모두 소멸되느니라.

선남자여, 마치 사람이 항상 감로를 가지면 그 몸이 끝까지 망그러지지 않듯이, 보살마하살도 그와 같아서, 보리심의 감로를 항상 생각해 가지면 서원과 지혜의 몸이 끝까지 변괴하지 않느니라.

선남자여, 마치 기계로 만든 사람이 만일 고농이 없으면 몸이 흩어지고 운동하지 못하듯이, 보살마하살도 그와 같아서 보리심이 없으면 수행이 흩어져서 모든 부처님 법을 성취하지 못하느니라.

선남자여, 마치 전륜왕에게 코끼리 갈무리[象藏]라 하는 침향 보배가 있는데 이 향을 사르면 왕의 네 가지 군대가 허공으로 날아 올라가듯이, 보살마하살의 보리심 향도 그와 같아서, 이 뜻을 내기만 하면 보살의 모든 선근이 세계에서 영원히 벗어나 여래 지혜의 함이 없는 공중으로 가느니라.

선남자여, 마치 금강은 다만 금강 나는 곳과 금 나는 곳에서만 나고 다른 보배가 나는 곳에서는 나지 않듯이, 보살마하살의 보리심 금강도 그와 같아서, 다만 큰 자비로 중생을 구호하는 금강이 나는 곳이나 온갖 지혜의 지혜인 훌륭한 경지의 금이 나는 곳에서만 나고 다른 중생의 선근에서는 나지 않느니라.

선남자여, 마치 무근無根이란 나무가 있는데, 뿌리에서 나지 않고도 가지·잎·꽃·열매가 다 무성하듯이, 보살마하살의 보리심 나무도 그와 같아서 뿌리를 찾아볼 수 없으나 온갖 지혜의 지혜와 신통과 큰 원인 가지·잎·꽃·열매를 기르며 무성한 그늘이 세계를 두루 덮느니라.

선남자여, 마치 금강은 나쁜 그릇이나 깨진 그릇으로는 담을 수 없으나, 다만 완전하고 묘한 그릇은 제외하듯이, 보리심 금강도 그와 같아서 용렬한 중생의 간탐하고 질투하고 파괴하고 게으르고 허망한 생각·지혜 없는 그릇에는 담을 수 없고 훌륭한 소원에서 물러나서 산란하고 나쁜 소견 가진 중생의 그릇에는 담을 수 없으나 다만 보살의 깊은 마음인 보배 그릇은 제외할 것이니라.

선남자여, 마치 금강이 모든 보배를 능히 뚫듯이, 보리심 금강도 그와 같아서 모든 법의 보배를 능히 뚫느니라.

선남자여, 마치 금강이 모든 산을 무너뜨리듯이, 보리심 금강도 그와 같아서 삿된 소견의 산들을 능히 무너뜨리느니라.

선남자여, 금강이 비록 깨져서 완전치 못하더라도 모든 보배가 미치지 못하듯이, 보리심 금강도 그와 같아서 비록 뜻이 용렬하여 조금 모자라더라도 모든 이승의 공덕보다 나으니라.

선남자여, 마치 금강은 비록 손상되었어도 모든 빈궁을 제멸하듯이, 보리심 금강도 그와 같아서 비록 손상하여 모든 행이 나아가지 못하더라도 모든 생사를 여의느니라.

선남자여, 조그만 금강이라도 모든 물건을 깨뜨릴 수 있나니, 보리심 금강도 그와 같아서 작은 경계에 들어가도 모든 무지한 의혹을 깨뜨리느니라.

 선남자여, 마치 금강은 보통 사람으로는 얻을 수 없듯이, 보리심 금강도 그와 같아서 뜻이 용렬한 중생으로는 얻을 수 없느니라.

 선남자여, 마치 금강을 보배로 알지 못하는 사람은 그 공능도 모르고 작용도 얻지 못하듯이, 보리심 금강도 그와 같아서 법을 알지 못하는 사람은 그 공능도 알지 못하고 작용도 얻지 못하느니라.

 선남자여, 마치 금강은 소멸할 이가 없듯이 보리심 금강도 그와 같아서 모든 법이 능히 소멸하지 못하느니라.

 선남자여, 마치 금강저를 기운 센 사람들이 능히 들지 못하거니와 큰 나라연의 힘을 가진 이는 제외하듯이, 보리심도 그와 같아서 모든 이승은 유지하지 못할거니와 보살의 광대한 인연과 견고하고 착한 힘은 제외하느니라.

 선남자여, 마치 금강을 무슨 물건으로도 깨뜨릴 수 없으나 금강은 능히 모든 물건을 깨뜨리며 그래도 그 자체는 손상하지 않듯이, 보리심도 그와 같아서 삼세의 수없는 섭에 중생을 교화하고 고행을 닦으며 성문과 연각으로는 할 수 없는 것을 능히 하지만 끝까지 고달픈 생각도 없고 손상하지도 않느니라.

 선남자여, 마치 금강은 다른 데서는 가지지 못하고 오직 금강 땅에서만 가지듯이, 보리심도 그와 같아서, 성문이나 연각은 가지지 못하며 오직 살바야(薩婆若)로 나아가는 이는 제외할 것이니라.

 선남자여, 금강 그릇은 흠이 없어서 물을 담으면 영원히 새어서 땅에 들어가지 않나니, 보리심 금강 그릇도 그와 같아서 선근의 물을 담으면 영원히 새어서 여러 길에 들어가지 않느니라.

 선남자여, 금강둘레(金剛際)는 능히 땅을 유지하여 떨어지지 않게 하나니, 보리심도 그와 같아서 보살의 모든 행과 원을 유지하여 떨어져서 삼계에 들어가지 않게 하느니라.

　선남자여, 마치 금강은 물 속에 오래 있어도 썩지도 않고 젖지도 않듯이, 보리심도 그와 같아서, 모든 겁 동안을 생사하는 법과 번뇌의 물 속에 있어도 망그러지지도 않고 변하지도 않느니라.

　선남자여, 마치 금강은 모든 불이 태우지도 못하고 뜨겁게도 못하나니, 보리심도 그와 같아서 생사 번뇌의 불들이 태우지도 못하고 뜨겁게도 못하느니라.

　선남자여, 마치 삼천대천세계 중에서 금강 자리만이 부처님의 도량에 앉아서 마군을 항복 받고 정등각을 이루는 일을 유지하는 것이요, 다른 자리로는 유지할 수 없듯이, 보리심 자리도 그와 같아서 모든 보살의 원과 행과 바라밀과 여러 지혜[忍]와 여러 지위와 회향하고 수기를 주고 보리의 도를 돕는 법을 닦아 익히며, 부처님께 공양하고 법을 듣고 받자와 행하는 일을 능히 유지하는 것이요, 다른 마음으로는 유지하지 못하느니라.

　선남자여, 보리심은 이렇게 한량없고 그지없고 말할 수 없이 말할 수 없는 공덕을 성취하느니라. 어떤 중생이 아뇩다라삼먁삼보리심을 내면 곧 이렇게 훌륭한 공덕의 법을 얻느니라. 그러므로 선남자여, 그대는 좋은 이익을 얻었으니, 그대는 아뇩다라삼먁삼보리심을 내어 보살의 행을 구하여 이러한 큰 공덕을 얻은 연고니라.

　선남자여, 그대가 묻기를 보살이 어떻게 보살의 행을 배우며 보살의 도를 닦느냐 하거니와, 선남자여, 그대는 이 비로자나 장엄장 큰 누각에 들어가서 두루 관찰하라. 곧 보살의 행을 배움을 알 것이요, 배우면 한량없는 공덕을 성취하리라."

대방광불화엄경 제79권

제79권

39. 입법계품 ⑳

2) 가지 법회 ⑲

(52) 미륵보살을 찾다 ③

그 때 선재동자는 공경하여 미륵보살마하살을 오른쪽으로 돌고 여쭈었다.

"바라옵건대 거룩하신 이께서는 이 누각 문을 열어 제가 들어가게 하소서."

이 때 미륵보살이 누각에 나아가 손가락을 튀겨 소리를 내니 문이 열리었고, 선재에게 들어가라 하니 선재동자는 기뻐서 들어갔으며, 문은 곧 닫혔다.

누각을 보니 크고 넓기 한량이 없어 허공과 같고 아승기 보배로 땅이 되고, 아승기 궁전·아승기 문·아승기 창호·아승기 섬돌·아승기 난간・아승기 길이 모두 칠보로 되었으며, 아승기 번기・아승기 당기・아승기 일산이 사이사이 벌여 있고, 아승기 영락・아승기 진주 영락・아승기 적진주 영락・아승기 사자진주 영락들이 곳곳에 드리웠으며, 아승기 반달・아승기 비단 띠・아승기 보배 그물로 장엄하였고, 아승기 보배 풍경이 바람에 흔들려 소리를 내며, 아승기 하늘 꽃을 흩고, 아승기 하늘 보배로 된 화만 띠를 달고, 아승기 보배 향로를 피고, 아승기 금 가루를 비내리고, 아승기 보배 거울을 달았고, 아승기 보배 등을 켜고, 아승기 보배 옷을 폈다.

아승기 보배 휘장을 치고, 아승기 보배 자리를 깔고, 아승기 비단을 자리 위에 펴고, 아승기 염부단금 동녀 형상과 아승기 보배 형상과 아승기 묘한 보배로 된 보살 형상이 간 데마다 가득 찼으며, 아승기 보배 파두마꽃과 아승기 보배 구물두꽃과 아승기 보배 분타리꽃으로 장엄하고, 아승기 보배 나무는 차례로 줄을 지었고 아승기 마니보배가 큰 광명을 놓아, 이렇게 한량없는 아승기 장엄거리로 장엄하였다.

또 그 기운데는 한량없는 백천 누각이 있는데, 낱낱이 훌륭하게 꾸민 것이 위에 말한 바와 같고, 크고 넓고 화려하기 허공과 같아서 서로 장애하지도 않고 착잡하지도 아니하였다. 선재동자가 한 곳에서 모든 곳을 보듯이, 모든 곳에서도 다 이렇게 보았다.

이 때 선재동자가 비로자나 장엄장 누각이 이렇게 가지가지로 헤아릴 수 없이 자유자재한 경계를 보고, 매우 환희하여 한량없이 뛰놀면서 몸과 마음이 부드러워져서 모든 의혹을 멸하며, 본 것은 잊지 않고 들은 것은 기억하고 생각이 어지럽지 아니하여 걸림 없는 해탈문에 들어가서 마음을 두루 놀리며 모든 것을 두루 보고 널리 예경하였다.

잠깐 머리를 조아리니, 미륵보살의 신통한 힘을 말미암아 자기의 몸이 모든 누각 속에 두루하여 있음을 보았으며, 또 가지가지 부사의한 자재로운 경계를 보았다.

　이른바 미륵보살이 처음에 위없는 보리심을 낼 적에 이런 이름과 이런 족성과 이렇게 선지식의 가르침으로 이런 선근을 심던 일을 보겠으며, 이렇게 오래 살고 이런 겁을 지내면서 이런 부처님을 만나고, 이렇게 장엄한 세계에 있으면서 이렇게 행을 닦고 이렇게 원을 세웠으며, 저 여래의 이러한 대중의 모임에서 이러한 수명과 이러한 세월을 지내면서 친근하고 공양하던 일을 모두 분명하게 보았다.

　미륵보살이 처음에 인자한 삼매(慈心三昧)를 증득하고, 그 뒤부터 자씨慈氏라고 하던 일을 보기도 하고, 미륵보살이 묘한 행을 닦으며 모든 바라밀을 만족하던 일을 보기도 하고, 법 아는 지혜를 얻기도 하고, 지상에 머물기도 하고, 청정한 국토를 성취하는 것을 보기도 하였다.

　여래의 바른 교법을 보호하며 큰 법사가 되어 죽살이 없는 법의 지혜〔無生忍〕를 얻고, 어느 때 어느 곳에서 어느 여래에게 아뇩다라삼먁삼보리 수기를 받던 일을 보기도 하였다.

　미륵보살이 전륜왕이 되어서 중생들을 권하여 십선도十善道에 머물게 함을 보기도 하고 사천왕이 되어 중생을 이익케 하고, 제석천왕이 되어 오욕五欲을 꾸짖고, 염마천왕이 되어 방일하지 않는 일을 찬탄하고, 도솔천왕이 되어 일생보처一生補處 보살의 공덕을 칭찬하고, 화락천왕이 되어 하늘 무리에게 보살들의 변화하는 장엄을 나타내고, 타화자재천왕이 되어 하늘 무리에게 모든 부처님 법을 연설하고, 마왕이 되어 모든 법이 무상하다 말하고, 범천왕이 되어 모든 선정의 한량없이 기쁘고 즐거움을 말하고, 아수라왕이 되어 큰 지혜 바다에 들어가서 법이 눈어리 같음을 알고, 모인 무리들에게 법을 연설하여 모든 교만하고 취하고 거추장스러움을 끊게 함을 보기도 하였다.

　또 그가 염라閻羅 세계에 있으면서 큰 광명을 놓아 지옥의 고통을 구원함을 보기도 하고, 아귀의 세계에서 음식을 보시하여 기갈을 구제함을 보기도 하고, 축생의 길에서 여러 가지 방편으로 중생을 조복함을 보기도 하였다.

또 사천왕의 대중을 위하여 법을 말함을 보기도 하고, 도리천왕의 대중을 위하여 법을 말함을 보기도 하고, 염마천왕의 대중을 위하여 법을 말함을 보기도 하고, 도솔천왕의 대중을 위하여 법을 말함을 보기도 하고, 화락천왕의 대중을 위하여 법을 말함을 보기도 하고, 타화자재천왕의 대중을 위하여 법을 말함을 보기도 하고, 대범천왕의 대중을 위하여 법을 말함을 보기도 하였다.

또 용왕 대중에게 법을 말함을 보기도 하고, 야차·나찰왕 대중에게 법을 말함을 보기도 하고, 건달바·긴나라왕 대중에게 법을 말함을 보기도 하고, 아수라·타나바陀那婆왕 대중에게 법을 말함을 보기도 하고, 가루라·마후라가왕 대중에게 법을 말함을 보기도 하고, 그 밖에 모든 사람인 듯 사람 아닌 듯한 이들 대중에게 법을 말함을 보기도 하였다.

또 성문 대중을 위하여 법을 말함을 보기도 하고, 연각 대중을 위하여 법을 말함을 보기도 하고, 처음 마음낸 이와 내지 일생보처로 정수리에 물을 부은 보살들을 위하여 법을 말함을 보기도 하고, 초지 내지 십지 보살의 공덕을 찬탄함을 보기도 하였다.

또 모든 바라밀을 만족한 이를 찬탄함을 보기도 하고, 모든 지혜의 문에 들어감을 찬탄함을 보기도 하고, 여러 큰 삼매문을 찬탄함을 보기도 하고, 깊고 깊은 해탈문을 찬탄함을 보기도 하고, 모든 선정 삼매 신통한 경계를 찬탄함을 보기도 하고, 모든 보살의 행을 찬탄함을 보기도 하고, 여러 가지 큰 서원을 찬탄함을 보기도 하였다.

또 함께 수행하는(同行) 보살과 더불어 세간에서 살아가는 기술과 여러 가지 방편으로 중생을 이익케 하는 일을 찬탄함을 보기도 하고, 일생보처 보살과 더불어 모든 부처님의 정수리에 물 붓는 문을 찬탄함을 보기도 하고, 미륵보살이 백천 년 동안 경행하고 경전을 읽고 외고 쓰고, 부지런히 관찰하고 대중에게 법을 말하며, 모든 선정과 사무량심四無量心에 들기도 하고, 모든 곳에 두루함과 모든 해탈에 들기도 하고, 삼매에 들어서 방편과 힘으로 신통 변화를 나타냄을 보기도 하였다.

여러 보살이 변화삼매에 들어 각각 그 몸의 낱낱 털구멍으로 모든 변화하는 몸 구름을 내는 것도 보고, 하늘 무리의 몸 구름을 내는 것도 보고, 용 무리의 몸 구름을 내는 것도 보고, 야차·건달바·긴나라·아수라·가루라·마후라가·제석·범왕·사천왕·전륜왕·작은 왕·왕자·대신·벼슬아치·장자·거사의 몸 구름을 내는 것도 보고, 성문·연각·보살·여래의 몸 구름을 내는 것도 보고, 모든 중생의 몸 구름을 내는 것도 보았다.

또 묘한 음성을 내어 보살의 가지가지 법문을 찬탄함을 보았으니, 이른바 보리심의 공덕문을 찬탄하며, 단檀바라밀과 내지 지혜바라밀의 공덕문을 찬탄하며, 여러 가지 거두어 주는 것·선정·한량없는 마음과 삼매와 삼마발저三摩鉢底와 트임[通]·밝음·다라니·변재·참된 진리[諦]·지혜·선정[止觀]·슬기·해탈·인연·의지와 법문 말함을 찬탄하며, 사념처四念處·사정근四正勤·사여의족四如意足·칠보리분七菩提分·팔성도八聖道·성문승·독각승·보살승·모든 지혜·모든 지地·모든 행·모든 원 따위의 모든 공덕문을 찬탄함을 보았다.

또 그 가운데서 여래를 대중이 둘러싸고 있음을 보았으며, 그 부처님의 나신 곳·가문·몸·오래 삶을 보았으며, 세계와 겁과 이름과 설법의 이익함과, 교법이 얼마나 오래 머무름과, 도량의 대중이 여러 가지로 같지 아니함을 분명하게 보았다.

또 저 장엄장 안에 있는 여러 누각 중에서 한 누각을 보니, 높고 넓고 훌륭하게 꾸민 것이 가장 좋아서 견줄 데가 없으며, 그 가운데 삼천대천세계의 백억 사천하가 있는데, 백억 도솔타천에 낱낱이 미륵보살이 있다가 신으로 내려와서 탄생하는 것을, 제석과 범천왕이 받들어 머리에 올리며, 일곱 걸음을 다니고 시방을 살펴보며 크게 사자후하는 것을 보았으며, 동자로서 궁전에 거처하고 정원에서 유희하며, 온갖 지혜〔一切智〕를 얻기 위하여 출가하여 고행하고, 유미죽을 받고 도량에 나아가서 마군을 항복 받고 등정각을 이루며, 보리수 아래서 관하시다가 범왕의 권청으로 법륜을 굴리고, 천궁에 올라가서 법을 연설하는 일과, 겁과 수명과 대중 모임의 장엄과, 국토를 깨끗이 하고 행과 원을 닦음과, 중생을 교화하여 성숙케 하는 방편과, 사리를 나누어 반포함과 법을 머물러 유지함이 모두 같지 아니함을 보았다.

그 때 선재동자는 자기의 몸이 모든 여래의 처소에 있음을 보았으며, 또 저 모든 대중의 모임과 모든 불자를 보고 기억하여 잊지 않았으며 통달하여 걸림이 없었다.

또 모든 누각 안에 있는 보배 그물과 풍경과 모든 악기에서 헤아릴 수 없는 미묘한 음성을 내어 여러 가지 법을 연설함을 들으니, 이른바 보살이 보리심 내는 것을 말하고, 바라밀 행 닦음을 말하고, 모든 원을 말하고, 모든 지地를 말하고, 여래께 공경하고 공양함을 말하고, 부처님의 국토를 장엄함을 말하고, 부처님들의 법을 말씀하신 차별을 말하는데, 이렇게 모든 부처님 법을 말하는 소리를 들으니, 화창하고 분명하였다.

또 들으니, 어느 곳 아무 보살은 누구의 법문을 듣고 아무 선지식의 지도로 보리심을 내었으며, 어느 겁에 어느 세계에서 아무 여래의 어느 대중에 있으면서, 아무 부처님의 이러한 공덕을 듣고는 이런 마음을 내고 이런 원을 일으키고 이러하게 광대한 선근을 심었으며, 몇 겁을 지내면서 보살의 행을 닦다가 얼마나 오랜 뒤에 정각을 이루어, 이러한 이름・이러한 수명・이러한 국토를 이루며, 이렇게 구족히 장엄하였고 이렇게 서원〔願〕을 원만히 하여 이러한 대중과 이러한 성문・보살을 교화하였으며, 열반한 뒤에 바른 법이 세상에 머물러 있어 몇 겁을 지내면서 이러한 한량없는 중생을 이익케 하였다는 말을 들었다.

또 어느 곳에는 아무 보살이 있어서 보시・계율・참음・정진・선정・지혜로 이렇게 바라밀을 닦았다는 말을 듣고, 또 어느 곳에는 아무 보살이 있는데, 법을 구하기 위하여 국왕의 지위와 모든 보배와 처자와 권속이며 손・발・머리・눈 등 일체의 몸〔身分〕을 아끼지 않는다는 말을 들었다.

또 어느 곳에는 아무 보살이 있어서 여래의 말씀한 바른 법을 수호하여 큰 법사가 되었으며, 법의 보시를 널리 행하며 법 당기를 세우고 법 소라를 불고 법 북을 치고 법 비를 내리며, 부처님 탑을 조성하고 부처님 동상을 조성하며, 중생에게 여러 가지 즐거운 도구를 보시한다는 말을 들었다.

또 어느 곳에는 아무 여래가 아무 겁에 등정각을 이루었는데, 국토는 이러하고 모인 대중은 이러하고 수명은 이러하였으며, 이런 법을 말하고 이런 원을 만족하고 이렇게 한량없는 중생을 교화하였다는 말을 들었다.

선재동자는 이렇게 부사의하고 미묘한 법의 음성을 듣고, 몸과 마음이 환희하고 부드럽고 기뻐서, 즉시로 한량없는 총지문〔摠持門〕과 변재문과, 모든 선정・법 지혜〔忍〕・서원・바라밀〔度〕・트임・밝음・해탈・삼매문을 얻었다.

또 보배 거울 가운데서 가지가지 형상을 보았으니, 이른바 부처님 대중이 모인 도량과, 보살 대중이 모인 도량과, 성문 대중이 모인 도량과, 연각 대중이 모인 도량을 보았으며, 또 깨끗한 세계·부정한 세계·깨끗하면서 부정한 세계·부정하면서 깨끗한 세계·부처님 있는 세계·부처님 없는 세계·소세계·중세계·대세계·인다라 그물 세계·엎어진 세계·잦혀진 세계·평탄한 세계를 보기도 하고, 지옥·아귀·축생이 사는 세계를 보기도 하고, 하늘과 사람이 충만한 세계를 보기도 하였다.

이러한 모든 세계에는 무수한 큰 보살들이 있는데, 다니기도 하고 앉기도 하여서 여러 가지 사업을 하며, 매우 가엾은 마음으로 중생을 딱하게 여기기도 하고, 논문을 지어 세간을 이익케 하기도 하고, 배우고 지니고 쓰고 외고 묻고 대답도 하면서, 세 때로 참회하고 회향하여 원을 세우는 것을 보기도 하였다.

또 보니, 여러 보배 기둥에서 마니왕 큰 광명 그물을 놓는데, 푸르고 누르고 붉고 희기도 하고, 또 파리빛·수정빛·제청帝青빛·무지개빛·염부단금빛·모든 광명 빛이기도 하였다.

또 염부단금으로 만든 아가씨 형상과 여러 보배 형상이 있는데, 혹은 손에 꽃 구름을 잡고, 혹은 옷 구름을 잡았으며, 당기·번기도 잡고, 화만·일산도 잡고, 여러 가지 바르는 향·가루향도 잡고, 가장 훌륭한 마니보배 그물도 잡고, 금 사슬을 드리우고 영락을 걸고, 팔을 들어 공양거리를 받들기도 하고, 머리를 숙여 마니관을 드리우기도 하며, 허리를 굽혀 우러러보며 잠깐도 한눈 팔지 않았다.

또 보니, 저 진주 영락에서 향수가 항상 흐르는데, 여덟 가지 공덕이 구족하고, 비유리와 영락에서는 백천 가지 광명이 한꺼번에 비추며, 당기·번기·그물·일산 따위를 모두 여러 보배로 장엄하였다.

또 보니, 우발라꽃·구물두꽃·파두마꽃·분타리꽃에서는 각각 한량없는 꽃을 내는데, 어떤 것은 손바닥만 하고, 어떤 것은 팔뚝같이 길고, 가로 세로가 차바퀴 같기도 하며, 낱낱 꽃마다 갖가지 빛깔과 형상을 나타내어 장엄하였으니 이른바 남자 빛깔 형상[男色像]·여자 빛깔 형상[女色像]·동남의 형상·동녀의 형상과, 제석·범천·사천왕·하늘·용·야차·건달바·아수라·가루라·긴나라·마후라가·성문·연각·보살과 같은 모든 중생의 형상들이 모두 합장하고 허리 굽혀 경례하며, 또 여래께서 가부하고 앉았는데, 서른두 가지 거룩한 모습으로 장엄한 것을 보았다.

또 그 깨끗한 비유리로 된 땅에서는 한 걸음 한 걸음 사이마다 부사의한 갖가지 형상을 나타내니, 이른바 세계 형상·보살 형상·여래 형상·누각으로 장엄한 형상 들이었다.

또 보배 나무에서는 가지·잎·꽃·열매마다 갖가지 반신상[半身色像]을 보게 되니, 이른바 부처님 반신상, 보살 반신상, 하늘·용·야차와 내지 사천왕·전륜왕·작은 왕·왕자·대신·관장官長과 사부대중의 반신상이며, 그 반신상들은 화만도 들고 영락도 들고, 모든 장엄거리를 들기도 하였으며, 어떤 것은 허리 굽혀 합장하고 예경하며, 일심으로 우러러보면서 한눈을 팔지 않기도 하고, 또 찬탄하기도 하며 삼매에 들기도 하였다.

그 몸은 거룩한 모습으로 장엄하였고, 여러 가지 빛 광명을 놓으니, 금빛 광명·은빛 광명·산호빛 광명·도사라兜沙羅빛 광명·제청帝青빛 광명·비로자나 보배빛 광명·모든 보배빛 광명·첨파가瞻波迦꽃빛 광명들이었다.

또 여러 누각의 반달[半月] 형상에서 아승기 일월성신日月星辰 광명들을 내어 시방에 두루 비추는 것을 보았다.

또 여러 누각의 사방을 둘러싼 벽에는 한 걸음 한 걸음마다 모든 보배로 장엄하였고, 낱낱 보배에서는 미륵보살이 지난 옛적에 보살의 도를 수행하던 일을 나타내는데, 혹 머리도 보시하고, 혹은 손·발·입술·혀·어금니·치아·귀·코·피·살·가죽·뼈·골수도 보시하며, 내지 손톱·머리카락 따위를 버리기도 하고, 아내·첩·아들·딸·도성·마을·국토·임금의 지위를 달라는 대로 주기도 하며, 옥에 갇힌 이는 나오게 하고, 결박된 이는 풀리게 하고, 병난 이는 치료하여 주고, 길을 잘못 든 이에게는 바른 길을 가리켜 주었다.

혹은 뱃사공이 되어 바다를 건네 주고, 혹은 말이 되어 어려운 일을 구하여 주며, 신선이 되어 경론을 말하고, 전륜왕이 되어 열 가지 착한 일을 말하고, 의사가 되어 병을 치료하기도 하며, 부모에게 효도하고 선지식을 친근하며, 성문도 되고 연각도 되고, 보살도 되고, 여래도 되어 모든 중생을 교화하고 조복하며, 혹은 법사가 되어 부처님 교법을 받들어 행하고, 배우고 읽고 외고 이치를 생각하며, 부처님 지제支提를 쌓고 부처님 형상을 조성하여 자기도 공양하고, 다른 이를 시켜서 향을 바르고 꽃을 흩고 공경하고 예배하며, 이런 일들이 계속되었다.

혹은 사사좌에 앉아 법을 연설하며 중생들을 권하여 십선十善에 머물게 하고, 한결같은 마음으로 불·법·승보에 귀의하여 오계五戒와 팔재계八齋戒를 받아 지니게 하며, 출가하여 법을 듣고는 배우고 읽고 외며 이치대로 수행함을 보며, 내지 미륵보살이 백천억 나유타 아승기겁 동안에 모든 바라밀을 수행하는 여러 가지 모양을 보기도 하였다.

또 미륵보살의 예전에 섬기던 선지식들이 모든 공덕으로 장엄함을 보았으며, 또 미륵보살이 저 여러 선지식들을 친근하여 공양하며, 그의 가르침을 받아 행하며 내지 정수리에 물 붓는 지위에 머물러 있거든, 그 때 선지식들이 선재에게 말하기를 '잘왔도다. 동자여, 너는 이 보살의 부사의한 일을 보고 고달픈 마음을 내지 말라' 하는 것을 보았다.

이 때 선재동자는 잊지 않는 기억력을 얻은 연고며, 시방을 보는 청청한 눈을 얻은 연고며, 잘 관찰하는 걸림 없는 지혜를 얻은 연고며, 보살들의 자재한 지혜를 얻은 연고며, 보살들이 지혜의 지위에 들어간 광대한 지혜(解)를 얻은 연고로 여러 누각의 낱낱 물건 속에서 이러함과 및 한량없고 부사의하고 자재한 경계와 여러 가지 장엄한 일을 보았다.

마치 사람이 꿈꾸면서 여러 가지 물건을 보는 것 같나니, 이른바 도시나 마을이나, 궁전·공원·산·숲·강·못·의복·음식과, 내지 온갖 살림하는 기구를 보기도 하고, 제 몸과 부모와 형제와 안팎 친척을 보기도 하고, 바다와 수미산과 하늘의 궁전들과 염부제 등 사천하의 일을 보기도 하고, 그 몸의 키가 커서 백천 유순이 되기도 하거든, 집과 의복이 모두 그러하고 또 낮 동안과 같이 오랜 세월을 지내면서 눕지도 않고 자지도 않고 안락함을 느끼고, 깨어나서는 꿈인 줄 알지만 보던 일을 분명하게 기억하였다.

선재동자도 그와 같아서 미륵보살의 힘으로 가피한 연고며, 삼계의 법이 모두 꿈과 같음을 아는 연고며, 중생들의 좁은 생각을 없앤 연고며, 장애 없이 광대한 지혜를 얻은 연고며, 보살들의 훌륭한 경지에 머무는 연고며, 부사의한 방편 지혜에 들어간 연고로 이렇게 자유자재한 경계를 보았다.

마치 어떤 사람이 죽으려 할 적에는 지은 업을 따라서 과보 받을 것을 보나니, 나쁜 업을 지은 이는 지옥·아귀·축생들이 받는 괴로운 경계를 보는 데, 옥졸이 손에 병장기를 들고 성내고 꾸짖고 가두고 잡아가는 것을 보기도 하고, 부르짖고 슬피 탄식하는 소리를 듣기도 하고, 잿물 강을 보기도 하고, 끓는 가마를 보기도 하고, 칼산을 보기도 하고, 검으로 된 나무를 보기도 하여, 여러 가지 핍박으로 갖은 고통을 받고 착한 업을 지은 이는 모든 하늘의 궁전과 한량없는 하늘 대중과 하늘의 채녀들이 갖가지 의복으로 장엄한 것과, 궁전과 동산과 숲이 아름답고 묘한 것을 보나니, 아직 죽지는 않았으나 업의 힘으로 이런 것을 보는 것과 같았다.

선재동자도 그와 같아서, 보살의 업의 부사의한 힘으로 모든 장엄한 경계를 보게 되었다.

마치 어떤 사람이 귀신에게 잡히면 여러 가지 일을 보기도 하고, 묻는 대로 대답하는 것과 같이 선재동자도 그와 같아서, 보살의 지혜로 가지하였으므로 저렇게 여러 가지 장엄한 일을 보기도 하고, 묻는 이가 있으면 모두 대답하였다.

마치 사람이 용에게 잡히면 스스로 용이라 하며 용궁에 들어가서 잠깐 동안에 몇 해 몇 달을 지낸 줄 아는 것과 같이 선재동자도 그와 같아서, 보살의 지혜에 머물렀다는 생각과, 미륵보살의 가지한 바로 잠깐 동안에 한량없는 겁을 지낸다 하였다.

마치 범천 궁전의 이름을 장엄장莊嚴藏이라 부르거든, 그 속에서는 삼천세계의 모든 물건을 보되 서로 착잡하지 않은 것과 같이 선재동자도 그와 같아서, 이 누각에서 여러 가지 장엄한 경계가 갖가지로 차별함을 보지만, 서로 착잡하지 않았다.

마치 비구가 십변처정十遍處定에 들어가면, 가거나 서거나 앉거나 눕거나 들어가는 선정을 따라 경계가 앞에 나타나는 것과 같이, 선재동자도 그와 같아서, 누각에 들어가면 모든 경계를 분명히 알았다.

마치 사람이 공중에서 건달바성을 보면, 갖가지 장엄을 모두 분별하여 알고 걸림이 없으며, 또 야차의 궁정이 인간의 궁전과 한 곳에 함께 있어도 서로 섞이지 않고 제각기 업을 따라 보는 것이 같지 않으며, 또 바다 속에서 삼천세계의 모든 빛깔과 형상을 모두 보며, 또 요술쟁이는 눈어리의 힘으로 여러 가지 눈어리를 짓는 것과 같이 선재동자도 그와 같아서, 미륵보살의 신통한 힘과, 부사의한 눈어리 같은 지혜의 힘과, 눈어리 같은 지혜로 모든 법을 아는 연고와, 보살들의 자재한 힘을 얻은 연고로, 이 누각 속에서 여러 가지 장엄과 자재한 경계를 보았다.

그 때 미륵보살마하살이 신통한 힘을 거두시고 누각으로 들어가 손가락을 튀겨 소리를 내고, 선재에게 말하였다.

"선남자여, 일어나라. 법의 성품이 이러한 것이니, 이는 보살의 모든 법을 아는 지혜의 인연이 모여서 나타나는 현상이니, 이러한 성품이 눈어리 같고, 꿈 같고, 그림자 같고, 영상 같아서, 모두 성취하지 못하느니라."

이 때 선재동자는 손가락 튀기는 소리를 듣고 삼매에서 일어났다.

미륵보살이 말하였다.

"선남자여, 그대가 보살의 부사의하게 자재한 해탈에 머물러 보살들의 삼매의 기쁨을 받았으므로, 보살의 신통한 힘으로 가지하고, 도를 돕는 데서 흘러나오고 원과 지혜로 나타난 여러 가지 훌륭하게 장엄한 궁전을 보았으며, 보살의 행을 보고 보살의 법을 듣고, 보살의 덕을 알고, 여래의 원을 마치었느니라."

선재동자가 말하였다.

"그러합니다. 거룩하신 이여, 이는 선지식의 가피하시고 생각하여 주신 위덕과 신통의 힘입니다. 거룩하신 이여, 이 해탈문의 이름은 무엇이오니까?"

미륵보살이 말하였다.

"선남자여, 이 해탈문의 이름은 삼세의 모든 경계에 들어가서 잊지 않고 기억하는 지혜로 장엄한 갈무리니라. 선남자여, 이 해탈문 가운데 말할 수 없이 말할 수 없는 해탈문이 있으니, 일생보처 보살이라야 얻는 것이니라."

선재동자가 물었다.

"이 장엄하였던 것이 어디 갔나이까?"

미륵보살이 대답하였다.

"왔던 데로 갔느니라."

"어디서 왔었나이까?"

"보살의 지혜의 신통한 힘으로부터 와서, 보살의 지혜의 신통한 힘을 의지하여 머무른 것이며, 간 곳도 없고 머무른 곳도 없고 모인 것도 아니고 항상한 것도 아니어서 모든 것을 멀리 여의었느니라.

선남자여, 용왕의 비를 내리는 것이 몸에서 나오는 것도 아니고 마음에서 나오는 것도 아니고 모으는 일도 없지만, 보지 못하는 것도 아니니, 다만 용왕의 마음에 생각하는 힘으로, 비가 줄줄 내려서 천하에 두루하는 것이며 이런 경계는 헤아릴 수 없느니라.

선남자여, 저 장엄하는 일도 그와 같아서, 안에 머무는 것도 아니고 밖에 머무는 것도 아니지만, 보지 못하는 것이 아니니, 다만 보살의 위덕과 신통의 힘과, 그내의 선근의 힘으로 그런 일을 보는 것이니라.

선남자여, 마치 요술쟁이가 눈어리를 만들 적에 오는 데도 없고 가는 데도 없어 오고 가는 일이 없지만, 요술의 힘으로 분명하게 보는 것과 같나니, 저 장엄하는 일도 그와 같아서 오는 데도 없고 가는 데도 없어 오고 가는 일이 없지만, 습관으로 부사의한 눈어리 같은 지혜의 힘과, 지난 옛적에 세운 큰 서원의 힘으로 이렇게 나타나느니라."

선재동자가 말하였다.

"성인께서는 어디서 오셨나이까?"

미륵보살이 대답하였다.

"선남자여, 보살들은 오는 일도 없고 가는 일도 없이 그렇게 오느니라. 다니는 일도 없고 머무는 일도 없이 그렇게 오느니라. 처소도 없고 집착도 없고 없어지지도 않고 나지도 않고 머물지도 않고 옮기지도 않고 동하지도 않고 일어나지도 않고 연연함도 없고 애착함도 없고 업도 없고 과보도 없고 생기지도 않고 멸하지도 않고 아주 없지도 않고 항상 하지도 아니하여 그러하게 오느니라.

선남자여, 보살은 크게 가엾이 여기는 곳에서 오나니, 중생들을 조복하려는 연고며, 크게 인자한 곳에서 오나니, 중생들을 구호하려는 연고며, 깨끗한 곳에서 오나니, 좋아함을 따라서 태어나는 연고며, 크게 서원한 곳에서 오나니, 옛날의 서원한 힘으로 유지하는 연고니라.

신통한 곳에서 오나니, 모든 곳에 좋아하는 대로 나타나는 연고며, 동요함이 없는 데서 오나니, 모든 부처님을 항상 떠나지 않는 연고며, 가지고 버림이 없는 데서 오나니, 몸과 마음을 시켜서 가고 오지 않는 연고며, 지혜와 방편인 데서 오나니, 모든 중생을 따라 주는 연고며, 변화를 나타내는 데서 오나니, 영상처럼 화하여 나타나는 연고니라.

그러나 선남자여, 그대가 내게 묻기를 어디서 왔느냐 하였으니, 선남자여, 나는 태어난 곳인 마라제국[摩羅提國]으로부터 여기 왔노라.

선남자여, 그곳에 방사[房舍]라는 마을이 있고, 거기 장자가 있으니 이름이 구파라[瞿波羅]니라. 그 사람을 교화하여 불법에 들어오게 하느라고 거기 있었으며, 또 태어난 곳[生處]에 있는 사람들로서 교화를 받을 이들에게 법을 말하고 또 부모와 권속들과 바라문들에게 대승을 연설하여 들어가게 하느라고 저기 있다가 여기 왔느니라."

선재동자가 말하였다.

"거룩하신 이여, 어떤 것이 보살의 태어난 곳[菩薩生處]이오니까?"

미륵보살이 대답하였다.

"선남자여, 보살은 열 가지 태어나는 곳이 있느니라. 무엇이 열이냐. 선남자여, 보리심이 보살의 나는 곳이니, 보살의 집에 나는 연고며, 깊은 마음이 보살의 나는 곳이니, 선지식의 집에 나는 연고며, 모든 지[諸地]가 보살의 나는 곳이니, 바라밀의 집에 나는 연고며, 큰 원이 보살의 나는 곳이니, 묘한 행의 집에 나는 연고며, 크게 가엾이 여김이 보살의 나는 곳이니, 네 가지 거두어 주심[四攝] 집에 나는 연고며, 이치대로 관찰함이 보살의 나는 곳이니, 반야바라밀의 집에 나는 연고며, 대승이 보살의 나는 곳이니, 방편인 교묘한 집에 나는 연고며, 중생을 교화함이 보살의 나는 곳이니, 부처님 가문에 나는 연고며, 지혜와 방편이 보살의 나는 곳이니, 죽살이 없는 법 지혜[法忍]의 집에 나는 연고며, 모든 법을 수행함이 보살의 나는 곳이니, 과거·현재·미래의 모든 여래의 가문에 나는 연고니라.

선남자여, 보살마하살은 반야바라밀로 어머니를 삼고, 교묘한 방편으로 아버지를 삼고, 단바라밀은 유모가 되고, 지계바라밀은 양모가 되고, 참는 바라밀은 장엄거리가 되고, 정진바라밀은 양육하는 이가 되고, 선정바라밀은 빨래하는 사람이 되고, 선지식은 가르치는 스승이 되고, 여러 보리분은 동무가 되고, 모든 선법은 권속이 되고, 모든 보살은 형제가 되고, 보리심은 집이요, 이치대로 수행함은 집안 규모[家法]요, 모든 지地는 집이 있는 곳이요, 모든 지혜는 가족이요, 큰 서원은 집안 교법이요, 모든 행을 만족함은 집안 규모를 순종함이요, 대승심을 내도록 권함은 가업家業을 이음이요, 법물을 정수리에 부어 일생보처가 되는 보살은 왕의 태자요, 보리를 성취함은 가족을 깨끗이 함이니라.

선남자여, 보살은 이렇게 범부에서 뛰어나 보살의 지위에 들며, 여래의 가문에 나서 부처님의 종자에 머물며, 모든 행을 닦아서 삼보가 끊어지지 않게 하고, 보살의 종족을 잘 수호하여 보살의 종자를 깨끗이 하며, 태어난 곳이 높아서 허물이 없으므로, 모든 세간의 하늘·사람·마·범천·사문·바라문들이 공경하고 찬탄하느니라.

선남자여, 보살마하살이 이렇게 훌륭한 집에 태어나서는, 모든 법이 영상과 같음을 알므로 세간에 싫어함이 없고, 모든 법이 변화함과 같음을 알므로 모든 존재의 길[有趣]에 물들지 않고, 모든 법이 나[我]가 없음을 알므로 중생을 교화하는 마음에 고달프지 않고, 대자비로 자체를 삼는 연고로 중생을 거두어 주는 데 괴로움을 느끼지 않으며, 나고 죽음이 꿈과 같음을 아는 연고로 모든 겁을 지내어도 두려움이 없으며, 모든 쌓임[蘊]이 눈어리 같음을 아는 연고로 일부러 태어나도 고달프지 않으며, 계界와 처處가 법계와 같음을 아는 연고로 모든 경계에 망그러질 것이 없으며, 모든 생각이 아지랑이 같음을 아는 연고로 모든 길[諸趣]에 들어가도 의혹하지 않으며, 모든 법이 눈어리 같음을 아는 연고로 마의 경계에 들어가도 물드는 생각을 내지 않으며, 법의 몸을 아는 연고로 모든 번뇌에 속지 않으며, 자유자재함을 얻은 연고로 모든 길에 통달하여 걸림이 없느니라.

선남자여, 나의 몸은 모든 법계에 두루 나므로 모든 중생의 차별한 형상과 같고, 모든 중생의 갖가지 음성과 같고, 모든 중생의 갖가지 명호와 같고, 모든 중생의 좋아하는 거동과 같아서 세간을 따라 교화·조복하고, 모든 청정한 중생의 일부러 태어남과 같고, 모든 범부 중생의 짓는 사업과 같고, 모든 중생의 생각과 같고, 모든 보살의 서원과 같아서, 몸을 나타내어 법계에 가득하니라.

선남자여, 나는 옛적에 나와 함께 수행하다가 지금에는 보리심에서 퇴타한 이를 제도하고, 또 부모와 권속들을 교화하고, 또 여러 바라문을 교화하여, 대성문이란 교만을 여의고 여래의 종족 중에 나게 하기 위하여 이 염부제의 마라제국摩羅提國 구타拘吒 마을 바라문의 집에 태어났느니라.

선남자여, 나는 이 큰 누각에 있으면서 중생들의 좋아함을 따라 여러 가지 방편으로 교화하고 조복하느니라.

선남자여, 나는 중생들의 마음을 따라 주기 위하여, 나는 도솔천에서 함께 수행하던 하늘을 성숙케 하기 위하여, 나는 보살의 복과 지혜와 변화와 장엄이 모든 욕심 세계보다 뛰어남을 보이기 위하여, 그들로 하여금 모든 욕락을 버리게 하려고, 함이 있는〔有爲〕법이 무상함을 알게 하려고, 모든 천인들도 성하면 반드시 쇠함을 알게 하려고, 장차 내려올 적에 큰 지혜의 법문을 일생보처 보살과 함께 토론하려고, 같이 수행하는 이〔同行〕를 거두어 교화하려고, 석가여래께서 보내시는 이를 교화하여 연꽃처럼 깨닫게 하려고, 여기서 목숨을 마치고는 도솔천에 태어나느니라.

선남자여, 내 서원이 만족하고 온갖 지혜〔一切智〕를 이루어 보리를 얻을 때에는 그대가 문수보살과 함께 나를 보게 되리라.

선남자여, 그대는 문수사리 선지식에게 가서 묻기를 '보살이 어떻게 보살의 행을 배우며, 어떻게 보현의 수행하는 문에 들어가며, 어떻게 성취하며, 어떻게 광대하게 하며, 어떻게 따르며, 어떻게 청정하게 하며, 어떻게 원만하는가' 하라. 선남자여, 그는 그대에게 분별하여 연설하리라.

무슨 까닭이냐. 문수사리의 가진 서원을 다른 한량없는 백천억 나유타 보살은 가지지 못하였기 때문이니라. 선남자여, 문수사리동자는 그 수행이 광대하고 그 서원이 그지없어서 모든 보살의 공덕 내기를 쉬지 아니하느니라.

선남자여, 문수사리는 항상 한량없는 백천억 나유타 부처님의 어머니가 되며, 한량없는 백천억 나유타 보살의 스승이 되며, 모든 중생을 교화하고 성숙시켜 시방세계에 소문이 났으며, 모든 부처님의 대중 가운데서 법을 연설하는 법사가 되어 모든 여래의 찬탄하는 바며, 깊은 지혜에 머물러 있어 모든 법을 사실대로 보고, 모든 해탈의 경계를 통달하고, 보현의 행하는 행을 끝까지 마치었느니라.

　선남자여, 문수사리동자는 그대의 선지식이니, 그대로 하여금 여래의 가문에 나게 하였고, 모든 선근을 자라게 하였고, 모든 도를 돕는 법〔助道法〕을 일으키게 하였고, 진실한 선지식을 만나게 하였으며, 그대로 하여금 모든 공덕을 닦게 하였고, 모든 서원의 그물에 들어가게 하였고, 모든 원에 머물게 하였으며, 그대를 위하여 모든 보살의 비밀한 법을 말하고 모든 보살의 부사의한 행을 나타내었으며, 그대와 더불어 옛적에 함께 나고 함께 행하였느니라.

　그러므로 선남자여, 그대는 마땅히 문수사리에게 가야 하나니, 고달픈 생각을 내지 말라. 문수사리는 그대에게 모든 공덕을 말하리니, 왜냐 하면 그대가 먼저 선지식을 만나고, 보살의 행을 듣고 해탈문에 들어가고, 큰 원을 만족한 것은, 모두 문수사리의 위덕과 신통의 힘이니라. 문수사리는 모든 곳에서 구경까지 얻게 하느니라."

　그 때 선재동자는 그의 발에 엎드려 절하고 수없이 돌고 은근하게 앙모하면서 하직하고 물러갔다.

대방광불화엄경 제80권

제80권

39. 입법계품 ㉑

2) 가지 법회 ⑳

(53) 문수보살을 다시 만나다

이 때 선재동자는 미륵보살마하살이 가르친 대로 점점 나아가 110여 성을 지나서 보문普門국의 소마나蘇摩那성에 이르러서, 문에 머물러 있으면서 문수사리를 생각하고 따라 관찰하고 두루 찾으며 뵈옵기를 희망하였다.

이 때 문수사리는 멀리서 오른손을 펴서 110유순을 지나와서, 선재동자의 정수리를 만지면서 말하였다.

"훌륭하고 훌륭하다. 선남자여, 만일 신근信根을 여의었던들 마음이 용렬하고 후회하여 공 닦는 행이 갖추지 못하고 정근에서 퇴타하여 한 선근에도 집착하고 조그만 공덕에도 만족하다 하여 교묘하게 행과 원을 일으키지 못하며, 선지식의 거두어 주고 보호함도 받지 못하며, 여래의 생각하심도 되지 못했을 것이며, 이러한 법의 성품・이러한 이치・이러한 법문・이러한 수행・이러한 경계를 알지 못하고 두루 앎과 가지가지 앎과 근원까지 다함과 분명하게 이해함과 들어감(趣入)과 해탈함과 분별함과 증득함과 얻는 것을 모두 할 수 없으리라."

이 때 문수사리는 이 법을 말하여 보여 주고 가르쳐서 이익하여 기쁘게 하며, 선재동자로 하여금 아승기 법문을 성취하고 한량없는 큰 지혜의 광명을 구족하여, 보살의 그지없는(無邊際) 다라니와 그지없는 원과 그지없는 삼매와 그지없는 신통과 그지없는 지혜를 얻게 하고 보현의 도량에 들어가게 하였다가, 선재를 도로 자기의 머무른 곳에 두고는, 문수사리가 작용을 거두고 나타나지 않았다.

이에 선재동자는 생각하고 관찰하면서 일심으로 문수사리를 뵈오려 하다가, 삼천대천세계의 티끌 수 선지식을 보고, 모두 친근하며 공경하여 받들어 섬기고, 그들의 가르침을 받고 거스르지 아니하였다.

온갖 지혜를 나아가 구하며 증장하는데 크게 가없이 여기는 바다를 넓히고, 크게 인자한 구름을 더하고, 중생을 두루 살피며 매우 환희하고, 보살의 고요한 법문에 편안히 머물렀으며, 모든 광대한 경계를 널리 반연하고 모든 부처님의 광대한 공덕을 배우며, 모든 부처님의 청정하게 알고 보는 데 들어가서 온갖 지혜와 도를 돕는 법을 늘리며, 모든 보살의 깊은 마음을 닦아 삼세 부처님의 나시는 차례를 알며, 모든 법바다에 들어가 모든 법륜을 굴리고 모든 세간에 태어나며, 모든 보살의 서원 바다에 들어가 모든 겁 동안에 머물면서 보살의 행을 닦고, 모든 여래의 경계를 밝게 비추고, 모든 보살의 근기를 기르며, 온갖 지혜의 청정한 광명을 얻고 시방을 두루 비추어 어둠을 제하며, 지혜가 법계에 두루하여 모든 부처님 세계의 모든 존재에 몸을 널리 나타내어 두루하지 않는 데 없으며, 모든 장애를 부수고 걸림 없는 법에 들어가 법계의 평등한 경지에 머물러서, 보현의 해탈 경계를 관찰하였다.

즉시에 보현보살마하살의 이름과 행과 원과 도를 돕는 것·바른 도·모든 지地·지의 방편·지의 들어감·지의 더 나아감〔勝進地〕·지의 머무름·지의 닦아 익힘·지의 경계·지의 위력·지의 함께 머무름을 듣고, 갈망하여 보현보살을 뵈오려 하였다.

곧 이 금강장 보리도량에서 비로자나여래의 사자좌 앞에 있는 모든 보배 연화장 자리 위에 앉아서, 허공계와 같으려는 광대한 마음·모든 세계를 버리고 모든 애착을 여의려는 걸림 없는 마음·모든 걸림 없는 법에 두루 행하려는 걸림 없는 마음·모든 시방 바다에 두루 들어가려는 걸림 없는 마음·모든 지혜의 경계에 널리 들어가려는 청정한 마음·도량의 장엄을 보려는 분명한 마음·모든 부처님 법 바다에 들어가려는 광대한 마음·모든 중생 세계를 교화하려는 두루한 마음·모든 국토를 깨끗이 하려는 한량없는 마음·모든 겁에 머물려는 끝없는 마음·여래의 십력十力에 나아가려는 끝나는 마음〔究竟心〕을 일으켰다.

선재동자가 이런 마음을 일으킬 적에 자기의 선근의 힘과 모든 여래의 가피하신 힘과 보현보살의 같이 선근을 심는 힘으로 열 가지 상서로운 모양을 보았다.

무엇이 열인가. 이른바 모든 부처님 세계가 청정하여 모든 여래의 정등각 이룸을 보고, 모든 부처님 세계가 청정하여 나쁜 길이 없음을 보고, 모든 부처님 세계가 청정하여 여러 가지 묘한 연꽃으로 장엄함을 보고, 모든 부처님 세계가 청정하여 모든 중생의 몸과 마음이 청정함을 보고, 모든 부처님 세계가 청정하여 여러 가지 보배로 장엄함을 보았으며, 모든 부처님 세계가 청정하여 모든 중생이 여러 가지 모습으로 몸을 장엄함을 보고, 모든 부처님 세계가 청정하여 여러 장엄 구름이 위에 덮인 것을 보고, 모든 부처님 세계가 청정하여 중생들이 인자한 마음을 내어 서로서로 이익케 하며 해롭게 하지 않음을 보고, 모든 부처님 세계가 청정하여 도량의 장엄함을 보고, 모든 부처님 세계가 청정하여 중생들이 부처님을 항상 생각함을 보았으니, 이것이 열이다.

또 열 가지 광명한 모양을 보았으니, 무엇이 열인가. 이른바 모든 세계에 가는 티끌이 있는데, 낱낱 티끌 속에서 모든 세계의 티끌 수 같은 부처님의 광명 그물 구름을 내어 두루 비침을 보았다.

낱낱 티끌 속에서 모든 세계의 티끌 수 같은 부처님의 광명 바퀴 구름을 내어 갖가지 빛깔이 법계에 두루함을 보았다.

낱낱 티끌 속에서 모든 세계의 티끌 수 같은 부처님의 형상 보배 구름을 내어 법계에 두루함을 보았다.

낱낱 티끌 속에서 모든 세계의 티끌 수 같은 부처님의 불꽃 바퀴 구름을 내어 법계에 두루함을 보았다.

낱낱 티끌 속에서 모든 세계의 티끌 수 같은 묘한 향 구름을 내어 시방에 두루하여 보현의 모든 행과 원과 큰 공덕 바다를 칭찬함을 보았다.

낱낱 티끌 속에서 모든 세계의 티끌 수 같은 일월성신 구름을 내는데, 모두 보현보살의 광명을 놓아 법계에 두루 비침을 보았다.

낱낱 티끌 속에서 모든 세계의 티끌 수 같은 중생들의 몸 형상 구름을 내는데 부처님 광명을 놓아 법계에 두루 비침을 보았다.

낱낱 티끌 속에서 모든 세계의 티끌 수 같은 여러 부처님 형상 마니 구름을 내어 법계에 가득함을 보았다.

낱낱 티끌 속에서 모든 세계의 티끌 수 같은 보살의 몸 형상 구름을 내어 법계에 가득하며, 중생들로 하여금 모두 뛰어나서 소원이 만족케 함을 보았다.

낱낱 티끌 속에서 모든 세계의 티끌 수 같은 여래의 몸 형상 구름을 내며 여러 부처님의 광대한 서원을 말하여 법계에 두루함을 보았다. 이것이 열이다.

(54) 보현보살을 만나다

이 때 선재동자는 이 열 가지 광명한 모양을 보고 이렇게 생각하였다.

'나는 이제 반드시 보현보살을 보고 선근을 더할 것이며, 모든 부처님을 보고 여러 보살의 광대한 경지에 대하여 결정한 지혜를 내어 온갖 지혜〔決定解〕를 얻을 것이다.'

이 때 선재동자는 여러 감관을 거두어 일심으로 보현보살을 보려고 크게 정진하며 마음이 물러가지 아니하였고, 넓은 눈〔普眼〕으로 시방의 모든 부처님과 여러 보살을 관찰하면서, 보이는 것마다 보현보살의 뵈옵는 생각을 지었으며, 지혜의 눈〔慧眼〕으로 보현의 도를 보니, 마음이 광대하기 허공과 같았고, 크게 가엾이 여김이 견고하기 금강과 같았으며, 오는 세월이 끝나도록 보현보살을 따라다니면서 찰나찰나마다 보현의 행을 순종하여 닦으려 하였고, 지혜를 성취하고 여래의 경지에 들어 보현의 지위에 머물려 하였다.

이 때 선재동자가 보니, 보현보살이 여래의 앞에 대중이 모인 가운데서 보배 연꽃 사자좌에 앉았는데, 모든 보살들이 함께 둘러 모셨으며, 가장 특수하여 세간에 짝할 이가 없으며, 지혜의 경계는 한량없고 그지없으며, 헤아리기 어렵고 생각하기 어려워 삼세 부처님과 평등하며 모든 보살들이 살펴 볼 수 없었다.

또 보니, 보현보살의 몸에 있는 낱낱 털구멍에서 모든 세계의 티끌 수 광명 구름을 내어 법계와 허공계의 모든 경계에 두루하며, 모든 중생이 괴로움과 근심을 멸하여 보살들이 매우 환희하게 하였다.

또 낱낱 털구멍에서 모든 부처 세계의 티끌 수 같은 갖가지 빛 향 불꽃 구름을 내어, 법계와 허공계에 있는 모든 부처님의 대중이 모인 도량에 두루하여 널리 풍김을 보았다.

또 낱낱 털구멍에서 모든 부처 세계의 티끌 수 같은 여러 가지 꽃 구름을 내어 법계와 허공계에 있는 모든 부처님의 대중이 모인 도량에 두루하여 묘한 꽃들을 비내림을 보았다.

또 낱낱 털구멍에서 모든 부처 세계의 티끌 수 향 나무 구름을 내어, 법계와 허공계에 있는 모든 부처님의 대중이 모인 도량에 두루하여 여러 가지 묘한 향을 비내림을 보았다.

또 낱낱 털구멍에서 모든 부처 세계의 티끌 수 옷 구름을 내어, 법계와 허공계에 있는 모든 부처님의 대중이 모인 도량에 두루하여 여러 가지 묘한 옷을 비내림을 보았다.

또 낱낱 털구멍에서 모든 부처 세계의 티끌 수 보배 나무 구름을 내어 법계와 허공계에 있는 모든 부처님의 대중이 모인 도량에 두루하여 마니보배를 비내림을 보았다.

또 낱낱 털구멍에서 모든 부처 세계의 티끌 수 형상 세계 하늘의 몸 구름을 내어 법계에 가득하여 보리심을 찬탄함을 보았다.

또 낱낱 털구멍에서 모든 부처 세계의 티끌 수 범천의 몸 구름을 내어 여러 여래에게 묘한 법륜을 굴리도록 권함을 보았다.

또 낱낱 털구멍에서 모든 부처 세계의 티끌 수 욕심 세계 천왕의 몸 구름을 내어 모든 여래의 법륜을 보호하고 유지함을 보았다.

또 낱낱 털구멍에서 찰나찰나마다 모든 부처 세계의 티끌 수 같은 삼세 부처님 세계 구름을 내어 법계와 허공계에 두루하여 모든 중생 가운데 돌아갈 데 없는 이에게는 돌아갈 데를 지어 주고, 보호할 이 없는 이에게는 보호할 이를 지어 주고, 의지할 데 없는 이에게는 의지할 데를 지어 줌을 보았다.

또 낱낱 털구멍에서 찰나찰나마다 모든 부처 세계의 티끌 수 같은 청정한 부처님 세계 구름을 내어 법계와 허공계에 두루하거든 모든 부처님께서 그 가운데 나시고 보살 대중이 가득함을 보았다.

또 낱낱 털구멍에서 찰나찰나마다 모든 부처 세계의 티끌 수 같은 깨끗하면서 부정한 부처님 세계 구름을 내어 법계와 허공계에 두루하여 섞여 물든 중생들을 모두 청정케 함을 보았다.

또 낱낱 털구멍에서 찰나찰나마다 모든 부처 세계의 티끌 수 같은 부정하면서 깨끗한 부처님 세계 구름을 내어 법계와 허공계에 두루하여 섞여 물든 중생들을 청정케 함을 보았다.

또 낱낱 털구멍에서 찰나찰나마다 모든 부처 세계의 티끌 수 같은 부정한 부처님 세계 구름을 내어 법계와 허공계에 두루하여 순전히 물든 중생들을 모두 청정케 함을 보았다.

또 낱낱 털구멍에서 찰나찰나마다 모든 세계의 티끌 수 중생의 몸 구름을 내어 법계와 허공계에 두루하여 교화 받을 중생들을 따라서 다 아뇩다라삼먁삼보리심을 내게 함을 보았다.

또 낱낱 털구멍에서 찰나찰나마다 모든 부처 세계의 티끌 수 같은 보살의 몸 구름을 내어 법계와 허공계에 두루하여 가지가지 부처님의 이름을 칭찬하여, 중생들의 선근을 증장케 함을 보았다.

또 낱낱 털구멍에서 찰나찰나마다 모든 부처 세계의 티끌 수 같은 보살의 몸 구름을 내어, 법계와 허공계에 두루하여 모든 부처님 세계에서 여러 부처님과 보살들이 처음 마음을 낸 때부터 생긴 선근을 드날림을 보았다.

또 낱낱 털구멍에서 찰나찰나마다 모든 부처 세계의 티끌 수 같은 보살의 몸 구름을 내어, 법계와 허공계에 두루하여 모든 부처님 세계의 낱낱 세계에서 여러 보살의 서원 바다와 보현보살의 청정하고 묘한 행을 칭찬하여 드날림을 보았다.

또 낱낱 털구멍에서 찰나찰나마다 보현보살의 수행 구름을 내어 모든 중생의 마음을 만족케 하고 온갖 지혜의 도를 갖추 닦아 익힘을 보았다.

또 낱낱 털구멍에서 모든 부처 세계의 티끌 수 같은 바로 깨달은 몸〔正覺身〕구름을 내어 온갖 부처님 세계에서 바른 깨달음을 이루며, 보살들로 하여금 큰 법을 증장케 하고 온갖 지혜를 이루게 함을 보았다.

이 때 선재동자는 보현보살의 이렇게 자유자재하고 신통한 경계를 보고는 몸과 마음이 두루 기뻐서 한량없이 뛰놀았다.

보현보살의 몸의 부분마다 낱낱 털구멍에, 모두 삼천대천세계의 바람 둘레〔風輪〕· 물 둘레 · 땅 둘레 · 불 둘레와 바다와 강과 여러 보배 산인 수미산 · 철위산과, 마을 · 영문 · 도시와 궁전, 동산과 모든 지옥 · 아귀 · 축생 · 염라왕 세계와 천룡팔부와, 사람과 사람 아닌 이와, 욕심 세계 · 형상 세계 · 무형 세계와, 해 · 달 · 별 · 바람 · 구름 · 우레 · 번개들이 있음을 거듭거듭 보며, 낮과 밤과 달과 시간과, 해와 겁에 부처님께서 세상에 나심과 보살의 모임과 도량의 장엄과 이런 일을 모두 분명하게 보았다.

이 세계를 보는 것처럼 시방에 있는 모든 세계도 그렇게 보고, 현재의 시방세계를 보는 것처럼 과거와 미래의 모든 세계들도 그렇게 보는데, 제각기 다른 것이 서로 섞이거나 어지럽지 아니하였다.

이 비로자나여래의 처소에서 이렇게 신통한 힘을 나타내는 것같이 동방 연화덕蓮華德 세계의 현수賢首부처님 처소에서 신통한 힘을 나타내는 것도 그러하였으며, 현수부처님 처소에서와 같이 동방의 모든 세계에서도 그러하고, 동방에서와 같이 남방 · 서방 · 북방과 네 간방과 상방·하방의 모든 세계의 여러 처소에서 신통한 힘을 나타냄도 모두 그러한 줄을 알 것이다.

시방의 모든 세계와 같이 시방의 모든 부처님 세계의 낱낱 티끌 속에서도 모두 법계의 여러 부처님 대중이 있고, 낱낱 부처님 처소에서 보현보살이 보배 연꽃 사자좌에 앉아서 신통한 힘을 나타냄도 모두 그러하였으며, 저 낱낱 보현보살의 몸에는 삼세의 모든 경계와 모든 부처님 세계와 모든 중생과 모든 부처님의 나타나심과 모든 보살 대중을 나타냈으며, 또 모든 중생의 음성과 모든 부처님의 음성과 모든 여래의 굴리시는 법륜과 모든 보살의 이루는 행과 모든 여래의 신통에 유희함을 들었다.

선재동자는 보현보살의 이렇게 한량없고 부사의한 큰 신통의 힘을 보고 곧 열 가지 지혜〔智〕바라밀을 얻었다. 무엇이 열인가. 이른바 잠깐잠깐 동안에 모든 부처님 세계에 두루하는 지혜바라밀과, 잠깐잠깐 동안에 모든 부처님 처소에 나아가는 지혜바라밀과, 잠깐잠깐 동안에 모든 여래께 공양하는 지혜바라밀과, 잠깐잠깐 동안에 모든 여래의 계신 데서 법을 듣고 받아 가지는 지혜바라밀과, 잠깐잠깐 동안에 모든 여래의 법륜을 생각하는 지혜바라밀과, 잠깐잠깐 동안에 모든 부처님의 부사의한 큰 신통한 일을 아는 지혜바라밀과, 잠깐잠깐 동안에 한 구절 법〔一句法〕을 말하시는데 오는 세상이 끝나도록 변재가 다하지 않는 지혜바라밀과, 잠깐잠깐 동안에 깊은 반야로 모든 법을 관찰하는 지혜바라밀과, 잠깐잠깐 동안에 모든 법계와 실상 바다에 들어가는 지혜바라밀과, 잠깐잠깐 동안에 모든 중생의 마음을 아는 지혜바라밀과, 잠깐잠깐 동안에 보현보살의 지혜와 행이 모두 앞에 나타나는 지혜바라밀이었다.

선재동자가 이것을 얻은 뒤에는 보현보살이 오른손을 펴서 그 정수리를 만지었고, 정수리를 만진 뒤에는 곧 모든 부처 세계의 티끌 수 삼매문을 얻었는데, 각각 모든 세계의 티끌 수 삼매로 권속을 삼았다.

낱낱 삼매에서 옛날에 보지 못하던 모든 부처 세계의 티끌 수와 같은 부처님의 큰 바다를 보았고, 모든 부처 세계의 티끌 수와 같은 온갖 지혜의 도를 돕는 기구를 모았고, 모든 부처 세계의 티끌 수와 같은 온갖 지혜의 가장 묘한 법을 내었고, 모든 부처 세계의 티끌 수와 같은 온갖 지혜의 큰 서원을 세웠고, 모든 부처 세계의 티끌 수와 같은 큰 서원 바다에 들어갔고, 모든 부처 세계의 티끌 수와 같은 온갖 지혜의 뛰어나는 요긴한 길〔出要道〕에 머물렀고, 모든 부처 세계의 티끌 수와 같은 보살들의 닦는 행을 닦았고, 모든 부처 세계의 티끌 수와 같은 온갖 지혜의 큰 정진을 일으켰고, 모든 부처 세계의 티끌 수와 같은 온갖 지혜의 깨끗한 광명을 얻었다.

이 사바세계의 비로자나부처님 처소에서 보현보살이 선재동자의 정수리를 만진 것처럼 시방에 있는 세계들과 저 세계의 낱낱 티끌 속에 있는 모든 세세의 모든 부처님 처소에 있는 보현보살도 모두 이와 같이 선재동자의 정수리를 만졌고, 얻은 법문도 또한 같았다.

이 때 보현보살마하살이 선재동자에게 말하였다.

"선남자여, 그대는 나의 이 신통한 힘을 보았는가?"

"그러합니다. 보았나이다. 큰 성인이시여, 이 부사의한 큰 신통의 일은 오직 여래께서만 알겠나이다."

보현보살이 말하였다.

"선남자여, 나는 과거의 말할 수 없이 말할 수 없는 부처 세계의 티끌 수 겁에 보살의 행을 행하며 온갖 지혜를 구하였노라.

낱낱 겁 동안에 보리심을 청정케 하려고 말할 수 없이 말할 수 없는 부처 세계의 티끌 수 부처님을 받들어 섬겼노라.

낱낱 겁 동안에 온갖 지혜와 복덕거리를 모으려고, 말할 수 없이 말할 수 없는 부처 세계의 티끌 수와 같은 널리 보시하는 모둠을 마련하고, 모든 세간이 다 듣고 알게 하였으며, 무릇 구하는 것을 다 만족케 하였노라.

낱낱 겁 동안에 온갖 지혜의 법을 구하려고 말할 수 없이 말할 수 없는 부처 세계의 티끌 수 재물로 보시하였노라.

낱낱 겁 동안에 부처님 지혜를 구하려고 말할 수 없이 말할 수 없는 부처 세계의 티끌 수 도시와 마을과 국토와 왕위와 처자·권속과, 눈·귀·코·혀·몸·살·손·발과, 목숨까지도 보시하였노라.

낱낱 겁 동안에 온갖 지혜의 머리를 구하려고 말할 수 없이 말할 수 없는 세계의 티끌 수 머리로 보시하였노라.

낱낱 겁 동안에 온갖 지혜를 구하려고 말할 수 없이 말할 수 없는 부처 세계의 티끌 수 여래의 계신 데서 공경하고 존중하고 받들어 섬기고 공양하며, 의복·방석·음식·탕약 등 필요한 것을 모두 보시하였고, 그 법 가운데서 출가하여 도를 배우고 불법을 수행하고 바른 교법을 보호하였노라.

선남자여, 나는 생각하니 그러한 겁 바다에서 잠깐 동안 부처님 교법을 순종치 않았거나 잠깐 동안 성내는 마음·나와 내 것이란 마음·나와 남을 차별하는 마음·보리를 여의는 마음을 내거나, 생사하는 가운데 고달픈 마음·게으른 마음·장애하는 마음·미혹한 마음을 일으키지 않았고, 다만 위없고 무너뜨릴 수 없고, 온갖 지혜를 모으는 도를 돕는 법인 큰 보리심에 머물렀노라.

선남자여, 나는 부처님 국토를 장엄하되, 크게 가엾이 여기는 마음으로 중생을 구호하고 교화하여 성취하며, 부처님께 공양하고 선지식을 섬기며, 바른 법을 구하여 널리 선전하고 보호하며 유지하기 위하여 모든 안의 것과 밖의 것을 모두 버리고 신명身命까지도 아끼지 않았으며 모든 겁 바다에서 인연을 말하였나니, 겁 바다는 다할지언정 이 일은 다함이 없느니라.

선남자여, 나의 법 바다에는 한 글자나 한 글귀도 전륜왕의 지위를 버려서 구하지 않은 것이 없으며, 온갖 소유를 버려서 얻지 않은 것이 없느니라.

선남자여, 내가 법을 구한 것은 모든 중생을 구호하기 위한 것이니, 한결같은 마음으로 생각하기를 '모든 중생이 이 법을 들어지이다. 지혜의 광명으로 세간을 두루 비추어지이다. 출세간의 지혜를 열어 보여지이다. 중생들이 모두 안락함을 얻어지이다. 모든 부처님의 가지신 공덕을 두루 칭찬하여지이다' 하였노라.

나의 이러한 과거의 인연은 말할 수 없이 말할 수 없는 부처 세계의 티끌 수 겁 동안에 말하여도 다할 수 없느니라.

그러므로 선남자여, 나는 이러한 도를 돕는 법의 힘과, 선근의 힘과, 크게 좋아하는 힘과, 공덕을 닦은 힘과, 모든 법을 사실대로 생각한 힘과, 지혜의 눈의 힘과, 부처님의 위덕과 신통의 힘과, 크게 자비한 힘과, 깨끗한 신통의 힘과, 선지식의 힘으로써, 이것이 최고요, 삼세에 평등하고 청정한 법의 몸을 얻고 청정하고 위없는 육신을 얻어서 세간을 초월하고 중생의 좋아하는 마음을 따라서 형상을 나타내며, 모든 세계에 들어가고 온갖 곳에 두루하여, 여러 세계에서 신통을 나타내어 보는 이로 하여금 모두 기쁘게 하노라.

선남자여, 그대는 나의 이 육신을 보라. 이 육신은 그지없는 겁 바다에서 이루어진 것이니, 한량없는 천억 나유타 겁에도 보기 어렵고 듣기 어려우니라.

선남자여, 만일 중생이 선근을 심지 못하거나 선근을 조금 심은 성문이나 보살들로는 나의 이름도 듣지 못하거늘 하물며 나의 몸을 볼 수 있겠느냐.

선남자여, 만일 중생이 내 이름을 듣기만 하여도 아뇩다라삼먁삼보리에서 물러가지 않을 것이며, 만일 나를 보거나 접촉하거나 맞이하거나 보내거나 잠깐 동안 따라다니거나, 꿈에 나를 보거나 들은 이도 역시 그러하리라.

어떤 중생이 하루 낮 하룻밤 동안 나를 생각하고 곧 성숙할 이도 있고, 혹 7일·7야·보름·한 달·반년·일 년·백 년·천 년·한 겁·백 겁, 내지 말할 수 없이 말할 수 없는 부처 세계의 티끌 수 겁에 나를 생각하고 성숙할 이도 있으며, 혹 한 생·백 생, 내지 말할 수 없이 말할 수 없는 부처 세계의 티끌 수 생 동안 나를 생각하고 성숙할 이도 있으며, 혹 나의 광명 놓는 것을 보거나 내가 세계를 진동하는 것을 보고, 무서워하거나 즐거워한 이들도 모두 성숙하게 되리라.

선남자여, 나는 이러한 부처 세계의 티끌 수 방편문으로써 모든 중생들을 아뇩다라삼먁삼보리에서 물러가지 않게 하노라.

선남자여, 만일 중생이 나의 청정한 세계를 보고 들은 이는 반드시 이 청정한 세계에 날 것이요, 만일 중생이 나의 청정한 몸을 보고 들은 이는 반드시 나의 청정한 몸 가운데 날 것이니라.

선남자여, 그대는 마땅히 나의 청정한 몸을 보아야 하느니라."

이 때 선재동자가 보현보살의 몸을 보니 잘생긴 모습과 사지 골절의 낱낱 털구멍에 말할 수 없이 말할 수 없는 부처님 세계 바다가 있고, 낱낱 세계 바다에 부처님께서 세상에 나시는데, 큰 보살들이 둘러 모시었다.

또 보니, 모든 세계 바다가 가지가지로 건립되고 가지가지 형상이요 가지가지로 장엄하고 가지가지 큰 산이 두루 둘리었으며, 가지가지로 빛 구름이 허공에 덮이고 가지가지 부처님이 나시어서 가지가지 법을 연설하시는 일들이 제각기 같지 아니하였다.

또 보니, 보현보살이 낱낱 세계 바다에서 모든 부처 세계의 티끌 수 나툰 몸〔化身〕 구름을 내어 시방의 모든 세계에 가득하고 중생들을 교화하여 아뇩다라삼먁삼보리로 향하게 하며, 선재동자는 또 자기의 몸이 보현보살의 몸 속에 있는 시방의 모든 세계에 있어서 중생을 교화함을 보았다.

또 선재동자가 세계의 티끌 수 선지식을 친근하여서 얻은 이러한 뿌리의 지혜 광명을 보현보살이 얻은 선근에 비하면, 백분의 일도 미치지 못하고 백천분의 일에도 미치지 못하며, 백천억분의 일, 내지 산수와 비유로도 미치지 못하였다.

이 선재동자가 처음 마음을 낸 때부터 보현보살을 보던 때까지 그 중간에 들어갔던 모든 부처님 세계 바다에 대하여, 지금 보현보살의 한 털구멍 속에서 잠깐 동안에 들어간 부처님 세계 바다는 앞의 깃보나 말할 수 없이 말할 수 없는 부처 세계의 티끌 수 배가 지나며, 이 한 털구멍과 같이 모든 털구멍도 역시 그러하였다.

선재동자가 보현보살의 털구멍에 있는 세계에서 한 걸음을 걸을 적에 말할 수 없이 말할 수 없는 부처 세계의 티끌 수 세계를 지나가며, 이와 같이 걸어서 오는 세월이 끝나도록 걸어도 오히려 한 털구멍 속에 있는 세계 바다의 차례와 세계 바다의 갈무리와 세계 바다의 차별과 세계 바다의 두루 들어감과 세계 바다의 이루어짐과 세계 바다의 무너짐과 세계 바다의 장엄과 그 끝난 데를 알지 못하였다.

또 부처 바다의 차례와 부처 바다의 갈무리와 부처 바다의 차별과 부처 바다의 두루 들어감과 부처 바다의 생김과 부처 바다의 없어짐과 그 끝난 데도 알지 못하였다.

또 보살 대중 바다의 차례와 보살 대중 바다의 갈무리와 보살 대중 바다의 차별과 보살 대중 바다의 두루 들어감과 보살 대중 바다의 모임과 보살 대중 바다의 흩어짐과 그 끝난 데도 알지 못하였다.

또 중생 세계에 들어가서 중생의 근성을 아는 일과 중생들을 교화하고 조복하는 지혜와 보살의 머무르는 깊은 자재함과 보살이 들어가는 여러 지(地)와 길(道)과 이 바다들의 끝난 데도 알지 못하였다.

선재동자가 보현보살의 털구멍 세계에 있어서 혹 한 세계에서 한 겁 동안을 지내면서 걷기도 하고 내지 말할 수 없이 말할 수 없는 세계의 티끌 수 겁 동안을 지내면서 걷기도 하며, 또 이 세계에서 없어지고 저 세계에 나타나지도 않으면서 잠깐잠깐 동안에 그지없는 세계 바다에 두루하여 중생들을 교화하여 아뇩다라삼먁삼보리에 향하게 하였다.

이 때를 당하여 선재동자는 차례로 보현보살의 행과 원의 바다를 믿어서 보현보살과 평등하고 부처님들과 평등하며, 한 몸이 모든 세계에 가득하여 세계가 평등하고 행이 평등하고, 바르게 깨달음이 평등하고 신통이 평등하고, 법륜이 평등하고 변재가 평등하고, 말씀이 평등하고 음성이 평등하고, 힘과 두려움 없음이 평등하고 부처님의 머무심이 평등하고 대자대비가 평등하고, 부사의한 해탈과 자재함이 모두 평등하였다.

이 때 보현보살마하살이 게송을 말하였다.

너희들 번뇌의 때 털어 버리고
한 맘으로 정신 차려 자세 들으라.
여래께서 바라밀을 구족하시고
해탈의 참된 길을 내가 말하리.

세간 떠나 부드럽고 훌륭한 장부
그 마음 깨끗하기 허공과 같고
지혜 해의 큰 광명 항상 놓아서
중생의 어리석은 어둠 없애네.

여래는 보고 듣기 어렵삽거늘
한량없는 억겁에 이제 만나니
우담바라 좋은 꽃 어쩌다 핀 듯
그러므로 부처 공덕 들어야 하고

세간을 따라 주며 지으시는 일
요술쟁이 모든 사실 나타내는 듯
중생 마음 기쁘도록 하심이언정
분별하여 여러 생각 내지 않았네.

그 때 보살들은 이 게송을 듣고, 일심으로 갈망하며 여래 세존의 진실한 공덕을 듣잡기 위하여 이렇게 생각하였다.
'보현보살은 모든 행을 갖추 닦으시고 성품이 청정하시며, 하시는 말씀이 헛되지 않으시니 모든 여래께서 칭찬하시도다.'
이 생각을 하고는 갈망하는 마음이 더욱 간절하였다.
이 때 보현보살은 공덕과 지혜를 갖추 장엄하시니, 마치 연꽃이 삼계의 모든 티끌에 때 묻지 않는 듯하여서, 여러 보살에게 말하였다.
"그대들은 자세히 들으십시오. 내가 이제 부처님의 공덕 바다에서 한 방울만큼 말하려 합니다."
곧 게송을 말하였다.

부처 지혜 크고 넓기 허공 같아서
중생들의 마음에 두루하시고
세간의 헛된 생각 모두 알지만
갖가지 다른 분별 내지 않으며

한 생각에 삼세법 모두 다 알고
중생들의 근성도 잘 아시나니
비유하면 교묘한 요술장이가
잠깐잠깐 모든 일을 나타내는 듯

중생들의 마음과 갖가지 행과
옛날에 지은 업과 소원을 따라
그들의 보는 것은 같지 않지만
부처님은 생각이 동하지 않고

어떤 이는 간 데마다 부처님께서
온 세계에 가득함을 뵈옵지마는
어떤 이는 마음이 깨끗지 못해
무량겁無量劫에 부처님을 보지 못하며

어떤 이는 믿고 알아 교만이 없어
생각대로 여래를 뵈옵지마는
어떤 이는 아첨하고 마음이 부정
억겁 동안 찾아도 만나지 못해.

어떤 이는 간 데마다 부처님 음성
아름답게 내 마음 기쁘게 하나
어떤 이는 백천만억 겁을 지내도
마음이 부정하여 듣지 못하며

어떤 이는 청정한 큰 보살들이
삼천대천세계에 가득 차 있어
보현의 온갖 행을 갖춘 가운데
여래께서 의젓하게 앉음을 보며

이 세계가 미묘하기 짝이 없음은
오랜 세월 부처님이 장엄하신 것
비로자나 거룩하신 부처님께서
이 안에서 깨달아 보리 이루고

혹은 보니 아름다운 연꽃 세계에
현수여래 그 가운데 앉아 계신 데
한량없는 보살 대중 둘러 모시고
보현행을 부지런히 닦기도 하며

혹은 보니 무량수불 계시는 곳에
관자재보살들이 둘러 모시고
정수리에 물 붓는 지위에 있어
시방의 온 세계에 가득 찼으며

어떤 이는 삼천대천 이 세계들이
여러 장엄 묘희妙喜세계 비슷하온데
아촉여래 그 가운데 앉아 계시고
향상香象과 같은 보살 모두 다 보며

어떤 이는 명망 높은 월각月覺부처님
금강당보살님과 함께하시어
거울 같은 묘한 장엄 머물러 있어
깨끗한 시방세계 찼음을 보며

혹은 보니 일장日藏세존 부처님께서
좋은 광명 청정한 국토에 계셔
정수리에 물 부은 보살과 함께
시방에 가득하여 법을 말하고

혹은 보니 금강불꽃 큰 부처님이
지혜 당기 보살과 함께하시어
광대한 모든 세계 두루 다니며
법을 말해 중생의 눈병 없애고

하나하나 털 끝마다 말할 수 없는
부처님이 삼십이상 구족하시고
여러 보살 권속에게 호위되어서
가지가지 법을 말해 중생을 제도.

어떤 이는 한 터럭 구멍을 보니
구족하게 장엄한 넓은 세계에
한량없는 여래가 가운데 있고
청정한 불자들이 가득 찼으며

혹은 보니 조그만 한 티끌 속에
항하수 모래 수의 국토가 있고
한량없는 보살이 가득 차 있어
말할 수 없는 겁에 행을 닦으며

혹은 보니 한 터럭 끝만한 곳에
한량없는 티끌 수 세계가 있어
가지가지 짓는 업이 각각 다른데
비로자나부처님 법륜 굴리고

혹은 보니 어떤 세계 깨끗지 않고
어떤 세계 깨끗한 보배로 되어
여래께서 한량없이 오래 사시며
열반하실 때까지 모두 나타내

시방의 모든 세계 두루하여서
갖가지로 부사의한 일을 보이고
중생들의 맘과 지혜, 업을 따라서
교화하여 모두 다 깨끗케 하며

이와 같이 위없는 대도사大導師들이
시방의 모든 국토 가득 차 있어
가지가지 신통한 힘 나타내심을
조금만 말하리니 그대 들으라.

혹은 보니 석가여래 부처 되신 지
부사의한 많은 겁을 이미 지냈고
혹은 이제 처음으로 보살이 되어
시방에서 모든 중생 이익하시며

혹은 보니 석가모니 사자님께서
부처님께 공양하며 도를 행하고
혹은 보니 사람 중에 가장 높은 이
가지가지 힘과 신통 나타내시며

보시도 행하시고 계율도 갖고
욕도 참고 정진하고 선정도 하며
반야·방편·원과 힘과 지혜를 닦아
중생의 마음 따라 나타내시며

바라밀을 끝까지 닦기도 하고
모든 지地에 편안히 있기도 하며
다라니와 삼매 신통과 지혜
이런 것을 나타내어 다함이 없고

한량없는 겁 동안에 수행도 하고
보살의 참는 자리 있기도 하며
물러가지 않는 곳에 머무르기도
정수리에 법의 물 붓기도 하며

범왕·제석·사천왕 몸 나타도 내고
찰리·바라문도 나타내어서
가지가지 모양으로 장엄하는 일
요술쟁이 뭇 코끼리 만들어내듯.

도솔천서 처음으로 내려오기도
궁중에서 시녀들을 거느리시며
어떤 때는 모든 향락 죄다 버리고
출가하여 세속 떠나 도를 배우며

혹은 처음 태어나고 혹은 멸하고
출가하여 이상한 행을 배우고
혹은 보니 보리수 아래 앉아서
마군을 항복 받고 정각 이루며

부처님이 처음으로 열반도 하고
높고 묘한 탑을 쌓아 세간에 가득
탑 가운데 부처 형상 모시기도 해
때를 알아 이렇게 나타내시며

혹은 보니 무량수부처님께서
청정한 보살들께 수기 주시되
위없는 대도사가 되리라 하여
보처불로 극락세계 있기도 하며

어떤 이는 한량없는 억천 겁 동안
부처님 일 지으시고 열반에 들며
혹은 보니 이제 처음 보리 이루고
어떤 이는 묘한 행을 닦기도 하며

혹은 보니 여래의 청정한 달이
범천왕의 세상과 마의 궁전과
자재천궁·화락천에 있기도 하여
가지가지 신통 변화 나타내시며

혹은 보니 도솔타 하늘 궁전에
한량없는 천인이 둘러 모시고
그들에게 법을 말해 환희케 하며
마음 내어 부처님께 공양도 하고

혹은 보니 수야마 하늘 궁전과
도리천·사천왕과 용왕의 궁전
이러한 여러 가지 궁전에 있어
그 안에서 형상을 나타내시며

연등불 세존님께 꽃을 흩으며
머리카락 땅에 깔아 공양하시고
그로부터 묘한 법 깊이 깨달아
언제나 이 길로써 중생을 교화.

오래 전에 열반하신 부처도 있고
어떤 이는 처음으로 보리 이루며
어떤 이는 한량없는 겁에 사시고
어떤 이는 잠깐 만에 열반도 하며

모습이나 광명이나 사는 수명과
지혜로나 보리나 열반하는 일
회중이나 교화 받는 위의와 음성
이런 것이 낱낱이 수가 없으며

어떤 때는 엄청난 몸을 나투어
비유하면 큰 보배 수미산 같고
혹은 보니 결가부좌 움직이잖아
그지없는 세계가 충만하시며

혹은 보니 둥근 광명 한 길도 되고
어떤 이는 천만억 유순도 되며
한량없는 국토에 비추다가도
어떤 때는 온 세계에 가득 차시고

혹은 보니 부처님 팔십 년 살고
백천만억 세월을 살기도 하며
헤아릴 수 없는 겁을 살기도 하여
이렇게 몇 갑절을 더 지나가고

부처 지혜 깨끗하고 걸림이 없어
한 생각에 삼세법 두루 다 알되
마음의 인연으로 생긴 것이매
생멸이 덧없어서 제 성품 없고

한 세계 가운데서 정각 이루고
모든 세계 곳곳마다 이루시는 일
모든 것 하나 되고 하나도 그래
중생의 마음 따라 나타내시며

여래는 위가 없는 도에 계시어
두렵잖고 열 가지 힘 성취하시며
지혜를 구족하고 걸림 없으사
열두 가지 법륜을 굴리시나니

네 가지 참된 이치 분명히 알고
열두 가지 인연법 분별하시며
법과 뜻과 듣기 좋고 걸림 없는 말
네 가지 변재로써 연설하시며

모든 법은 나가 없고 모양도 없고
업의 성품 일지 않고 잃지도 않아
모든 일 여의어서 허공 같으나
부처님 방편으로 분별하시며

여래께서 이렇게 법륜 굴리어
시방의 모든 국토 진동하시니
궁전과 산과 강이 흔들리지만
중생들을 조금도 놀라게 않고

여래께서 광대한 소리로 연설
근성과 욕망 따라 이해케 하며
마음 내어 의혹을 덜게 하시나
부처님은 처음부터 마음 안 내며

보시하고 계행 갖고 참음과 정진
선정과 반야며 방편과 지혜
대자·대비·대희·대사 듣기도 하여
가지가지 음성이 각각 다르고

네 가지 생각함과 네 가지 정근
신통과 오근〔根〕·십력〔力〕 깨닫는 길과
모든 생각·신통과 선정·지혜의
한량없는 방편 법문 듣기도 하고

용과 신의 팔부중과 사람과 비인
범천·제석·사왕천의 하늘 무리들
부처님의 한 음성 법을 말하여
그들의 종류 따라 다 알게 하고

탐욕 많고 성 잘내고 어리석음과
분하고 가리우고 질투와 교만
팔만 사천 번뇌가 각각 다르나
제각기 다스리는 법문을 듣고

희고도 깨끗한 법 닦지 못한 이
열 가지 계행 말해 듣게 하시고
벌써부터 보시하며 조복한 이는
고요한 열반 법문 들려 주시며

어떤 사람 용렬하고 자비가 없어
죽살이 싫어하고 떠나려 하면
세 가지 해탈 법문 들려 주어서
괴로움 없는 열반락을 얻게 해주고

어떤 사람 본 성품이 욕심이 적어
삼유三有를 등지고 고요하려면
인연으로 생기는 법 말해 주어서
독각승을 의지하여 여의게 하고

어떤 이가 청정하고 마음이 커서
보시·계율 모든 공덕 갖추 행하며
여래를 친근하여 자비한 이는
대승법을 말하여 듣게 하시고

어떠한 국토에선 일승법 듣고
이승과 삼승이며 사승·오승과
내지 한량없는 승을 듣게 하나니
이런 것이 모두 다 여래의 방편

열반의 고요함은 다르잖으나
지혜와 행 낫고 못해 차별 있나니
마치 허공 성품은 하나이지만
나는 새가 멀고 짧아 같지 않은 듯

부처님의 음성도 그와 같아서
모든 법계 허공에 두루하거든
중생들의 마음과 지혜를 따라
듣는 바와 보는 바가 각각 다르다.

부처님이 지난 세월 모든 행 닦고
좋아하는 마음 따라 법을 말하나
이것 저것 계교하는 마음 없나니
누구에게 말하고 누군 안 하리.

여래의 얼굴에서 큰 광명 놓아
팔만 사천 가지가 구족하시니
말씀하는 법문도 그와 같아서
세계에 두루 비춰 번뇌 없애며

청정한 공덕과 지혜 갖추고
세 가지 세간들을 항상 따르나
비유하면 허공이 물들지 않듯
중생을 위하여서 나타나시며

나고 늙고 병나 죽는 괴로움 보이며
세상에서 장수함도 보이시나니
세간 사람 따라서 나타내시나
성품은 청정하여 허공과 같고

법계의 모든 국토 끝단 데 없고
중생의 근성·욕망 한량없으나
여래의 지혜 눈이 분명히 보고
교화할 정도 따라 길을 보이며

허공과 시방세계 끝단 데 없고
거기 있는 천상·인간 많은 대중들
그들의 생김새가 같지 않거든
부처님 몸 나투심도 그와 같나니

사문들이 모인 속에 있을 적에는
머리와 수염 깎고 가사 두르고
옷과 발우 가지고 몸 보호하면
그들이 즐거워서 번뇌를 쉬고

어떤 때에 바라문을 친근할 적엔
그를 위해 파리한 몸 나타내어서
지팡이와 물병 들고 항상 깨끗해
지혜를 구족하여 변론 잘하고

옛 것 뱉고 새 것 삼켜 배를 채우고
바람 먹고 이슬 마셔 먹지 않으며
앉았거나 섰거나 꼼짝 않나니
이러한 고행으로 외도를 눌러

세상의 계행 가져 스승도 되고
의학을 통달하고 언론 잘하며
글씨나 수학이나 천문과 지리
이 몸의 길흉·화복 모두 잘 알고

모든 선정 해탈문에 깊이 들었고
삼매와 신통 변화 지혜 행하며
말 잘하고 글 잘하고 놀기도 잘해
방편으로 불도에 들게 하나니

훌륭한 옷을 입어 몸치레하고
머리에는 화관 쓰고 일산을 받고
군병들이 앞뒤에서 호위하면서
군중에게 위엄 펴서 작은 왕 굴복

어느 때는 재판하는 법관이 되어
세간의 모든 법률 분명히 알고
잘하고 잘못한 것 밝게 살피어
모든 사람 기뻐서 복종케 하며

어떤 때는 제왕의 보필輔弼이 되어
임금의 정치하는 법을 잘 쓰니
시방이 이익 얻어 두루하지만
모든 중생 웬일인지 알지 못하며

어떤 때는 좁쌀 같은 임금도 되고
날아서 다니시는 전륜왕 되어
왕자들과 시녀와 모든 권속들
교화를 받지마는 알지 못하고

세상을 보호하는 사천왕 되어
왕과 용과 야차들을 통솔도 하고
그들에게 묘한 법을 연설하여서
모두들 기뻐하며 복되게 하고

어떤 때는 도리천 천왕이 되어
선법당善法堂 환희원歡喜園에 머무르면서
머리에 화관 쓰고 법을 말하니
천인들이 쳐다보고 측량 못하며

야마천과 도솔타천에도 있고
화락천·자재천과 마왕의 처소
마니보배 궁전에 거처하면서
진실한 행을 말해 조복케 하고

범천들이 모인 데 가기도 하여
한량없는 네 마음과 선정 말하며
환희케 하고서는 떠나가지만
오고 가는 형상을 알지 못하고

아가니타 하늘에 이르러서는
깨달음의 부분인 보배 꽃들과
한량없는 공덕을 말하여 주고
버리고 가지마는 아는 이 없고

여래의 걸림 없는 지혜로 보는
그 가운데 살고 있는 여러 중생들
모두 다 그지없는 방편문으로
갖가지로 교화하여 성취케 하며

요술쟁이 이상한 요술을 부려
여러 가지 눈어리를 만들어 내듯
부처님의 중생 교화 그와 같아서
그들에게 여러 가지 몸을 보이며

비유컨대 깨끗한 달 허공에 있어
중생들이 초승·보름 보게 되거든
수많은 강과 못에 영상이 비쳐
크고 작은 별의 빛을 뺏어버리듯

여래의 지혜 달도 세간에 떠서
둥글고 이지러짐 보여 주는데
보살의 마음 물엔 영상 있지만
성문들의 별빛은 광명이 없고

비유컨대 바다에 보배가 가득
청정하여 흐리잖고 한량없거든
네 주洲 세계 중생과 모든 것들의
영상이 그 가운데 나타나나니

부처님 몸 공덕 바다 그와 같아서
때 없고 흐리잖고 가이없어서
법계에 살고 있는 모든 중생들
형상이 나타나지 않는 것 없어.

비유컨대 밝은 해가 광명 놓으면
본처에서 움직임 없이 시방 비추니
부처님 해 광명도 그와 같아서
가고 옴이 없어도 어둠을 없애.

비유컨대 용왕이 큰 비 줄 적에
몸에서나 마음에서 나지 않지만
넓은 땅을 두루 적셔 흡족케 하고
찌는 더움 씻어서 서늘케 하니

부처님의 법비도 그와 같아서
부처 몸과 마음에서 나지 않지만
여러 많은 중생을 깨우쳐 주어
세 가지 독한 불을 꺼 버리시며

여래의 청정하고 묘한 법의 몸
온 누리 삼계에 짝이 없으며
세간의 말로써는 형용 못하니
그 성품 있도 않고 없도 않은 탓

의지한 데 없으나 어디나 있고
안 가는 데 없으나 가지 않나니
허공에 그린 그림 꿈에 보듯이
부처님의 성품도 이렇게 보라.

삼계에 있고 없는 모든 법들을
부처님께 비유는 할 수 없나니
산림 속에 살고 있는 새와 짐승들
허공을 의지하여 사는 것 없고

바다 속에 마니보배 한량없는 빛
부처님 몸 차별도 그와 같아서
여래는 빛 아니고 아님도 아니
응하여서 나타나고 있는 데 없어

허공이나 진여나 실제實際이거나
열반과 법의 성품 적멸寂滅 따위나
이와 같이 진실한 법으로만이
여래를 드러내어 보일 수 있다.

세계 티끌 같은 마음 세어서 알고
큰 바다 물이라도 마셔 다하고
허공을 측량하고 바람 맨대도
부처님의 공덕은 말로 다 못해

이러한 공덕 바다 누가 듣고서
기뻐하며 믿는 마음 내는 이들은
위에 말한 공덕을 얻게 되리니
여기에서 의심을 내지 말아라.

■ 이운허

운허 스님은 1892년 평북 정주에서 태어나 한학을 공부하였고, 1921년 강원도 회양 봉일사에서 경송은천(慶松銀千) 선사를 은사로 출가하였다. 금강산 유점사·동래 범어사·개운사 강원을 거치면서 대교과를 마치고, 1936년 봉선사 홍법강원(弘法講院)에서 강사가 된 후 동학사·통도사·해인사 등에서 강사를 역임하였다. 1952년 광동중·고등학교를 설립했고, 1961년 우리나라 최초로 『불교사전』을 간행하였으며, 1964년 동국역경원을 설립하여 원장에 취임하였고, 『능엄경』을 비롯하여 『화엄경』·『열반경』·『유마경』·『금강경』 등 여러 경전을 번역하여 '한글대장경'이라는 이름으로 간행하였다. 1980년 음력 10월10일 세수 89세로 봉선사에서 입적하였다.

대방광불화엄경 5

2006년 2월 28일 초판 1쇄 발행
2022년 6월 30일 초판 5쇄 발행

지은이 이운허
펴낸이 박기련
펴낸곳 동국역경원

출판등록 제1964-000001호
주소 04626 서울시 중구 퇴계로36길2 신관1층 105호
전화 02-2264-4714
팩스 02-2268-7851
Homepage http://dgpress.dongguk.edu
E-mail abook@jeongjincorp.com
인쇄처 네오프린텍(주)

ISBN 978-89-5590-416-1
ISBN 978-89-5590-411-6(전5권)

값 30,000원

이 책의 무단 전재나 복제 행위는 저작권법 제98조에 따라 처벌받게 됩니다.